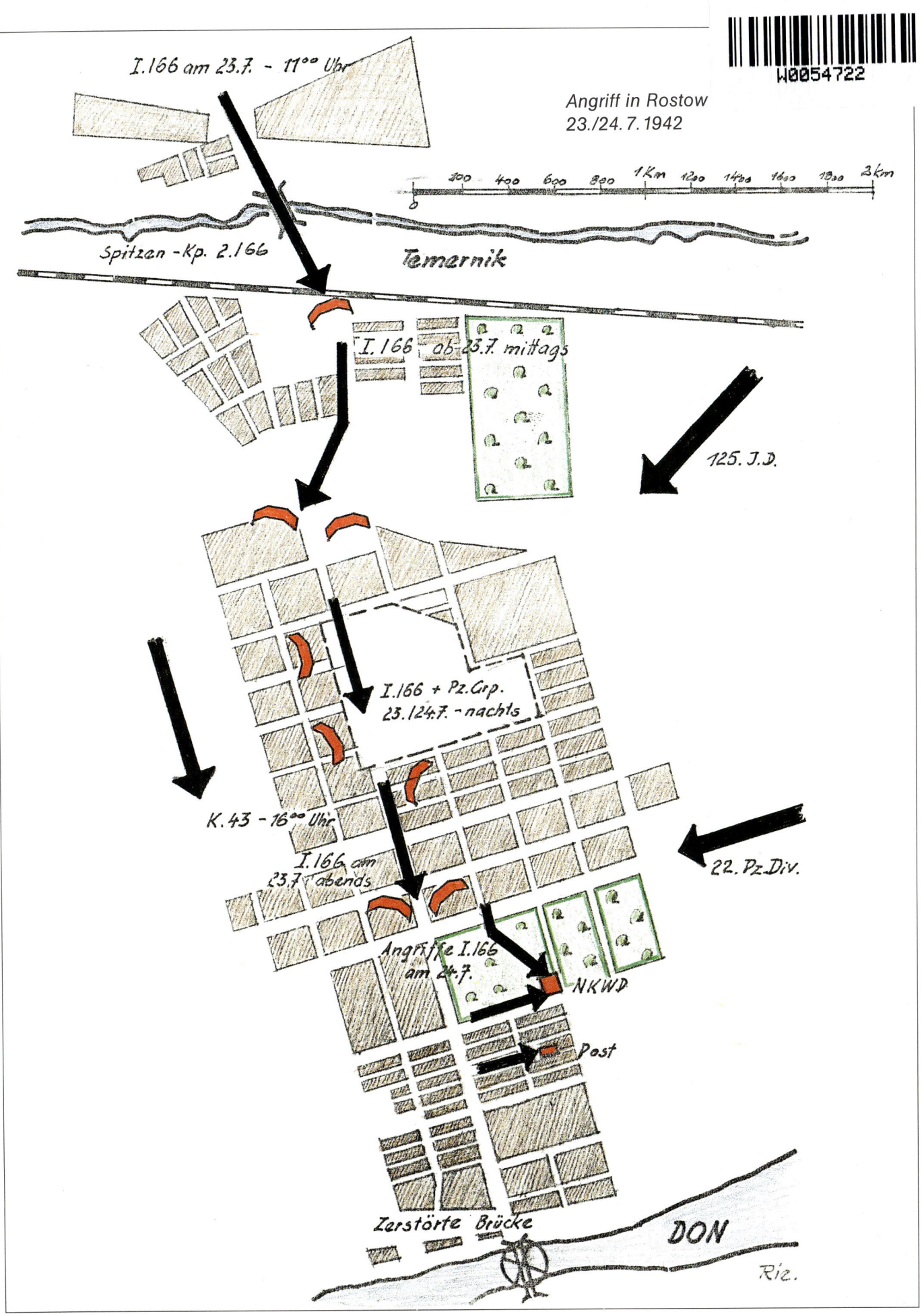

Angriff in Rostow
23./24. 7. 1942

I.166 am 23.7. – 11⁰⁰ Uhr

Spitzen – Kp. 2.166

Temernik

0 200 400 600 800 1Km 1200 1400 1600 1800 2km

I.166 ob 23.7. mittags

125. J.D.

I.166 + Pz.Grp.
23./24.7. – nachts

K.43 – 16⁰⁰ Uhr

I.166 am
23.7. abends

22.Pz.Div.

Angriffe I.166
am 24.7.

NKWD

Post

Zerstörte Brücke

DON

Riz.

RIEMANN · **Deutsche Panzergrenadiere**

HORST RIEMANN

Deutsche Panzergrenadiere

SEIT 1789

Verlag E.S. Mittler & Sohn GmbH · Herford und Bonn

Abbildungsnachweis

Bundesarchiv Koblenz: Seiten 18, 20, 21, 22, 23, 28 (2), 50, 67, 91, 93, 106 (2), 110 (2), 111 (2), 112, 113, 114 (3), 115, 116 (3), 118 (4), 119 (2)
Archiv der 13. Panzerdivision in Braunschweig: Seiten 51, 83, 85 (2), 96
Kampftruppenschule 2 in Munster: Seiten 129, 133, 134 (2), 136, 137 (2), 139, 144 (3), 145, 146, 148, 158 (2), 159, 161 (8), 162 (2), 163 (3), 164 (2), 165 (6), 166 (4), 167 (4)
Panzergrenadierlehrbataillon 92, Munster: Seiten 15 (2), 135 (5), 136, 153 (3), 154 (3), 155 (4), 156, 169 (2), 173 (8), 174 (5)
Oberfeldwebel Bertram, PzGrenLehrBtl 92: Seiten 138 (2), 139 (2), 145 (2)
Zeichenmappe »Panzergrenadiere«, herausgegeben vom Oberkommando des Heeres, 1942, in Verbindung mit der Graphischen Arbeitsgemeinschaft Jupp Daehler, Berlin; Zeichner: Gotschke: Seiten 65, 66, 73, 75, 76, 82, 95, 100, 102, 114, 115, 117
Verlag E.S. Mittler & Sohn, Herford: Seiten 140 (2), 141, 142 (2), 143 (2); entnommen aus »Egbert Thomer: Die Bundeswehr heute« und »Siegfried Schulz, Egbert Thomer, Gero Koch: Das deutsche Heer heute« (beide Werke in Deutsch, Englisch und Französisch)
Eigene Aufnahmen des Verfassers: Seiten 19, 25, 48, 135

Schutzumschlag:
Titelseite: Oberfeldwebel Bertram, PzGrenLehrBtl 92
Rückseite: Reproduktion der Titelseite der o.g. Zeichenmappe »Panzergrenadiere«
Barett-Emblem: Panzergrenadierlehrbataillon 92

Sämtliche Skizzen stammen vom Verfasser

CIP-Titelaufnahme der Deutschen Bibliothek

Riemann, Horst:
Deutsche Panzergrenadiere / Horst Riemann. – Herford ;
Bonn : Mittler, 1989
   ISBN 3-8132-0326-3

ISBN 3 8132 0326 3; Warengruppe Nr. 21

Schutzumschlaggestaltung: Ernst A. Eberhard, Bad Salzuflen,
unter Verwendung der oben genannten Abbildungen
Produktion: Jörn Heese und Heinz Kameier
Gesamtherstellung: Druckerei Günter Runge, Cloppenburg
Printed in Germany

Inhalt

Zum Geleit 9
Vorwort 10
Zur Einführung 13

Anfänge der Panzergrenadiere bis 1939 15

   I.   Ursprünge in der Kavallerie und in der Panzerwaffe 15
  II. Guderian und die deutsche Panzerentwicklung 18
 III. Aufstellung der ersten Schützenverbände 20
 IV. Fahrzeugentwicklung 22
  V. Schulen und Ausbildung 23

Panzergrenadiere im Kriege 1939 bis 1945 25

    I. Feldzug in Polen 1939 25
   II. Feldzug in Frankreich 1940 — Einsatz und Erfahrungen ... 27
  III. Neuaufstellung 28
  IV. Jugoslawien und Griechenland 1941 29
   V. Nordafrika 1941/1942 30
  VI. Rußland 1941 31
 VII. Rußland 1942 32
      1. Vorbereitungen 32
      2. Verlauf der Operationen 1942 34
      3. Erfahrungen 34
VIII. Guderian, Generalinspekteur der Panzertruppen 35
      1. Gliederung 1943 35
      2. Ausbildung 35
  IX. Kriegsjahre 1943 und 1944 36
      1. Kursk — Unternehmen Zitadelle 1943 36
      2. Invasion 1944 37
      3. Rußland 1944 — Heeresgruppe Mitte 37
   X. Konzentration der Kräfte 38
      1. Neue Gliederungen und Neuaufstellungen 39
      a) Gliederung, Ausrüstung und Bewaffnung 1944 ... 39
      b) Bildung gepanzerter Gruppen 39
      c) Aufstellung von Panzerbrigaden 1944 40
      2. Ausbildung 40
      a) Vorschriften 40
      b) Panzertruppenschule II 41
      c) Unteroffizierschulen 41
      d) Taktische Lehrkommandos 41
  XI. Letzte Kämpfe 1944 und 1945 42
 XII. Kriegseinsätze der Panzergrenadiere 44
      1. Umgliederung zur Panzerdivision 44
      2. Ausrüstung mit dem SPW 46
      3. Marsch 48

4. Angriff auf Rostow 49

5. Panzer und Panzergrenadiere als Vorausabteilung 54

6. Panzergrenadiere bilden einen Brückenkopf 58

7. Panzergrenadiere im Nachtangriff 60

Kriegserfahrungen 62

I. Allgemeine Gefechtslagen 62

  1. Erfahrungen mit dem SPW — Vor- und Nachteile 62

  2. Einfluß von Gelände und Witterung 63

  3. Formen und Bewegungen 64

  4. Befehlsgrundsätze und Meldewesen — Funk 65

  5. Versorgung 67

  6. Zusammenwirken mit Panzern 71

  a) Panzer voraus — Panzergrenadiere folgen 73

  b) Panzer und Panzergrenadiere gemeinsam 73

  c) Panzergrenadiere voraus — Panzer folgen 74

  d) Panzer und Panzergrenadiere aus verschiedenen Richtungen 74

  e) Zusammenwirken auf anderen Gebieten 75

  7. Die auf- und abgesessene Kampfweise 75

  8. Aufklärung und Sicherung 77

  a) Aufklärung 77

  b) Sicherung 78

  9. Marsch 80

  10. Angriff und Verfolgung 84

  11. Abwehr 87

  12. Kampf gegen Pak-Fronten 90

II. Kampf unter besonderen Verhältnissen 91

  1. Schlamm- und Winterkrieg 91

  2. Orts- und Waldkampf 94

  a) Panzergrenadiere im Ortskampf 94

  b) Panzergrenadiere im Waldkampf 97

  3. Kampf bei Nacht und unsichtiger Witterung 98

  4. Kampf im Gebirge 102

III. Besondere Gefechtslagen 104

  1. Flußübergang und Kampf um Brückenköpfe 104

  2. Überwinden von Minensperren und Panzerhindernissen 107

IV. Waffen der Panzergrenadiere 109

  Einleitung 109

  1. Handfeuerwaffen 109

  2. Leichte Flachfeuerwaffen 112

  3. Schwere Flachfeuerwaffen 113

  4. Steilfeuerwaffen 114

  5. Panzerabwehrwaffen 116

  6. Flugabwehrwaffen 117

  7. Sonderwaffen 118

Entwicklungen in der Bundeswehr 120

I. Auswertung der Kriegserfahrungen 120
    1. Wesen und Aufgaben der Panzergrenadiere 121
    2. Einsatz- und Führungsgrundsätze 121
    3. Vorschriften 125

II. Gliederungen und Entwicklungen 127
    1. Erste Aufstellungen 127
    2. Lehr- und Versuchsübungen 1958 — Heeresstruktur 2 128
    3. 1970: Heeresstruktur 3 130
    4. 1980: Heeresstruktur 4 131

III. Kampffahrzeuge 133
    1. Erste Ausstattung 133
    2. Schützenpanzer HS 30 134
    3. Schützenpanzer Marder 136

IV. Waffen 149
    1. Hauptwaffe 149
    2. Handwaffen 150
    3. Leichte Flachfeuerwaffen 151
    4. Steilfeuerwaffen 151
    5. Panzerabwehrwaffen 151

**Abbildungen der Handwaffen und
der Panzerabwehrwaffen der Panzergrenadiere** 153

V. Ausbildung 157
    1. Panzergrenadierschule 1956 bis 1957 157
    2. Panzertruppenschule — Kampftruppenschule 2 159
    3. Panzergrenadierlehrbataillon 92
       Geschichtlicher Abriß 168

Zukunftsentwicklungen 175

I. Grundlagen 175
    1. Künftige Bedrohungen und Bedingungen für das Gefecht ... 175
    2. Zunehmende Bedeutung des Gefechtes der verbundenen Waffen —
       Folgerungen 176

II. Panzergrenadiere in der Zukunft 177
    1. Aufgaben 177
    a) Zusammenarbeit mit Panzern und Panzerabwehr 177
    b) Fliegerabwehr 177
    c) Steilfeuerwaffen 178
    d) Kampf bei Nacht und unsichtiger Witterung 178
    e) Überlebensfähigkeit 178
    2. Kampfweise 178
    3. Panzergrenadiere im Verbund der gepanzerten Kampftruppen 179

4. Panzergrenadiere in den verschiedenen Gefechtsarten 179
    a) Verteidigung 179
    b) Verzögerung 180
    c) Angriff 180
5. Forderungen an die Ausrüstung der Panzergrenadiere 181
    a) Waffensysteme 181
    b) Hauptwaffe 182
    c) Handwaffen 183
    d) Leichte Flachfeuerwaffen 183
    e) Steilfeuerwaffen 183
    f) Panzerabwehrwaffen 184
    g) Fliegerabwehrwaffen 184
    h) Fahrzeuge 185
6. Gedanken zur Entwicklung moderner Schützenpanzer 185
    a) Bordmaschinenkanone 186
    b) Besatzungsstärke 187
    c) Ballistischer, A- und C-Schutz 187
    d) Beweglichkeit 188
    e) Triebwerk und Technik 189
    f) Führung 190
    g) Anthropotechnik 190
    h) Kosten 191

Schlußbetrachtungen 192

Anhang 194

1. Abkürzungsverzeichnis 194
2. Literaturverzeichnis 195

Anlagen 196

1. Schützenpanzerwagen der Panzergrenadiere im Kriege 196
2. Panzergrenadierregiment (gp.) 1944 197

Zum Geleit

Über den Weg der Panzerwaffe, ihre Einsätze in den beiden Weltkriegen von der ersten Aufstellung an, über ihre materielle und personelle Ausstattung, Ausbildung und Kampfweise bis zur Organisation in Großverbänden hin, liegt heute eine umfangreiche Literatur vor. Darin wird zwar häufig darauf hingewiesen, daß der Erfolg des Einsatzes von Kampfpanzern nur im beweglichen Zusammenwirken mit einer die Panzer begleitenden Infanterie möglich war, aber eine Gesamtdarstellung über die Geschichte der zur eigenen Truppengattung herangewachsenen Panzergrenadiere war bisher nicht zu erhalten. Auch die zahlreichen Erlebnisberichte konnten die Lücke nicht schließen.

Umso mehr ist es zu begrüßen, daß nun ein zusammenfassendes Werk über die Panzergrenadiertruppe aus der Feder eines Panzergrenadier-Offiziers über diese noch immer junge Truppengattung vorgelegt werden kann.

Der Verfasser, Oberst a.D. Riemann, war für diese Arbeit wie kaum ein zweiter befähigt. Als Kompaniechef und Bataillonskommandeur von Panzergrenadieren im Kriege gewann er Erfahrung im Gefecht. Als Ausbilder, Lehrer und Erzieher von Offizier- und Unteroffiziernachwuchs sowie als Kommandeur der Panzergrenadierlehrtruppe an der Panzertruppenschule der Bundeswehr konnte er in wichtigen Funktionen die Entwicklung der Panzergrenadiere zu einer modern gerüsteten und gut ausgebildeten Truppe mitgestalten. Heute gültige Vorschriften für Ausbildung und Taktik der Kampftruppen, dem engen Verbund von Panzern und Panzergrenadieren haben seine Handschrift.

Die Panzergrenadiere der Bundeswehr genießen über das NATO-Bündnis hinaus dank ihrer Ausbildung als schnell bewegliche, mit ausgezeichneten Waffen und technisch höchst moderner Ausrüstung ausgestatteten Truppe einen hervorragenden Ruf.

Dieses Buch macht daneben deutlich, daß Panzergrenadiere von heute in der Tradition der alten, zu Recht oft gerühmten, noch mit Karabiner, Bajonett und Säbel kämpfenden Infanterie und Kavallerie stehend, wissen müssen, daß für die Erfüllung ihres Auftrages unverändert Tapferkeit, Kameradschaft, Verantwortungsbereitschaft und Disziplin für jeden einzelnen Soldaten gültige Grundlage bleiben.

Heinz-Georg Lemm
Generalleutnant a.D.

Vorwort

Dieses Buch erscheint spät. Doch es erscheint zum richtigen Zeitpunkt.

Es enthält die erste geschlossene Darstellung des Weges einer Truppengattung, die ihre Entstehung den harten Erfahrungen und Anforderungen des Zweiten Weltkrieges auf den Schlachtfeldern der Ostfront verdankt. Doch läßt sich in ihr auch das Ergebnis der konsequenten Fortentwicklung einer Idee erkennen, die aus den bitteren Erfahrungen eines anderen Krieges geboren wurde: der Überwindung der Lähmung aller Beweglichkeit, der absoluten Dominanz des Elements Feuer über das Element Bewegung durch die Verbindung beider Elemente in einem Waffensystem, das den bis dahin bewegungshemmenden Faktor Schutz mit den Faktoren Feuerkraft und Beweglichkeit in sich vereint.

Es war ein weiter Weg vom Eingreifen der ersten Tanks in den Stellungskrieg an der Westfront 1916 über die glänzenden Erfolge weiträumiger schneller Operationen der jungen deutschen Panzerwaffe in den ersten Jahren des Zweiten Weltkrieges bis zur konsequenten Verwirklichung eines Systems gepanzerter Kampftruppen, die zum hochbeweglich geführten Gefecht der verbundenen Waffen befähigt sind.

Oberst a.D. Riemann beschreibt den Weg der Panzergrenadiertruppe zu einer eigenständigen Truppengattung als unverzichtbare, die Fähigkeiten der Panzertruppe ergänzende Komponente im System der gepanzerten Kampftruppen — einen Weg, den er selbst von seinen Anfängen, im Kriege als Kompaniechef und Bataillonskommandeur, mitgegangen ist. Er widmet breiten Raum den Kriegserfahrungen, die wesentliche Planungsgrundlage wurden für Gliederung, Ausrüstung, Einsatzgrundsätze und Ausbildung der Panzergrenadiertruppe der Bundeswehr, auf deren Entwicklung er selbst, u.a. als Kommandeur des Panzergrenadierlehrbataillons und als Leiter der Gruppe Infanterie im Truppenamt maßgebend Einfluß genommen hat. Er dokumentiert den weiteren Weg der Panzergrenadiertruppe bis zu ihrer heutigen Gliederung im Rahmen der 4. Heeresstruktur und knüpft daran Überlegungen zur Weiterentwicklung der Truppengattung, die die reichen Erfahrungen eines Panzergrenadieroffiziers widerspiegeln, der auch nach Ausscheiden aus dem aktiven Dienst ein engagierter Wegbegleiter seiner Truppengattung geblieben ist.

Der weite Bogen, der so geschlagen wird, läßt es eher als einen Vorteil erscheinen, daß dieses erste umfassende Werk über die deutschen Panzergrenadiere erst vier Jahrzehnte nach Beendigung des Zweiten Weltkrieges abgeschlossen wurde.

Und es ist zweifellos ein Vorteil, daß es zu einer Zeit erscheint, in der weitreichende Entscheidungen zur Struktur und Ausrüstung des Heeres der Zukunft und damit auch seiner gepanzerten Kampftruppen vorzubereiten und zu treffen sind.

Mehr denn je zwingt Knappheit an Haushaltmitteln und Personal die verfügbaren Ressourcen so rationell wie möglich einzusetzen. Weniger denn je werden abnehmende Kräfte eine zusammenhängende, lineare grenznahe Verteidigung zulassen. Mehr denn je wird es auf die Fähigkeit ankommen, in beweglicher Operation dem Gegner das Gesetz des Handelns zu entreißen, wo Zeit, Raum und Gelände die günstigsten Voraussetzungen dafür bieten. Noch für lange Zeit werden Hauptträger beweglicher Operationen die gepanzerten Kampftruppen sein. Sie müssen auf das Gefecht der verbundenen Waffen unter den voraussehbaren Bedingungen des Gefechtsfeldes der Zukunft hin optimiert werden.

Die von General von Sandrart noch als Inspekteur des Heeres geforderte und eingeleitete »Wiederbelebung des operativen Denkens« gewinnt in diesem Zusammenhang eine alle Planungsbereiche, insbesondere die Rüstungsplanung des Heeres berührende Dimension. Die Vermutung liegt nahe, daß mit dem Verlust an operativem Denken auch eine Unterbewertung der operationsentscheidenden Fähigkeit zur Führung des Gefechts der verbundenen Waffen gepanzerter Kampftruppen einherging. Deutliches Anzeichen dafür ist, daß mit Einführung des Kampfpanzers Leopard 2 diesem hochbeweglichen durchsetzungsfähigen Waffensystem ein vergleichbar durchsetzungsfähiges Waffensystem der Panzergrenadiertruppe nicht zur Seite gestellt werden konnte. Schwerwiegende Beeinträchtigung der Möglichkeiten des Zusammenwirkens beider Truppengattungen im beweglich geführten Gefecht ist die Folge. Sie verschärft sich in dem Maße, indem der Schützenpanzer »Marder« an Durchsetzungsfähigkeit gegenüber modernen sowjetischen Schützenpanzern verliert.

Nicht die Qualität des einzelnen Waffensystems — und sei sie der des Gegners im Duell noch so überlegen — kann die Entscheidung auf dem modernen Gefechtsfeld erzwingen. Suboptimierung einzelner Elemente eines Systems zu Lasten anderer birgt stets die Gefahr der Leistungsminderung des Systems. Die Durchsetzungsfähigkeit von Panzerverbänden ist längst nicht mehr allein von der Qualität ihrer Waffensysteme abhängig. Ihr Gegner auf dem Gefechtsfeld ist nicht die gegnerische Panzertruppe, sondern das System gegnerischer Kampf- und Kampfunterstützungstruppen, die nach den Grundsätzen des Gefechts der verbundenen Waffen geführt werden.

Die Faktoren, die auf den Schlachtfeldern der Ostfront die rasche Entwicklung der Panzergrenadiertruppe und ihre Befähigung zum engen Zusammenwirken mit der Panzertruppe erzwungen haben, bestehen fort. Sie wurden weiterentwickelt. Neue sind hinzugekommen. Als Beispiele seien angeführt:

○ die Vermehrung und Leistungssteigerung von Panzerabwehrwaffen und Panzerabwehrhandwaffen des Gegners
○ die erheblich gesteigerte Fähigkeit zum raschen Anlegen von Sperren — auch zum Schutz von Flanken im Angriff
○ die Leistungssteigerung der Artillerie verbunden mit erheblich gesteigerter Fähigkeit zur Aufklärung und Zielortung
○ die noch immer wachsende Bedrohung durch Kampfhubschrauber.

Sie alle sind geeignet, die Umsetzung der dem Waffensystem Kampfpanzer immanenten hohen technischen Beweglichkeit in taktische oder gar operative Beweglichkeit zu verhindern. Sie zwingen die Kampfpanzer zur Ausnutzung von Geländeabschnitten, in denen sie ihre volle Gefechtswirksamkeit nicht zur Geltung bringen können und des Schutzes gegen feindliche Infanterie bedürfen. Mehr denn je wird die Entfaltung von Durchsetzungsfähigkeit und Angriffsschwung nur noch im engen Zusammenwirken der Truppengattungen der gepanzerten Kampf- und Kampfunterstützungstruppen möglich sein.

Dazu bedarf es einer Panzergrenadiertruppe, die befähigt ist, die gleiche Beweglichkeit zu entwickeln wie die Panzertruppe. Ihr Hauptgegner wird auch in Zukunft die gegnerische Infanterie sein. Aber dies ist nicht mehr die Infanterie des Zweiten Weltkrieges. Es sind Panzergrenadiere, die über hochleistungsfähige Schützenpanzer verfügen und die Fähigkeit besitzen, das Gefecht der verbundenen Waffen zu führen.

Kampfweise, Einsatzgrundsätze, Gliederung und Ausrüstung der Truppengattung müssen dem Wandel der »Natur des Gefechtsfeldes« angepaßt werden. Zweifellos ist dabei auch die Rolle der verschiedenen Kampfweisen zu überdenken. Aber müßig ist die Diskussion über die Frage, ob Panzergrenadiere vornehmlich aufgesessen oder abgesessen zu kämpfen haben. Es ist die Fähigkeit zum schnellen Wechsel der Kampfweisen, die Stärke, Vielseitigkeit und Flexibilität dieser Truppengattung ausmacht und sie von allen anderen Truppengattungen unterscheidet. Erst diese Fähigkeit hat sie zum eigenständigen Partner der Panzertruppe gemacht, zum unverzichtbaren Element der operativen Beweglichkeit gepanzerter Kampftruppen. Sie muß erhalten bleiben. Sie zu ermöglichen ist Kernforderung an das künftige Hauptwaffensystem der Panzergrenadiertruppe.

Nicht ohne Grund mahnt Oberst Riemann die »Entflechtung« dieses Waffensystem an und verweist auf die Überfrachtung des SPz »Marder« mit einer Vielzahl von Waffen und Kampfmitteln. Lösungen dieses Problems sind ohne Kompromisse nicht möglich. Dabei darf jedoch zweierlei nicht aus dem Blick verloren werden:

1. Durchsetzungsfähigkeit und Beweglichkeit der Panzergrenadiere sind abhängig von der engen Verbindung der Schützen mit einem Gefechtsfahrzeug, das hohe Feuerkraft, ausreichenden Schutz und Beweglichkeit auf dem Gefechtsfeld in sich vereint. In diesen sich wechselseitig in ihrer Wirkung steigernden Faktoren muß es den Waffensystemen der gegnerischen Infanterie zumindest ebenbürtig sein. Konstruktionsbedingte Trennung der infanteristischen Kampfkraft der Schützentrupps von einem Waffensystem, das diese Faktoren in sich vereint, hieße, die Panzergrenadiertruppe in die Rolle einer Begleitinfanterie zurückzuwerfen und damit die Durchsetzungsfähigkeit gepanzerter Kampftruppen schwerwiegend zu beeinträchtigen.

2. Die Vielfalt der Einsatzmöglichkeiten, die Fähigkeit rasch wechselnden Lagen mit den jeweils angemessenen Mitteln zu begegnen, ist Kennzeichen und Stärke der Panzergrenadiertruppe. Als einzige Truppengattung ist sie befähigt im hochbeweglich geführten Gefecht aus eigener Kraft den Kampf der verbundenen Waffen mit Flachfeuer und Steilfeuer, panzerbrechenden und flächendeckenden Waffen, Handwaffen und Kampfmitteln der Schützentrupps reaktionsschnell zu führen. Diese Fähigkeit erfordert hohes Führungskönnen und Selbständigkeit der Führer aller Ebenen und hat der jungen Truppengattung auf den Schlachtfeldern des Zweiten Weltkrieges eine singuläre Rolle zugewiesen, in der sie sich hohe Achtung bei Freund und Feind erworben hat.

Wie fortschrittlich diese Truppengattung war, ist daran zu erkennen, daß erst Jahre nach dem Krieg die Sowjetunion damit begann, einen Teil ihrer motorisierten Schützenverbände mit Schützenpanzern auszustatten, dann aber konsequent den Anteil der Panzergrenadierverbände ihrer gepanzerten Kampftruppen dramatisch zu erhöhen. Erst unter dem Eindruck sich wandelnder Bedrohung durch die Streitkräfte des Warschauer Paktes begannen in diesem Jahrzehnt zunächst die US-Streitkräfte, später die britische Armee, mit der Einführung von Schützenpanzern den Schritt von einer gepanzerten Begleitinfanterie zu einer Panzergrenadiertruppe nachzuvollziehen — ein Schritt, der für die Angleichung taktischer und operativer Konzepte der auf deutschem Boden stationierten Bündnisstreitkräfte von erheblicher Bedeutung ist und Einfluß auf die Planungen zur Weiterentwicklung der gepanzerten Kampftruppen haben muß.

Wer für die Zukunft zu planen hat, tut gut daran, aus den Erfahrungen der Vergangenheit zu lernen. Oberst Riemann hat hierzu einen wichtigen Beitrag geleistet. Sein Buch enthält keine Rezepte, wohl aber eine Fülle von Erfahrungen, Lehren und Anregungen: ein Lehrbuch im eigentlichen Sinne, das Pflichtlektüre für jeden jungen Offizier und Offizieranwärter der gepanzerten Kampftruppen werden sollte, aber auch in die Hände derer gehört, die an verantwortlicher Stelle Planungsentscheidungen für die Weiterentwicklung des Heeres und seiner Kampftruppen vorzubereiten haben.

Carl-Helmuth Lichel
Generalmajor
General der Kampftruppen

Zur Einführung

Die Panzergrenadiere haben sich vor dem Kriege und während dessen Verlaufes aus bescheidenen Anfängen zu einer Truppengattung entwickelt, die den Kampf der Panzertruppen auf dem Gefechtsfeld entscheidend mitgeprägt hat und heute zusammen mit Panzern, Panzeraufklärern und Panzerjägern ein fester Bestandteil der gepanzerten Kampftruppen ist.

Das vorliegende Buch stellt die deutschen Panzergrenadiere aus der Vorkriegszeit, während des Krieges und in der Bundeswehr bis hin zu denkbaren künftigen Entwicklungen dar.

Die bisherige Literatur zu diesem Thema weist nur wenige Bücher auf:

Dr. F.M. von Senger und Etterlin, Die Panzergrenadiere, 1961 erschienen. Das Buch wurde von einem qualifizierten Generalstabsoffizier geschrieben und konzentriert sich vorwiegend auf operative, organisatorische und technische Entwicklungen der Truppengattung im In- und Ausland. Zum Thema »Panzergrenadiere« ist es eine unverzichtbare Quelle.

Lucas/Cooper, Panzergrenadiere im Zweiten Weltkrieg, 1981 erschienen. Dieses Buch beschränkt sich im wesentlichen auf den Zweiten Weltkrieg und beschreibt nach einer knapp gehaltenen geschichtlichen und organisatorischen Übersicht allgemein drei Einsätze von Panzergrenadierverbänden, vorwiegend der Waffen-SS. Es versäumt dabei jedoch die Darstellung der Eigenheiten und Besonderheiten dieser Truppengattung.

Horst Scheibert, Panzergrenadiere, Kradschützen und Panzeraufklärer, 1982 erschienen. Hier handelt es sich um einen ausgezeichneten Bildband mit einem kleinen Textteil.

Eine zusammenhängende Darstellung der Panzergrenadiere bis zur heutigen Zeit fehlt. Das Buch soll daher diese Lücke schließen. Es berührt alle Themen, die mit den Panzergrenadieren zusammenhängen, und soll vor allem der Information dienen. Deshalb richtet es sich an den geschichtlich interessierten Leser sowie an die Soldaten der gepanzerten Kampftruppen in der Bundeswehr und an alle Soldaten und Techniker, die sich mit Problemen der Panzergrenadiere befassen.

Die Hauptabschnitte sind untergliedert in Vorkriegszeit, Kriegsjahre, Erfahrungen aus dem Kriege, Panzergrenadiere in der Bundeswehr und mögliche Zukunftsentwicklungen.

Die Vorkriegszeit bringt zunächst die schwierige Aufbauphase im Schatten der Panzertruppe, während die Kriegsjahre die weitere Entwicklung in Gliederung und Aufbau sowie einige typische Einsätze der Panzergrenadiere zeigen. Die Kriegserfahrungen werden mit allen Höhen und Tiefen besonders eingehend behandelt. In der Zeit ab 1956 werden die heutigen Panzergrenadiere dargestellt, wobei ausführlich auf Gliederung, Ausrüstung und Waffen eingegangen wird. Ein Blick in die Zukunft rundet das Buch ab. Der Text wird durch reiches Bildmaterial verdeutlicht. Als Panzergrenadier war ich im Kriege Kompaniechef und Bataillonskommandeur und habe in der Bundeswehr an der Ausbildung sowie an der Waffen- und Geräteausstattung der Panzergrenadiere verantwortlich mitgearbeitet.

Bei der Bearbeitung des Buches wurde ich von einer Reihe ausgezeichneter Fachleute hervorragend unterstützt, denen nachstehend besonders herzlich zu danken ist: Herrn Oberleutnant Wilhelm Jeschke, PzGrenLehrBtl 92, der meine gesamte Arbeit betreute und ständig bemüht war, für die Beschaffung der statistischen Unterlagen und des Bildmaterials sowie für seine Beratung in Fachfragen und für die kritische

Durchsicht; Herrn Generalmajor a.D. Helmut Fischer, ehem. General der Kampftruppen, der das Kapitel »Zukunftsentwicklungen« durchsah und mir im Heeresamt eine fachliche Beratung durch die Herren Oberst Remmel und Oberst Schütze ermöglichte; den Herren Oberstleutnant a.D. Förster und Oberstleutnant von Hobe, Kampftruppenschule 2, für die taktische und technische Beratung bei zukünftigen Entwicklungen; Herrn Oberstleutnant Meurer, Kampftruppenschule 2, für seine Stellungnahme zu taktischen Fragen der Zukunftsentwicklung; Herrn Hauptmann Rather, Kampftruppenschule 2, für die Durchsicht, Beratung und Ergänzungen bei den Waffenkapiteln; Herrn Major Ackermann, ehemaliger Technischer Stabsoffizier beim PzGrenLehrBtl 92, für die Beratung und Hinweise bei der technischen Entwicklung zukünftiger Schützenpanzer; Herrn Oberstleutnant Henry Michael Mertens, Technischer Stabsoffizier beim PzBtl 54, für die technischen Erläuterungen zur elektronischen Ausrüstung mit Fahr- und Zielgeräten; den Herren Dr. Ritter und Dr. Hofmann im Bundesarchiv in Koblenz sowie Herrn Oberfeldwebel Rainer Bertram, PzGrenLehrBtl 92, für das zahlreiche Bildmaterial und Herrn Dr. phil. Ulrich Wangerin für die abschließende Durchsicht.

Bad Harzburg, im Herbst 1989   *Horst Riemann*

Anfänge der Panzergrenadiere bis 1939

I. Ursprünge in der Kavallerie und in der Panzerwaffe

Bei der Betrachtung der geschichtlichen Entwicklung der Panzergrenadiere wird leicht übersehen, daß nicht nur die Panzerwaffe, sondern auch die Kavallerie einen erheblichen Einfluß ausgeübt hat. Mit dem Beginn der Neuzeit finden wir bei der Kavallerie den stets wiederkehrenden Wunsch, schnell bewegliche Reiterverbände für weitreichende Operationen so auszustatten, daß sie bei Aufgaben, die aus dem Sattel nur mit dem Säbel und der Lanze nicht zu lösen waren, auch in die Lage zu versetzen, infanteristisch zu kämpfen.

Schon im Dreißigjährigen Krieg traten die Dragoner in Erscheinung, als man sich nach einer Waffengattung umsah, welche die Beweglichkeit der Reiterei mit einer, wenn auch begrenzten Feuerkraft der Infanterie in sich vereinigen sollte. Die Dragoner waren mit einem Karabiner ausgerüstet, zu dem ursprünglich auch ein Bajonett gehörte, das allerdings in der preußischen Armee 1789 wieder abgeschafft wurde. Diese Waffenausstattung ermöglichte es den Dragonern schon damals zu Fuß, also abgesessen, infanteristisch zu kämpfen und doch mit

Stehend: Brandenburgischer Reiter 1660
Zu Pferde: Regiment Anhalt 1674
(nach einer Zeichnung von Rothgaengel)

Regiment Grenadiers zu Pferde: Preußen 1740/41
(nach einem Holzschnitt von Menzel)

15

dem Pferd beweglicher zu sein als der Infanterist. So sind eigentlich die Dragoner die Vorfahren der Panzergrenadiere.

Diese Maßnahme hatte sich anscheinend bewährt, denn schon hundert Jahre später finden wir in der Armee Friedrichs des Großen, daß auch Kürassiere und Husaren mit dem Karabiner, allerdings ohne Bajonett, ausgerüstet waren.

Auch für größere und weiträumige Operationen der damaligen Kavallerie erwies es sich immer wieder als notwendig, dieser häufig Infanteristen beizuordnen und sie genau so beweglich zu machen wie die Reiterei.

So befahl der Große Kurfürst 1675 vor der Schlacht von Fehrbellin, daß beim schnellen Vorstoß von Magdeburg zur Inbesitznahme von Rathenow der 6 000 Mann starken Reiterei von Derfflinger auch 1 200 Mann Infanterie, verladen auf Leiterwagen, zugeteilt wurden. Die Notwendigkeit der Beweglichmachung von Infanterie zur Unterstützung der Kavallerie finden wir in der Kriegsgeschichte immer wieder. Noch nach dem Ersten Weltkrieg transportierte der sowjetische Marschall Budjonny 1920 im Kriege gegen Polen bei seiner Reiterarmee schwere Maschinengewehrtrupps in vierspännigen Fahrzeugen, den sogenannten »Tatschankas«, in denen wir unschwer Elemente der späteren Kradschützen erkennen können.[1]

Von diesen Anfängen zieht sich bis in die Zeit nach dem Ersten Weltkrieg die Erkenntnis, daß die Kavallerie für die Entscheidung und für die Ausnutzung des Erfolges auf dem Gefechtsfeld ein infanteristisches Element braucht, daß allerdings genau so beweglich und geländegängig sein muß wie sie selbst.

Nach dem Ersten Weltkrieg begann die Kavallerie für ihre Beweglichkeit das Kraftfahrzeug zu nutzen. Mit Hilfe des Motors war es nun auch möglich, die notwendigen Begleitwaffen auf Kraftfahrzeugen beweglich zu machen. Für die begleitende Infanterie gab es auch bald den eigenen Namen »Kavallerieschützen«[2], die zwar schnell beweglich waren, aber nur auf das Gefechtsfeld transportiert werden konnten, um dort zum Kampf abzusitzen.

Die Notwendigkeit, neben den allmählich entstehenden Kampf- und Spähpanzern nun auch ein gepanzertes Fahrzeug für die begleitende Infanterie zu schaffen, von dem sie aufgesessen kämpfen konnte, wurde damals noch nicht erkannt. Nach Auffassung der Kavallerie war die begleitende Infanterie, mochten es nun Kavallerieschützen oder sonstige verlastete Infanteristen sein, eben doch nur eine Hilfswaffe. Immerhin ist nicht zu verkennen, daß die späteren Panzergrenadiere ihre geistigen Grundlagen auch in der Kavallerie haben.

Noch enger ist der Werdegang der Panzergrenadiere mit dem Entstehen der Panzerwaffe verbunden. Deshalb ist es hier auch notwendig, die Anfänge dieser Waffe zu betrachten. Dabei ist festzustellen, daß die Wiege der Panzerwaffe in England stand, sowohl theoretisch als auch praktisch.

Nach dem ersten Auftreten von Panzern im Ersten Weltkrieg, damals aus Tarnungsgründen »Tanks« genannt, entwickelte der englische Oberst Fuller für den Einsatz von Panzern seine Theorie des »Seekrieges zu Lande« mit voll motorisierten Kräften, also von Panzern mit den notwendigen Begleitwaffen, wozu er in erster Linie Infanterie, Artillerie und Pioniere rechnete.

Im Ersten Weltkrieg wurde als taktisches Ziel für den Einsatz von Panzern das Aufreißen der Front und der Durchbruch bis zur feindlichen Artillerie gefordert, um für die bereitgestellte und nachfolgende Heereskavallerie die Operation im Rücken des Feindes zu ermöglichen. Fuller dagegen forderte für seine neuartige Gefechtsführung mit modernen Panzerverbänden als Ziel den tiefen taktischen Einbruch in den Feind bis zu den Divisions-, Korps- und Armeestäben.

Schon wenig später ging Liddel Hart noch einen Schritt weiter und zog in einer Abhandlung über den Blitzfeldzug Dschingis Khans 1241 den Schluß, daß »vollmotorisierte Streitkräfte zu einer Leistung fähig sein müßten, die der jener vollbeweglichen mongolischen Streitkräfte vergleichbar ist«.

Er entwickelte den Gedanken, daß neue Panzer mit höherer Geschwindigkeit und mit einer größeren Operationsbasis als 1918, in schnellen Verbänden zusammengefaßt, einen tiefen operativen Durchbruch erzielen können. Dieser selbständig geführte Vorstoß sei über ein weites Gebiet hinweg zur Unterbrechung der feindlichen Verbindungslinien tief im rückwärtigen Gebiet zu führen, wo die Möglichkeit zur Abschnürung der wichtigsten feindlichen Nachschubadern besteht.

Dazu war es notwendig, diese Panzerverbände mit allen Unterstützungswaffen auszustatten wie Infanterie, Artillerie und Pionieren, die sie erst in die Lage versetzten, selbständig zu operieren. Es lag auf der Hand, daß diese Waffen genau so schnell beweglich und geländegängig sein mußten wie die Panzer selbst.

Im Jahre 1922 sammelten die Engländer unter Lindsay im Irak ihre ersten Erfahrungen mit Panzerwagen und einer im Entstehen begriffenen motorisierten Truppe. Auch damals erhob sich die Forderung, daß den schnell operierenden Panzern eine genau so schnell bewegliche Infanterie beigeordnet werden müßte.

Nach der Aufstellung des Königlichen Panzerkorps als ständiger Waffengattung des Heeres im Jahre 1923

---

1 von Borries, Heereskavallerie im Bewegungskriege, Verlag E.S. Mittler & Sohn, Berlin 1928, Seite 110

2 Dr. F.M. von Senger und Etterlin, Die Panzergrenadiere, J.F. Lehmanns Verlag München 1961, Seite 26

wurde vom britischen Generalstab 1927 ein motorisierter Versuchsverband ins Leben gerufen und in Salisbury Plain aufgestellt. Er sollte die neuen Theorien erproben. Als Lehrbuch diente das Werk von Liddel Hart: »Great Captains Unveiled«.

Dieser Versuchsverband bestand aus:

1 Panzerbataillon,

1 Bataillon gepanzerter Fahrzeuge und »Tanketts«, den Vorläufern des leichten Panzers,

1 Bataillon MG-Schützen auf sechsrädrigen oder Halbketten-Kfz.,

1 Regiment Feldartillerie, davon 1 Batterie als Selbstfahrlafetten, der Rest beweglich durch Zugmaschinen,

1 Pionier-Feldkompanie (mot).

(Skizze 1)

In dem zu diesem Versuchsverband gehörigen MG-Schützenbataillon können wir den Anfang der späteren Schützenverbände in den ersten Panzerdivisionen erkennen. Es sind die Vorgänger unserer heutigen Panzergrenadiere, die bereits in dieser Formation auf geländegängigen, allerdings noch nicht gepanzerten Halbkettenfahrzeugen befähigt waren, den Panzern überallhin im Gelände zu folgen.

Schon 1928 wurde diese Truppe wieder aufgelöst, nachdem sie in den USA aufmerksame Beachtung und auch kurzfristige Nachahmung gefunden hatte. Die Amerikaner folgten dann aber der französischen Auffassung, wonach die Panzerwaffe ein Teil der Infanterie zu sein hatte; sie wiesen ihr infolgedessen nur eine untergeordnete Bedeutung zu. Diese aus dem Ersten Weltkrieg herrührende Doktrin hatte 1940 für die Franzosen die schwerwiegendsten Folgen.

Obwohl in England hinsichtlich der Entwicklung moderner Panzerverbände große Schwierigkeiten zu überwinden waren, blieb dieses Land geistig und in der Praxis zunächst noch führend. Die Engländer stellten 1931 versuchsweise die 1. Panzerbrigade auf, die aber erst 1934 den Charakter einer ständigen Truppe erhielt.

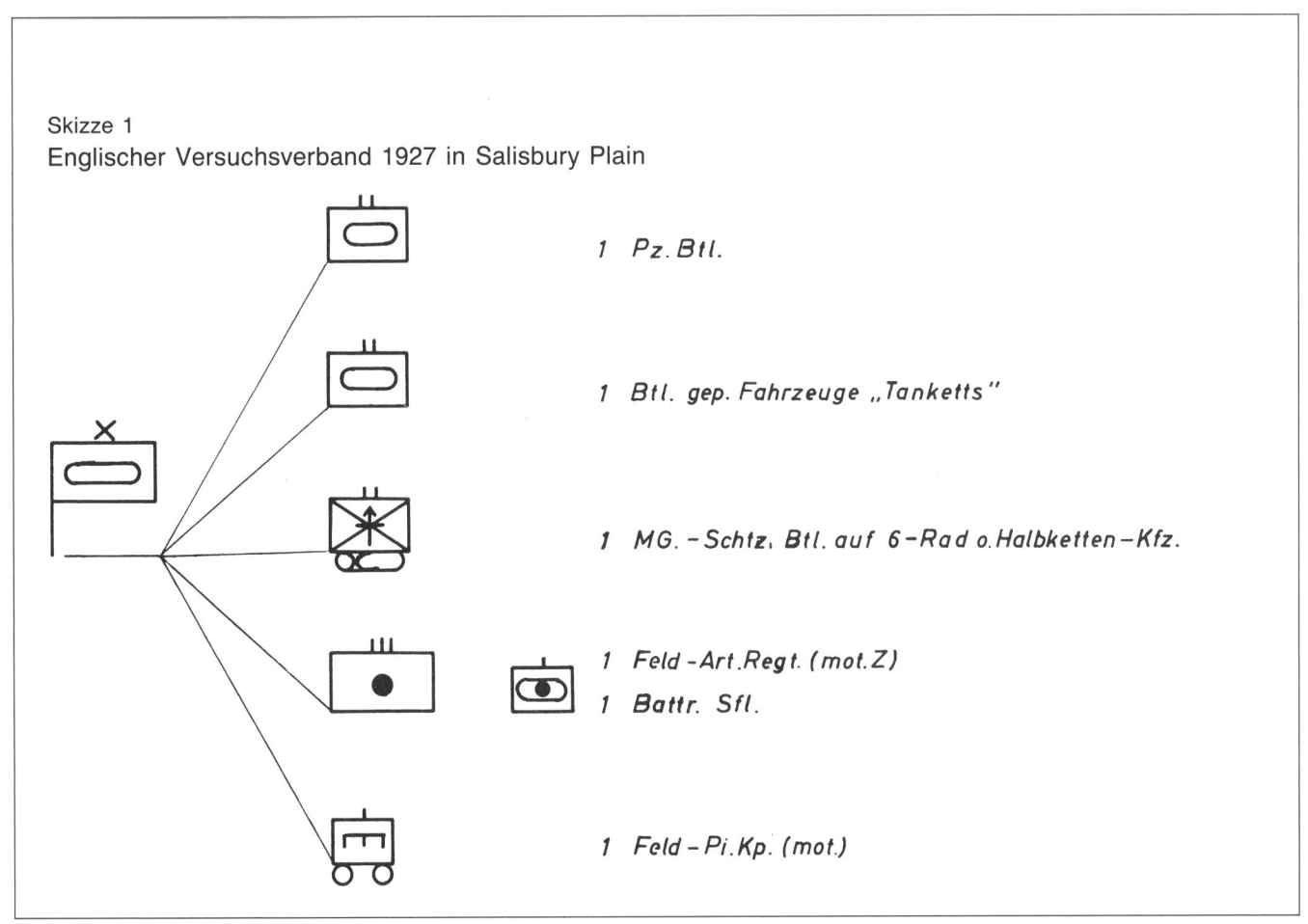

Skizze 1
Englischer Versuchsverband 1927 in Salisbury Plain

1 Pz. Btl.

1 Btl. gep. Fahrzeuge „Tanketts"

1 MG. - Schtz. Btl. auf 6-Rad o. Halbketten-Kfz.

1 Feld - Art. Regt. (mot. Z)
1 Battr. Sfl.

1 Feld - Pi. Kp. (mot.)

II. Guderian und die deutsche Panzerentwicklung

Dieses allmähliche Entstehen von gepanzerten und motorisierten Truppen in England ist in der deutschen Reichswehr von dem späteren Generaloberst Guderian mit großer Aufmerksamkeit verfolgt worden. Schon als Hauptmann beschäftigte er sich 1922 in der damaligen Inspektion der Verkehrstruppen mit der Verwendung gepanzerter Fahrzeuge als Kampftruppe. Infolge der Bestimmungen des Versailler Vertrages mußte er sich jedoch auf Theorien und reichlich behelfsmäßige Übungen beschränken.

Im Jahre 1929 hatte sich Guderian[3] zu der Überzeugung durchgerungen, daß die großen und entscheidenden Möglichkeiten, die im Panzer stecken, sich niemals voll entfalten können, wenn der Panzer an das langsame Tempo der Infanterie zu Fuß gebunden bleibt. Eine Höchstleistung der Panzer war nur dann zu erwarten, wenn die für den Panzer stets notwendigen Unterstüt-

zungswaffen an Geschwindigkeit und Geländegängigkeit dasselbe leisten konnten wie die Panzer selbst, um diese in ihrem Kampf wirkungsvoll zu unterstützen.

Guderian forderte Panzerdivisionen mit Panzern als Hauptwaffe sowie den erforderlichen Unterstützungswaffen, die ebenfalls gepanzert den Panzern überallhin folgen konnten.

Da zu diesen Begleitwaffen natürlich auch bewegliche Infanterie gehören mußte, kann diese Überlegung mit ihren Forderungen als die geistige Geburtsstunde der späteren deutschen Panzergrenadiere angesehen werden.

Nachdem Guderian 1931 Chef des Stabes beim Inspekteur der Kraftfahrtruppen geworden war, begann die unruhige Gründerzeit der Panzertruppe und damit auch die der Panzergrenadiere. Der politische Umschwung des Jahres 1933 brachte einen erheblichen Auftrieb in der weiteren Entwicklung, da Hitler den Fragen der Motorisierung und der Panzerwaffe sein persönliches Interesse zuwandte. Er wohnte einer Übung der damaligen Kraftfahrkampftruppe in Kummersdorf bei und bekundete lebhafte Anteilnahme für die dort vorgeführten Anfänge der Panzertruppe, wobei sich als infanteristisches Element zunächst noch Kradschützen befanden.

Eine Reihe von Versuchsübungen, die 1933 allerdings noch mit Panzerattrappen und mit Kradschützen durchgeführt werden mußten, brachten jedoch klare Ansichten über das Zusammenwirken der Waffen und erhärteten die bereits früher gewonnenen Überzeugungen. Dabei trat die Forderung nach einer vollmotorisierten Begleitinfanterie immer mehr in den Vordergrund.

In seinem Buch »Erinnerungen eines Soldaten« schreibt Guderian über die Erkenntnisse dieser Übungen im Jahre 1933:

»Eine Reihe von Versuchs- und Lehrübungen mit Attrappen schuf klare Ansichten über das Zusammenwirken der Waffen und bestärkte mich in der Überzeugung, daß die Panzer nur dann zu voller Auswirkung im Rahmen des modernen Heeres kommen könnten, wenn sie als Hauptwaffe behandelt, zu Divisionen zusammengefaßt und mit voll motorisierten Ergänzungswaffen gekoppelt würden.«

Die Richtigkeit dieser Erkenntnisse und Forderungen sowie der Beweis, daß die Bewegung und der Kampf

Generaloberst Heinz Guderian
17.5.1888 bis 14.5.1954

---

3 Heinz Guderian, Erinnerungen eines Soldaten, Kurt Vowinckel, Heidelberg 1951, Seite 4/5

Kradschützen und Panzer 2 bei Übungen 1937 und 1938

großer Panzermassen im Zusammenwirken mit ihren Ergänzungswaffen im Divisionsverband möglich sind, wurde im Sommer 1935 durch Übungen erbracht. Auf dem Truppenübungsplatz Munster wurde zu diesem Zweck eine mit den bis dahin vorhandenen Einheiten zusammengesetzte Panzerdivision zusammengezogen. Dabei kam es nicht darauf an, Kommandeure im Fassen und Ausführen selbständiger Entschlüsse zu schulen, als vielmehr zu beweisen, daß die Bewegungen und der Kampf großer Panzermassen im Zusammenwirken mit ihren Ergänzungswaffen überhaupt möglich seien. Das Ergebnis war hochbefriedigend.

III. Aufstellung der ersten Schützenverbände

Die Aufstellung der ersten drei deutschen Panzerdivisionen, die am 15. Oktober 1935 erfolgte, kann als Ergebnis dieser lehrreichen und erfolgreichen Übungen angesehen werden. Allerdings erscheint uns heute die Gliederung dieser ersten Panzerdivisionen noch recht bescheiden. Die bis dahin nur vorhandenen leichten Panzer I und II waren unter einem Brigadekommandeur in 2 Panzerregimentern zu je 2 Abteilungen zusammengefaßt. Mit etwa 400 Panzern bildeten sie damit zwar das Grundelement, das diesen Divisionen das Recht gab, sich als Panzerdivisionen zu bezeichnen, aber alle Ergänzungswaffen waren nur motorisiert, nicht voll geländegängig und schon gar nicht gepanzert.

Als infanteristische Begleitwaffe war eine Schützenbrigade vorhanden, die aus einem Schützenregiment zu 2 Bataillonen und aus einem Kradschützenbataillon bestand. Diese Schützen wurden auf vier- oder sechsrädrigen Halbgruppenfahrzeugen transportiert. Es konnte deshalb keine Rede davon sein, daß sie in der Lage waren, den Panzern »überallhin querbeet zu folgen«, wie es von Guderian immer gefordert worden war. (Skizze 2)

Dieser erfolgversprechende Anfang wurde leider stark beeinträchtigt durch die Entwicklung der folgenden Jahre. Der Aufbau der Panzerwaffe und die Verbesserung der Gliederung und Ausrüstung der Panzerdivisionen erfolgte nicht zielstrebig im Sinne der Ideallösung Guderians. Dieser war zum Kommandeur der 2. Panzerdivision in Würzburg ernannt worden und hatte so auf den weiteren Aufbau nur einen begrenzten Einfluß.

Die Vorstellungen und Gedanken, die Guderian von der Panzerwaffe in einem modernen Heer hatte, waren noch keineswegs Allgemeingut des Generalstabes und der verantwortlichen Führungsstellen des Heeres. Es gab heftige Widerstände, die von der Inspektion der Kraftfahrkampftruppen nicht überwunden werden konnten und die zur Zersplitterung beim weiteren Aufbau auf dem Gebiet der Panzer und der Motorisierung führten. So kam es zur Aufstellung von vier Panzerbrigaden, die als reine Unterstützungswaffe für die zu Fuß kämpfende Infanterie gedacht und damit an das langsame Tempo dieser Waffengattung gebunden waren. Ferner wurden vier leichte Divisionen aufgestellt, deren Hauptelement zwei vollmotorisierte Schützenregimenter waren, die aber beide zusammen zur Unterstützung nur über eine Panzerabteilung in der Division verfügten. Endlich wurden noch vier Infanteriedivisionen (mot) geschaffen, in denen bisherige Infanterie zu Fuß gruppenweise auf Lkw verlastet wurde.

In dieser etwas stürmischen Entwicklungsphase wurde es notwendig, die verschiedenen Richtungen bei der Aufstellung von gepanzerten und motorisierten Verbänden zu koordinieren; denn es war nun eine Zersplitterung eingetreten, die sich für die weitere Entwicklung nur hemmend auswirken konnte. Die Panzerdivisionen waren in der Kraftfahrkampftruppe zusammengefaßt, wofür im OKH die In 6 zuständig war, die leichten Divisionen unterstanden der Kavallerie (In 3), und bei den Panzerbrigaden, die zur Unterstützung der Infanterie vorgesehen waren, wollte auch die Infanterie (In 1) mitreden.

Um dieses Durcheinander zu beseitigen, wurden im Herbst 1938 alle gepanzerten und motorisierten Verbände zu den »Schnellen Truppen« zusammengefaßt, deren Chef Guderian wurde. Es entstand neben den Panzertruppen die neue Truppengattung »Schützen«, deren Waffenfarbe »wiesengrün« wurde. Damit war organisatorisch die erste Grundlage geschaffen, aus der die späteren Panzergrenadiere hervorgehen sollten.

Die sogenannte »Krupp-Protze«, mit der ursprünglich in den ersten Panzerdivisionen die motorisierten Schützen transportiert wurden. (S. a. Bild auf Seite 21)

Skizze 2
Kriegsgliederung
der Schützenbrigade 1
vom 15.10.1935

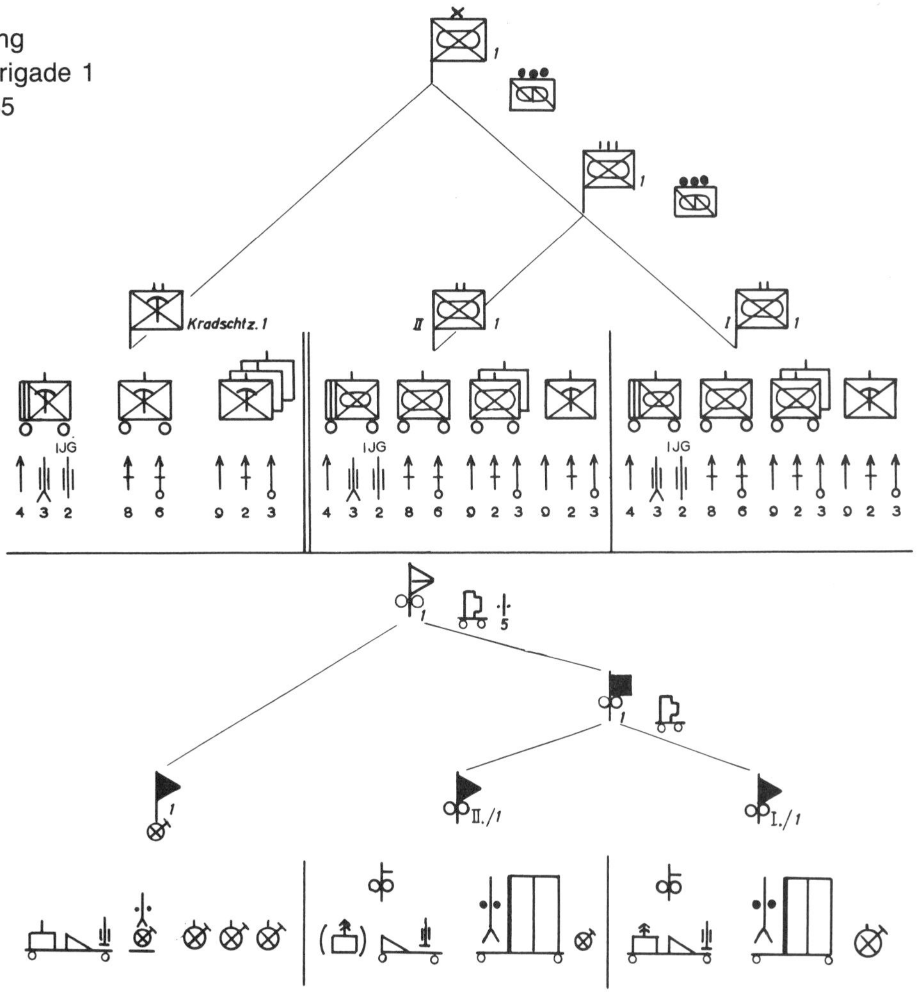

21

IV. Fahrzeugentwicklung

Nach den Forderungen der Panzertruppe sollte deren Begleitinfanterie, die Schützen, den Kampf auch aufgesessen führen. Dazu war ein geländegängiges Fahrzeug mit leichter Panzerung notwendig, das den Panzern überallhin folgen konnte und auf dem Gefechtsfeld den aufgesessenen Soldaten Schutz gegen Infanteriebeschuß und gegen Granatsplitter bot. In den Jahren vor dem Kriege war die deutsche Rüstungsproduktion jedoch so überlastet, daß an die Neuentwicklung eines solchen Fahrzeuges nicht zu denken war.

Nach dem Stande der damaligen Möglichkeiten bot sich das Fahrgestell einer bereits entwickelten Halbketten-Zugmaschine von 3 t an. Um die vorgenannten Forderungen zu erfüllen, wurde dieses Fahrzeug mit einem leicht gepanzerten Aufbau versehen, dessen Stärke frontal 12 mm und an den Seiten 8 mm betrug. Es hatte ein Gefechtsgewicht von 8,5 t, dem aber nur eine Motorleistung von 120 PS gegenüberstand.[4] Das geringe Leistungsgewicht von 14,1 PS/t machte das Fahrzeug lahm, was sich besonders später bei den Geländeschwierigkeiten im Osten zeigte. Immerhin konnten 12 Soldaten darin untergebracht werden. Dieses nun Sdr.Kfz.251 genannte Fahrzeug wurde das Gruppenfahrzeug der späteren Panzergrenadiere. Aus dem Grundtyp wurden für besondere Verwendungen 22 verschiedene Ausführungen entwickelt. Die nähere Beschreibung führt hier zu weit, zumal die einzelnen Typen nicht nur bei den Panzergrenadieren Verwendung fanden, und es wird deshalb auf Dr. von Senger und Etterlin »Die Panzergrenadiere« verwiesen.

Neben diesem Fahrzeug wurde Anfang des Krieges aus dem Fahrgestell einer 1 t Zugmaschine noch ein leichter Schützenpanzerwagen entwickelt — Sdr.Kfz. 250 —, der mit seinem 100 PS-Motor ein sehr viel besseres Leistungsgewicht von 17,5 PS/t hatte und infolgedessen schneller und wendiger war. Er konnte eine Besatzung von 6 Mann aufnehmen; er wurde in der Hauptsache bei der Panzeraufklärungstruppe verwendet, wo er später ähnlich genutzt wurde wie bei den Panzergrenadieren. Aber auch die Führungsstäbe gepanzerter Truppen sowie die Bataillonsführungsgruppen und die Kompanietrupps der gepanzerten Panzergrenadierbataillone waren damit ausgestattet. Auch dieser SPW war nur eine Behelfslösung, von ihm wurden ebenfalls 13 verschiedene Abarten entwickelt.

Die gefundene Lösung für die Fahrzeugfrage war ein Kompromiß, dessen Nachteile sich schon sehr bald bei der Produktion und bei der Ausbildung zeigen sollten. Der MTW, später in Schützenpanzerwagen — SPW — umbenannt, ist leider nie ein vollwertiges Kampffahrzeug geworden und konnte so auch nie dem Wesen und der Kampfweise der Panzergrenadiere ganz gerecht werden.

Die zunächst auftretenden Schwierigkeiten mit dem neuen MTW bestanden darin, daß die maßgebenden Stellen im Generalstab und im OKH noch keineswegs

Schützenpanzerwagen — SPW — Sdr.Kfz. 251/1 Gruppenfahrzeug der Panzergrenadiere

Schützenpanzerwagen — SPW — Sdr.Kfz. 251/10
Zugführerwagen mit 3,7-cm-Pak

V. Schulen und Ausbildung

die Möglichkeiten erkannt hatten, die in dem MTW als Kampffahrzeug und als Waffe steckten. Wie die ursprüngliche Bezeichnung »Mannschaftstransportwagen« deutlich erkennen läßt, sollten die Schützen mit diesem Fahrzeug auf das Gefechtsfeld nur transportiert werden und dort zum Kampf zu Fuß absitzen.

Die für die späteren Panzergrenadiere typische Kampfweise, nämlich der schnelle Wechsel zwischen dem Kampf aufgesessen vom Fahrzeug mit möglichst vielen Waffen und dem Kampf abgesessen, wobei aufgesessen gebliebene Teile unterstützen und das Fahrzeug selbst zur Waffe werden mußte, war noch längst nicht erkannt und lag in weiter Ferne.

Immerhin bleibt es erstaunlich, wie in späteren Kriegsjahren die Panzergrenadiere ihr unzulängliches Kampffahrzeug zu nutzen verstanden und optimal alle Möglichkeiten ausschöpften, die darin steckten.

Eine weitere Schwierigkeit bestand darin, daß die Entwicklung der Ketten- und der Halbkettenfahrzeuge im Frieden und im Kriege dauernd hinter dem Bedarf nachhinkte. Auch später während des Krieges konnten die Forderungen und Wünsche der Truppe nach genügender Ausstattung mit den erforderlichen Kampffahrzeugen nie ganz erfüllt werden.

Als Ausbildungszentrum für die Panzertruppen war vor dem Kriege die Panzertruppenschule in Wünsdorf und Putlos eingerichtet worden. Der Schwerpunkt für die Ausbildung der Panzer lag schon damals auf den Hauptelementen: Fahren, Funken und Schießen. Nach anfänglichen Schwierigkeiten, die vor allem durch das Material und das Gerät bedingt waren, hat die Panzertruppenschule diese Forderungen erfüllt, sich im Laufe der Zeit zu einem geistigen Zentrum der Panzertruppe entwickelt und deren Werden entscheidend beeinflußt.

Für die Ausbildung der Begleitinfanterie bestand zunächst überhaupt keine Ausbildungseinrichtung. Erst als 1938 bei der Panzertruppenschule als Lehrtruppe ein Panzer-Lehrregiment aufgestellt wurde, trat zu diesem als infanteristisches Element das II.(mot) Bataillon des Lehrregimentes der Infanterieschule in Döberitz.[5] Das Ziel der Ausbildung für diese Schützen war zweckentsprechend: Begleitung der Panzer auf dem Gefechtsfeld und deren Unterstützung zur Ausnutzung des Erfolges durch abgesessenen infanteristischen Kampf.

Für die schnellen motorisierten Verbände der Kradschützen und der Schützen gab es zunächst keine Schule mit den erforderlichen Ausbildungseinrichtungen und einer Lehrtruppe. Zwar wurde 1937 auf Vorschlag der Kavallerieinspektion eine Lehr- und Versuchsabteilung in Döberitz eingerichtet, die in ihren fünf Lehrschwadronen aber nur eine solche für Kradschützen hatte. Diese Lehr- und Versuchsabteilung wurde 1938 nach Krampnitz verlegt und zur Kavallerieschule ausgebaut. Für die gepanzerten und motorisierten Teile lag an dieser Schule der Ausbildungsschwerpunkt in der Hauptsache aber auf dem Gebiet der Aufklärung, nicht im Zusammenwirken mit Panzern.

Endlich gab es für die Ausbildung der motorisierten Infanterie noch die Infanterieschule in Döberitz. Die dortige Ausbildung beschränkte sich aber nur auf die Ausnutzung des Kraftfahrzeuges für verlastete und schnell bewegliche Infanterie.

Auch als Guderian Chef der Schnellen Truppen wurde, änderte sich an der Zersplitterung in der Ausbildung der Schützen, der Kradschützen und der motorisierten Infanterie wenig. Zwar wurde die Kavallerieschule in

---

4 v. Senger und Etterlin, a.a.O., Seite 170

5 Oskar Munzel, Die deutschen gepanzerten Truppen bis 1945, Maximilian-Verlag, Herford 1965, Seite 102

Krampnitz zur »Schule der Schnellen Truppen«, aber das Durcheinander und Nebeneinander der verschiedenen Auffassungen über Verwendung und Einsatz der Schnellen Truppen im OKH und im Generalstab konnte auch Guderian nicht überwinden. Erst sehr viel später, im Jahre 1943, als Guderian Generalinspekteur der Panzertruppen wurde, entstand in der »Panzertruppenschule II« in Fallingbostel für die Panzergrenadiere eine wirkungsvolle Ausbildungsstätte. Darüber wird später noch zu berichten sein.

Eine weitere Schwierigkeit bestand darin, daß vor dem Kriege gut fundierte Ausbildungsvorschriften für die Schützen und die Kradschützen als wichtige Grundlage für deren Ausbildung fehlten. Guderian bemühte sich als Chef der Schnellen Truppen sehr darum, aber wie er in seinem Buch »Erinnerungen eines Soldaten« selbst schreibt, gab es unendliche Schwierigkeiten zu überwinden. So konnten die erforderlichen Vorschriften erst nach und nach entstehen, wobei die Ausbildungserfahrungen der Lehrtruppen den ersten Grundstock bildeten.

Der Inhalt dieser Ausbildungsvorschriften beschränkte sich in knapper Form auf Gliederung, Gefechtsformationen, Versorgung usw., er behandelte aber nur recht dürftig den taktischen Einsatz auf dem Gefechtsfeld in den verschiedenen Kampfarten. Von der Besonderheit der engen Kampfgemeinschaft zwischen Panzern und Schützen, der Untrennbarkeit im Gefecht oder gar von dem unterschiedlichen Zusammenwirken beider Waffengattungen war in diesen Vorschriften kaum etwas enthalten. Es fehlte die Erkenntnis über eine zukünftige moderne Kampfweise der die Panzer begleitenden Infanterie, die den Panzern querbeet dichtauf zu folgen hatte und den Kampf auf- und abgesessen führen konnte. So reichten die Vorstellungen eben nicht aus, und es mußte versucht werden, einen Ausbildungsstand zu erreichen, der für die Panzer die größtmögliche infanteristische Unterstützung sicherstellte.

Panzergrenadiere im Kriege 1939 bis 1945

I. Feldzug in Polen 1939

Der überraschende Erfolg des Feldzuges in Polen hat eindeutig die hohe Schlagkraft und die Überlegenheit der gepanzerten und der motorisierten Verbände des deutschen Heeres bewiesen. Die fünf eingesetzten Panzerdivisionen haben mit ihren Schützenverbänden daran einen entscheidenden Anteil. Die Schützen haben sich bewährt, meist allerdings im infanteristischen Kampf zu Fuß.

Im Rahmen der eingesetzten gepanzerten Truppen ist ein Verband für die Zusammenarbeit von Panzern und Schützen von besonderem Interesse. Um im Kriege Erfahrungen für die weitere Ausbildung zu sammeln, wurde auf Befehl von Guderian aus den Panzer-Lehr-Truppen eine gemischte Panzerabteilung gebildet, die aus 3 Kompanien Panzer III und IV sowie aus 1 MTW-Kompanie bestand und als II.Abt./Pz.Rgt.5 am Feldzug in Polen teilnahm.[6] Dies dürfte im Kriege der erste gemeinsame Einsatz von Panzern und auf MTW aufgesessener Schützen gewesen sein. Bei dieser speziellen Panzerabteilung wurden die bisherigen Auffassungen über weitere Entwicklungen bestätigt und wichtige Erfahrungen gewonnen. Letztere konnten jedoch zunächst nur an der Panzertruppenschule verwertet werden, weil der MTW nur in einigen wenigen Kompanien vorhanden war.

Sehr viel klarer und in ihren Auswirkungen auch weitreichender waren die Erfahrungen aus diesem Feldzug

6 Munzel, a.a.O., Seite 102

Panzer und motorisierte Infanterie beim Vormarsch durch ein polnisches Dorf im September 1939
Typen: Panzer IV mit Panzerkanone 7,5 cm
Lkw Opel-Blitz

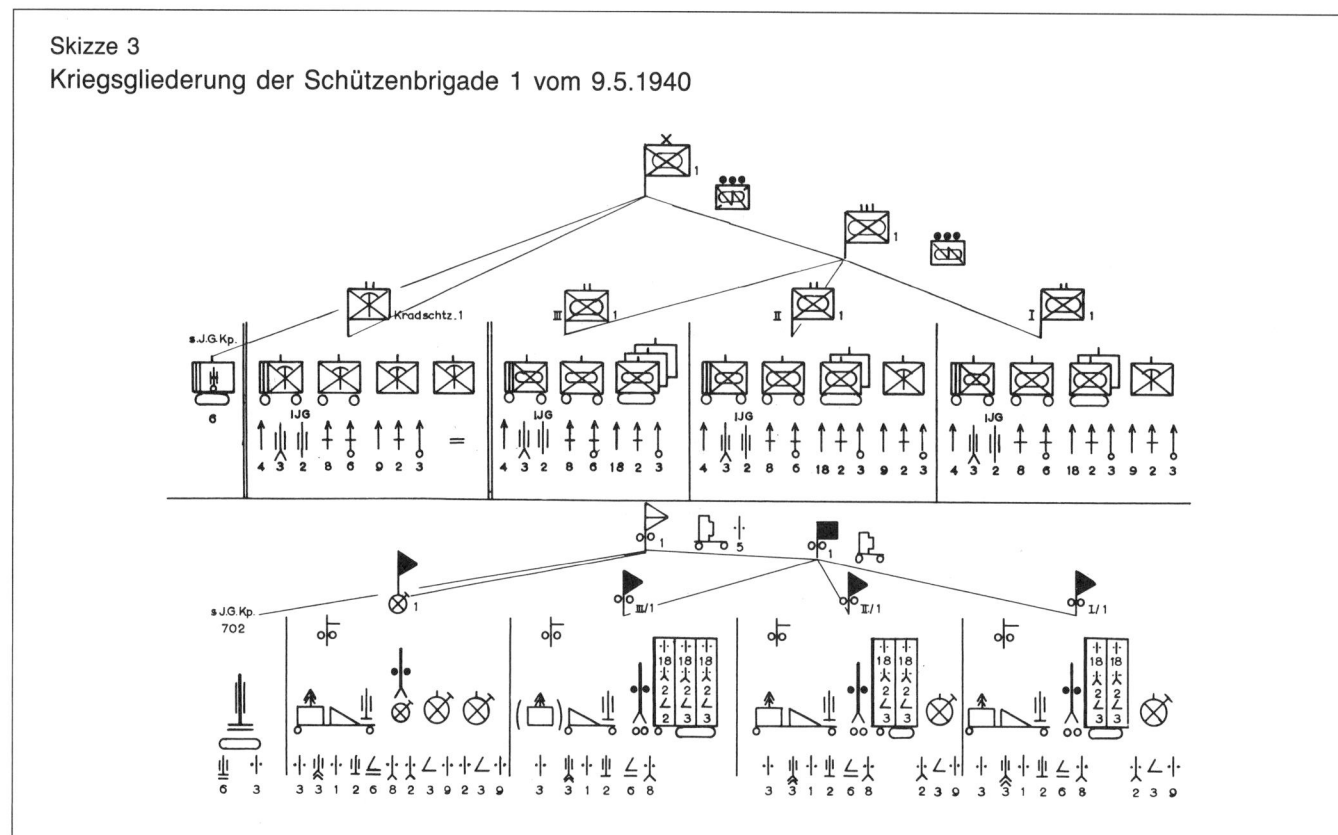

Skizze 3
Kriegsgliederung der Schützenbrigade 1 vom 9.5.1940

deren Gliederung, sowohl in den gepanzerten als auch in den Schützenverbänden.

In den Panzerdivisionen wurde die Zahl der Panzer als zu hoch angesehen, dagegen hatte sich der Anteil der Schützen für die vielfältigen infanteristischen Aufgaben als zu gering erwiesen.

In den wenigen Kriegstagen dieses Feldzuges wurde deutlich, daß eine Panzerdivision nicht nur von Angriff zu Angriff fährt, sondern daß daneben auch Aufgaben auf sie zukommen, die nur von den Schützen wahrgenommen werden können. Das läßt sich recht überzeugend an dem schnellen Vormarsch der 1. Panzerdivision von Oberschlesien bis zur Weichsel nachweisen. Bei den Ortskämpfen in Petrikau und Tomaszow, beim Weichselübergang bei Gora Kalvaria, bei der Bildung von Brückenköpfen auf dem Ostufer der Weichsel, bei der Sicherung der langen Flanken und bei der Sammlung von Gefangenen und deren Bewachung geriet die Division mit ihrer Schützenbrigade in arge Bedrängnis. Aus diesem Grunde mußte ihr schon nach wenigen Kampftagen das I.Btl./Inf.Rgt.66(mot) zugeführt werden, um die Kampfkraft ihrer Schützen für weitere Aufgaben im Panzerverband nicht zu zersplittern.[7]

Um diesem Mangel abzuhelfen, wurden die Schützenregimenter in den Panzerdivisionen um ein drittes Bataillon verstärkt. Außerdem wurde die Waffenausstattung mit leichten und schweren Infanteriewaffen in den Schützenverbänden erheblich erhöht. (Skizze 3)

In den leichten Divisionen mit nur einer Panzerabteilung aber 4 Infanteriebataillonen hatte sich der Anteil an Panzern als zu schwach erwiesen. Die wenigen Panzer blieben an das langsame Angriffstempo der Infanterie gebunden und waren so nicht viel mehr als deren Unterstützungswaffe. So wurden den leichten Divisionen je 2 bis 3 Panzerabteilungen zugeführt und ihre Umgliederung in Panzerdivisionen vollzogen.[8]

Soweit in den fünf neuen Panzerdivisionen noch fehlende Schützenverbände neu aufgestellt werden mußten, geschah dies durch Abgabe der dritten Regimenter aus den motorisierten Infanteriedivisionen, die weiterhin nur zwei Regimenter behielten.

Diese Umgliederungen und die Verbesserung der Ausstattung mit Waffen und auch mit geländegängigen Fahrzeugen — in der Schtz.Brig.1 waren 7 Kompanien mit MTW ausgerüstet — hat sich in den Schützenverbänden in dem nachfolgenden Feldzug gegen Frankreich gut bewährt. Leider war es nicht möglich, alle Verbände gleichmäßig auszustatten, so daß noch erhebliche Forderungen der Truppe nicht erfüllt werden konnten.

---

7 Rolf O.G. Stoves, 1. Panzerdivision 1935 – 1945, Podzun-Verlag, Bad Nauheim 1961, Seite 66
8 v. Senger und Etterlin, a.a.O., Seite 71

II. Feldzug in Frankreich 1940 — Einsatz und Erfahrungen

Während des Feldzuges in Frankreich wirkte sich der arteigene Einsatz und der Kampf der Schützenverbände zum ersten Male erfolgreich in größerem Rahmen aus. Hier war die Masse der deutschen Panzerdivisionen zu einem wuchtigen Stoß zusammengefaßt, und es kam — besonders in der ersten Phase — darauf an, den Panzern die notwendige Hilfe und Unterstützung zu geben und ihnen dort, wo es erforderlich war, die Voraussetzungen für den weiteren Einsatz zu schaffen.

Der erfolgreiche Durchbruch durch die Ardennen, der schnelle Übergang über die Maas, das Gewinnen zahlreicher weiterer Brückenköpfe, Wald- und Ortskämpfe sowie die Abschirmung der stets empfindlichen Flanken sind hier als Hauptaufgaben der Schützenverbände zu nennen. In enger Kampfgemeinschaft mit Panzern wurden diese Kampfaufträge erfüllt, und es gelang den Schützen, sich überzeugend durchzusetzen. Die Erfolge der Panzerdivisionen wären ohne diesen schwungvollen Einsatz, der sich leider auch in hohen Verlusten für die Schützen ausdrückte, nicht möglich gewesen.

Der Einsatz der Schützen erfolgte in den Verbänden, wo MTW vorhanden waren, meist aufgesessen. Die erforderliche enge Zusammenarbeit mit den Panzern war aber noch mangelhaft. Dort wo die MTW fehlten, konnten die Schützen im feindlichen Feuer nicht aufgesessen folgen. Sie mußten absitzen und waren dann nicht in der Lage mit den Panzern deren Tempo zu halten. Beim Einbruch kamen sie zu spät, da die Panzer bereits weiter durchgestoßen waren. Die Schützen mußten sich infolgedessen gegenüber dem erneut auflebenden feindlichen Widerstand durchsetzen, was unnötige Verluste kostete. Andererseits wären die Panzer an das langsame Tempo der abgesessenen Schützen gebunden gewesen und hätten wesentliche Elemente ihrer Eigenart, nämlich Schnelligkeit und Überraschung und damit wichtige Voraussetzungen des Erfolges aufgeben müssen.

Die Erfahrungen aus den beiden Feldzügen der Jahre 1939 und 1940 waren trotz der Erfolge der Schützenverbände für diese doch recht ernst. Als wichtigste Punkte verdienen folgende festgehalten zu werden:

○ In der Ausbildung mußte die Zusammenarbeit mit den Panzern verbessert werden. Insbesondere war es notwendig, daß die Schützen den Panzern zum Ausnutzen des Erfolges dichtauf zu folgen hatten. Jedoch war dies für die zum größten Teil noch ungepanzerten Schützenbataillone schwierig.

○ Die Bewaffnung war ausreichend. Die hohe infanteristische Feuerkraft der Schützen hatte sich bewährt.

○ Die ungenügende Ausstattung mit gepanzerten Fahrzeugen wirkte sich sehr nachteilig aus. Durch den notwendigen abgesessenen Einsatz entstanden unnötige hohe Verluste.

Hier zeigten sich zum ersten Male die Folgen für die kurzsichtige stiefmütterliche Behandlung der Fahrzeugfrage für die Schützenverbände. Leider konnte auch in der Folgezeit keine befriedigende Besserung geschaffen werden.

III. Neuaufstellung

Aus diesen Erfahrungen wurden jedoch keine grundlegenden Folgerungen gezogen. Es wäre notwendig gewesen, für die vorhandenen zehn Panzerdivisionen, von denen allein drei mit tschechischen Panzern ausgestattet waren, die entsprechenden deutschen Panzertypen und für die Schützenbataillone die erforderlichen MTW zu beschaffen. Stattdessen wurden auf Befehl Hitlers die Panzerdivisionen und die motorisierten Infanteriedivisionen vermehrt. Das hatte zur Folge, daß sich zwar die Zahl der Panzerdivisionen verdoppelte, aber infolge ungenügender Produktion blieben die vorhandenen Panzerzahlen dieselben, wodurch sich der Anteil der Panzer in den nunmehr 21 Panzerdivisionen auf 2 Abteilungen je Division verringerte.[9]

In den Schützenregimentern der neuaufgestellten Panzerdivision entstanden im Herbst 1940 zum Teil recht groteske Bilder. So wurde z.B. aus der bisherigen 13. Infanteriedivision (mot) die 13. Panzerdivision gebildet, indem man dieser Division das Panzerregiment 4 zuführte und die bisherigen Infanterieregimenter (mot) einfach in Schützenregimenter umbenannte. Gleichzeitig wurden diese Regimenter um je ein Bataillon gekürzt und zusammen mit einem neuaufgestellten Kradschützenbataillon 43 in der Schützenbrigade 13 vereinigt.

Es spielte dabei zunächst überhaupt keine Rolle, daß diese neuen Schützenregimenter nur mit Opel-Blitz-Lkw ausgerüstet waren, hochbeinigen handelsüblichen Lkw,

die jeweils eine Schützengruppe aufnahmen. Mit diesen Fahrzeugen und in dieser Zusammensetzung ging die 13. Panzerdivision als Lehrtruppe nach Rumänien und hat mit der gleichen Fahrzeugausstattung im Kriege gegen Rußland bei den Kämpfen im Südabschnitt der Ostfront vom Juni bis Dezember 1941 den Weg von Oberschlesien bis nach Rostow zurückgelegt.

---

9 v. Senger und Etterlin, a.a.O., Seite 75

Lastkraftwagen: Lkw 3 t Opel-Blitz
Er war 1940 bis 1942 das Transportfahrzeug der mot. Schützen in den neu aufgestellten Pz.Div. auf allen Kriegsschauplätzen.

IV. Jugoslawien und Griechenland 1941

Während des Feldzuges in Jugoslawien und in Griechenland wurden die dort eingesetzten fünf Panzerdivisionen und die ihnen zugehörigen Schützenverbände vor schwere Aufgaben gestellt. Es war nicht so sehr der Kampf gegen die Jugoslawen, Griechen und Engländer, der den vollen Einsatz der deutschen gepanzerten Verbände erforderte, sondern vor allem waren es die auftretenden Geländeschwierigkeiten, welche einen schnellen, raumgreifenden Angriff zumindest stark einschränkten. Schon in den vorhergehenden Feldzügen hatte sich in Norwegen beim Vorstoß von Oslo auf Lillehammer und in Frankreich bei den letzten Gefechten in den südfranzösischen Alpen gezeigt, daß Hochgebirge mit tief eingeschnittenen Tälern und einem unzureichenden Verkehrsnetz für den Verteidiger günstiger als für einen angreifenden Panzerverband mit seinen Schützen sind.

Trotzdem verdienen die großartigen Leistungen der eingesetzten deutschen Panzerverbände und ihrer Schützen ein hohes Lob. Hierher gehört z.B. der schnelle Vorstoß der Panzergruppe Kleist von Nisch durch das Tal der Morawa auf Belgrad, wobei in drei Tagen 200 Kilometer bewältigt wurden, ebenso wie der erfolgreiche Angriff der 2. Panzerdivision beiderseits des Olymp, der nur durch engste Zusammenarbeit zwischen Schützen und Panzern zustande kam.

Die gewonnenen Erfahrungen machten deutlich, daß die Panzer im Gebirge ihre Vorteile wie Schnelligkeit in breiter und tiefgestaffelter Gefechtsformation sowie ihre überlegene Feuerkraft nicht nutzen können. Die Hauptlast des Kampfes liegt in einem so schwierigen Gelände bei den Schützen, die in mühsamen Einzelkämpfen die gut getarnten feindlichen Widerstandsnester und Waffenstützpunkte niederkämpfen müssen, um den Panzern den Weg frei zu machen.

Obwohl es dem Grundsatz für die Zusammenarbeit zwischen Panzern und Schützen widerspricht, bleibt beim Kampf im Hochgebirge der Panzer an das langsame Tempo der Schützen gebunden. Den Panzern fällt dabei die Aufgabe zu, mit dem Feuer ihrer Bordkanonen die Schützen gegen starke, befestigte Stellungen z.B. gegen Bunker zu unterstützen.

Generell kann festgehalten werden, daß Panzer- und Schützenverbände zum Kampf im Hochgebirge nicht geeignet sind. Der Durchstoß durch die Ardennen 1940 bildete, obwohl diese kein Hochgebirge sind, eine mit einem hohen Risiko belastete Ausnahme. Spätere Kämpfe von Panzerverbänden im Hochgebirge wie im Kaukasus 1942 und in den Karpaten 1944 haben diese Erfahrungen zum großen Teil recht schmerzlich bestätigt.

V. Nordafrika 1941/1942

Seit dem Frühjahr 1941 waren Panzer- und motorisierte Verbände unter der Führung Rommels in Nordafrika eingesetzt und hatten dort beachtliche Erfolge errungen. Der Wüstenkrieg mit seinen weiten, offenen Flächen erforderte jedoch andere Formen des Kampfes als etwa in Rußland. Auf dem Gefechtsfeld in Afrika waren die Panzer mit ihrer weittragenden und panzerbrechenden Kanone entscheidend, und es galt in erster Linie die Feindpanzer auszuschalten. Der Kampf wurde auf großen Entfernungen mit weiträumigen Bewegungen meist mit starker Luftwaffen- und Artillerieunterstützung geführt.

Entscheidende Voraussetzung dafür war eine dichte und lückenlose Aufklärung. Nicht der Besitz von Geländeräumen war in erster Linie entscheidend, sondern die überlegene wendige Führung, um den Gegner zu überflügeln, ihn von seinen Versorgungseinrichtungen abzuschneiden und ihm starke Verluste beizubringen. Der Kampf ähnelte daher dem bereits 1919 von Fuller propagierten »Seekrieg zu Lande«.

Eine der wichtigsten Aufgaben für die Schützen und die motorisierten Verbände waren Sicherung, weiträumige Aufklärung und Geleitschutz für die Versorgung. Alle diese Aufgaben wurden aufgesessen durchgeführt. Ebenso begleiteten die Schützen aufgesessen den Angriff der Panzer, jedoch zum Angriff gegen Stellungen und Versorgungseinrichtungen des Feindes saßen sie ab, ebenso zum Schutze der Pioniere beim Räumen von Gassen in den zahlreichen und ausgedehnten Minenfeldern.

Die in Nordafrika gesammelten Erfahrungen waren für alle dort eingesetzten Truppen, also auch für die Schützen, infolge von Gelände und Klima ganz verschieden von denjenigen auf anderen Kriegsschauplätzen. Voraussetzungen für die weiträumigen Bewegungen des Kampfes waren eine lückenlose und dichte Erd-, Luft- und Funkaufklärung. In dem offenen Gelände der Wüste waren Tarnung, Täuschung, Verschleierung und Überraschung besonders wichtig. Dabei wurde die Nacht zum Verbündeten. Die großen Entfernungen erforderten insbesondere für Betriebsstoff und Wasser die Anlage von Versorgungsstützpunkten, sowie deren Tarnung, Sicherung und notfalls ihre Verteidigung.

Ausschlaggebend war die Erhaltung der Beweglichkeit für alle Verbände mit einer hohen Instandsetzungsleistung. Kräder erwiesen sich für die Schützen als nur bedingt brauchbar. Fast alle Truppengattungen mußten lernen, mit Minen umzugehen, sowohl beim Verlegen als auch beim Räumen. Die Einwirkungen des Klimas mit großer Hitze am Tage und im Gegensatz dazu mit sehr kalten Nächten sowie die auftretenden Sandstürme brachten neue Erfahrungen, sowohl für die Truppe selbst als auch bei deren Umgang mit Waffen und Gerät.

Man bemühte sich in der Heimat alle diese Erfahrungen vom Kriegsschauplatz in Nordafrika schnell auszuwerten und für die dort eingesetzten Truppen nutzbar zu machen. Der Erfolg blieb den tapfer kämpfenden deutschen Verbänden jedoch versagt. Die Gründe lagen darin, daß Nordafrika von Hitler und dem OKH als Nebenkriegsschauplatz behandelt wurde und die notwendig gewesene Versorgung, insbesondere mit Panzern und Betriebsstoff, immer hinter dem Bedarf der Truppe zurückblieb.

VI. Rußland 1941

Der Feldzug gegen Sowjet-Rußland sah für die vier gebildeten Panzergruppen den Auftrag vor, in die Tiefe des russischen Raumes vorzustoßen, starke Teile der Roten Armee einzuschließen und so das Entstehen neuer Fronten zu verhindern. Der Angriffsschwung der gepanzerten Verbände brachte das deutsche Heer in den ersten Monaten dieses Feldzuges weit nach Osten in die Tiefe des russischen Raumes. Infolge der schnellen und weiträumigen Bewegungen gelang es, dem Feinde in mehreren großen Kesselschlachten fühlbare Verluste beizubringen.

Die bis zum Spätsommer 1941 sehr erfolgreiche Offensive erlitt eine nicht wieder einzuholende Verzögerung durch das Abdrehen der Masse der Heeresgruppe Mitte nach Süden zur Vollendung der Kesselschlacht bei Kiew. Die früh einsetzende herbstliche Witterung mit ersten Schneefällen bereits Anfang Oktober brachte eine Verlangsamung aller Bewegungen, so daß die geplanten Ziele, vor allem Moskau, nicht erreicht wurden.

Schon vor Beginn des Feldzuges bestanden für die eingesetzten Panzerdivisionen besondere Sorgen wegen der verringerten Panzerstärken in den Divisionen sowie wegen der ungenügenden Ausstattung mit MTW in den Schützenverbänden. Eine Ausnahme bildete die 1.Pz.Div., die in ihren Schützenverbänden über zwei MTW-Bataillone verfügte, das I./Schtz.Rgt.1 und das I./Schtz.Rgt.113.

Während der ersten Monate dieses Feldzuges stellte sich zusätzlich heraus, daß nicht nur mit der Roten Armee als Feind zu rechnen war, sondern auch mit der Weite des russischen Raumes und mit erheblichen Geländeschwierigkeiten infolge der klimatischen Verhältnisse.

Die Beanspruchung der Truppe und des hochempfindlichen Materiales stieg von Monat zu Monat. Während der Feind überall geschlagen wurde, traten mit Beginn des Herbstes durch Gelände und Witterung Schwierigkeiten ein. Die in den Schützenverbänden vorhandenen wenigen MTW waren im Regen und im Schlamm wegen ihres anfälligen Laufwerkes besonders in kurzwelligem Gelände nicht voll brauchbar. Soweit die Schützen mit Räderfahrzeugen und mit Lkw ausgestattet waren, blieben diese im Schlamm stecken und mußten freigeschleppt werden. Dazu wirkte sich bei den Panzern und den MTW der monatelange Verschleiß von Ketten und Motoren aus.

So traten bei den gepanzerten Verbänden allmählich Ausfälle ein, und die Einsatzstärken von Personal und Material sanken ab. Hinzu kamen Versorgungsschwierigkeiten mit Fahrzeugen, Ersatzteilen, ja sogar mit Betriebsstoff, die zu einem deutlichen Nachlassen der Kampfkraft führten. Die Bewegungen kamen im Dezember 1941 zum Stillstand, die Krise war da und nicht mehr abzuwenden.

Im Jahre 1941 steckte die Zusammenarbeit zwischen Panzern und Panzergrenadieren noch in den Kinderschuhen. Man mußte sich zusammenraufen, kannte die gegenseitigen Stärken und Schwächen nur ungenügend, beharrte auf den Grundsätzen der eigenen Waffengattung und stand sich noch reserviert und mit Vorbehalten gegenüber. Bei den großen und raumgreifenden Panzerangriffen des Jahres 1941 waren in den Weiten Rußlands, besonders im Südabschnitt, die Panzer zweifellos die dominierende Waffengattung.

Aber auch die Panzer merkten bald, daß es ohne die Hilfe der Panzergrenadiere nicht ging, z.B. gegenüber gut ausgebauten feindlichen Stellungen, bei Orts-, Wald- und Nachtkämpfen, bei Flußübergängen und sei es auch nur, um die zahllosen Gefangenen zu vereinnahmen und abzuschieben.

In dieser ersten Phase des Krieges in Rußland sammelten die Schützen wertvolle und lehrreiche Erfahrungen. Besonders in den neuaufgestellten Panzerdivisionen hatten die Schützen begriffen, daß in der engen Zusammenarbeit mit den Panzern der Erfolg begründet war. Trotz unzulänglicher Ausstattung mit dem MTW hielten sich die Schützen dicht heran, wenn die Panzer angriffen. Meist aufgesessen folgten sie den Panzern als zweites Treffen. Soweit sie auf Lkw oder anderen ungepanzerten Fahrzeugen verlastet waren, blieben sie auch gegenüber schwachem oder erschüttertem Feind aufgesessen. Als Notlösung ließ man die Schützen auf die Panzer aufsitzen, um sie dicht an den Feind heranzubringen oder so in die feindlichen Stellungen einzubrechen, um dann den Kampf zu Fuß fortzusetzen. Es liegt auf der Hand, daß die so errungenen Erfolge mit Verlusten für die Schützen erkauft werden mußten.

Die Zusammenarbeit zwischen den Panzern und den Schützen war jedoch wesentlich besser geworden. Die langen gemeinsamen Kämpfe hatten eine bessere Kenntnis der gegenseitigen Eigenarten zur Folge. Die enge Verbindung und die wechselseitige Unterstützung stärkten das Vertrauen und schufen eine gute Kampfgemeinschaft, die auch die Versorgung mit einschloß. Leider wurden diese guten Ansätze der verbesserten Zusammenarbeit zum Jahresende 1941 durch die Erstarrung aller Bewegungen und durch die Verwendung der Schützen im infanteristischen Einsatz unterbrochen.

Im Laufe des Spätherbstes 1941 gingen die Einsatzzahlen der Panzer mehr und mehr zurück. Die 13. Panzerdivision war am 22.6.1941 mit 144 Panzern angetreten und im Dezember des gleichen Jahres verfügte sie noch über 9 (!) Panzer. Die Folge war, daß die Schützen der Panzerdivision zum Stellungskrieg in die Gräben steigen mußten.

Der Verfasser erinnert sich noch deutlich, daß im Dezember 1941 beim ersten Angriff auf Rostow abgeschossene Panzerbesatzungen vorübergehend Deckung in den Erdlöchern der Schützen suchten und auch am Feuerkampf teilnahmen, sich dabei aber äußerst unglücklich fühlten.

VII. Rußland 1942

1. Vorbereitungen

Für die Fortsetzung des Krieges im Jahre 1942 erfolgte bereits im Frühjahr die Auffrischung der Panzerverbände. Der Stand der Produktion erlaubte es endlich, daß beginnend vornehmlich in den Panzerdivisionen der Heeresgruppe A, die im Südabschnitt der Ostfront für großräumige Operationen vorgesehen waren, wenigstens ein Bataillon mit MTW ausgestattet werden konnte. Der bisherige MTW = Mannschaftstransportwagen erhielt nun die Bezeichnung SPW = Schützenpanzerwagen. Die Schützen wurden in »Panzergrenadiere« umbenannt und behielten als Waffenfarbe »wiesengrün«.[10]

Die Offensive sollte in diesem Jahr Ende Juni beginnen. Leider wurden die SPW aber erst im späten Frühjahr zugeführt, so daß der Truppe nur eine sehr kurze Zeit für die Ausbildung zur Verfügung stand. Als Beispiel sei das I.Btl./Pz.Gren.Rgt.66 in der 13.Pz.Div. genannt. Dort wurden erst im Juni 1942 die personell aufgefrischten Einheiten des Bataillons aus den Stellungen am Mius kompanieweise herausgelöst, um sich 14 Tage hinter der Front mit den zugeführten SPW vertraut zu machen. Das Ganze wurde ein Wettlauf gegen die Zeit, zumal für diese konzentrierte Kurzausbildung erfahrene Ausbilder fehlten.

Dabei gab es so viel zu lernen. Vor allem mußten erst einmal die bisherigen Lkw-Fahrer umgeschult werden, um die SPW überhaupt bewegen zu können. Sie mußten lernen, daß der SPW kein Transportmittel mehr, sondern ein Kampffahrzeug war und daß es in Zukunft darauf ankam, das Gelände weitgehend auszunutzen. Die Gruppenführer sahen sich vor neue Aufgaben gestellt, da sie nun den SPW und ihre Gruppe führen mußten. Der Kampf vom SPW mit allen Waffen sowie das schnelle Ab- und wieder Aufsitzen mußten drillmäßig geübt werden. Neu und recht beeindruckend war auch der Einsatz der schweren Waffen vom SPW und ihre schnelle Feuerbereitschaft. Schwierigkeiten bereitete die Führung durch Funk, der am Anfang noch recht großzügig und sorglos gehandhabt wurde.

Erfreulich war, daß die Truppe bei dieser Ausbildung mit großer Begeisterung dabei war und sich, so gut es in der kurzen Zeit ging, mit dem SPW vertraut machte. Überraschend war dabei die enorme Feuerkraft, die jetzt das Panzergrenadierbataillon hatte. (Skizze 4) Allein eine

10 H.M. 1942/581 — O.K.H. 4490/42 Gen.St.H., Org.Abt. (II) v. 5.7.42

Skizze 4
Gliederung des I. Btl./Pz.Gren.Rgt. 66 im Sommer 1942

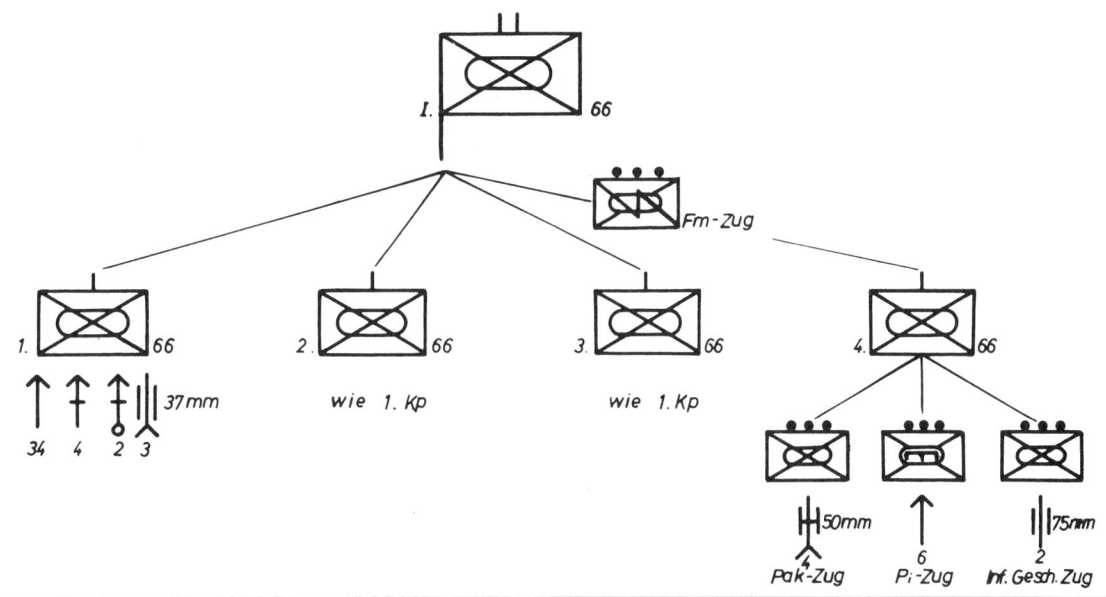

Gliederung der 3.Kp./Pz.Gren.Rgt. 66 im Sommer 1942

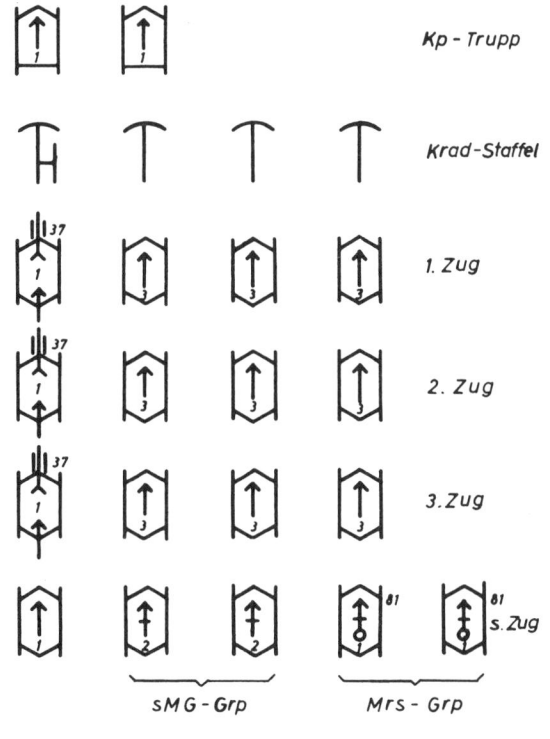

der Troß bleibt hier unberücksichtigt

Stärke nach K.A.N. 1114 gep.

5 Offiziere
38 Unteroffiziere
169 Mannschaften

Bewaffnung: 34 MG
3 Pak 37 mm
2 sMG
2 Mörser 81 mm

19 SPW

Panzergrenadierkompanie verfügte über 34 MG, 3 Pak 37 mm, 2 sMG und 2 m.Gr.Wf. 81 mm, die alle hinter Panzerschutz vom SPW aus eingesetzt werden konnten. Hinzu kam, daß nun auch die Bataillonsführungsgruppe gepanzert war. Das gab den nunmehrigen Panzergrenadieren trotz fehlender Kampferfahrung mit dem SPW viel Zuversicht und Selbstvertrauen. Dem ersten Einsatz sah man mit gespannter Erwartung entgegen.

2. Verlauf der Operationen 1942

Für die weitere Kriegsführung des Jahres 1942 war es nicht möglich, entlang der ganzen 2800 Kilometer langen Ostfront offensiv zu werden. Deshalb hatte Hitler bereits im April entschieden, daß das Schwergewicht für die bevorstehenden Operationen im Süden der Ostfront liegen sollte. Als Angriffsziele wurden Stalingrad sowie die Ölgebiete von Maikop, von Grossny, ja sogar von Baku bestimmt. Die auseinanderstrebenden Angriffsrichtungen waren nicht zu übersehen und strategisch bedenklich. Einen durchschlagenden Erfolg erhoffte man sich trotzdem von der Zusammenfassung starker Panzer- und motorisierter Verbände in diesem Frontabschnitt.

Der Verlauf der Operationen ist bekannt. Es gelang zunächst noch einmal, die Erfolge des Vorjahres fortzusetzen. Wieder waren es die Panzerverbände, deren geballte Stoßkraft den feindlichen Widerstand brechen konnte. Allerdings zeigte sich auch, daß der Feind aus den Erfahrungen des Vorjahres gelernt hatte, denn zu großen Kesselschlachten und hohen Gefangenenzahlen kam es nicht. Trotzdem bestand kein Zweifel, daß die Panzerdivision jetzt schlagkräftiger und schneller geworden waren.

Die 6. Armee gelangte bis nach Stalingrad, wurde dann aber dort eingeschlossen. Tief im Süden vollbrachte die 1. Panzerarmee beim Stoß durch die Kubansteppe großartige Leistungen, nahm Maikop, lief sich dann aber an den Nordhängen des Kaukasus fest. Es stellte sich wieder heraus, daß Panzerdivisionen zum Kampf im Gebirge wenig geeignet sind. Es gelang nicht, die Pässe über den Kaukasus aufzubrechen. Im Gegenteil, als sich die Katastrophe um Stalingrad abzeichnete, mußte die Heeresgruppe A zurückgeführt werden.

3. Erfahrungen

Im Laufe des Jahres 1942 setzte sich bei den Panzergrenadieren der aufgesessene Kampf durch. Der SPW bildete als Kampffahrzeug die Hauptwaffe. Der schnelle Wechsel zwischen dem Kampf aufgesessen, blitzschnellem Absitzen, um den letzten feindlichen Widerstand zu brechen, und danach das Fortsetzen des Gefechtes aufgesessen wurde von den Panzergrenadieren mit Schwung gehandhabt. Der aufgesessene Einsatz brachte durchschlagende Erfolge, und die Führer aller Grade gewannen Zutrauen zu der neuen Art des Kämpfens. Auch die Führung durch Funk wurde schnell begriffen, dagegen leider nicht die Tatsache, daß auch der Feind mithörte.

Die Panzer hatten nun endlich die Ergänzungswaffe, die sie brauchten, und sahen in den Panzergrenadieren die vollwertigen Kampfgefährten. Die nun wirklich enge Zusammenarbeit stärkte das gegenseitige Vertrauen, und die erforderliche enge Verbindung auf dem Gefechtsfeld wurde entweder zwischen den Führern persönlich oder durch Funk hergestellt.

Auch die Einsatzgrundsätze der Panzergrenadiere nahmen in diesem Jahr gültige Formen an. Im engen Zusammenwirken mit den Panzern haben sie deren Erfolge rasch auszunutzen, die feindliche Infanterie niederzukämpfen, von den Panzern gewonnenes Gelände zu säubern, zu besetzen und zu halten. Ihre besondere Aufgabe ist es, die eigenen Panzer gegen feindliche Panzerabwehr zu schützen.

Darüber hinaus sind sie in der Lage, Gefechtsaufklärung tief in den Feind hinein vorzutreiben und breite Sicherungsabschnitte sowie lange und tiefe Flanken zu überwachen. Auf Grund ihrer Beweglichkeit und ihrer starken Feuerkraft eignen sie sich gut als Vorausabteilung, für eine überholende Verfolgung und im hinhaltenden Kampf.

Wie sich bei den Kämpfen im Kaukasus gezeigt hat, waren die Panzergrenadiere wenig geeignet für den Kampf im Gebirge, da sie dort ihre hohe Beweglichkeit nicht nutzen konnten und auf die Unterstützung des SPW meist verzichten mußten. Außerdem fehlte ihnen für den Gebirgskampf die Ausbildung und die Ausrüstung.

VIII. Guderian, Generalinspekteur der Panzertruppen[11]

1. Gliederung 1943

Um das während der zurückliegenden Zeit entstandene Mißverhältnis zwischen der deutschen und der russischen Panzerwaffe an Stärke, Güte der Konstruktion und potentieller Überlegenheit in der Produktion auszugleichen, war auf deutscher Seite ein entscheidender Schritt notwendig. Er erfolgte im März 1943 durch die Ernennung des Generalobersten Guderian zum Generalinspekteur der Panzertruppen. Im Zuge dieser Maßnahmen wurde am 1. April 1943 die Waffengattung »Schnelle Truppen« aufgelöst und die Waffengattung »Panzertruppen« gebildet. Zu dieser gehörten die Panzertruppen, Panzergrenadiere, Infanterie (mot), Panzeraufklärungstruppen, Panzerjägertruppen und schwere Sturmgeschützeinheiten.

Abgesehen von den dringend notwendigen Entscheidungen für die Reorganisation der Panzertruppen, verfügte Guderian auch wichtige Änderungen für die Panzergrenadiere. So sah die Kriegsgliederung 1943 für ein Panzergrenadierregiment (gep) vor[12], daß bei den Regimentseinheiten wesentlich mehr schwere Waffen zur Verfügung standen als vorher. Schon 1942 hatte die Eingliederung einer Fla-Kompanie mit zwölf 20-mm-Geschützen auf Selbstfahrlafetten eine wertvolle Steigerung der Kampfkraft gebracht. Jetzt traten noch eine Panzergrenadier-Pionierkompanie, von der ein Zug gepanzert war und die später sogar über achtzehn Flammenwerfer verfügte, hinzu. Weiterhin noch eine schwere Infanteriegeschützkompanie mit sechs 15-cm-Geschützen.

Im Panzergrenadierbataillon erhielt jede Kompanie eine Kanonengruppe, bestehend aus 2 SPW mit der Sturmkanone 75/L24. In der schweren Kompanie wurde ein ganzer Kanonenzug mit sechs leichten Infanteriegeschützen 75 mm eingeführt.

Ungenügend blieb die Ausstattung mit nur neun Pak im ganzen Panzergrenadierregiment, die besonders dann als schmerzlich empfunden wurde, wenn das Regiment im Kampf ohne die Unterstützung von Panzern auf sich allein gestellt war.

Ganz besonders wichtig war für die Panzergrenadiere die Entscheidung, daß der SPW in Großserie weitergebaut wurde, wenn auch unter Verzicht auf alle Änderungen. Damit sollte nun endlich der Ruf der Truppe nach einer genügenden Ausstattung mit diesem Kampffahrzeug befriedigt werden. Allerdings mußten mit diesem Fahrzeug auch die Bedürfnisse anderer Waffengattungen wie Panzerartillerie, Panzerpioniere, Panzer-Nachrichtentruppe und andere abgedeckt werden.

Zu diesem Zeitpunkt, im Jahre 1943, wurden auch die vorhandenen motorisierten Divisionen in Panzergrenadierdivisionen umbenannt. Diese Maßnahme hat viel Verwirrung gestiftet und den echten gepanzerten Panzergrenadieren bezüglich ihrer artgerechten Verwendung Abbruch getan. Bei diesen sogenannten Panzergrenadierdivisionen handelte es sich um Verbände, die den Zusatz »Panzer« zu Unrecht führten.

Die Panzergrenadierregimenter und -bataillone dieser Divisionen verfügten zum Transport ihrer Schützen nur über Lkw oder sonstige, oft nur zum Teil geländegängige Fahrzeuge. Sie waren somit gar nicht in der Lage, die arteigene Kampfweise der Panzergrenadiere anzuwenden. Zum Schutz gegen Feindpanzer besaßen diese Divisionen nur eine Panzerabteilung oder eine Sturmgeschützabteilung und eine Panzerjägerabteilung. Die Bezeichnung »Gummi-Panzergrenadiere« war zwar wenig schön, mit Rücksicht auf die Kraftfahrzeugausstattung in diesen Divisionen aber treffend. Es liegt dem Verfasser völlig fern, damit etwas über den Kampfwert dieser tapfer kämpfenden Verbände auszusagen, da es hier nur darauf ankommt, Unterschiede in der Kampfweise und in der Ausstattung aufzuzeigen.

2. Ausbildung

Das Hauptaugenmerk Guderians aber galt der Ausbildung. So wurde für das Heimatkriegsgebiet ein Inspekteur der Panzertruppen ernannt, der die Ausbildung in den Ersatztruppenteilen zu koordinieren hatte. Die Schulen der Panzertruppen wurden unter einem Kommandeur zusammengefaßt, der die Ausbildung zentral leitete. Wie überall, so war auch hier viel Versäumtes nachzuholen.

Weiterhin kam es darauf an, energisch mit den verschwommenen Vorstellungen aufzuräumen, die über den Einsatz von Panzergrenadieren vorherrschten. Es galt, die besonderen Eigenarten und die Einsatzgrundsätze dieser Waffengattung in Richtlinien und Vorschrif-

---

11 Guderian, a.a.O., Seite 258 ff.
12 v. Senger und Etterlin, a.a.O., Seite 81

ten klar zu formulieren. Die Aufgaben der Panzergrenadiere wurden einzig und allein nach den Erfahrungen an der Front festgelegt.

Im Angriff bildeten die Panzergrenadiere zusammen mit den Panzern eine untrennbare Kampfgemeinschaft. Auf ihren SPW hatten sie sich dicht an die Panzer heranzuhalten. Die unmittelbare enge Zusammenarbeit zwischen Panzern und Panzergrenadieren gründete sich darauf, daß die Panzersoldaten aus ihren Panzern nur begrenzte Beobachtungsmöglichkeiten hatten. Die Panzer waren gegen Minen und panzerbrechende Waffen leicht verwundbar. Die Panzergrenadiere konnten dagegen von ihren SPW das Gefechtsfeld viel besser beobachten, feindliche Panzerabwehrwaffen leichter erkennen und diese ausschalten. Außerdem waren die Panzergrenadiere in der Lage, mit den auf dem SPW mitgeführten schweren Waffen jeden infanteristischen Feind in Stellungen, Häusern, Bunkern und Stützpunkten niederzukämpfen, wozu die Kanone der Panzer mit ihrer rasanten Schußbahn meist nicht ausreichte.

Beim Einbruch in den Feind kämpften die Panzergrenadiere so lange als möglich aufgesessen auf ihren SPW. Gegen letzten feindlichen Widerstand wurde abgesessen und der Feind mit der Unterstützung der schweren Waffen vom SPW niedergekämpft. Unmittelbar danach wurde wieder aufgesessen, um den Panzern weiter dichtauf zu folgen.

Es war auch notwendig, die Grenzen aufzuzeigen, die einem selbständigen Einsatz von Panzergrenadieren ohne die Zusammenarbeit mit Panzern gesetzt sind. Das waren vor allem die nur schwache Panzerung der SPW sowie die geringe Ausstattung mit weitreichenden Panzerabwehrwaffen. Ferner war nicht jedes Gelände für den Einsatz von Panzergrenadieren günstig. Ihre Verwendung versprach nur dort Erfolg, wo sie aufgesessen von Panzern und abgesessen von ihren eigenen SPW wirksam unterstützt werden konnten.

Die wichtigste Voraussetzung für eine erfolgreiche Zusammenarbeit mit den Panzern war daher das gegenseitige Verstehen und die volle Kenntnis der gegenseitigen Kampfgrundsätze, Stärken und Schwächen.

All diese Erfahrungen und Erkenntnisse wurden zunächst in Richtlinien und Merkblättern festgelegt und sowohl an den Schulen als auch in der Truppe verbreitet, denn es dauerte noch eine Weile, bis die ersten Vorschriften, knapp aber einprägsam gehalten, herausgebracht werden konnten.

IX. Kriegsjahre 1943 und 1944

1. Kursk — Unternehmen Zitadelle 1943

Der Krieg ging weiter, und die deutsche Panzerwaffe erlitt im Juli 1943 den schweren Rückschlag bei Kursk. Guderian war gegen diese Offensive. Die Aufklärung hatte ergeben, daß die Russen an den Flanken des nach Westen vorspringenden Bogens bei Kursk stark befestigte Stellungen angelegt hatten und dort ungewöhnlich stark mit ihrer Panzerabwehr waren. In diese Flanken aber sollten die Stoßrichtungen der deutschen Panzerverbände führen. Guderian sah richtig voraus, daß der Angriff schwere Verluste an Panzern und gepanzerten Fahrzeugen kosten würde. Diese Verluste konnten aus der laufenden Produktion des Jahres 1943 nicht mehr ergänzt werden. Trotzdem wurde dieser Angriff beschlossen.

Diese große Offensive der deutschen Panzertruppe, bekannt unter dem Namen »Zitadelle«, lief sich nach guten Anfangserfolgen fest. Wenn auch die Panzerverbände, besonders an der Südfront des Kursker Bogens, durchstoßen und den freien Raum gewinnen konnten, so gelang es der Infanterie nur mit Teilen, den Panzern zu folgen.

Die Panzer waren in der Tiefe der feindlichen Stellung nach dem Niederkämpfen der feindlichen Artillerie in dem Augenblick allein, als sich die Möglichkeit bot, den Erfolg im freien Raum gegen die letzten Reserven der Russen zu vollenden. Es fehlten genügend Panzergrenadiere, die den Panzern durch die feindlichen Stellungen dichtauf folgen konnten.

Sie allein wären in der Lage gewesen, in dem gut ausgebauten Stellungssystem der Russen und gegenüber der starken Panzerabwehr den Panzern die notwendige Unterstützung zu geben, die feindliche Panzernahbekämpfung auszuschalten und den letzten Widerstand der schwer festzustellenden feindlichen Schützen- und MG-Nester zu brechen. Der Angriff bei Kursk scheiterte zum Teil daran, weil ausreichende Verbände an wirklichen Panzergrenadieren fehlten.

Aber nicht nur bei Kursk, sondern auch an fast allen anderen Abschnitten der schwer ringenden Ostfront fehlten in den Panzerverbänden Panzergrenadiere. Die mangelnde und ungenügende Panzerabwehr bei der Infanterie brachte es mit sich, daß die Panzerverbände immer mehr zum rettenden Engel der Front wurden. Dieser pausenlose Einsatz von einer bedrohten Stelle der Front zur nächsten führte zu einem erheblichen Verschleiß und zu Ausfällen bei den Panzern, die so schnell nicht ersetzt werden konnten. Dadurch kam es öfter vor, daß die Panzergrenadiere allein, ohne Zusammenarbeit mit Panzern eingesetzt werden mußten.

Durch örtliche Notlagen bedingt und oft auch aus Unkenntnis der Einsatzgrundsätze wurden die wenigen Panzergrenadierbataillone dann verkleckert und verzettelt. Oft genug wurden die schnell herantransportierten Panzer- und Panzergrenadierbataillone von der Ausladerampe herunter, sogar kompanie- und zugweise, in den Einsatz geschickt. Es galt zu helfen und zu unterstützen, wo es am dringendsten war. Damit begann die Zeit des Krieges, welche die Panzer und die Panzergrenadiere meist nur noch in der Abwehr sah.

2. Invasion 1944

Die entscheidenden Ereignisse des Jahres 1944 waren die Invasion in Nordfrankreich und die Sommeroffensive der Sowjets bei der Heeresgruppe Mitte. An der Invasionsfront erlitten die dort eingesetzten Panzerverbände erhebliche Verluste. Die Ursache war einmal die hoffnungslose Luftüberlegenheit des Feindes, weiterhin aber auch eine falsche Aufstellung der deutschen Panzerdivisionen vor dem Beginn der alliierten Landung. Ein Teil stand zu dicht an der Küste, wurde falsch, nämlich frontal eingesetzt und geriet dadurch in den Bereich der feindlichen schweren Schiffsartillerie.

Andere Verbände wurden so weit zurückgehalten, daß sie auf dem Marsch zum Einsatzraum von der feindlichen Luftwaffe zerschlagen wurden. Die Gründe für diese unsachgemäße Verwendung war die Unkenntnis einiger höherer Führer über den Einsatz von Panzerverbänden.

Die bei den Panzerdivisionen befindlichen Panzergrenadierbataillone waren an den Verlusten gleichermaßen beteiligt. Die Panzergrenadiere wurden oft, besonders in der ersten Phase der Invasion, nicht zusammen mit den Panzern eingesetzt, wie es ihrer Eigenschaft entsprochen hätte, sondern mußten absitzen und aus Erdstellungen den Verteidigungskampf gegen den aus seinen Landeköpfen angreifenden Feind führen. Die beiden Panzergrenadierbataillone 25 und 26 der SS-Panzerdivision »Hitlerjugend« sind hierfür ein trauriges Beispiel unter vielen.

Besonders schmerzlich waren die schweren Verluste in der Panzerlehrdivision, die aus den Lehrtruppen aller Schulen der Panzertruppen zusammengestellt, nach Frankreich verlegt und dort ausgebildet worden war. Dazu hatte diese Division neues Gerät und ausgesuchtes Personal erhalten. Hier entstand eine Lücke, die in der folgenden Zeit nicht mehr geschlossen werden konnte.

Die Erfahrungen in den Panzerverbänden lehrten, daß auf diesem Kriegsschauplatz und auch in Italien ein geschlossener Einsatz von Panzern und Panzergrenadieren nur noch dann möglich sein würde, wenn der Luftraum frei ist oder zeitlich begrenzt freigekämpft werden kann.

Traf dies nicht zu, dann konnte die Folgerung nur sein, daß in Zukunft alle Bewegungen wie Marsch, Vorführen und Bereitstellung, sowie die umfangreiche Versorgung nur nachts durchgeführt werden mußten. Dies bedeutete bei den kurzen Sommernächten ein erhebliches Problem. Dort aber, wo die Luftüberlegenheit wenigstens für eine begrenzte Zeit hergestellt werden konnte, zeigte sich auch an der Invasionsfront die Überlegenheit der deutschen Panzerverbände und im besonderen auch die Überlegenheit der aufgesessenen kämpfenden Panzergrenadiere gegenüber der zu Fuß kämpfenden feindlichen Infanterie. Es war leider selten der Fall.

3. Rußland 1944 — Heeresgruppe Mitte

Ende Juni 1944 begann an der Ostfront die große Sommeroffensive der Russen gegen die Heeresgruppe Mitte. Auch dort konnte der Erfolg des Feindes nicht verhindert werden und führte zum Verlust von 25 Divisionen. Bei Beginn der russischen Operationen wurden zu den wenigen vorhandenen Panzerverbänden noch weitere herangeführt — die 4. und 5. Panzerdivision —, die aber den Zusammenbruch der Heeresgruppe Mitte auch nicht verhindern konnten. In den wechselvollen Kämpfen hatten die Panzerdivisionen die Aufgabe, die großangelegte russische Offensive zu verzögern und tiefe Einbrüche sowie Durchbrüche zu verhindern. Dieses Ziel konnte nur begrenzt erreicht werden, doch ist es überall dort, wo die wenigen Panzerdivisionen eingesetzt waren, gelungen, den Angriffsschwung des Feindes spürbar zu verzögern. Darüber hinaus waren die gepanzerten Verbände eine starke Stütze für die links und rechts angelehnten Infanteriedivisionen. Freilich, das Schicksal der Heeresgruppe Mitte und insbesondere das der 9. Armee konnten sie nicht verhindern.

Die nur spärlich vorhandenen Panzergrenadierbataillone konnten bei der raschen Folge von Verzögerungsgefechten und von Gegenstößen ihre Eigenart, den schnellen Wechsel zwischen auf- und abgesessenem Kampf, voll zur Geltung bringen, sowohl zusammen mit den Panzern als auch allein auf sich gestellt. In dem waldreichen und oft recht unübersichtlichen Gelände galt es, die Beweglichkeit und Schnelligkeit für die hinhaltende Kampfführung voll auszunutzen und so die Offensivkraft der Russen besonders an der Beresina und am Njemen allmählich zu erschöpfen. Ein besonders gutes Beispiel dieser Kampfweise bot in diesen Kämpfen das I.Btl./Pz.Gren.Rgt.14 in der 5.Pz.Div., das von seinem Kommandeur von Borrissow bis nach Ostpreußen erfolgreich und ohne nennenswerte Verluste geführt wurde.

X. Konzentration der Kräfte

Der Verlauf des Krieges in den Jahren 1943 und 1944 hat für die Panzertruppen grundlegende Veränderungen gebracht. Die Zeit der großen Panzerraids wie noch 1942 durch die Kubansteppe war vorbei. Der hinhaltende Kampf mit seinem schnellen Wechsel zwischen Angriff und Verteidigung wurde zur Hauptkampfart und forderte vor allem von den dafür besonders geeigneten Panzerverbänden eine hohe Einsatzbereitschaft. Die Belastung der Truppe steigerte sich von Monat zu Monat durch die fast pausenlosen Kampfeinsätze. Die Führung wurde erschwert durch hohe Ausfälle an Personal und Gerät.

Längst konnten die ausgefallenen Panzer und Schützenpanzerwagen nicht mehr rechtzeitig und in dem Umfang ersetzt werden, wie sie gebraucht wurden. Hinzu kam ein großer Mangel an qualifizierten Offizieren und Unteroffizieren. Die hohen Verluste der Panzergrenadiere konnten nur schwer und schleppend ersetzt werden. Nach einer Übersicht des Personalamtes — Abteilung Panzergrenadiere — aus dem Jahre 1944 betrug in der Panzergrenadiertruppe die Verwendungsdauer an der Front begrenzt durch Verwundung oder Tod für einen Bataillonskommandeur 30 Tage und für einen Zugführer 7 Tage. Es gelang jedoch, den personellen Ersatz von Führern und Unterführern mit einer besseren Ausbildung als früher an die Front zu schicken.

Eine namhafte Steigerung der Produktion an Waffen und Großgerät für die gepanzerten Truppen war infolge der völlig überlasteten Kriegsindustrie in der Heimat, vor allem auch durch die ständigen feindlichen Luftangriffe auf die Produktionsstätten, nicht zu erwarten. Um die Kampfkraft der gepanzerten Verbände zu erhalten und sofern möglich noch zu steigern, mußten neue Wege gefunden werden, sowohl durch Maßnahmen an der schwer ringenden Front als auch in der Heimat.

1. Neue Gliederungen und Neuaufstellungen

a) Gliederung, Ausrüstung und Bewaffnung 1944

In den regelmäßig vorzulegenden Erfahrungsberichten der gepanzerten Verbände wurde immer wieder die Forderung nach einer Verstärkung des infanteristischen Elementes erhoben. Die Hauptaufgabe der Panzergrenadiere war die Zusammenarbeit mit Panzern und deren Unterstützung im Kampf aufgesessen vom SPW. Das Kriterium aber war die geringe Absitzstärke der Panzergrenadiere für den Kampf zu Fuß, wofür eine Panzergrenadierkompanie höchstens und dies nur selten 100 bis 110 Soldaten einsetzen konnte, vorausgesetzt sie hatte ihre volle Iststärke, was selten der Fall war. Dazu führte jede Gruppe 2 le.MG mit, also 18 in der Kompanie. Darüber hinaus wurden die abgesessenen Teile unterstützt von den Bord-MG der SPW und von allen schweren Waffen der Kompanie, des Bataillons und des Regimentes. Aber es gab häufig Lagen, in denen diese Unterstützung nicht möglich war wie z.B. nachts, bei ungünstigen Geländeverhältnissen sowie bei Orts- und Waldkämpfen, also überall dort, wo den Panzern der Weg freigekämpft werden mußte, wenn diese allein dazu nicht in der Lage waren.

Auf Grund der einleitenden Bemerkung zu diesem Kapitel war aber eine Forderung zur Verstärkung auf dem Personalsektor nicht zu verwirklichen. So entschloß man sich zu einer Straffung der Gliederung und zu einer weiteren Verstärkung der Kampfkraft.

Von Senger und Etterlin hat in seinem Buch »Die Panzergrenadiere« in einer hervorragenden Übersicht alle Gliederungsformen der Panzergrenadiere zusammengestellt, die im Laufe des Krieges entwickelt und angewendet wurden. Es ist eine solche Vielfalt, daß sie nur für den militärischen Fachmann überschaubar ist. Um aber die Gliederung, die Personalstärke und die Bewaffnung der Panzergrenadiere, so wie sie ab 1943 häufig anzutreffen war, darzustellen, sei hier das Beispiel der freien Gliederung des Panzergrenadierregimentes (gp.) 1944 wiedergegeben. (Anlage 1)

Die Gliederung 1944 brachte für das Panzergrenadierbataillon keine nennenswerten personellen Verbesserungen. Dagegen wurden die Organisation gestrafft und die Kampfkraft erheblich gesteigert.

Für die Kradmelder wurde das Kettenkrad eingeführt, ein voll geländegängiges Fahrzeug, das auch bei schwierigen Geländeverhältnissen für alle Meldefahrten und für den Kleintransport von Munition und Verwundeten zuverlässig eingesetzt werden konnte.

Die eigenständige und aufwendige Versorgung der Panzergrenadierkompanien mit eigenen Gefechtstrossen wurde beseitigt durch die Schaffung einer Versorgungskompanie, welche nunmehr zentral die gesamte Versorgung aller Kompanien des Bataillons übernahm.

Zur Verbesserung der Fliegerabwehr wurde in die Panzergrenadierkompanien ein Fla-Zug mit 7 Flak 2 cm eingegliedert. In den letzten Monaten des Krieges waren dies jedoch meist Drillings-MG 15,1 mm auf dem SPW Sd.Kfz.251/21.

Bei den Panzergrenadier-Pionierzügen wurde ein Flamm-Panzerwagen eingeführt, das Sd.Kfz. 251/16. Dieser SPW mit seinen beiden fest montierten Strahlrohren und einem beweglichen Handstrahlrohr war eine äußerst wirksame Waffe gegen befestigte Stellungen und im Ortskampf.

Endlich wurde auf der Basis des SPW ein Fahrzeug entworfen, an dessen Außenseiten 6 Wurfrahmen aufgehängt waren, die zum Verschuß von 28-cm-Wurfkörpern mit Sprengwirkung oder 32-cm-Wurfkörpern mit Flammöl dienten. Leider wurde diese Waffe nur in begrenztem Umfang eingeführt, aber dort, wo sie eingesetzt wurde, erzielte sie im Umkreis von 150 Metern eine vernichtende Wirkung.

b) Bildung gepanzerter Gruppen[13]

Nachdem seit 1942 in einem großen Teil der Panzergrenadierregimenter ein Bataillon mit dem SPW ausgestattet wurde, bestand in den Panzerdivisionen endlich die Möglichkeit, eine Fronterfahrung zu verwirklichen, die längst hätte erfolgen müssen. Alle gepanzerten Teile in der Panzerdivision wurden nunmehr organisch zusammengefaßt zu einer Panzerkampfgruppe.

Diese Panzerkampfgruppen wurden zusammengestellt aus den in den Panzerdivisionen gliederungsmäßig vorhandenen gepanzerten Verbänden und Einheiten und bestanden, sofern diese ihre vollen Ist-Stärken hatten aus:

1 Panzerabteilung mit etwa 58 Panzern,
1 Panzergrenadierbataillon mit etwa 92 SPW,
1 gepanzerten Artillerieabteilung mit 2 Batterien 10,5-cm-Feldhaubitzen und 1 Batterie 15-cm-Feldhaubitzen, alle Batterien auf Selbstfahrlafetten (Sf),
1 Panzerpionierkompanie.

Die Führung einer solchen Panzerkampfgruppe hatte entweder der Kommandeur des Panzerregimentes oder der Kommandeur des Panzergrenadierregimentes; 1942 wohl auch noch der Kommandeur der Schützenbrigade. Wurde der Kommandeur des Panzergrenadierregimentes mit der Führung beauftragt, so hatte dies meist den Vorteil, daß er mit seinem Stab auch die schweren Waffen der Regimentseinheiten mitbrachte.

---

13 v. Senger und Etterlin, a.a.O., Seite 83

Schwierigkeiten bestanden anfänglich mit der Versorgung in den Panzerkampfgruppen, insbesondere bei den Panzergrenadieren, die aber später durch die Einführung der oben erwähnten Versorgungskompanie behoben wurden.

Die Panzerkampfgruppen waren die erfolgreichste Truppeneinteilung, und diese Konzentration der vollgepanzerten Kräfte brachte das höchstmögliche Maß an Beweglichkeit und Feuerkraft. Als harter Kern der Panzerdivisionen wurde mit ihnen der Schwerpunkt bei allen Kampfeinsätzen gebildet. Das Ziel, das Guderian angestrebt hatte, nämlich reinrassige Panzerverbände zu schaffen, in denen die Unterstützungswaffen genauso beweglich und gepanzert waren wie die Panzer selbst, war nun endlich erreicht. Außerdem konnten sich die Panzergrenadiere mit ihrem SPW voll auswirken.

Mit Beginn des Jahres 1944 war es bei den absinkenden Gefechtsstärken der Panzer und der Panzergrenadiere nicht mehr möglich, die Panzerkampfgruppen aus vollen, kampfstarken Verbänden zusammenzustellen. In den Panzerdivisionen war man gezwungen, zur Schwerpunktbildung alle noch vorhandenen Panzer aus dem gesamten Panzerregiment, die noch einsatzfähigen SPW der Panzergrenadiere, die Selbstfahrlafetten der Panzerartillerie und die SPW der Panzerpioniere zusammenzufassen. Nicht selten mußten auch die SPW der Aufklärungsabteilungen mit herangezogen werden. Es liegt auf der Hand, daß diese aus der Not geborenen Panzerkampfgruppen nicht mehr die Schlagkraft besaßen wie am Anfang, als man noch über volle Stärken verfügte.

Trotzdem bleibt festzustellen, daß diese Panzerkampfgruppen überall dort, wo sie eingesetzt waren, Erfolge fast bis zum letzten Kriegstage hatten.

c) Aufstellung von Panzerbrigaden 1944[14]

Während des Kriegsverlaufes ist die Panzerkampfgruppe nie als organisatorisch zusammengehöriger Verband in die Kriegsgliederung eingeführt worden. Dagegen wurde im Spätsommer 1944 die Aufstellung von 13 Panzerbrigaden befohlen. Dabei bestand wohl die Absicht, einen selbständigen, festgegliederten Panzerverband zu schaffen, der unabhängig von den Panzerdivisionen entweder zu deren Verstärkung oder anderswo zur Bildung von Panzerschwerpunkten eingesetzt werden konnte.

Die großen Hoffnungen, die sich an die Aufstellung und an den Einsatz der Panzerbrigaden knüpften, haben sich nicht erfüllt. Ihre Zuführung und ihr Einsatz besonders im Westen geriet in den Strudel der schwer ringenden Front. Meist gingen sie dort in den Panzerdivisionen auf oder bluteten aus. Eine Ausnahme bildete die Panzerbrigade 106, die während der Offensive in den Ardennen, im Elsaß und zuletzt im Ruhrkessel eingesetzt war. Die Panzerbrigade 110 trat zum Panzerkorps »Feldherrnhalle« im Osten.

Das zahlreiche Personal und das Großgerät, das für die Aufstellung der Panzerbrigaden zur Verfügung gestellt wurde, erwies sich als eine Fehlinvestition.

2. Ausbildung

a) Vorschriften

Nach der Einführung neuer Gliederungen für die Panzergrenadiere und nach der Verstärkung der Kampfkraft in den Bataillonen an der Front wurde es notwendig, auch die Ausbildung in der Heimat für die Front durch neue und bessere Methoden zu fördern. Die inzwischen erreichte enge Zusammenarbeit mit der Panzertruppe auf dem Gefechtsfeld brachte einen reichen Schatz an Erfahrungen, der für die Ausbildung in der Heimat ausgewertet und vor allem auch den neuaufgestellten Einheiten und Verbänden zugänglich gemacht werden mußte.

Es galt aber auch, manchen »Wildwuchs« zu beseitigen — leichtfertigen Umgang mit Waffen und Gerät —, der sich bei den langen Fronteinsätzen herausgebildet hatte und zur Sorglosigkeit verleitete. Weiterhin mußten die Kampfgrundsätze vertieft werden, denn immer noch gab es falsche Auffassungen und Unkenntnis darüber, was Panzergrenadiere leisten konnten und was nicht. Im Ersatzheer war für die Ausbildung der Inspekteur der Panzertruppen verantwortlich und durch seine Dienststelle, die In 6, wurde die Ausbildung aller gepanzerten Truppen nach den neuesten Erfahrungen der Front scharf zusammengefaßt und einheitlich befohlen. Für die Panzergrenadiere waren in erster Linie Vorschriften und Ausbildungsrichtlinien erforderlich, die dringend für die Lehrgänge der Kommandeure, Kompaniechefs und Zugführer, sowie für das technische und Waffenpersonal benötigt wurden. Der Werdegang einer Vorschrift nahm aber auch im Kriege viel zu viel Zeit in Anspruch. Für die schnelle Erstellung von Ausbildungsunterlagen wurde daher ein völlig neuer Weg beschritten.

Panzergrenadieroffiziere, die von der Front in die Heimat kamen, sei es zum Urlaub oder auf dem Wege vom Lazarett zum Ersatztruppenteil, wurden zur In 6 nach Berlin befohlen, um dort ihre Erfahrungen zu Waffen, Gerät, Einsatz- und Organisationsfragen, zu Erfolgen

14 v. Senger und Etterlin, a.a.O., Seite 95

oder Mißerfolgen klar niederzulegen. Diese Erkenntnisse der fronterfahrenen Soldaten wurden dann in kürzester Zeit in Merkblätter, Richtlinien und Ausbildungsfibeln für die Fronttruppenteile und für die Ausbildung in der Heimat umgesetzt. So gelang es verhältnismäßig schnell, den notwendigen Bedarf an Ausbildungsgrundlagen zu befriedigen.

b) Panzertruppenschule II[15]

Mit der Verlegung der Panzertruppenschule II von Krampnitz nach Bergen-Fallingbostel erhielt diese Schule den Auftrag, nunmehr auch alle Aufgaben einer Waffenschule für die Panzergrenadiere zu übernehmen. Dieser Aufgabenkatalog war recht vielseitig und umfangreich:

○ Auswertung von Kriegserfahrungen,
○ Weiterentwicklung der Einsatz- und Kampfgrundsätze für die Panzergrenadiere,
○ Mitarbeit bei der Erstellung von Ausbildungsgrundlagen,
○ Durchführung von taktischen, technischen und Schießlehrgängen für die Führer aller Ebenen,
○ Offizieranwärter-Lehrgänge,
○ Vorführung von Lehrübungen,
○ Betreuung der taktischen Lehrkommandos.

Der Schwerpunkt lag bei der Durchführung der taktischen, technischen und der Schießlehrgänge, wobei die taktischen Lehrgänge für die Ausbildung zum Bataillonskommandeur, zum Kompaniechef und zum Zugführer einen breiten Raum einnahmen. Jedoch gestaltete sich gerade dieser Teil des Ausbildungsauftrages immer wieder schwierig, weil das Lehrpersonal meist schnell wechselte.

In Zusammenarbeit mit der Panzertruppenschule I, die inzwischen nach Bergen verlegt worden war, brachte die konzentrierte Ausbildung aber schon bald spürbare Erfolge, die sich nicht nur in der großen Zahl der ausgebildeten Lehrgangsteilnehmer zeigte, sondern besonders auch im Wissen und Können der ausgebildeten Unterführer.

c) Unteroffizierschulen[16]

Neben der Panzertruppenschule II gab es als Ausbildungsstätten für die Panzergrenadiere noch weitere Schulen:

○ die Unteroffizierschule für Schnelle Truppen in Sternberg und
○ die Unteroffizierschule für Panzergrenadiere in Eisenach.

---

15 Munzel, a.a.O., Seite 111
16 Aufzeichnungen des Verfassers als Kp.-Chef an den beiden Unteroffizierschulen und als Führer taktischer Lehrkommandos

In Sternberg waren drei von den fünf Ausbildungskompanien für die Ausbildung des Unteroffiziernachwuchses zum Gruppenführer für Panzergrenadiere vorgesehen. In Eisenach bestanden fünf Ausbildungskompanien nur für die Panzergrenadiere, wovon eine für die Offizieranwärterausbildung vorgesehen war.

Diese Unteroffizierschulen unterstanden zwar offiziell dem Inspekteur für die Erziehung und Ausbildung im Heere, aber die In 6 hatte eine klare Weisungsbefugnis für die Gestaltung der Ausbildungs- und Lehrpläne.

Die Lehrgangsteilnehmer waren junge Unteroffizieranwärter, die sehr begeisterungsfähig und von dem Willen beseelt waren, gute Leistungen zu erbringen. Als Ausbilder wurden fronterfahrene Offiziere der Panzergrenadiere kommandiert, die nach ihrer Verwundung längere Zeit in der Heimat eingesetzt werden mußten.

Die Ausbildung an den Unteroffizierschulen erfolgte recht kriegsmäßig. Die Lehrgangsteilnehmer wurden im Sport und bei der Ausbildung hart gefordert. Regelmäßige Härteübungen taten ein übriges. Leider waren diese Schulen mit Kraftfahrzeugen nicht so gut ausgestattet, daß eine noch gründlichere Ausbildung am SPW hätte erfolgen können. Es war die Zeit, da man, um in der Heimat Benzin zu sparen, Lkw und SPW mit Holzgas-Generatoren ausrüstete. Der ohnehin schon nicht sehr schnelle SPW fuhr mit dieser Ausrüstung noch langsamer, und so konnte mit diesen Behelfsfahrzeugen den Lehrgangsteilnehmern kein kriegsnahes Bild vom Einsatz des SPW verdeutlicht werden.

Die Unteroffizierschulen haben jedoch trotzdem wertvolle Arbeit geleistet. Ihre Ausbildung war so erfolgreich, daß aus den Reihen der jungen Unteroffizieranwärter später eine beachtliche Zahl in die Offizierlaufbahn übernommen werden konnte.

d) Taktische Lehrkommandos

Eine Besonderheit für die Ausbildung war die Bildung eines Lehrstabes für Panzergrenadiere in Fallingbostel. Seine Aufgabe war es, mit einer Reihe von taktischen Lehrkommandos dafür zu sorgen, daß ganze Bataillone vom Kommandeur bis zum letzten Panzergrenadier in der Heimat und an der Front eine gründliche Ausbildung über das Wesen und die Aufgaben der Panzergrenadiere mit ihren besonderen Eigenarten, besonders im aufgesessenen Kampf erhielten.

Der Einsatz dieser taktischen Lehrkommandos war recht erfolgreich. Sie bestanden in der Regel aus einem erfahrenen Bataillonskommandeur, einem Nachrichtenoffizier und einer Reihe von qualifizierten Feldwebeln. Ein solches Lehrkommando wurde nach Weisung der In 6 dort eingesetzt, wo ein bisher motorisiertes Bataillon zu einem Panzergrenadierbataillon umgegliedert werden sollte, und hatte bei diesem Bataillon die Ausbildung zu übernehmen.

Dazu wurde das zur Umgliederung vorgesehene Bataillon aus der Front herausgezogen und in einen rückwärtigen Raum oder in die Heimat verlegt. Nach Abgabe des alten Gerätes wurden die neuen SPW und die erforderliche Waffen- und Geräteausstattung zugeführt. Dann begann die Arbeit des Lehrkommandos. Die Ausbildung erstreckte sich auf Einsatzgrundsätze der Panzergrenadiere, Ausbildung am und mit dem SPW, Fahr- und Schießübungen sowie auf die Führung durch Funk. Die gesamte Ausbildung dauerte etwa 4 bis 5 Wochen und schloß regelmäßig mit einem Kompanieschießen im auf- und abgesessenen Kampf und mit einer Bataillonsübung ab.

XI. Letzte Kämpfe 1944 und 1945[17]

Trotz der Rückschläge an der Invasionsfront und bei der Heeresgruppe Mitte an der Ostfront hatten die Panzergrenadiere im Sommer 1944 einen Höchststand an Schlagkraft und Kampfwert erreicht. Die Steigerung der Kampfkraft durch Ausbildung, Bewaffnung und Ausrüstung wirkte sich aus.

Die ständige Verbesserung der Zusammenarbeit mit den Panzern hatte zu einer engen Kampfgemeinschaft geführt. Die beiderseitigen Einsatzgrundsätze sowie Stärken und Schwächen waren begriffen. Zur gegenseitigen Hilfe und Unterstützung genügte meist eine nur kurze Verständigung. Die verschiedenen Möglichkeiten der Zusammenarbeit und die Gliederungen auf dem Gefechtsfeld wie Panzer voraus oder Panzergrenadiere voraus oder beide in enger Verbindung miteinander, je nach Gefechtslage und Gelände, waren zur Selbstverständlichkeit geworden.

In den gepanzerten Kampfgruppen waren die Panzergrenadiere keine Unterstützungswaffe mehr, sondern wurden gemeinsam mit den Panzern zur Hauptwaffe. Auf Grund ihrer starken Feuerkraft und mit ihrer vielseitigen Waffenausstattung waren sie auch zum selbständigen Einsatz in der Lage.

Bei den Infanterie- und bei den Panzergrenadierdivisionen war die Zuführung eines Panzergrenadierbataillons in Krisensituationen und in Notlagen hochwillkommen und sehr begehrt.

Mehr und mehr errangen die Panzerkampfgruppen ihre Erfolge in Kampfeinsätzen bei Nacht. Auch dabei zeigte sich der hohe Kampfwert der Panzergrenadiere, da sie dafür besonders befähigt waren. Sie konnten mehr sehen und hören als die Panzer und waren deshalb in der Lage, den Feind schneller auszumachen und ihre Waffen überfallartig zum Einsatz bringen.

Die überlegene Kampfweise der Panzergrenadiere und ihre Kampfgrundsätze hatten sowohl bei der sowjetrussischen als auch bei der amerikanischen Armee noch keinen Eingang gefunden. Dort wurde nach wie vor die Begleitinfanterie der Panzer auf das Gefechtsfeld transportiert, saß dann bei Beginn des Gefechtes ab und kämpfte zu Fuß.

Es darf aber nicht verkannt werden, daß auch die Russen erheblich dazugelernt hatten. Von der deutschen

---

17 Die Darstellungen der letzten Kämpfe stützen sich auf:
Stoves, 1. Panzerdivision,
v. Plato, Geschichte der 5. Panzerdivision,
v. Haake, Der Schicksalsweg der 13. Panzerdivision

Panzerwaffe übernahmen sie die massierte Schwerpunktbildung und den raumgreifenden Stoß in die Tiefe. Sie bauten kampfstarke Panzertypen — angefangen beim legendären T 34 —, deren Produktion fortlaufend gesteigert wurde. Auch ihre Überlegenheit an Artillerie war erheblich. Nicht wegzubringen waren sie dagegen von ihrem oft sinnlosen Masseneinsatz an Infanterie. Es fehlte ihnen an Wendigkeit in der Führung und an geistiger Beweglichkeit. Es war ihnen meist nicht möglich, eine auf deutscher Seite erkannte Schwäche sofort auszunutzen und den Schwerpunkt dorthin zu verlegen.

Diese Schwerfälligkeit der russischen Führung bot immer wieder gute Möglichkeiten für den Einsatz der deutschen Panzerverbände. Zwar konnten sie mit ihren unterlegenen Kräften den Feind nicht aufhalten, aber der hinhaltende Kampf mit seinem schnellen Wechsel von Verteidigung und Gegenstößen sowie das Vorlegen in Riegeln brachte für die Panzerkampfgruppen gute Erfolge, um den feindlichen Vormarsch zu verzögern.

Die Panzergrenadiere waren für diese Kampfart besonders gut geeignet. Mit ihrer hohen Beweglichkeit, verbunden mit dem schnellen Wechsel der Kampfweise und einer starken Feuerkraft, waren sie bei ihren Einsätzen vom Feinde nur sehr schwer zum Kampf zu stellen, brachten aber dem Gegner hohe Verluste bei. Es sind Weisungen der russischen Führung bekanntgeworden, die der eigenen Truppe empfahlen, den unmittelbaren Kampf mit deutschen Panzergrenadieren zu vermeiden.

Anders dagegen lagen die Verhältnisse im Westen. Bei der Ardennen-Offensive am Ende des Jahres 1944 war die deutsche Panzerwaffe noch einmal mit Großverbänden im Einsatz. Aus der Eifel traten 2 Panzerarmeen mit 11 Panzerdivisionen an. Für den großangelegten Angriff war als ehrgeiziges Ziel Antwerpen bestimmt, aber schon die Anfangsoperationen brachten nicht den erhofften Geländegewinn. Die Panzerdivisionen quälten sich durch das Waldgebirge, bissen sich an den gut verteidigten Ortschaften fest und erreichten nicht einmal die Maas.

Die große Überlegenheit der Amerikaner, ihre geschickte Reaktion in der Heranführung neuer Kräfte, der Einsatz ihrer Luftwaffe, die winterliche Witterung und Versorgungsschwierigkeiten auf deutscher Seite brachten diese letzte große Offensive zum Erliegen. Von der gewaltigen materiellen und Luftüberlegenheit der Amerikaner wurden die deutschen Panzerverbände in schwere Rückzugskämpfe verwickelt und mußten im Laufe des Januar 1945 auf die Ausgangsstellungen zurückgehen.

Auch bei diesen Kämpfen waren die Panzergrenadiere erfolgreich. Solange die Panzerverbände im Angriff waren, unterstützten sie die Panzer in der nun schon bewährten Kampfgemeinschaft, um deren Erfolge auszu-

weiten und den weiteren Weg zu bahnen bei Orts- und Waldkämpfen sowie bei den zahlreichen Flußübergängen von Ur, Clerf und Ourthe. Bei den Rückzugskämpfen leisteten die Panzergrenadiere, oft als Nachhuten eingesetzt, gegenüber den vorsichtig aufklärenden Angriffsspitzen der Amerikaner erbitterten Widerstand und täuschten starke Kräfte vor.

Es war für die amerikanischen Soldaten eine böse Überraschung, daß sie meinten, es mit abgekämpften deutschen Infanteristen zu tun zu haben, und dann erkennen mußten, daß diese Infanteristen von zahlreichen gepanzerten Fahrzeugen mit einer überlegenen Waffenwirkung unterstützt wurden. Erfolgte dann seitens der US-Divisionen ein Angriff nach Bereitstellung mit stärkeren Kräften, so ging dieser Stoß meist ins Leere, weil sich die Panzergreandiere längst abgesetzt hatten. Dabei war das waldreiche Mittelgebirge der Ardennen insofern ein Vorteil, weil es möglich war, sich schnell und gedeckt dem feindlichen Feuer und der Luftsicht zu entziehen.

Die Ardennen-Offensive mit dem massiven Panzereinsatz hat keinen Erfolg gebracht. Das große Aufgebot gepanzerter Verbände erlitt bei den Kämpfen erhebliche Verluste an Personal und Material. Die Panzerkampfgruppen hatten vor allem beim Rückzug an Betriebsstoffmangel zu leiden. Als sie das deutsche Reichsgebiet erreichten, waren sie stark geschrumpft und zu größeren Angriffsoperationen nicht mehr in der Lage.

Die gleiche Situation zeigte sich während der großen sowjetischen Offensive an der Weichsel und im Baranow-Brückenkopf im Januar 1945. Auch dort erlitten die eingesetzten deutschen Panzerverbände starke Verluste, von denen die Panzergrenadiere genauso betroffen waren wie die Panzer. Auch an den übrigen Abschnitten der Front wie in Ostpreußen, Mittelpolen, Ungarn und in Italien konnten Panzerverbände nicht mehr zu großen Operationen eingesetzt werden, um eine Wende des Krieges herbeizuführen.

Mit Beginn des Jahres 1945 ging der Krieg dem Ende zu. Die Heimat bot das Letzte auf, um der schwer ringenden Front zu helfen. Durch die fast pausenlosen Bombenangriffe auf Hydrierwerke, auf Produktionsstätten und auf das Verkehrsnetz entstanden katastrophale Lücken in der Versorgung, die nicht mehr zu schließen waren. Waffen, Material und Gerät konnten der kämpfenden Truppe nur noch in völlig ungenügenden Mengen zugeführt werden. Vor allem fehlte der dringend notwendige Betriebsstoff. Unter diesen Belastungen durchlitt die Front eine Krise nach der anderen.

Die Reste der Panzerverbände und mit ihnen die Panzergrenadiere waren zu kleinen Panzerkampfgruppen zusammengeschmolzen. Sie wurden als »Feuerwehr« dort eingesetzt, wo es galt, die größten Gefahren zu beseitigen. Hinzu kam die zwingende Notlage, die wenigen frisch zugeführten Verbände, Panzer und SPW dahin zu verkleckern, wo feindliche Durchbrüche drohten. Eine Stabilisierung der Front war damit nicht zur erreichen, es konnten nur noch Löcher zeitweilig gestopft werden.

Bei dieser Gesamtlage war es erstaunlich, daß es in den Panzerdivisionen immer noch einsatzfähige Kampfgruppen gab, die sich örtlich durchsetzten und das Vordringen der feindlichen Angriffsspitzen zumindest zeitlich begrenzt aufhielten. Scharf zusammengefaßt, energisch und gut geführt hatten sie auch in den letzten Kriegsmonaten noch Erfolge. Freilich, es waren aussichtslose Rückzugskämpfe, und eine Entscheidung gegen die Übermacht des Feindes konnten sie nicht herbeiführen.

Die Panzergrenadiere, soweit sie nicht in gepanzerten Kampfgruppen zusammengefaßt waren, besaßen nur noch wenige SPW und mußten zum Teil absitzen. Die ständigen Krisenlagen, dabei eine oft aus der Not geborene und daher unsachgemäße Verwendung und die fehlende Zusammenarbeit mit den Panzern, verringerten die Kampfkraft und die Zahl der Panzergrenadiere erheblich. Als Infanteristen zu Fuß eingesetzt, ohne ihre Hauptwaffe, den SPW, und ohne das dazugehörige reiche Waffenpotential haben die Panzergrenadiere auch in diesen Lagen bis zum letzten Kriegstage tapfer gekämpft.

Am Ende des Krieges konnten die Panzergrenadiere mit Stolz auf ihre Leistungen zurückblicken. Ihre Erfolge sind mit denen der Panzerwaffe eng verknüpft, und unter den übrigen Waffengattungen haben sie sich einen ehrenvollen Platz errungen.

XII. Kriegseinsätze der Panzergrenadiere[18]

Nach dem geschichtlichen Überblick über die Entwicklung der Panzergrenadiere im Kriege folgen Beispiele über Kriegseinsätze, die das Vorhergehende vertiefen und verdeutlichen sollen, insbesondere Schwierigkeiten bei der Aufstellung, die arteigene Kampfweise der Panzergrenadiere, ihre Erfolge, aber auch Mißerfolge.

1. Umgliederung zur Panzerdivision

Nach dem Feldzug in Frankreich wurde im Sommer 1940 von Hitler befohlen, die vorhandene Zahl von 10 Panzerdivisionen auf 20 zu erhöhen. Zu den Divisionen, die in eine Panzerdivision umgegliedert werden sollten, gehörte auch die 13. Infanteriedivision (mot).[19] Diese Division lag Anfang September 1940 im Raum nordwestlich von Wien, wohin sie kurz vorher aus ihren Standorten in und um Magdeburg verlegt worden war. Der Anlaß dazu waren erwartete Spannungen zwischen Ungarn und Rumänien auf Grund des 2. Wiener Schiedsspruches, der die Rumänen zur Abtretung erheblicher Landesteile, vor allem von Nord-Siebenbürgen an Ungarn zwang.

Für die 13. Infanteriedivision (mot), die sich sowohl in Polen als auch in Frankreich bewährt hatte, brach nun eine unruhige Zeit an, die grundlegende Veränderungen mit sich brachte.

Als erste Maßnahme wurde der Division das Panzerregiment 4 unterstellt, das damals im Raume südlich Wien lag. Weiterhin wurden die beiden Infanterieregimenter 66 (mot) und 93 (mot) in Schützenregimenter umbenannt. Sie mußten ihre dritten Bataillone abgeben und wurden zusammen mit dem neu aufgestellten Kradschützenbataillon 43 in der Schützenbrigade 13 zusammengefaßt. Die Artillerie und die Pioniere bekamen den stolzen Namen Panzerartillerieregiment 13 und Panzerpionierbataillon 4. Außerdem wurden die technischen und die Nachschubdienste erheblich verstärkt.

Die ehemalige 13. Infanteriedivision (mot) hieß nun 13. Panzerdivision. Das hörte sich sehr eindrucksvoll an, aber außer den neu zugeführten und neu aufgestellten Verbänden und den Umbenennungen hatte sich in den Verbänden noch nicht viel geändert. Zu den charak-

---

18 Aufzeichnungen des Verfassers als Kp.-Chef der 3./Pz.Gren.Rgt.66 sowie v. Haake a.a.O.
19 v. Senger und Etterlin, a.a.O., Seite 75

teristischen Eigenschaften einer Panzerdivision fehlte doch noch manches.

Eine der Hauptforderungen Guderians, daß nämlich in einem Panzerverband die begleitende Infanterie und die sonstigen Unterstützungswaffen genau so beweglich und geländegängig sein müssen wie die Panzer selbst, um diesen überallhin querbeet folgen zu können, konnte bei der Aufstellung der 13. Panzerdivision nicht erfüllt werden.

Das gepanzerte Element fehlte bei den Schützen völlig. Die erste Ausstattung mit Schützenpanzerwagen, den SPW, für die Schützen erfolgte erst im November 1941, und dann auch zunächst nur für eine Kompanie in der gesamten Division, nämlich für die 1./Schtz.Rgt.66. Der Rest des I./Schtz.Rgt.66 erhielt seine SPW erst im Juni 1942.

So behielten die Schützen ihre bisherigen Fahrzeuge, die alten bisher bewährten 3 t Opel-Blitz, hochrädrige Lkw, die jeweils eine Gruppe aufnahmen. Mit ihnen war ein Angriff zusammen mit den Panzern nur schwer möglich, wie sich 1941 in Rußland zeigen sollte.

In den alten Panzerdivisionen bestand das Panzerelement aus einer Panzerbrigade mit 2 Panzerregimentern. Dagegen hatte die 13. Panzerdivision nur ein Panzerregiment mit insgesamt 2 Panzerabteilungen unterstellt bekommen. Damit hatte sie natürlich bei weitem nicht die Kampfkraft wie die bisherigen Panzerdivisionen.

Es fehlte bei Führung und Truppe jegliche Erfahrung in der Zusammenarbeit zwischen Panzern und Schützen auf dem Gefechtsfeld. Es kam nun darauf an, mit all diesen Schwierigkeiten fertig zu werden und aus der Division einen brauchbaren und schlagkräftigen Panzerverband zu machen.

Zunächst einmal folgten auf dem Truppenübungsplatz Bruck an der Leitha gemeinsame Übungen der Schützen zusammen mit den Panzern. Dabei fingen die Schwierigkeiten für die abgesessenen Schützen schon an, da sie große Mühe hatten, den Panzern zu folgen. In guter Erinnerung ist allen Beteiligten und Zuschauern noch eine solche Übung, als die 3./Schtz.Rgt.66 unter der Führung ihres Kompaniechefs zu Fuß eine Höhe hinauf hinter den Panzern herkeuchte, weil ihr eingehämmert wurde, daß der Anschluß an die Panzer nicht verloren gehen dürfte, damit der feindliche Widerstand hinter den Panzern nicht wieder auflebte.

Bei diesen Übungen lernten die Schützen, daß es nun mit dem gemächlichen Angreifen — »Schieß du, ich springe!« — vorbei war und das Tempo des Angriffs in Zukunft von den Panzern bestimmt wurde, dem man sich anzupassen hatte.

Auch die **Artillerie** als neugeborene Panzerartillerie mußte umlernen. Ihre vorgeschobenen Beobachter fuhren, so lange sie noch keine gepanzerten Beobachtungsfahrzeuge hatten, in den vordersten Panzern mit, und mindestens eine Batterie mußte sich dicht hinter dem ersten Treffen der Panzer heranhalten. Auch die Artillerie litt darunter, daß sie noch keine Selbstfahrlafetten hatte und ihre Geschütze im motorisierten Zug bewegt werden mußten.

Die **Panzerpioniere** hatten sich darauf einzustellen, daß sie bei ihren künftigen Einsätzen beweglich weit vorn im Panzerverband eingegliedert wurden, um zur Wegehilfe, zur Beseitigung von Sperren und zum Minenräumen sofort einsatzbereit zu sein. Beim Brückenbau war das erheblich größere Gewicht der Panzer zu berücksichtigen und erforderten den Umgang mit neuem schwereren Gerät.

In der **Nachrichtenübermittlung** mußten alle Führer lernen, mit dem Funkgerät umzugehen. Vor allem mußte mit dem alten Vorurteil aufgeräumt werden: »Ach Funk, das ist doch eine Sache, die nie funktioniert, wenn man sie braucht!« Mit einem leisen Schmunzeln konnte man beobachten, daß sich ältere Offiziere bei Übungen zunächst nur sehr ungern an das Funkgerät setzten, weil sie eine Scheu davor hatten und nicht wußten, wann sie wo und auf welche Taste drücken mußten.

In der weiteren Ausbildung folgten Planspiele und Nachrichten-Rahmenübungen, bei denen die Einsatzgrundsätze einer Panzerdivision und die Zusammenarbeit all ihrer Waffengattungen einprägsam herausgearbeitet wurden. Der Motor dieser Schwerpunktausbildung war der damalige Ia der 13. Panzerdivision, Major i.G. Krämer, der trotz aller Unzulänglichkeiten in der Ausstattung mit seinem Einfallsreichtum immer wieder Anregungen und Unterstützung für eine möglichst kriegsnahe Ausbildung gab.

Es waren erhebliche Widerstände zu überwinden, bis die neuen Kampfgrundsätze eines Panzerverbandes Eingang bei Führern und Truppe fanden, und vor allem fehlte als Hauptsache eigentlich noch die Erfahrung. Trotzdem war es ein gar nicht hoch genug einzuschätzender Vorteil, daß die Umgliederung unter fast friedensmäßigen Bedingungen erfolgen konnte.

Trotzdem gehörte sehr viel Mut von Seiten der oberen Führung dazu, die 13. Panzerdivision in dieser noch unausgereiften Ausbildungsphase bereits Ende Oktober 1940 als Lehrtruppe nach Rumänien zu verlegen. Die 13. Panzerdivision blieb dort bis zum Mai 1941 und hatte neben ihrem Lehrauftrag so noch Gelegenheit, ihre Ausbildung fortzusetzen.

2. Ausrüstung mit dem SPW

Anfang Juni 1942 erhielt der Kommandeur des I./Schtz.Rgt.66 den Befehl, daß sein Bataillon auf SPW umgerüstet werden sollte. Das Bataillon war seit Dezember 1941 am Mius zur Verteidigung eingesetzt. Es hatte als bisheriges motorisiertes Bataillon Stellungskrieg geführt und mehrere Großangriffe der Russen erfolgreich abgewehrt.

Die Nachricht über die Umrüstung wurde mit Jubel begrüßt, in der Hauptsache wohl deshalb, weil man statt des langweiligen Grabenkrieges auf ein paar abwechslungsreiche Ausbildungswochen hinter der Front hoffte. Daneben freuten sich die Soldaten auf das neue Fahrzeug, mit dem sich sicher mehr anfangen ließ als mit den bisherigen Opel-Blitz-Lkw.

Zunächst folgten grundlegende Besprechungen beim Ia der Division. Das I./66 wurde aus der Front herausgezogen und 20 Kilometer weiter nach rückwärts verlegt, wohin die SPW zugeführt werden sollten. Für die Ausbildung waren 14 Tage vorgesehen, dann sollte die Umrüstung mit einer Kompanieübung abgeschlossen werden, bei welcher die auf- und abgesessene Kampfweise und alle Waffen im scharfen Schuß vorgeführt werden sollten.

Es war ein gerütteltes Maß an Ausbildungsforderungen, die mit diesem Auftrag auf die Truppe zukamen. Eine besondere Erschwernis bestand darin, daß keine erfahrenen Ausbilder, keine Hilfsmittel und keine Grundlagen für die Ausbildung vorhanden waren. Lediglich der Chef der 1. Kompanie, der seine SPW schon im Dezember 1941 erhalten hatte, stand mit seinem Schirrmeister zur Verfügung, aber Ausbildungs- und Einsatzerfahrungen hatte er auch nicht, denn seine Kompanie war den Winter über genauso im Stellungskrieg eingesetzt wie die übrigen. Später, 1944, wurden für solche Umrüstungen die schon erwähnten taktischen Lehrkommandos eingesetzt, und es stand ein Zeitraum von 4 bis 6 Wochen zur Verfügung.

Die 3./66, von der hier im einzelnen weiter die Rede sein soll, kam in ein kleines Dorf mit nur wenigen Häusern, die aber bei dem hochsommerlichen Wetter völlig ausreichten. Das dortige Gelände war typisch für die Süd-Ukraine. Es war leicht wellig mit wenig Baumbestand, war von einigen Balkas durchschnitten und bot mit seiner geringen Besiedlung geradezu ideale Ausbildungsmöglichkeiten.

Infolge der kurzen Zeit, die für die Umrüstung blieb, war es notwendig, in der Ausbildung deutliche Schwerpunkte zu bilden:

○ Ausbildung der SPW-Fahrer,
○ Ausbildung der Zug- und Gruppenführer in der Kampfführung mit dem SPW,

○ Ausbildung der Soldaten im Kampf vom und mit dem SPW,
○ Ausbildung an den schweren Waffen: s.MG., m.Gr.Wf. 81 mm und 3,7-cm-Pak,
○ Führung durch Funk und Funksprechverkehr.

Als erste Maßnahme mußten die Fahrer ihre Opel-Blitz-Lkw abgeben, um nach einer kurzen Einweisung durch den Divisionsingenieur die SPW zu übernehmen und in das Ausbildungsdorf zu bringen, wo sie bei ihrem Eintreffen ehrfürchtig bestaunt wurden. Ja, und dann ging's los! Der Verfasser kann sich nicht erinnern, daß eine Truppe jemals mit solcher Begeisterung bei einer Ausbildung gewesen ist, obwohl diese wegen der Fülle des Stoffes fast rund um die Uhr lief.

Da für die gesamte Ausbildung die SPW im Mittelpunkt standen und von früh bis spät ständig im Einsatz gebraucht wurden, hatte die Ausbildung der Fahrer zunächst Vorrang. Es war wichtig, ihnen begreiflich zu machen, daß sie in Zukunft nicht mehr einfache Lkw-»Kutscher« waren, sondern Fahrer eines Kampffahrzeuges, das in kommenden Gefechten die Hauptwaffe war. Diese neue Eigenart wurde nur langsam begriffen, da die Fahrer noch keine Vorstellung von der zukünftigen Kampfweise der Panzergrenadiere hatten.

Im Gegensatz dazu war zu beobachten, daß die Fahrer die Geländegängigkeit des SPW dazu benutzten, um in einer abenteuerlichen Fahrweise an Steilhängen, durch versumpfte Wiesen und in engsten Kurven ihre SPW bis an die Grenze ihrer technischen Leistungsfähigkeit heranzuführen, wobei nicht selten die Ketten herunterflogen. Mehr als einmal raufte sich der Schirrmeister die Haare.

Allmählich lernten die Fahrer aber auch die Ausnutzung des Geländes — »wie das Wasser fließt« —, sie begriffen, daß in dem deckungslosen, offenen Gelände eine gute Tarnung des SPW eine Überlebensfrage war, und sie machten sich vor allen Dingen mit der Technik vertraut. Insgesamt gesehen lief die Ausbildung der Fahrer besser und schneller als erwartet werden konnte.

Die Ausbildung der Zug- und Gruppenführer leitete der Chef persönlich. Am einfachsten war es mit den Zugführern, wenn auch am Anfang eine starke Neigung zum Absitzen zum Kampf zu Fuß bekämpft werden mußte. Daneben wurden aber die verschiedenen Gefechtsformen der Entfaltung und Entwicklung schnell aufgenommen. Es dauerte nicht lange, bis die Kompanie in der Doppelreihe, im Keil und im Breitkeil exakt wie auf dem Übungsplatz rollte. Auch die Ausnutzung des Geländes in der Bewegung wurde bald begriffen, ebenso wie die Führung durch Funk oder Zeichen.

Viel schwerer hatten es dagegen die Gruppenführer. Ihre Ausbildung nahm einen breiten Raum ein. Sie hatten zunächst einmal zu lernen, ihren SPW zu führen, wozu eine ständige Geländebeurteilung notwendig war, um jede nur mögliche Deckung auszunutzen. Um das zu erreichen, mußten sie auf den Fahrer einwirken, wie er optimal zu fahren hatte. Sie standen dazu hinter dem Fahrer, und da sie sich nicht bei jedem Befehl unter die Panzerung hinunterbeugen konnten, bedienten sie sich körperlicher Zeichen. So bedeutete ein Stoß in den Rücken »Marsch!«, ein Ziehen am Rockkragen »Halt!«, Handauflegen auf die Schultern »Rechts!« und »Links!« Das hört sich ein bißchen nach Mißhandlung an, besonders, wenn der betreffende Gruppenführer etwas temperamentvoll war, klappte aber hervorragend.

Durch die zurückliegenden Monate waren die Gruppenführer im Kampf zu Fuß erprobt und kriegserfahren, aber nun mußte der Kampf aufgesessen über die Bordwand mit allen Waffen geführt werden. Beim Absitzen war nicht nur die Gruppe zu führen, sondern auch der SPW so einzusetzen, daß er den Kampf zu Fuß unterstützte. Da das Ab- und Aufsitzen über die Bordwand ein Schwächemoment war, wurde dieses drillmäßig am stehenden und fahrenden SPW geübt. Das hat viel Schweiß gekostet, aber die Notwendigkeit wurde eingesehen.

Durch solche intensive Ausbildung wuchsen die Panzergrenadiere immer mehr mit dem SPW zusammen, der nun für sie kein Transportmittel mehr war, sondern ein Kampffahrzeug, für das nicht mehr der Fahrer allein, sondern die ganze Besatzung mitverantwortlich war.

Auch die Ausbildung an den schweren Waffen bot keine besonderen Schwierigkeiten. Durch ihre Lafettierung auf dem SPW waren sie eigentlich dauernd feuerbereit. Es kam nur darauf an, für die SPW des schweren Zuges möglichst schnell die notwendigen versteckten, teilgedeckten und Hinterhangstellungen zu finden, diese geschickt zu beziehen und aus ihnen vorsichtig zurückzusetzen.

Die beiden s.MG-Gruppen beherrschten sehr schnell ihre Einsatzmöglichkeiten. Der Ausbildungsschwerpunkt lag hier beim schnellen und gedeckten Stellungswechsel sowie beim Überschießen der eigenen Truppe und beim Schießen durch Lücken.

Die Bedienungen der m.Gr.Wf. 81 mm fanden bald heraus, daß ein langes Einschießen nicht mehr erforderlich war. Schon nach dem dritten Schuß konnte meist zum Wirkungsschießen übergegangen und, wenn es sehr eilte, konnte auch auf die Benutzung der Schußtafeln verzichtet werden.

Beim Einsatz der 3,7-cm-Pak wurde sehr schnell erkannt, daß diese Waffe außer gegen leicht gepanzerte Ziele auch hervorragend zum Niederkämpfen von Stützpunkten und Erdbunkern geeignet war.

Ein besonderes, nicht gerade leichtes Gebiet der Ausbildung war die Funksprechausbildung und die Führung durch Funk. Die Funkausstattung in der Kompanie war eine völlig neue Materie, und vom Chef bis zum letzten Unteroffizier mußten erst alle lernen, damit umzugehen. Dabei war es weniger die Technik, welche Schwierigkeiten bereitete als vielmehr die Handhabung der Sprechfunkerei. Es bedeutete eine Erleichterung ·der Ausbildung, daß der Chef vor Übernahme der Kompanie Regimentsnachrichtenoffizier gewesen war.

Im Kompanietrupp waren 2 l.SPW vorhanden, die jeder mit 2 Funkgeräten ausgestattet waren, je eines für den Bataillonsführungskreis und eins für den Kompanieführungskreis. An das letztere waren angeschlossen der Kompanietrupp, der I. bis III. Zug und der schwere Zug mit je einem Gerät. Zugkreise waren nicht vorgesehen. Die Gruppen-SPW hatten nur Empfänger. Sie konnten so jederzeit von ihrem Zugführer gerufen werden, sie konnten aber auch den Kompanieführungskreis mithören und waren so immer über die Kompaniebefehle und über die Lage orientiert.

Bei der Funkausbildung wurde aus Geheimhaltungsgründen mit verkürzter Antenne gearbeitet, wodurch die Reichweite stark begrenzt, für die Ausbildung im Kompanieverband aber gerade noch ausreichend war.

Am Anfang der Funkausbildung stand neben Gerätekenntnis zunächst das Erlernen einer kurzen prägnanten Befehlssprache, denn der Funksprechverkehr verleitete besonders die Anfänger zu sorgloser »Quatscherei« und Weitschweifigkeit. **Das Funksprechgerät war eben kein Telefon.** Es war also notwendig, auf eine strenge Funkdisziplin und weiterhin auf Geheimhaltung und Benutzung der Decknamen zu achten. Eine Verschleierung von Ortsbezeichnungen durch die spätere **Stoßlinie** gab es noch nicht. Alle Ortsbezeichnungen mußten mühsam aus einer vorher erstellten Decknamensliste herausgesucht werden. Die Decknamen für die Einheiten wechselten auch noch nicht täglich sondern in größeren Abständen. So behielt der Verfasser beim späteren Vormarsch durch die Kuban-Steppe für seine Kompanie tagelang den Decknamen »Rattengift« und die Züge hießen einfach »Rattengift I bis IV«.

Immerhin, die Funkausbildung machte Fortschritte. Die Führung der Kompanie im Verband durch Funk klappte, und auch die Bedienung und Wartung der Funkgeräte wurde beherrscht.

So war die kurze zweiwöchige Ausbildungszeit schnell vergangen, und als Abschluß stand die befohlene Kompanieübung im scharfen Schuß bevor. Wenn auch die Sicherheitsbestimmungen bei solchen Übungen im Kriege hinter der Front recht großzügig gehandhabt wurden, so beschlich den Chef doch eine begründete Sorge, ob Eifer und Temperament der begeistert übenden Soldaten immer rechtzeitig gebremst werden konnten.

Als Übungsprogramm war entfaltetes Vorgehen, Durchschreiten einer Balka unter Feindeinwirkung, Angriff auf einen feindlichen Stützpunkt auf- und abgesessen und als Schluß die Gliederung zur Abwehr vorgesehen. Zur Übung wurde auch ein Zug Panzer eingesetzt, um das Zusammenwirken mit diesem darzustellen. Das ganze Programm wurde nur einmal »trocken«, d.h. ohne scharfen Schuß vorgeübt und lief dann am nächsten Tag vor einem Zuschauerkreis, darunter der Divisionskommandeur. Es wurde ein voller Erfolg, und die Kompanie erhielt viel Lob.

Viel wichtiger war, daß die Soldaten trotz der nur kurzen Ausbildungszeit Vertrauen zu dem SPW und zu der neuen Kampfweise gewonnen hatten. Sie fühlten sich nun als echte Panzergrenadiere. Was an Ausbildung noch fehlte, mußte die Erfahrung der nächsten Monate im Einsatz bringen.

3. Marsch

Der erste Kriegsmarsch für die jungen Panzergrenadiere war im Rahmen der Division ein reiner Verlegungsmarsch hinter der Front, und es waren dabei eigentlich mit Ausnahme der feindlichen Luftangriffe keine besonderen Probleme zu erwarten. Es wurde in taktischer Gliederung mit gemischten Marschgruppen in 2 Kolonnen auf parallelen Marschstraßen marschiert, allen voraus die Pz.Aufkl.Abt.13.

Die übliche, gleich nach der Morgendämmerung geflogene Luftaufklärung der Russen war schon erfolgt, und es konnte den Sowjets nicht verborgen geblieben sein, daß sich ein größerer Verband im Raume Krinitschki — Latenowo versammelte.

Der Marsch begann in den frühen Morgenstunden bei hochsommerlichem Wetter. Es war trocken, wurde bald heiß und die ersten Erschwernisse bestanden in einer gewaltigen Staubentwicklung. Die Sicht der Fahrer, aber auch die Luftraumbeobachtung war stark behindert. Trotzdem verlief der Marsch bis zum ersten technischen Halt reibungslos.

Kurz danach erfolgte der erste Luftangriff der Russen. Sie kamen aus der Richtung der Sonne und wurden deshalb und wegen des Staubes erst spät erkannt, als sie mit Ratas im Tiefflug und mit Martinbombern im Hochangriff auf den Marschverband ansetzten. Nach dem ersten Schock setzte aus allen dafür geeigneten Rohren das Abwehrfeuer ein. Die in die Marschgruppen eingegliederte Vierlings-Flak schoß mit höchster Feuerfolge. Die Panzergrenadiere am Heck-MG der SPW beteiligten sich ebenfalls am Feuerkampf, aber auch die übrigen Gewehrschützen schossen mit ihren Karabinern. Letzteres brachte zwar kaum Erfolg, aber es war besser, die Panzergrenadiere nahmen an der Fliegerabwehr teil, statt sich auf den SPW zusammenzuducken und »scheues Kaninchen« zu spielen. Die Truppe hatte gelernt, daß diese aktive Betätigung in der Fliegerabwehr viel mit dazu beiträgt, den Schock der Soldaten gegenüber angreifenden Feindflugzeugen zu überwinden.

Mit gutem Erfolg hatte auch die seitlich der Marschstraßen aufgestellte 8,8-cm-Flak in die Luftabwehr eingegriffen. 3 Martinbomber wurden abgeschossen, während die Ratas infolge der geglückten Überraschung ohne Verluste davonkamen. Auch bei den Panzergrenadieren traten keine Verluste ein, dagegen hatten wir ein sicheres Gefühl bekommen, auf unseren SPW doch besser geschützt zu sein als früher auf den hochbeinigen Opel-Blitz-Lkw.

Panzergrenadiere auf dem Marsch

Der Marsch wurde fortgesetzt, nun allerdings dort, wo das Gelände es zuließ, in entfalteter Formation. Es war schwer bei den durch den gewaltigen Staub eingeschränkten Sichtverhältnissen, die Richtung und die Verbindung nach allen Seiten zu halten. Geländeschwierigkeiten kamen hinzu. So mußten Höhen ausgespart, Häusergruppen umfahren und verschlammte Balkas ausgespart werden. Nicht selten passierte es, das der Kompaniechef die Verbindung zur Bataillonsführungsgruppe verlor oder ihm ein Zug »aus der Hand rutschte«, der erst nach geraumer Zeit nach einer »Gastrolle« bei anderen Verbänden wieder zurückfand. Als man vor einem Jahr auf der Straße noch Lkw hinter Lkw rollte, war ein Marsch doch einfacher als jetzt im offenen Gelände.

Ein Zugführer glaubte den »Stein der Weisen« gefunden zu haben und versuchte die genaue Marschrichtung mit Hilfe des Marschkompasses halten zu können, bis er merkte, daß dieser auf dem SPW infolge der umgebenden Metallmassen verrückt spielte. Erst sehr viel später machte die Truppe die Erfahrung, daß der Marschkompaß auf dem SPW nur rechts vom Kopf des Fahrers funktionierte, weil sich dort alle Magnetfelder im Innern des SPW aufhoben.

Aus diesen Schwierigkeiten lernten Chefs, Zug- und Gruppenführer der Panzergrenadiere zwei wichtige Erkenntnisse. Einmal die Notwendigkeit der dauernden Verbindung untereinander, um Anschluß und Richtung nicht zu verlieren, und zum anderen, wie wichtig eine weit vorausschauende Geländebeurteilung ist.

Gegen Mittag verdüsterte sich der Himmel, und es braute sich eines der gefürchteten Gewitter zusammen, wie sie im Sommer in der Süd-Ukraine häufig sind. Wenig später stürzten sintflutartige Wassermassen vom Himmel. Damit war zwar der Staub gebannt, aber nun begannen neue Schwierigkeiten. In ganz kurzer Zeit war der Boden schmierig und verschlammt. Das Tempo aller Fahrzeuge verlangsamte sich zusehends. Am übelsten erging es den Radfahrzeugen, deren Räder in dem Schlamm keinen Halt mehr fanden. Die Fahrer legten als Aushilfe Schneeketten auf, aber auch das nützte nicht viel. Sehr bald schon mußten die Kettenfahrzeuge Schlepphilfe leisten.

Am besten hatten es die Panzer, bei deren Ketten der Auflagedruck immer noch ein, wenn auch langsames, Weiterkommen ermöglichte. Ähnlich war es, wenigstens vorläufig noch, bei den Panzergrenadieren. Jedoch auch deren Tempo wurde immer langsamer, weil sich das Laufwerk und die Kettenkästen mit zähem Schlamm vollsetzten. Bald schafften es die Motoren nur noch mühsam, die SPW zu bewegen. Aber schon bei der kleinsten Steigung an einer Höhe oder bei der Ausfahrt aus einer Balka streikte der Motor. Es blieb nichts

weiter übrig, als mit dem Klauenbeil und anderen Werkzeugen den Schlamm, der inzwischen hart geworden war, zwischen den Rädern und Ketten herauszuhacken — eine mühsame Arbeit, die manchen verständlichen Fluch auslöste. Nur unter großen Schwierigkeiten gelang es nach und nach, die SPW wieder in Gang zu bringen. Selbst als später wieder die Sonne schien, der Boden allmählich trocknete und griffig wurde, war das Tempo der SPW durch die Behinderungen am Laufwerk noch eingeschränkt.

Nach der Marschplanung sollte die Truppe ihre zugewiesenen Räume am frühen Nachmittag erreichen. Es wurde jedoch später Abend, bis die Panzergrenadiere nach diesem mühevollen Marsch eintrafen. Die folgende Nacht brachte wenig Schlaf, weil jede Hand gebraucht wurde, um die SPW wieder voll einsatzfähig zu machen. Auch daraus lernten die Panzergrenadiere, denn die Einsatzfähigkeit ihres Kampffahrzeuges war nicht mehr nur allein eine Sache des Fahrers, sondern die ganze Gruppe mußte mithelfen und war mitverantwortlich.

Allerdings hatte sich an diesem Tage auch gezeigt, daß der SPW keineswegs ein vollausgereiftes Kampffahrzeug war, sondern in der Auslegung des Fahrwerkes und des Motors Mängel hatte, eine Tatsache, die leider während des ganzen Krieges bestehen blieb.

4. Angriff auf Rostow

Aus einem Verfügungsraum westlich des Mius wurde die 13.Pz.Div. am 21.7.1942 in ostwärtiger Richtung über Ssambek in Marsch gesetzt. Sie hatte den Auftrag, aus dem Raume ostwärts Alexandrowka entlang der großen Straße Stalino — Rostow die äußeren Befestigungen von Rostow schnell zu überwinden, die Stadt zu durchstoßen und Übergänge über den Don zu gewinnen.

Schon beim Anmarsch hatte die Division zwei Kampfgruppen, eine gepanzerte und eine ungepanzerte, gebildet. Die Panzerkampfgruppe bestand aus zwei Abteilungen Pz.Rgt.4, dem I./Pz.Gren.Rgt.66 ohne die 1. Kompanie, die an die andere Kampfgruppe abgegeben war, der I./Pz.Art.Rgt.13 und einer Kompanie Pz.Pi.Btl.4. Außerdem war in die Panzerkampfgruppe noch 3,7-cm-Flak und 2-cm-Vierlingsflak eingegliedert. Der Marsch verlief ohne Störungen. Mit Einbruch der Nacht wurde der vorgesehene Bereitstellungsraum ostwärts Alexandrowska erreicht, wo sich in dem offenen Gelände der gesamte Panzerverband einigelte, gesichert von den Panzergrenadieren des I./66 mit ihren SPW.

Russische Verteidigungsbunker als Straßensperre in Rostow, Juli 1942

Vom Angriffsziel am nächsten Tage war bekannt, daß Rostow stark ausgebaut war. Nach den Fliegermeldungen und Luftbildern befanden sich schon im weiten Vorfeld drei starke Stellungen mit Drahthindernissen, Panzergräben, Erdbunkern und Minenfeldern. In der Stadt selbst waren Panzersperren und Barrikaden zu erwarten. Der Angriff konnte für die Panzergrenadiere nicht leicht sein, und man würde öfter die Unterstützung der Pioniere brauchen.

Noch während der kurzen Sommernacht wurde mehrfach feindliche Gefechtsaufklärung gegen den Bereitstellungsraum abgewiesen, zum Teil wurden die feindlichen Spähtrupps gefangengenommen. In den frühen Morgenstunden des 22.7. trat die Panzerkampfgruppe an, und schon sehr bald standen die vorausfahrenden Panzer vor einem Drahthindernis, und 40 Meter dahinter befand sich der erste Panzergraben. Starkes Abwehrfeuer der Russen kam aus der Tiefe der feindlichen Stellung.

Unter dem Feuerschutz der Panzer setzte der Kommandeur des I./66 die 3.Kp. und den Pionierzug des Bataillons an, um die Sperre zu beseitigen. Aufgesessen fuhren die Panzergrenadiere bis kurz vor das Drahthindernis und übernahmen mit ihren Bordwaffen die Sicherung für die Arbeit der Pioniere, die schnell erledigt war. Abgesessene Teile stürmten über den Panzergraben, um eine Art Brückenkopf zu bilden. Der Kampf war schwierig, weil der Feind in dem steppenartigen, unübersichtlichen Gelände nur schwer festzustellen war. Der Gegner saß in gut ausgebauten Stellungen, die durch Erdbunker verstärkt waren. Zäh arbeiteten sich die Panzergrenadiere, unterstützt von den Pionieren mit geballten Ladungen, von Stellung zu Stellung vor. Es dauerte doch eine ganze Weile, bis so viel Raum geschaffen war, daß die Pioniere mit dem Zuschütten des Panzergrabens beginnen konnten. Als dann aber der Übergang fertiggestellt war und die ersten Panzer ge-

folgt von den aufgesessenen Panzergrenadieren der 2./66 darüberrollten, brach der restliche Widerstand der Russen zusammen.

Die Panzerkampfgruppe hatte ihre Bewegungsfreiheit wiedergewonnen und trat beiderseits der großen Straße Stalino — Rostow zum weiteren Angriff an. Voraus fuhren die Panzerabteilungen, dicht gefolgt von den Panzergrenadieren. An Sultan-Saly und Krasni-Krym vorbei stieß der Panzerverband weiter auf Rostow vor. Die feindliche Luftwaffe, die mit zahlreichen Maschinen in wiederholten Einsätzen die Kampfgruppe angriff, hatte gegen deren weitauseinandergezogene Formation keine Erfolge. Dagegen konnte die fast pausenlos im Einsatz befindliche Flak viele Abschüsse verbuchen. (Skizze »Angriff auf Rostow« auf dem vorderen Vorsatz.)

Die zweite Verteidigungsstellung der Sowjets hart südlich Krasni-Krym und Trud wurde fast aus der Bewegung genommen. Danach traten dann immer wieder Verzögerungen ein durch feindliche Widerstandsnester, die überraschend vor dem Verband und in der Flanke auftauchten. Sie waren gut getarnt, und in ihnen befanden sich die berüchtigten 7,62-cm-Geschütze der Russen, bekannt unter dem Namen »Ratschbum«. Ihre Ausschaltung war eine lohnende Aufgabe für die Panzergrenadiere, die sie im abgesessenen Kampf, hervorragend unterstützt von ihren Granatwerfern, niederkämpften. Verzögerungen bereitete auch immer wieder das Zuschütten der vielen Panzergräben, um Übergänge zu schaffen. Dazu mußten alle Kräfte eingesetzt werden, neben den Panzergrenadieren halfen auch die Panzermänner mit.

Während des Angriffes schuf die feindliche Luftwaffe keine besonderen Probleme, doch der Einsatz der russischen Salvengeschütze war eine böse Überraschung. Sie traten am Spätnachmittag dieses Tages erstmals auf, und ihr Schwerpunktziel war ganz offensichtlich die Panzerkampfgruppe. Mehrmals hintereinander wurde diese von den Salven eingedeckt und es traten auch Verluste ein, bei der 3./66 sogar der Totalausfall eines SPW. Aber auch gegen das Feuer der Salvengeschütze fanden die Panzergrenadiere schnell eine Aushilfe. Man konnte die Raketen kurz nach dem Abschuß an ihren Feuerstrahlen, die als Lichtpunkte schon von weitem zu sehen waren, frühzeitig erkennen. Wenn diese Lichtpunkte schräg zur Erde verliefen, ging die Salve links oder rechts herunter. Stiegen sie dagegen senkrecht auf, dann wußte man, daß die Salve genau deckend auf den Beobachter zufliegt. Es war dann notwendig mit dem SPW in hoher Fahrt nach links oder rechts auszuscheren. Diese Abwehrmaßnahme war später noch öfter hilfreich.

Am Abend stand die Panzerkampfgruppe südlich Trud. Der Angriff wurde eingestellt, und mit der üblichen

Rundumsicherung durch die Panzergrenadiere igelte sich der Verband ein, um zu versorgen. Die Lage war unsicher. Der linke Nachbar der 13.Pz.Div., die 125.Inf.Div., hatte bei seinem langsamen Angriffstempo noch nicht aufgeschlossen und hing ab. Der rechte Nachbar, die SS-Div. Wiking, hatte die zweite Panzersperre südwestlich Krasni-Krym nicht überwinden können und weiter südlich einen leichteren Übergang gefunden, um dort weiter anzugreifen. So war die 13.Pz.Div. vorgeprellt und hing in der Luft.

Die Panzergrenadiere des I./66 hatten ihren ersten Kriegstag hinter sich. Sie waren zwar von dem langen heißen Kampftag erschöpft, aber zuversichtlich, besonders auch deshalb, weil sie zu ihrem neuen Kampffahrzeug, dem SPW, Vertrauen gefaßt hatten. Alle schweren Waffen waren zum Einsatz gekommen und hatten sich bewährt. Allerdings, das Schwerste stand noch bevor.

Am Morgen des 23.7. — 5.40 Uhr trat die Panzerkampfgruppe erneut an. Man näherte sich allmählich den Außenbezirken von Rostow. Einzelne Gehöfte, Kolchosen und die ersten Industrieanlagen veränderten das bisher offene Gelände, das leider auch nicht mehr so eben war, sondern viele Einschnitte aufwies. Der Panzerverband war breit auseinandergezogen und das I./66 fuhr im Breitkeil vorn, dicht gefolgt von den Panzern. Die I./Pz.Art.Rgt.13 überwachte mit der Masse das Vorgehen, während eine Batterie weit vorn eingegliedert war.

Der Angriff kam langsamer voran. Wieder traten einzelne Feindnester auf. Zunehmend griff nun auch weitreichende russische Artillerie mit gut liegendem Feuer ein. An einem Bachlauf verstärkt sich die feindliche Abwehr. Nach der russischen Eigenart sind die Stellungen in Erdlöchern und in Häusern gut getarnt, auch wieder von dem bekannten 7,62-cm-Geschütz unterstützt. Zum ersten Mal wurde eine 8,8-cm-Flak vorgezogen und im Erdkampf eingesetzt. Mit bestem Erfolg räumte sie in kurzer Zeit mit den feindlichen Stützpunkten auf. Trotzdem mußten die Panzergrenadiere häufig absitzen, um letzten feindlichen Widerstand zu brechen.

Gegen Mittag stand die Panzerkampfgruppe vor der letzten inneren Verteidigungslinie von Rostow am Temernik-Fluß. Das Tal des Temernik war etwa 200 Meter breit mit einem nach Norden sanft ansteigenden, aber deckungslosen Hang. Der Flußlauf hatte eine Breite von 8 bis 10 Meter, seine Ränder waren teilweise versumpft. Er wurde von der großen Straße auf einer stabilen Brücke überquert. Ein erster Angriff, fast aus der Bewegung geführt, scheiterte an dem starken Abwehrfeuer der Russen.

Das Vorgehen wurde angehalten, um den weiteren Angriff nach kurzer Bereitstellung zu führen. In einer Kiesgrube gab der Kommandeur des I./66 seine Befehle. Der Angriff sollte mit den Panzergrenadieren voraus ge-

Kampfpause vor Rostow
2 leichte SPW Sdr.Kfz. 250/3 — Funkwagen mit Rahmenantenne

führt werden. Die Hauptlast des Kampfes in der Stadt lag nun bei den Panzergrenadieren, den Kradschützen und den Grenadieren. In dem bevorstehenden Straßenkampf kam den Panzern nur noch eine unterstützende Funktion zu. Der Angriffsbeginn sollte nach der Feuerbereitschaft der Artillerie durch Stichwort über Funk befohlen werden.

Als der Chef der 2./66 mit seinen Panzergrenadieren auf der Höhe eine geeignete Ausgangsstellung für den bevorstehenden Angriff beziehen wollte, stellte er zwei entscheidende Tatsachen fest. Einmal war die Brücke über den Temernik immer noch unbeschädigt vorhanden, und zweitens erschien ihm die russische Verteidigung ihm gegenüber auf dem jenseitigen Ufer nicht so stark, so daß er glaubte, die Brücke durch energischen Zugriff sofort in die Hand zu bekommen.

Nach kurzer Überlegung steht der Entschluß des Kp.Chefs fest: Sofortiger Angriff auf die Brücke und Bildung eines Brückenkopfes. Und dieser kühne Handstreich glückte tatsächlich! Ehe sich die Russen von ihrer Überraschung erholen konnten, waren die Panzergrenadiere der 2./66 schon auf der Brücke und darüber hinweg. Schnell waren Pioniere zur Stelle, um die Sprengladungen zu entschärfen. Den vorerst kleinen Brückenkopf versuchten die Russen zwar mit allen Mitteln einzudrücken, aber als die SPW der 2./66 rasch nachgezogen wurden, war die Brücke fest in deutscher Hand. Verstärkungen rollten heran, und der letzte Widerstand des feindlichen Verteidigungsringes wurde gebrochen. Für seine kühne Tat wurde der Chef der 2./66 später mit dem Ritterkreuz ausgezeichnet. Der Weg nach Rostow hinein war frei, zunächst für das unmittelbar folgende Kradschtz.Btl.43, das den Auftrag hatte, schnell durch Rostow bis zum Don durchzustoßen und Übergänge zu gewinnen.

Hinter dem Kradschtz.Btl.43 folgte das I./66 in der Reihenfolge 2., 3. und 4. Kompanie entlang einer breiten Hauptverkehrsstraße. Zunächst hatte man den Eindruck, daß die Russen durch den überraschenden deutschen Einbruch in die Stadt völlig gelähmt waren. Die langsam vorfahrenden Panzergrenadiere trafen auch zunächst weder auf Straßensperren noch Barrikaden. Aber je weiter sie in das Stadtinnere vordrangen, umso mehr nahm der Widerstand zu. Vor allem aus den Seitenstraßen verdichtete sich das feindliche Feuer, wobei auch zahlreiche Panzerbüchsen eingesetzt waren. Die Lage für die Panzergrenadiere fing an, schwierig zu werden.

Es war nicht daran zu denken, den Kradschützen rasch zu folgen, die auch auftragsgemäß bis zum Don-Ufer gelangten, dort aber die Brücken zerstört vorfanden. Die Panzergrenadiere fuhren dicht an die Häuser heran und vermieden Straßenkreuzungen. Teile saßen ab, um

die unmittelbare Umgebung zu säubern und zu sichern. Die ersten eigenen Panzer schoben sich zur Unterstützung heran. Mit ihrer Hilfe wurden die Seitenstraßen abgeriegelt. Ehe es sich die Truppe versah, befand sie sich in einem unübersichtlichen Straßenkampf, der kaum Raumgewinn nach vorn brachte.

Die Panzergrenadiere kauerten hinter den Bordwänden ihrer SPW, wo sie sich gegen feindlichen Infanteriebeschuß sicher fühlten. Sie beobachteten und sicherten nach allen Seiten, besonders die Häuserwände hinauf, denn von dort oben drohte die meiste Gefahr. Handgranaten flogen in offene Fenster, aber der fast unsichtbare Feind war nicht zu fassen. Dort aber, wo sich feindliche Schützen zeigten, konnten sie nur mit Gewehr und MG bekämpft werden. Die Granatwerfer mit ihrer steilen Flugbahn konnten nicht eingesetzt werden, und die 3,7-cm-Pak der Zugführer-SPW hatte keine genügende Erhöhung, um auch gegen die oberen Stockwerke zu wirken.

Als neue Überraschung kam hinzu, daß zwischen den hohen Gebäuden der Funkverkehr nicht mehr funktionierte. Die Zugführer waren von ihren Chefs und diese vom Bataillonskommandeur abgeschnitten. So mußte die Befehlsübermittlung durch Krad- und Fußmelder erfolgen, die in einem beispiellosen, tapferen Einsatz für die Aufrechterhaltung der notwendigen Befehlswege sorgten. (Skizze »Angriff in Rostow« auf dem vorderen Vorsatz.)

Als es begann dunkel zu werden, kam der Befehl: »I./66 mit den bei ihm befindlichen Teilen 13.Pz.Div. setzt sich vom Feind ab zur Kreuzung Ulitza Kremski, verbleibt dort und sichert. Versorgung wird zugeführt. Weiterer Befehl für den 24.7. folgt.«

Langsam schoben sich die Panzer auf der Straße und danach die SPW entlang der Häuserwände zurück. Zwar brachte diese Maßnahme zunächst eine Entspannung der Lage, aber es wurde eine unruhige Nacht. Das I./66 erhielt einen Bezirk mit mehrgeschossigen Häuserblocks zugewiesen, der zunächst durchsucht und danach gesichert wurde. Aus zerstörten russischen Fahrzeugen wurden in den angrenzenden Straßen Sperren errichtet und durch die SPW gesichert. Auf allen SPW blieben die Waffen besetzt, und die Panzergrenadiere wachten oder schliefen bei ihren Fahrzeugen.

Ein schwerer Kampftag war zu Ende. Zwar waren große Teile deutscher Verbände in Rostow, aber vom Besitz der Stadt konnte keine Rede sein. Immerhin verbreitete sich am späten Abend noch die Meldung, daß es Kradschtz.Btl.43 gelungen war, über den Don zu setzen und eine zerstörte Brücke in seinen Besitz zu bringen, an deren Instandsetzung die Pioniere bereits arbeiteten. In allen Teilen der Stadt waren Brände ausgebrochen. Vom südlichen Ufer des Don schoß russische schwere

Artillerie, deren Einschläge sich mit den Detonationen abgeworfener Bomben vermischten. Daneben erschütterten immer wieder heftige Explosionen den Stadtkern. Trotz all dieser Erschwernisse erfolgte die Versorgung der Truppe reibungslos. Es war erstaunlich, mit welchem sicheren Instinkt die Kompaniefeldwebel und die Schirrmeister mit den Gefechtstrossen ihre Kompanie in diesem kriegerischen Inferno fanden. Sie wußten, daß die Truppe Verpflegung, Munition und Betriebsstoff brauchte, weil davon die Einsatzfähigkeit des nächsten Tages abhing. Neben den Leistungen der tapferen Panzergrenadiere gebührt auch den Versorgungsdiensten ein hohes Lob.

Während der Nacht zum 24.7. drangen weitere deutsche Verbände in Rostow ein, so auch der linke Nachbar, die 125.Inf.Div. Sie wurde am Morgen angesetzt, um die noch feindbesetzten Bezirke der Stadt anzugreifen. Weit rechts der 13.Pz.Div. kämpfte die SS-Div. Wiking im südwestlichen Teil von Rostow. Von Nordosten kommend war die 22.Pz.Div. zur Stadtmitte im Angriff. Bei allen Nachbarn waren schwere Straßen- und Häuserkämpfe im Gange. Außerdem hatten die Russen weitere Barrikaden und Panzersperren errichtet.

Im Bereich der 13.Pz.Div. waren es besonders die Hauptpost und das NKWD-Gebäude, die als ausgebaute Bollwerke jedes weitere Vordringen verhinderten. Beide Häuserblöcke wurden von kampfentschlossenen Rotarmisten und fanatischen NKWD-Funktionären verteidigt. Um den Infanteristen der 125.Inf.Div., besonders dem Inf.Rgt.421 seinen schweren Kampf zu erleichtern, erhielt das I./66 den Auftrag, die Hauptpost und das NKWD-Gebäude anzugreifen und den dortigen Feind zu vernichten. Dazu wurden zwei Feldhaubitzen des Pz.Art.Rgt.13 zugeführt, und es fand sich überraschend noch ein Zug Panzer der 22.Pz.Div. ein.

Der Kommandeur des I./66 entschloß sich, zunächst die Hauptpost anzugreifen[20], weil ihm dies leichter erschien. Das Gebäude war kleiner und bot für die Panzergrenadiere auch bessere Annäherungsmöglichkeiten. Die beiden Feldhaubitzen wurden in eine günstige Feuerstellung gebracht und die Panzer zur Sicherung in den flankierenden Seitenstraßen eingesetzt. Danach wurde mit einem starken Feuerschlag die Front des Gebäudes eingedeckt, in dessen Schutz sich die Panzergrenadiere vorarbeiteten. Sie waren stoßtruppartig gegliedert und führten reichliche Nahkampfmittel mit. Aber sie waren auf sich allein gestellt, denn auf die Unterstützung ihrer SPW mußten sie verzichten. Während die schweren Waffen den Feind in den oberen Stockwerken niederhielten, drangen die Panzergrenadiere in das Erdgeschoß ein. Der Feind hatte durch das vorbereitende Feuer der Feldhaubitzen und der Panzer offenbar einen solchen Schock erlitten, daß sein Widerstand schnell zusammenbrach. Ein Teil der Rotarmisten flüchtete über rückwärts gelegene Grundstücke, der größere Teil ergab sich und wurde gefangen abgeführt.

Weit schwieriger war der Angriff auf das NKWD-Gebäude. Dieses lag an einem großen freien Platz, auf den mehrere Straßen mündeten, die vom Gebäude aus mit Feuer leicht zu beherrschen waren. Alle Annäherungswege führten über freie Flächen und waren weit einzusehen. Der mehrgeschossige Häuserblock glich einer Festung. Die Türen und Fenster waren verbarrikadiert und mit Schießscharten versehen. Auf dem Dach hatte der Feind schwere Waffen in Stellung gebracht.

Nach einer gründlichen Feuervorbereitung sollten die Panzergrenadiere der 3./66 mit ihren SPW überraschend über den freien Platz vorfahren, die toten Räume an dem Gebäudekomplex gewinnen, um dann von zwei Seiten gleichzeitig in diesen einzudringen. Zunächst wurden die feindlichen Waffen hinter den Fensterbarrikaden und auf den Balkons durch die Feldhaubitzen und die Panzerkanonen systematisch ausgeschaltet. Gegen die Feuerstellungen auf dem Dach wurden mit sichtbarem Erfolg die Granatwerfer der Panzergrenadiere eingesetzt. Doch immer wieder lebte das feindliche Feuer an anderen Stellen neu auf, und der Kampf zog sich über den ganzen Vormittag hin. Endlich schien die feindliche Abwehr — bedingt durch Verluste und Munitionsmangel — nachzulassen. in dem Qualm und Rauch, der über dem Platz lag, gingen die Panzergrenadiere der 3./66 abgesessen im Schutze der SPW und von deren Bordwaffen unterstützt vor. Nebelkerzen wurden eingesetzt und die ersten Handgranaten flogen in die unteren Fenster. Im Inneren des Gebäudes kam es dann nur noch zu einzelnen Nahkämpfen. Nach und nach brach der Widerstand zusammen. Eine große Zahl der NKWD-Leute war gefallen oder verwundet, der Rest wurde gefangengenommen. Die eigenen Verluste waren erfreulicherweise erstaunlich gering.

Noch im Laufe des 24.7. konnte der größte Teil von Rostow nach dem konzentrischen Angriff aller deutschen Verbände in Besitz genommen werden. Letzte Einheiten der Russen kämpften noch auf dem Norduferer des Don, das sie aber am nächsten Tag räumten. Das Pz.Rgt.4 und das I./66 wurden zur Verfügung der Division aus dem weiteren Kampfgeschehen herausgezogen, verblieben aber in Rostow, und die Panzergrenadiere übernahmen Sicherungsaufgaben.

Die Panzergrenadiere hatten sich in den zurückliegenden Kampftagen bewährt und weitere wichtige Erfahrungen gesammelt. Das kam besonders zum Ausdruck beim Angriff auf Rostow in der Zusammenarbeit mit den Panzern im Rahmen der Panzerkampfgruppe. Dort

---

20 Teicke, Der Kaukasus und das Öl, Munin-Verlag, Osnabrück 1970, Seite 35

konnten sie sich voll auswirken. Zum Straßen- und Häuserkampf in Rostow waren sie aber nur begrenzt geeignet. Sie konnten dabei ihre SPW nicht voll ausnutzen und waren auf sich allein gestellt, denn die Panzer waren nur zeitweise in der Lage, Unterstützung zu geben. Im Ortskampf waren sie daher nicht in der Lage, mit den Panzern in einer engen Kampfgemeinschaft zusammenzuwirken, und konnten auch ihre besondere Eigenart — Panzerung und Schnelligkeit — nicht voll zur Geltung bringen.

5. Panzer und Panzergrenadiere als Vorausabteilung[21]

Nachstehend soll der Kampf einer Panzerkampfgruppe geschildert werden. Besonders die Zusammenarbeit zwischen Panzern und Panzergrenadieren verdient Beachtung, zumal die letzteren erst kurz vorher — im Juni 1942 — mit dem SPW ausgerüstet wurden und daher die Zusammenarbeit mit den Panzern noch nicht voll ausgereift sein konnte. Trotz der vorausgegangenen Kämpfe bei der Einnahme von Rostow wurden die dafür notwendigen Erfahrungen erst in den Kämpfen des Spätsommers 1942 erworben.

Am 2.8.1942 überschritt die 13.Pz.Div. in der Kuban-Steppe den Ssandata-Fluß 30 Kilometer südlich Ssalsk. Sie hatte den Auftrag, schnell nach Süden vorzustoßen, Übergänge über den Kuban nordwestlich Armavir zu gewinnen und danach das wichtige Ölzentrum Maikop zu nehmen. Am späten Nachmittag des gleichen Tages hatten die vordersten Teile der 13.Pz.Div. den großen Ort Uspenskaja etwa 90 Kilometer nördlich Armavir erreicht.

Während eines notwendig gewordenen Versorgungshaltes gab der Kommandeur der Schützenbrigade 13 im Auftrag der Division den Befehl zum unverzüglichen weiteren Angriff in Richtung auf den Kuban. (Gefechtsskizze 1) Die Kuban-Brücke bei Protschnookopskaja 8 Kilometer nordwestlich Armavir sollte im Handstreich genommen, ein Brückenkopf auf dem Westufer gebildet und somit die Brücke für den weiteren Vormarsch der Division offengehalten werden. Die dafür vorgesehene Panzerkampfgruppe bestand aus der III./Pz.Rgt.4 mit Rgt.-Stab, dem I./Pz.Gren.Rgt.66 ohne 1./66 und der I./Pz.Art.Rgt.13. Die Führung hatte der Kommandeur Pz.Rgt.4.

Die Feindlage wurde zu diesem Zeitpunkt dahingehend beurteilt, daß ein ernsthafter Widerstand in der Kuban-Steppe kaum zu erwarten war. Vielmehr war anzuneh-

Gefechtsskizze 1
Übersichtsskizze Vormarsch der 13. Pz.Div. 30.7 bis 3.8.1942

men, daß der Feind erst am Kuban verteidigen würde, um den Übergang über den Fluß zu verhindern. Das setzte voraus, daß er nordostwärts des Kuban Sicherungskräfte und unmittelbar auf dem Ostufer Gefechtssicherungen einsetzen würde. Für den Kampf der Sicherungskräfte bot sich in der etwa 35 Kilometer breiten Enge zwischen Jegorlyk und Kuban, in welche der Vormarsch der 13.Pz.Div. zielte, der Höhenzug 20 Kilometer ostwärts Gregoripolisskaja an. Dort mußte mit Feindwiderstand gerechnet werden, ferner an beiden Ufern des Flusses.

Das langwellige, offene Gelände südlich des Ssandata-Flusses war für den Panzerkampf ideal und bot weite Wirkungsmöglichkeiten. Die Höhenunterschiede von 80 Meter bei Uspenskaja bis 200 Meter am Ostufer des Kuban erstreckten sich über einen weiten Raum und waren daher ohne Bedeutung. Am Kuban fiel das Gelände zum Fluß auf kurzer Entfernung bis auf 180 Meter ab. Damit war das Ostufer beherrschend, und es mußte

---

21 Aufzeichnungen des Verfassers, siehe auch Teicke a.a.O., Seite 64 ff.

zweifelhaft sein, ob es der Feind kampflos preisgeben würde. Das Vormarschgelände der Panzerkampfgruppe war teils Steppe mit hohem Gras, teils bebaut mit riesigen Sonnenblumenfeldern, die voll ausgereift die Sicht behinderten. Dadurch war auch die Orientierung schwierig, zumal nur wenige veraltete Karten zur Verfügung standen. Der Boden war bei dem heißen wolkenlosen Augustwetter fest und trocken. Zeitweise war die Sicht durch Staubentwicklung behindert. Wasserstellen und Brunnen waren in der Karte zwar recht zahlreich verzeichnet, tatsächlich aber nur spärlich vorhanden. In auffallendem Gegensatz dazu überraschte später das Tal des Kuban mit reichen fruchtbaren Obstgärten und dichter Besiedlung. Der Fluß selbst war 40 bis 50 Meter breit und wies trotz seiner zahlreichen Windungen eine so starke Strömung auf, daß er nur über Brücken zu passieren war.

Nach einer fünfstündigen Rast in der Nacht vom 2./3.8. befand sich die Truppe mit Anbruch der Morgendämmerung wieder im Marsch. Die Panzerkampfgruppe war in zwei Treffen gegliedert mit Panzern voraus. Der Kommandeur des I./Pz.Gren.Rgt.66 fuhr vorn beim ersten Treffen in unmittelbarer Nähe des Kommandeurs Pz.Rgt.4. Bei den im zweiten Treffen folgenden Panzergrenadieren bildete die 3./66 den Anfang, danach folgte die 4./66 (schwere Kp.) und danach die 2./66. Den Schluß bildete die I./Pz.Art.Rgt.13. (Gefechtsskizze 2). In der Luft wurde der Vormarsch von einer Kette Zerstörer Me 110 gesichert, zu denen jedoch leider keine Funkverbindung bestand. Die Meldungen der Flugzeuge wurden in bestimmten Abständen neben der Spitze mit Rauchpatronen heruntergeschossen, so daß in dem offenen und übersichtlichen Gelände auf eine besondere Gefechtsaufklärung verzichtet wurde.

Gegen 6.30 Uhr wurde die Bahnlinie Woroschilowsk-Kropotkin ostwärts Nowo-Alexandrowskaja überschritten. Wenig später wurden Panzer und Panzergrenadiere aus Priwolny, einem rechts vorwärts gelegenem Dorf, offenbar von russischer Aufklärung angeschossen. Da es sich nur um Infanteriefeuer handelte, blieben alle Teile unbeirrt im Marsch. Lediglich die Marschrichtung wurde geringfügig geändert, um unangenehmeren Überraschungen auszuweichen.

Südostwärts von Priwolny stieg das Gelände in sanften Wellen bis zu dem Höhenzug zwischen Jegorlyk und Kuban auf 223 Meter an. Infolge der guten Sicht war der Abstand von 1 500 Metern zwischen den beiden Treffen ohne besondere Schwierigkeiten zu halten. So konnte vom zweiten Treffen der plötzliche Halt des ersten Treffens und eine Änderung der Gefechtsformation einwandfrei beobachtet werden. Schwacher Gefechtslärm war zu hören, und einzelne eigene Panzer waren mit einer Rohrerhöhung unter Null im Gelände zu sehen.

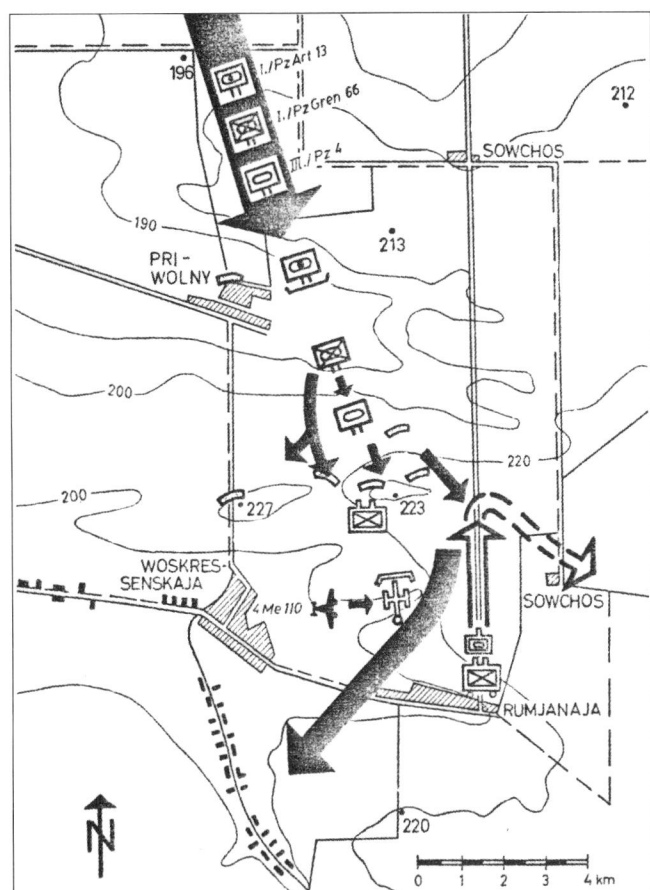

Gefechtsskizze 2
Durchbruch durch feindliche Riegelstellung am 3.8.1942

Vom Feind war indessen trotz schärfster Beobachtung nichts festzustellen.

Der am Anfang des zweiten Treffens fahrende Kompaniechef der 3./66 entschloß sich gerade, mit seiner Kompanie aufzuschließen, als vom Bataillon folgender, nicht gerade klassischer Funkbefehl eintraf: »Vor Ihnen liegende Wiese aufräumen!« Damit war nicht viel anzufangen, und eine infolge der unklaren Befehlserteilung erforderliche Rückfrage ergab, daß das erste Treffen in eine »schwachbesetzte russische Feldstellung« hineingefahren war, deren Vorhandensein von der Luftaufklärung nicht bemerkt worden war.

Da Gefechtsaufklärung auf der Erde nicht vorgetrieben wurde, kam es zu der überraschenden Lage, daß sich die Panzer plötzlich mitten zwischen den sehr gut getarnten Stellungen der Russen befanden. Nach der damals üblichen Praxis fuhren die beiden Treffen »reinrassig«, und somit fehlten jetzt den Panzern im ersten Treffen die Panzergrenadiere, zumal die Panzer mit ihren begrenzten Beobachtungsmöglichkeiten den Feind in seinen tiefen Löchern, versteckt durch das halbmeterhohe Gras, kaum ausmachen konnten. Erst auf kürzeste Entfernung waren die Russen zu entdecken. Dagegen waren die Panzer mit ihren Kanonen und MG machtlos.

Von dieser Lage wußte der Kompaniechef der 3./66, der nun mit seiner Kompanie im Breitkeil herankam, zunächst nichts. Ziemlich überraschend befand sich die Kompanie im aufgesessenen Kampf mit dem in seinen Löchern sitzenden Feind. Er konnte erst auf eine Entfernung von 5 bis 10 Metern entdeckt und somit nur auf nächste Entfernung bekämpft werden. So kam es zu erbitterten Duellen zwischen den SPW-Besatzungen und dem sich zäh wehrenden Feind. Von den drei an Bord der SPW befindlichen MG war nur eins zu gebrauchen, da das Bug-MG nach vorn zu viel toten Winkel hatte und der MG-Schütze am Heck-MG ohne Schutzschild ungeschützt war. Maschinenpistolen und Handgranaten bildeten daher die Hauptwaffe und wurden wirkungsvoll gebraucht.

Aber auch der Feind hatte sehr schnell begriffen, daß die dicht an seine Stellungen heranfahrenden und oben offenen SPW eine gute Möglichkeit boten, die Besatzungen mit Handgranaten außer Gefecht zu setzen. Dagegen gab es nur die Möglichkeit, in Bewegung zu bleiben, um dem Feinde kein sicheres Ziel zu bieten. Das wurde von den SPW-Fahrern auch schnell begriffen. Außerdem kam es darauf an, die geworfenen feindlichen Handgranaten noch im Fluge zu erkennen und mit Spaten oder anderen Hilfsmitteln abzuwehren, damit sie nicht erst in den SPW hineinfielen.

Bei der Tiefe der feindlichen Stellung entstanden so immer neue Kampfsituationen, und die SPW-Besatzungen — einschließlich der des Kompaniechefs und der Zugführer — hatten vollauf mit sich selbst zu tun. Dadurch ging der Zusammenhalt vorübergehend verloren, und der Angriff der Panzergrenadiere löste sich in Einzelkämpfe auf. Nicht überall wurde begriffen, daß der SPW den besten Schutz bot. So saßen Teile eigenmächtig ab, um den Feindwiderstand im abgesessenen Kampf zu brechen. Leider gab es dabei Verluste, die hätten vermieden werden können. Demgegenüber steht die Tatsache, daß unter den aufgesessen gebliebenen Panzergrenadieren auch nicht ein einziger Verlust eintrat, obwohl die Situationen im Einzelkampf oft recht kritisch waren.

Die im Gelände mehr oder weniger hilflos herumstehenden Panzer bemühten sich zwar mit MG und Kanonen den Kampf der Panzergrenadiere zu unterstützen, aber da diese genug mit sich selbst zu tun hatten, ging die Verbindung mit den Panzern verloren, obwohl sich beide in enger Tuchfühlung befanden. Jeder kümmerte sich zuerst um die nächsten Feindnester. Diese Einzelkämpfe brachten aber trotzdem Raumgewinn in die Tiefe der feindlichen Stellung, da sich der gesamte gepanzerte Verband langsam in der Angriffsrichtung weiterbewegte.

Allmählich klärte sich die Lage, die Übersicht wurde zurückgewonnen, und nach der ersten, allerdings ziemlich lange wirkenden Überraschung hatten alle Führer ihre Einheiten wieder fest in der Hand. Endlich griffen auch nachfolgende Teile in den Kampf ein, so vor allem die 2./66 und die 4./66. Der feindliche Widerstand erlahmte und brach endlich ganz zusammen. Die zahllosen Fahrzeuge auf dem Gefechtsfeld zwischen den russischen Stellungen, aus denen nun die Gefangenen herausgeholt wurden, boten ein ungewohntes Bild.

Noch aber mußte mit örtlichen Reserven des Feindes gerechnet werden, die mit Sicherheit in der Tiefe der feindlichen Stellung angenommen werden konnten. Daher ordneten sich Panzer und Panzergrenadiere schnell zum weiteren Vorgehen, wieder gegliedert in zwei Treffen, mit Panzern voraus. Unmittelbar nach dem Antreten beobachtete das erste Treffen eine gemischte feindliche Kolonne, die aus Rumnajana nach Norden marschierte. Nach den ersten Beobachtungsergebnissen handelte es sich um ein feindliches motorisiertes Bataillon, das durch Panzer verstärkt war. Ob diese Teile zur Verstärkung des eben niedergekämpften Feindes eingesetzt werden sollten oder ob es die eilig vorgeführte taktische Reserve war, blieb ungeklärt. Das mit diesem Feind entstehende Begegnungsgefecht zeigte sehr schnell die eigene Überlegenheit, und die Reste des feindlichen Verbandes verschwanden in den hohen Sonnenblumenfeldern nach Südosten.

Erstaunlich blieb die Tatsache, daß der soeben niedergekämpfte Feind nicht durch schwere Waffen und Artillerie unterstützt wurde. Dieser Umstand fand schnell seine Erklärung dadurch, daß kurz vor Beginn des Angriffes beobachtet wurde, wie die vier aus der Luft zur Überwachung eingesetzten Zerstörer Me 110 in einer Entfernung von 4 bis 5 Kilometern wiederholt auf ein Erdziel herunterstießen und dieses mit Bomben und Bordwaffen nachdrücklich bekämpften. Beim weiteren Vormarsch stieß die Panzerkampfgruppe auf eine völlig zerstörte Batterie moderner Geschütze vom Kaliber 12,7 cm. Die Bedienungen waren in der Feuerstellung gefallen, die Geschütze waren teilweise schon geladen. Die Ausschaltung dieser Batterie war ein hervorragendes Beispiel guter Zusammenarbeit mit der Luftwaffe. Nachdem der erwartete Feindwiderstand vor dem Kuban ausgeschaltet war, wurde die Panzerkampfgruppe während eines kurzen Haltes zu einer Vorausabteilung umgegliedert. Sämtliche Radfahrzeuge blieben zurück. Maßgebend blieb weiterhin der bisherige Auftrag, in schnellem Zugriff die Brücke nördlich Armavir und damit für die Division den Übergang über den Kuban zu gewinnen. Jedoch war nunmehr Eile geboten, da nach dem vorhergehenden Kampf mit einer Überraschung des Feindes am Kuban kaum noch gerechnet werden konnte.

Inzwischen war es etwa 9.00 Uhr geworden, und die Hitze des wolkenlosen Augusttages machte sich bemerkbar. Für Mensch und Motor waren die hohen Temperaturen eine starke Belastung. Die Motoren liefen trotz Staub, Hitze und Gelände einwandfrei, jedoch war der Verbrauch an Kühlwasser sehr hoch. Hinzu kam, daß nach der Karte zwar zahlreiche Brunnen vorhanden sein mußten, tatsächlich aber nur wenige ergiebige Schöpfstellen zu finden waren. An diesen wenigen Wasserstellen drängten sich die Fahrzeuge zusammen, um ihren Wasservorrat zu ergänzen. Da das Tempo des Vormarsches nicht verringert wurde, bröckelten durch die erzwungene Wasseraufnahme immer wieder Fahrzeuge ab, auf deren Zurückbleiben keine Rücksicht genommen werden konnte. Bedauernswert waren die Kradmelder, die bei der großen Hitze in den übermannshohen Sonnenblumenfeldern nur auf den Kettenspuren der gepanzerten Fahrzeuge folgen konnten.

Überraschend stand die Spitze gegen 11.00 Uhr auf den Höhen ostwärts des Kuban, 10 Kilometer nördlich Armavir (Gefechtsskizze 3). Diesseits des Flusses war kein Feind festzustellen. Unten im Tal bei Protschnookopskaja war deutlich die unversehrte Kuban-Brücke zu sehen. Mit der Spitze traf auf der Höhe auch der Divisionskommandeur ein, der zur Eile mahnte, um die zum Greifen nahe Brücke so schnell als möglich in die Hand zu bekommen. Bei den vordersten Teilen befanden sich

aber nur 6 Panzer und von den Panzergrenadieren der Kompanietrupp und ein Zug der 3./66. Die Masse der Vorausabteilung war bei dem drängenden Tempo und der Hitze in der Steppe zurückgeblieben und konnte erst allmählich aufschließen.

Trotzdem mußte der Zugriff auf die Brücke gewagt werden, da jede Minute kostbar war. So traten nur die 6 Panzer an, denen der Kompanietrupp und ein Zug der 3./66 folgte. Die Panzer waren weit voraus und befanden sich bereits im Dorf, wo sie überraschend auf Feind und pferdebespannte Fahrzeuge stießen. Während die Panzer rücksichtslos weiter zur Brücke vorfuhren, hielt es der Kompaniechef der Panzergrenadiere für erforderlich, wenigstens die beiden Seiten der Dorfstraße grob zu säubern. Das bedeutete einen, wenn auch geringen Zeitverlust. Eigentlich hätten hier die Panzergrenadiere den Panzern dichtauf folgen müssen, aber das Bild der zusammengeschossenen Fahrzeuge und der brennenden Häuser ließ zunächst vermuten, daß der Feind diesseits der Brücke doch stärker war, als vorher angenommen wurde.

Durch einige Lücken konnte der Kompaniechef der 3./66 beobachten, wie die Panzer bereits über die Brücke fuhren. Die Überraschung schien gelungen! Es galt schnell nachzusetzen, um den Panzern auf dem anderen Ufer die dringend notwendige infanteristische Unterstützung zu geben. Beim Einbiegen auf die diesseitige Brückenrampe wurden die Panzergrenadiere jedoch von einem russischen Mehrzweckgeschütz (Pz.Abw./Flak) unter Feuer genommen, das seine Stellung auf dem Ostufer an der Straße nach Armavir haben mußte. Offenbar hatte der Feind seine Überraschung überwunden, denn vom Ostufer setzte nun auch verstärkt MG-Feuer ein.

Ein Befahren der Brücke mit SPW war unter diesen Umständen ausgeschlossen. Es blieb nur die Möglichkeit, die Brücke abgesessen in Einzelsprüngen zu überschreiten, da die hochgelegene Fahrbahn von den tiefer am Ostufer befindlichen MG nicht bestrichen werden konnte. In Sekunden saßen die Panzergrenadiere ab. An der Spitze seiner wenigen Soldaten stürmte der Kompaniechef auf das diesseitige Brückenende zu. Nur wenige Meter waren die Panzergrenadiere noch von der Brücke entfernt, als diese nach einer gewaltigen Detonation buchstäblich in die Luft flog. Für die Panzergrenadiere zu früh. Die befürchtete Trennung von Panzern und Panzergrenadiere war eingetreten.

Nach dem ersten Schock und der verständlichen tiefen Enttäuschung folgte der Entschluß, unverzüglich auf den Trümmern der zerstörten Brücke überzugehen. Nachdem die restlichen Teile der Kompanie und des Bataillons eingetroffen waren, gingen Panzer, SPW und Granatwerfer in Stellung. Trotz dieses lückenlosen

Gefechtsskizze 3
Kampf um die Kuban-Brücke 3.8.1942

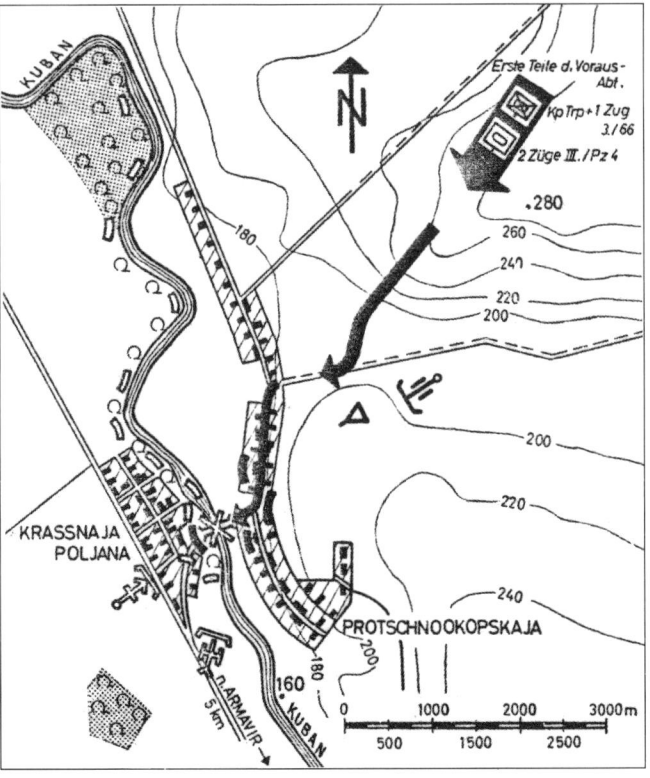

Feuerschutzes mißlang der tapfere Versuch, die Verbindung zum anderen Ufer herzustellen. Es war nicht möglich, über das Wasser zu kommen. Die Brücke war geschickt gesprengt, und der Kuban, obwohl nicht allzu breit, war zu reißend, um ihn zu durchfurten.

Auf dem anderen Ufer bildeten die eigenen Panzer nahe an der zerstörten Brücke einen sehr kleinen Brückenkopf, wobei sie von der dichteren Bebauung des Ortes einen knappen Abstand von etwa 150 Metern halten konnten. Diesseits blieb zunächst nichts weiter zu tun, als den dringend notwendigen Feuerschutz mit möglichst vielen Rohren sicherzustellen. Danach war mit aller Energie der Uferwechsel vorzubereiten, der unmittelbar nach Einbruch der Dunkelheit erfolgen sollte, sobald das Arbeiten der Pioniere an der zerstörten Brücke möglich war.

Gegen 20.00 Uhr konnte der Übergang gewagt werden. Im Schutze der Dunkelheit wurde der Pionierzug des I./66 vorgezogen und begann an den Trümmern der Brücke zu arbeiten. Eine Schwierigkeit trat nur insofern auf, weil die Panzer zur Vorfeldbeleuchtung einige Häuser in Brand geschossen hatten. Dadurch hatte zwar der Pionierzug eine ausreichende Helligkeit für seine Arbeit, aber es war zu befürchten, daß der Feind sehr bald auf das geschäftige Treiben an der Brücke aufmerksam wurde.

Auf zeitraubende bauliche Maßnahmen wurde daher verzichtet, und in dem reißenden Fluß wurden nur einige große Floßsäcke verankert, um zunächst wenigstens abgesessene Panzergrenadiere zum Schutze der Panzer auf das Ostufer zu bringen. Gegen 22.30 Uhr konnte dann endlich der Übergang vollzogen werden, und das gesamte I./66 ging auf das Westufer hinüber.

Am nächsten Morgen, dem 4.8., konnte der winzige Brückenkopf planmäßig erweitert werden. Am Abend war die Ortschaft Krassnaja Poljana vom Feinde gesäubert. Jedoch gelang es immer noch nicht, den Feind entlang der Straße nach Armavir, insbesondere die dort befindlichen Panzerabwehrgeschütze auszuschalten, so daß eine planmäßige Instandsetzung der Kuban-Brücke nicht möglich war. So mußten alle Teile auf dem Westufer immer noch über die zerstörte Brücke mühsam durch Träger versorgt werden. Diese Behinderung bedeutete eine erhebliche Einschränkung aller weiteren taktischen Maßnahmen, da weder Panzer noch SPW über den Kuban herübergeholt werden konnten.

Erfolgreicher war dagegen die andere Kampfgruppe der 13. Panzerdivision, die im Laufe des gleichen Tages etwas weiter stromab gegen schwachen Feind einen Übergang über den Kuban erzwang, so daß dort bald eine Panzerbrücke gebaut werden konnte. Dadurch war es möglich, am 5.8. die Verbindung zwischen beiden Teilen der Division auf dem Westufer herzustellen und

einen genügend großen Brückenkopf zu bilden. Als dann endlich auch die Panzer und die SPW nachgezogen wurden, hatte die 13. Panzerdivision ihre Bewegungsfreiheit wiedergewonnen und setzte noch am späten Nachmittag mit starker Aufklärung voraus den Vormarsch auf Maikop fort.

Die Darstellung des Vormarsches einer Panzerkampfgruppe durch die Kuban-Steppe zum Kuban wird hier abgebrochen, da es nicht darauf ankam, den Weg der 13. Panzerdivision bis nach Maikop lückenlos darzustellen, sondern es sollten die Schwierigkeiten gezeigt werden, die sich beim ersten Zusammenwirken zwischen Panzern und Panzergrenadieren ergaben.

6. Panzergrenadiere bilden einen Brückenkopf[22]

Anfang August 1942 hatte die 13. Panzerdivision nach einem kühnen Raid bei durchweg erfolgreichen Gefechten die Kuban-Steppe durcheilt und den Kuban unterhalb von Armavir überschritten. Sie stand am frühen Morgen des 9.8. dicht vor ihrem operativen Ziel, dem Ölzentrum von Maikop. Doch nicht nur dieses mußte genommen werden, sondern für weitere Operationen war auch die Brücke über die Belaja am jenseitigen Stadtrand von wesentlicher Bedeutung. Dort im Südwesten jenseits der Belaja lagen auch die so heiß begehrten Ölfelder.

Das I./Pz.Gren.Rgt.66, das bisher als linke Flankensicherung der Division marschierte, wurde am Vormittag in ein zeitraubendes Waldgefecht verwickelt. Der stets weit vorn befindliche Divisionskommandeur ließ diesen Kampf abbrechen und erteilte dem Bataillonskommandeur folgenden Befehl:

»I./66 stößt durch Maikop durch und nimmt die Brücke über die Belaja in Besitz!« Dazu wurden ein Zug »Brandenburg«, 8 Panzer Pz.Rgt.4 und eine Batterie Pz.Art.Rgt.13 unterstellt. Währenddessen sammelte das Bataillon in gedecktem Gelände. Es wurde verpflegt und aufmunitioniert. Jeder SPW nahm zusätzlich noch zwei Kisten Handgranaten an Bord.

Von der Höhe vorwärts des Versammlungsraumes bot sich ein gewaltiges Bild. Im flimmernden Sonnenlicht war der Nordosteingang von Maikop zu erkennen. Auf diesen Eingang führten von Norden und Osten große, breite Straßen zu und weiter nach Maikop hinein. Sie waren dicht belegt mit russischen Kolonnen aller Art, die in die Stadt strömten. Ihre Staubwolken füllten das ganze Tal. Seit Tagen verfolgt und gejagt, hatten diese ge-

22 Brux, Sturm auf die Brücke von Maikop,
    Alte Kameraden, Stuttgart, Heft 7/1980, sowie Teicke a.a.O., Seite 64 ff

schlagenen Verbände nur das eine Ziel, Maikop zu erreichen, wo sie auf Ruhe hofften. — Um 13.00 Uhr trat das I./66 in folgender Reihenfolge an: Voraus ein Zug »Brandenburg« auf 4 russischen und einem deutschen Lkw unter der Führung von zwei russisch sprechenden Leutnanten. Auf den Lkw befanden sich Mannschaften, die sich in Maikop auskannten und ortskundig waren. Danach folgten mit 6 Minuten Abstand:

1 Zug 3./66
1 Kompanie Pz.Rgt.4
Kommandeurgruppe I./66, dabei Pak- und Pi.-Zug 4./66
3./66 ohne 1 Zug
2./66
4./66
1 Batterie Pz.Art.Rgt.13
1./66

(Skizze »Angriff durch Maikop« auf dem hinteren Vorsatz.) Das Bataillon fuhr zunächst querbeet auf den Stadteingang zu. Das Tempo war mäßig, um alle Teile dicht aufschließen zu lassen. Gegenüber den ebenfalls stadtwärts marschierenden russischen Kolonnen war der Staub eine hervorragende Tarnung für die deutschen Balkenkreuze an den Panzern und SPW. Für alle Panzergrenadiere war auf den SPW volle Deckung und Feuerverbot befohlen, auch dann wenn einzelne Schüsse gegen die SPW fallen sollten. Die Feuereröffnung hatte sich der Bataillonskommandeur über Funk vorbehalten. — Der Zug »Brandenburg« war bereits zwischen den ersten Häusern verschwunden, als der Anfang des Bataillons den Stadtrand erreichte. Es war ein groteskes Bild, das nun entstand. In der Mitte der breiten Hauptstraße marschierte die deutsche Angriffsgruppe. Rechts und links davon trotteten russische Infanteristen. Auf den Bürgersteigen trappelte rechts außen aufgesessene Kavallerie und links bewegten sich Infanterietrupps untermischt mit einzelnen Geschützen. Russische Zivilisten mit Armbinden und Gewehren, die sie an Bindfäden über der Schulter trugen, regelten den Verkehr. Bei den Panzergrenadieren auf den SPW war die Spannung fast unerträglich.

Die »Brandenburger« waren in der Stadt wegen der vielen russischen Kolonnen zunächst nur langsam vorangekommen. Plötzlich stellte sich ihnen ein russischer Offizier entgegen und fragte nach dem Auftrag. Der russisch sprechende Leutnant antwortete, daß er die Brückenbesatzung verstärken solle. Danach erregte der deutsche Lkw die Aufmerksamkeit des Russen. Nach ihm gefragt, gab der Leutnant zur Antwort, daß dieses Fahrzeug den Deutschen abgenommen wurde. Der Russe ließ sich täuschen und den Zug weiterfahren.

Während sich die Spitze mit den »Brandenburgern« langsam der Brücke näherte, wobei sich zwei Lkw noch verfuhren, wurde die Masse der Kolonne nun doch als Deutsche erkannt. Die Russen begannen mit Handfeuerwaffen, erst einzeln und dann vermehrt, auf die SPW zu schießen. Daraufhin befahl der Bataillonskommandeur über Funk: »Feuer frei!«

Dieser Befehl löste die Spannung. Aus allen SPW wurde fast schlagartig das Feuer eröffnet. Was nun folgte, war der typische Einsatz der Panzergrenadiere mit den SPW in aufgesessener Kampfweise. Der Kampf wurde über die Bordwände mit allen Hand- und Bordwaffen geführt, wobei die Panzerung vorteilhaften Schutz bot. Handgranaten flogen in den dichtgedrängten Feind. Dabei blieben die SPW ständig in Bewegung und gewannen Raum nach vorn. Bei den Russen entstand eine unvorstellbare Panik. Sie suchten Deckung in Gärten, Häusern und Seitenstraßen.

Trotzdem gelang es ihnen, in den Nebenstraßen einzelne Panzerabwehrgeschütze und sogar zwei Panzer in Stellung zu bringen. Der auflebende Widerstand hatte zur Folge, daß fast jede Straßenkreuzung unter Beschuß lag und von den SPW, aus allen Rohren feuernd, in schneller Fahrt überwunden werden mußte. Es galt, sich nicht in Straßenkämpfe verwickeln zu lassen, sondern schnell die Brücke zu gewinnen. Die SPW überwanden Kreuzung nach Kreuzung mit hoher Fahrt, aber immer wieder staute sich die Kolonne, während die Spitze des Bataillons zügig vorankam.

Der Zug »Brandenburg« fand die Brücke über die Belaja unversehrt und wollte sie aufgesessen in voller Fahrt überqueren. Fast wäre dieser Handstreich auch gelungen, aber noch vor dem Erreichen des jenseitigen Ufers wurde der Zug angeschossen, so daß alle Kfz liegen blieben und die Fahrbahn sperrten. Also saßen die Männer ab und stürmten mit lautem »Hurra« gegen die zahlenmäßig weit überlegene Brückenbesatzung. (Skizze »Angriff auf die Brücke in Maikop« auf dem hinteren Vorsatz.)

Bei dem entstehenden Nahkampf fiel der Zugführer. Der nächste Offizier übernahm die Führung. Die Lage fing an kritisch zu werden. Die notwendige Hilfe kam von dem nachfolgenden Zug der 3./66. Noch diesseits der Brücke geriet der Zug in einen Feuerüberfall russischer Granatwerfer. Da die Brücke durch die angeschossenen Lkw der »Brandenburger« versperrt war, fuhren die SPW in Deckung, die Panzergrenadiere liefen über die Brücke und griffen in den Nahkampf ein. Das erbitterte Ringen wurde mit Bajonett, Spaten, Schüssen aus der Hüfte, ja sogar mit Ringkämpfen ausgetragen.

Der Feind überwand allmählich seine Überraschung und organisierte seine Abwehr. Das Sperrfeuer seiner Granatwerfer, Flak und Artillerie lag dicht vor der Brücke, so daß wegen der Detonationen der Einschläge und wegen des aufgewirbelten Staubes die Auffahrt nicht zu erkennen war. Die deutschen Panzer standen in einem Hohlweg und konnten wegen der versperrten Brücke nicht weiter.

Endlich traf das Bataillon vor der Brücke ein. Neben den Panzern kauerte der Bataillonskommandeur und versuchte, sich einen schnellen Überblick zu verschaffen. Es kam nun darauf an, den »Brandenburgern« und den Panzergrenadieren der 3./66 rasch Hilfe zu bringen. In schneller Folge kamen die Befehle:

»3./66 über die Brücke zur Verstärkung. Pak-Zug 4./66 unterstützt aus Stellungen rechts der Brücke und wird später nachgezogen. Pi.-Zug 4./66 über die Brücke und Sprengung verhindern. 2./66 durchschreitet rechts die Belaja, Flankierung ausschalten. Batterie Stellung im Gartengelände rechts, Unterstützung durch direkten Schuß gegen Stützpunkte und Widerstandsnester. 1./66 sichert auf diesem Ufer gegen Angriffe aus der Stadt, Gefechtsaufklärung vortreiben und Verbindung zu eigenen Kräften herstellen!«

Während dieser kurzen Befehlsausgabe sprangen schon die ersten beiden Gruppen Panzergrenadiere der 3./66 über die Brücke. Sie blieben aber im dichten Abwehrfeuer liegen, ein Teil fiel aus. Mit weiteren Teilen der 3./66 ging nun der Bataillonskommandeur über die Brücke und brachte den beiden Zügen in dem kleinen Brückenkopf Entlastung. Auf einem der letzten Brückenpfeiler entstand ein verbissener Zweikampf zwischen russischen Soldaten und deutschen Pionieren. Endlich gelang es, die Russen in den Fluß zu werfen und die Sprengladungen aus dem Pfeiler herauszureißen. Die Brücke über die Belaja war gerettet, aber im Brückenkopf ging der Kampf weiter.

Etwas stromab waren die Panzergrenadiere der 2./66 zu beobachten, die mit hochgehaltenen Waffen und Munitionskästen, bis zur Brust im Wasser den Fluß durchwateten. Um sie herum spritzten die Geschoßeinschläge.

Der Feind versuchte mit zusammengewürfelten Trupps immer wieder den Brückenkopf einzudrücken. Das Gefecht wurde auf kurzer Distanz geführt, und auch dabei kam es immer wieder zu Nahkämpfen. Besonders unangenehm wirkte sich am linken Flügel ein gut getarntes feindliches Flak-Geschütz aus, das unbedingt ausgeschaltet werden mußte. Ein Feldwebel und ein Panzergrenadier der 3./66 fanden sich als Freiwillige, die in mutigen Einsatz das Geschütz zum Schweigen brachten. In der rechten Flanke machte sich allmählich das Eingreifen der 2./66 bemerkbar und vom anderen Ufer hatten die Paks der 4./66 sowie die Feldhaubitzen erfolgreich einzelne Feindnester niedergekämpft.

Infolge Erschöpfung und Munitionsmangel erlahmte nach und nach der feindliche Widerstand. Jetzt wurde es Zeit, die Panzer und die SPW nachzuziehen, um den Brückenkopf zu verstärken und ausreichend zu sichern.

Ein Panzer schob die ausgefallenen Lkw auf der Brücke zusammen und drückte sie auf der anderen Seite in den Straßengraben. Endlich war die Brücke frei, die Panzer und die SPW rollten darüber und der Brückenkopf konnte planmäßig ausgeweitet werden. Teile der 4./66 und die 1./66 konnten ebenfalls nachgezogen werden.

Durch einen Angriff mit begrenztem Ziel wurde am Abend noch ein Gartengelände genommen, wodurch die Verteidigung des Brückenkopfes während der kommenden Nacht verbessert werden konnte. Die Nacht verlief infolge reger russischer Aufklärung recht unruhig, und es mußte auch noch ein russischer Angriff abgewehrt werden. Die Stellungen der Panzergrenadiere waren nun aber durch schwere Waffen, durch die eigenen SPW und durch Panzer ausreichend verstärkt. Der Brückenkopf war fest in deutscher Hand. Gemessen an dem Erfolg waren die eigenen Verluste gering. Die nachfolgenden Kampfgruppen der 13. Panzerdivision hatten während dieses Kampftages bereits am Nachmittag die Hauptstraßenzüge von Maikop freigekämpft, den Bahnhof besetzt und die Stadt weitgehend gesäubert. Das erstrebte Angriffsziel, die Ölfelder von Maikop, wurde leider nicht erreicht. Sie lagen weit im Südwesten der Stadt und waren von den Russen frühzeitig zerstört worden.

7. Panzergrenadiere im Nachtangriff[23]

In den ersten Septembertagen 1942 hatte die 370.Inf.Div. südwestlich Mosdok bei Kisljar einen kleinen Brückenkopf über den Terek gebildet. Es war ihr aber nicht gelungen, trotz Unterstellung der Korpsartillerie des LII.A.K. den auf dem Nordufer weiter westlich gelegenen großen Ort Pawlodskij zu nehmen. Zu diesem Zeitpunkt war die 13.Pz.Div. dem LII.A.K. unterstellt, das dem I./Pz.Gren.Rgt.66 mit unterstellter 1./Pz.Jg.Abt.13 befahl, Pawlodskij zu nehmen und die Flankenbedrohung des Brückenkopfes Kisljar auszuschalten. Eine Funkstelle des Korps wurde mitgegeben. Mit diesem Auftrag zog das I./66 im Laufe des 3.9. aus dem bisherigen Raum der 13.Pz.Div. in einen Bereitstellungsraum 3 Kilometer ostwärts Pawlodskij vor.

Es war ein trüber, regnerischer Tag mit nur geringen Sichtweiten von etwa 100 bis 200 Metern. Dadurch waren Erkundung und Gefechtsaufklärung stark behindert. Nördlich von Pawlodskij fand sich eine langgestreckte flache Mulde, die sich von Ost nach West zog.

23 Gefechtsbericht Pz.Gren.Rgt.66 im Archiv der 13.Pz.Div. beim Pz.Btl.23 in Braunschweig sowie Teicke a.a.O., Seite 215

Ihr Abstand vom Dorf mochte etwa 400 Meter betragen, jedoch konnte wegen des Nebels und des Regens der Nordrand der Ortschaft nicht ausgemacht werden. In diese Mulde wurde das Bataillon vorgezogen und nahm dort in breiter Front Aufstellung mit der Richtung nach Süden.

Von hier wurde Gefechtsaufklärung gegen den Westrand und den Nordrand des Dorfes angesetzt. Die 3./66 verblieb südlich des Bahnhofes Pawlodskaja mit dem Auftrag, die aus dem Dorf nach Osten herausführenden Straßen zu sichern, sowie Gefechtsaufklärung gegen den Ostrand von Pawlodskij und entlang des nördlichen Terek-Ufers vorzutreiben.

Der Nordrand von Pawlodskij war durch eine Feldstellung verstärkt, und am Ostrand wurden drei russische Panzerabwehrgeschütze festgestellt. Die Erkundung ergab weiter, daß aus dem Südteil der Ortschaft eine Fußgängerbrücke zu einer Insel im Terek führte. Auf dem südlichen Terek-Arm verband eine Fähre die Insel mit dem Dorf Gnadenburg. Der Spähtruppführer der 3./66 meldete außerdem, daß ein Einsickern in der Nacht dicht am Fluß entlang möglich sei, um so in den Rücken der Pak-Stellung zu gelangen.

Die Erkundung und die Gefechtsaufklärung waren in den späten Abendstunden beendet. Der Kampfplan des Bataillonskommandeurs sah vor, daß die 1./66 und die 2./66, beide in mehrere Stoßtrupps gegliedert, von Westen her in die Ortschaft einbrechen sollten. Danach hatte die schwere Kompanie den Auftrag, die Sicherung des Westrandes zu übernehmen. Die 3./66 wurde am Ostrand des Dorfes bereitgestellt. Sie hatte den Auftrag, mit Teilen entlang der Straße anzugreifen, um den Feind zu binden. Die Masse sollte südlich davon zwischen dem Südrand und dem Terek in den Feind einsickern, die Pak-Stellungen nehmen, über den Steg weiter angreifen und über die Insel hinweg die Fähre in Besitz nehmen. Die SPW des Bataillons sollten sich in einer breiten Feuerfront bereitstellen, nach Angriffsbeginn vorfahren und mit allen Bordwaffen die Feldstellung sowie den Nordrand der Ortschaft bekämpfen. (Skizze des Nachtangriffs auf dem hinteren Vorsatz.)

Die Befehlsausgabe und die Bereitstellung waren bis 23.30 Uhr beendet. Der Regen hatte aufgehört, es war windig. Um 0.00 Uhr war Angriffsbeginn, und alle Teile traten planmäßig an.

Wie erwartet, waren die russischen Sicherungen unaufmerksam oder sie schliefen. Die Stoßtrupps der 1./66 und der 2./66 gelangten unbemerkt an den Ortsrand und an den ersten Häusergruppen vorbei. Erst dann bemerkten die Russen die eingedrungenen Panzergrenadiere. Völlig überrascht und ohne Überblick über die Lage setzte sich der Feind zur Wehr. Handgranaten de-

tonierten, und Nahkämpfe wurden mit der blanken Waffe ausgetragen. Die Stoßtrupps halfen sich gegenseitig gegenüber der verbissenen Verteidigung der Russen aus den Häusern. Oft war es in dem Durcheinander schwierig, die Verbindung zu halten, aber unbeirrt und stetig setzten die Panzergrenadiere den Angriff entlang der beiden Dorfstraßen fort.

Im Norden fuhren die SPW an, kämpften die russische Feldstellung nieder und eröffneten dann mit allen Bordwaffen das Feuer gegen den Feind in den dort befindlichen Häusergruppen.

Die Hauptlast hatte die 3./66 zu tragen. Es war ihr gelungen, in den Rücken der Pak-Stellungen zu gelangen, wo die Geschütze schnell ausgeschaltet wurden. Jedoch auch hier wehrten sich die Russen verzweifelt in ihren Häusern. Sie ergaben sich erst, als die beiden 7,5-cm-Kanonen-SPW der 3./66 herangezogen und gegen die verteidigten Häuser eingesetzt wurden.

Die 3./66 griff im Südteil von Pawlodskij weiter an, und es gelang ihr, den Anfang des Steges über den nördlichen Terek-Arm zu gewinnen. Damit war allen Russen im Dorf der Rückweg nach Süden über den Terek abgeschnitten. Ein Stoßtrupp stürmte über den Steg auf die Insel. Dort aber traf er auf abwehrbereiten Feind und hatte Verluste. Nach längerem Kampf wurde der Stoßtrupp auf das nördliche Terek-Ufer zurückgenommen. Am Anfang des Steges bildete die 3./66 nun einen Igel. Es war für den Feind eine aussichtslose Lage. Wohin sich die Russen auch wandten, überall stießen sie auf deutsche Soldaten, die den Ring immer enger zogen.

Die Stoßtrupps der 1./66 und der 2./66 waren inzwischen bis zur Ortsmitte vorgestoßen. Am Nordrand standen die SPW und am Ostrand riegelten Teile der 3./66 und die 1/Pz.Jg.Abt.13 jeden Ausbruchsversuch ab. Pawlodskij brannte an vielen Stellen. Allmählich brach der russische Widerstand zusammen.

Es wurde notwendig, auf deutscher Seite alle Stoßtrupps und die anderen kämpfenden Teile straff zusammenzufassen, die Gefangenen zu sammeln und das Bataillon zur Abwehr zu gliedern. Der Westrand und der Ostrand des Ortes mußten gegen Gegenstöße und heranzuführende Reserven der Russen gesichert werden. Besondere Aufmerksamkeit war auch am Nordufer des Terek geboten, das mit dichtem Gebüsch bestanden war. Das Bataillon grub sich ein, denn schon in der Nacht erfolgten starke russische Artillerie- und Granatwerferüberfälle auf das Dorf.

Am Morgen begann die Säuberung. Über 400 Gefangene wurden am Nordrand gesammelt und zur 370.Inf.Div. abgeschoben. Große Mengen von leichten und schweren Infanteriewaffen sowie von Munition wurden erbeutet. Dagegen waren die eigenen Verluste gering, nur ein Toter war bei der 3./66 zu beklagen.

Kriegserfahrungen

I. Allgemeine Gefechtslagen

1. Erfahrungen mit dem SPW —
Vor- und Nachteile

Der SPW der Panzergrenadiere war nicht nur ein Transportmittel, sondern zugleich eine Waffe. Mit ihm waren die alten Forderungen Guderians für die Unterstützungswaffen der Panzer, mit einer hohen Beweglichkeit den Panzern überallhin querbeet zu folgen, diese mit einer starken Feuerkraft zu unterstützen und den Kampf aufgesessen unter Panzerschutz zu führen, erfüllt. Der SPW hat zwar nie in vollem Umfang den Wünschen und Forderungen der Panzergrenadiere entsprochen, insbesondere nicht bei der Fahrzeugauswahl, beim Einsatz in schwierigem Gelände und bei erschwerenden Witterungsbedingungen, aber er hat es den Panzergrenadieren doch im wesentlichen ermöglicht, ihren Aufgaben gemeinsam mit den Panzern gerecht zu werden.

Die lafettierten leichten und mittleren Waffen auf dem SPW[24] sowie die zahlreichen mitgeführten Handwaffen, die alle unter Panzerschutz eingesetzt werden konnten, gaben den Panzergrenadieren ein Gefühl der Überlegenheit, auch dann, wenn sie in besonderen Gefechtslagen allein auf sich gestellt ohne die Panzer kämpfen mußten. Ein Kampf Panzergrenadiere gegen Panzer war jedoch unmöglich.

Der SPW blieb aber auch die Hauptunterstützungswaffe, wenn der Kampf abgesessen zu Fuß geführt werden mußte. Darüber hinaus gab es auch Gefechtslagen, in denen, bedingt durch das Gelände, wie z.B. bei Flußübergängen und im Gebirge, die SPW abgesetzt von den zu Fuß kämpfenden Panzergrenadieren, diese hervorragend unterstützten, indem sie zu einer Feuerfront zusammengefaßt wurden.

Indessen standen diesen positiven Eigenschaften des SPW auch Nachteile gegenüber, die hier nicht unerwähnt bleiben dürfen, um die Schwierigkeiten zu zeigen, mit denen die Panzergrenadiere fertigwerden mußten. Sie waren im allgemeinen technischer Natur.

Als großer Nachteil erwies sich der **schwache Motor** mit 120 PS, mit dem der SPW nur ein Leistungsgewicht von 14,1 PS/t erreichte und damit weit hinter den als Mindestforderung angesehenen 20 PS/t zurückblieb. Das hatte zur Folge, daß das Fahrzeug an Steigungen und Hängen sowie in schwierigem Boden viel zu langsam war.

Ein technischer Mangel war weiterhin die schwache Auslegung der **vorderen Achsschenkel**, die bei schwierigen Bodenverhältnissen oft brachen. Genauso ungenügend war die Leitradaufhängung, deren Scherbolzen starken Beanspruchungen nicht standhielten. Ihre Auswechselung gehörte schon beinahe zum Routineprogramm von Fahrer und Besatzung.

Das **Schachtellaufwerk** mit seinem vorn liegenden Antriebskranz und den 7 Laufrollen war unter dem gepanzerten Aufbau recht unzugänglich. Bei notwendig werdenden Reparaturen an den Laufrollen und beim Kettenwechsel war dies ein großer Nachteil. Besonders dann, wenn bei schlammigem Boden und bei Temperaturen um Null Grad sich das Laufwerk zusetzte und der Erdbrei zwischen Kette und Laufrollen anfror, war es schwierig, die Gängigkeit wieder herzustellen.

Die **Verständigung** zwischen dem Gruppenführer und dem Fahrer war umständlich. Während des Marsches, wenn der Kommandant unmittelbar hinter dem Fahrer stand, gab es Aushilfen, aber während des Kampfes vom SPW hatte der Gruppenführer in erster Linie den Feuerkampf der Panzergrenadiere zu leiten und konnte sich wenig um den Fahrer kümmern. Ein Ausweg bot sich nur dadurch, daß der Fahrer im »taktischen Fahren« und in der Ausnutzung des Geländes besonders gut ausgebildet sein mußte.

Das allerdings wurde dadurch erschwert, daß der **Sichtbereich des Fahrers** im Gefecht bei geschlossener Panzerluke durch den schmalen und kurzen Sehschlitz sehr klein war. Die Fahrer fuhren daher der besseren Sicht wegen oft mit aufgeklappter Luke, was nicht selten zu Verlusten durch russische Scharfschützen führte.

Der Feuerkampf mit den schweren lafettierten Waffen konnte von Bord des SPW zuverlässig und treffsicher geführt werden. Dagegen war der **Kampf von Bord mit**

---

24 v. Senger und Etterlin, a.a.O., Seite 171

den **Handwaffen** schwierig, da für diese geeignete Auflagen und Rasterungen fehlten. Dieser Feuerkampf wurde zwar meist nur auf kurzen Entfernungen geführt, und dazu wurden die MG und Gewehre einfach auf die Bordwand aufgelegt. Ein vernünftiger Anschlag war aber nicht möglich, weil die Sitzbank zu niedrig und der Höhenunterschied zur oberen Kante der Bordwand zu hoch war. So kam ein Anschlag zustande, der halb kniend und halb hockend durchgeführt wurde und der bei fahrendem SPW kaum einen treffsicheren Schuß erlaubte.

In den ersten Jahren besaßen die der Truppe zugeführten SPW noch keine Heckklappen. Das **Auf- und Absitzen der Panzergrenadiere** mußte über die Bordwand erfolgen. Da dies ein Schwächemoment war, konnte der SPW nur auf der dem Feinde abgewandten Seite — in »Feuerlee« — verlassen werden. Dieses Absitzen, das mit Waffen, Munition und Gerät erfolgte, wobei sich der SPW in Bewegung befand, erforderte sportlich trainierte Soldaten. Die Panzergrenadiere entwickelten dabei eine katzenhafte Gewandtheit, die erstaunlich war.

Die **Panzerung** des SPW in der Front mit 14,5 mm war im allgemeinen ausreichend. Die Truppe schuf sich noch eine provisorische Verstärkung durch die Montage von Ersatzkettengliedern auf der Bugpanzerung. Die Seitenpanzerung mit 8 mm war dagegen noch nicht einmal sicher gegen russische Panzerbüchsen der kleinsten Kaliber, was oft, besonders im Ortskampf, zu bösen Überraschungen führte.

Es war schwierig, auf dem SPW für die mitgeführte Munition, das Gerät, die Reservekanister, sowie für das zahlreiche Gepäck der Panzergrenadiergruppe eine vernünftige Ordnung zu finden, da ein eingeplanter Stauraum fehlte. Die Unterbringung all dieser notwendigen Dinge wurde zwar erprobt und befohlen, meist von Einheit zu Einheit verschieden, aber oft entstand bei den Gefechtseinsätzen doch eine störende Unordnung im Kampfraum, die beim Kampf von Bord hinderlich war. Von Zeit zu Zeit mußte auch wegen des überflüssigen, von den Panzergrenadieren oft liebevoll angesammelten »Krempels« eine energische Entrümpelung durchgeführt werden.

Abschließend muß bei den Erfahrungen mit dem SPW festgestellt werden, daß die Panzergrenadiere mit den dargestellten Mängeln erstaunlich gut fertig geworden sind, wenn sie auch nicht alle ausgleichen konnten. Schmerzliche Erfahrung und Erfindungsgabe haben dabei sehr mitgeholfen, wenn sie auch mit den Vorschriften und der Meinung von Vorgesetzten nicht immer übereinstimmten.

2. Einfluß von Gelände und Witterung

Im allgemeinen war ein für die Panzer geeignetes Gelände auch für die Panzergrenadiere günstig, aber es gab Besonderheiten und Unterschiede. Die Panzer brauchten für ihre weittragende Kanone weitreichende Wirkungsmöglichkeiten mit guten Sichtverhältnissen, während die Panzergrenadiere keinen Feuerkampf auf so großen Entfernungen, vor allem nicht gegen Feindpanzer führten. Sie wurden gebraucht, wenn es galt, feindliche Widerstandsnester, Panzerabwehrgeschütze, Bunker, sowie Feind in Häusern und Waldstücken niederzukämpfen.

Daher sollten die Bewegungen der Panzergrenadiere beim Angriff durch das Gelände so verlaufen, »wie das Wasser fließt«, d.h. sie sollten im Gelände durch das Ausnutzen von Senken und Mulden der Sicht des Feindes so lange als möglich verborgen bleiben.

Eine gute Geländeausnutzung war mitentscheidend für den Erfolg. Sie brachte eine bessere Ausgangslage, steigerte von vorn herein die Überraschung gegenüber dem Feind, brachte die eigenen Waffen besser zur Wirkung und minderte die Verluste.

Es hat etwas gedauert, bis die Panzergrenadiere begriffen, was die Panzer längst wußten, daß es nötig war, aufgrund der Ausstattung mit dem SPW und der arteigenen Kampfweise vor jedem Gefecht eine sorgfältige Geländebeurteilung anzustellen, um die günstigste Geländeausnutzung herauszufinden.

Für die Bewegungen und den Kampf der Panzergrenadiere war als Gefechtsfeld günstig ein leichter bis mittelschwerer Boden, ein leicht abfallendes, schwach gewelltes Gelände, eine nicht zu starke Bodenbedeckung und eine schwache Besiedlung. Ungünstig dagegen waren tiefer Sand sowie schwerer und feuchter Boden, ein bergiges oder tief durchschnittenes Gelände, deckungslose Ebenen, starke Bodenbedeckung, Wälder und Ortschaften, Gebirgsgelände und Engen. Besonders der Kampf im Gebirge entsprach nicht dem arteigenen Einsatz der Panzergrenadiere.

Für die Bewegungen im Gefecht war das Überschreiten von deckungslosen Höhen immer gefürchtet, wenn diese nicht umfahren werden konnten. Hinter solchen Erhebungen waren fast immer Stellungen der feindlichen Panzerabwehr oder Panzerhindernisse zu vermuten.

Mulden und flache Senken boten sich an für Bereitstellungen und für Aufstellung von Reserven. Querlaufende Täler und Schluchten — besonders mit Gewässern — waren dagegen ein starkes Hindernis und zwangen zum Absitzen. Engen, Mulden und Einschnitte, die in Angriffsrichtung verliefen, erforderten eine tiefe Gliederung. Sie behinderten den Feuerkampf in breiter Front und waren vom Feind leicht zu sperren.

Ortschaften und Wälder hatten im Gelände unterschiedliche Bedeutungen. Ihr Vorteil bestand darin, daß sie Deckung gegen Erd- und Luftbeobachtung boten. Sie erschwerten jedoch die Bewegungen, den Feuerkampf, sowie die Sicht- und Funkverbindungen. Für den Feind boten Ortschaften gute Verteidigungsmöglichkeiten, besonders für dessen Panzerabwehr. Ortschaften im eigenen Bereich zogen meist das feindliche Artilleriefeuer an.

Flüsse und Wasserläufe bildeten fast immer starke Hindernisse, die nur mit Brücken oder Pionierhilfsmitteln zu überwinden waren. Hin und wieder gelang es, Wasserläufe zu durchfurten, die eine geringe Wassertiefe und einen festen Untergrund besaßen. Dabei war es meist nicht schwierig, das Flußbett zu durchfahren, als vielmehr die Böschungen beim Ein- und Ausfahren zu überwinden.

Die gleichen Schwierigkeiten traten auch an Steilhängen auf, wenn diese einen lockeren Untergrund hatten. Selbst bei festem Boden konnten Steilhänge nur bis zu einer Neigung von 25 Grad befahren werden, und auch dies war bei dem schwachen Motor des SPW schwierig. Aus dem gleichen Grunde waren daher auch Panzergräben ein starkes Hindernis.

Es gehörte zu den bittersten Erfahrungen, daß Regen, Schnee, Frost und Tauwetter die Gangbarkeit des Geländes in kürzester Zeit völlig verändern konnten. Diese Witterungseinflüsse verlangsamten nicht nur alle Bewegungen der SPW, sondern sie konnten sogar bis zu deren Stillstand führen, weil das Gelände unbefahrbar wurde. In den Regen- und Schlammperioden war die technische Beanspruchung der SPW und der Verbrauch an Betriebsstoff besonders groß. Das Gleiche trat bei Frost und hoher Schneelage ein.

Besonders in den ersten Monaten nach Ausstattung mit dem SPW wurde die Erkenntnis gewonnen, daß Gelände und Witterung allen Gefechtshandlungen der Panzergrenadiere zwar erhebliche Vorteile bringen können, andererseits aber auch deutliche Grenzen setzten.

3. Formen und Bewegungen

Für die Formen auf dem Gefechtsfeld übernahmen die Panzergrenadiere diejenigen der Panzertruppe, die sich für diese bereits bewährt hatten. Wurde ein Panzergrenadierbataillon zusammen mit Panzern eingesetzt, dann wurde durch Befehl je nach Feindlage und Gelände festgelegt, wo die Panzergrenadiere einzugliedern waren. Ihre Formen und Bewegungen waren dann stets dem Panzerverband angepaßt. Das Panzergrenadierbataillon blieb dann meist in sich geschlossen, wenn

nicht auf Grund der taktischen Lage eine besondere Gliederung oder der Platz für einzelne Kompanien befohlen wurde.

Bei dem Marsch auf Straßen wurde die Reihe und im Gelände als Vorstufe der Entfaltung auch die Doppelreihe eingenommen. Die Abstände von Fahrzeug zu Fahrzeug konnten dabei je nach Luftbedrohung und Staubentwicklung bis zu 100 Metern betragen.

Vor dem Gefecht entfaltete sich das Panzergrenadierbataillon zum Keil oder zum Breitkeil. Bei ungeklärter Lage wurde meist im Keil gefahren, um bei überraschend auftretendem Feind nach vorn und nach den Seiten sofort mit starkem Feuer wirken zu können. Bei einer geklärten Lage kam es darauf an, möglichst viele Waffen in vorderer Front gleichzeitig wirkungsbereit zu haben. Deshalb war dann der Breitkeil die zweckmäßigste Form. Die Abstände und die Zwischenräume richteten sich nach dem Gelände.

Bei gefährdeten Flanken oder wenn dort die Lage ungeklärt war, wurde auf dieser Seite ein Zug oder eine Kompanie gestaffelt, d.h. diese fuhren hintereinander seitlich versetzt vom vorausfahrenden SPW, um bei überraschend auftretendem Feind aus der Flanke nach einer schnellen Schwenkung sofort feuerbereit zu sein.

Eine besondere Form, die sich in der Praxis herausgestellt hatte, war der Igel. In offenem Gelände und auch nachts wurde jede Versammlung oder längere Rast dadurch geschützt, daß eine Rundumsicherung mit den SPW erfolgte. In diesen Kreis wurden die Panzerabwehrwaffen der schweren Kompanie mit einbezogen. Andere Waffen der schweren Kompanie und ungepanzerte Teile, z.B. Versorgungsfahrzeuge, befanden sich in der Mitte des Igels.

Im Rahmen einer Panzerkampfgruppe konnte das Gefecht auch treffen- oder flügelweise geführt werden. Die Panzerbataillone und die Panzergrenadierbataillone wurden dann hintereinander oder nebeneinander angesetzt.

Der Einsatz in verschiedenen Treffen hintereinander hatte den Vorteil, daß die Panzerkampfgruppe eine größere Tiefe hatte. Er erleichterte eine schnelle Unterstützung der vordersten Teile und die rasche Bildung eines Schwerpunktes. Ein häufiger Fall war das Vorziehen des Panzergrenadierbataillons aus dem 2. Treffen, wenn die Panzer im 1. Treffen überraschend auf Panzerhindernisse oder an Ortsrändern aufgelaufen waren. Der flügelweise Einsatz hat den Vorteil einer breiten Angriffsfront. Die Panzer- und die Panzergrenadierverbände haben in sich eine größere Tiefe. Meist stehen aber beide Flügel gleichzeitig im Einsatz und können sich gegenseitig nicht unterstützen. Auch eine nachträgliche Bildung des Schwerpunktes oder dessen Verlegung ist schwierig. Daher erfolgte der flügelweise Einsatz meist bei Angriffen mit begrenztem Ziel oder in der Verfolgung auf breiter Front. Dabei wurde das Panzergrenadierbataillon oft auf dem Flügel eingesetzt, wo das Gelände für die Panzer ungünstig war, z.B. bei starker Bodenbedeckung oder gegenüber Ortschaften.

Die Führer im Panzergrenadierbataillon fuhren dort, wo sie gut sehen und führen konnten. Entsprechend dem Grundsatz in gepanzerten Verbänden war ihr Platz bei den vordersten Teilen. Darüber hinaus führten sie im Schwerpunkt oder dort, wo ihr Eingreifen erforderlich war. Beim treffenweisen Einsatz mit Panzern voraus befand sich der Kommandeur des im 2. Treffen fahrenden Panzergrenadierbataillons stets beim Kommandeur des Panzerbataillons im 1. Treffen.

In allen Gefechtsformen bestand beim Panzergrenadierbataillon eine Besonderheit darin, daß im Gegensatz zum Panzerbataillon der Platz der schweren Kompanie und ihrer Waffen gesondert berücksichtigt und befohlen werden mußte. Wenn sie nicht je nach Gefechtslage besondere Aufträge hatten, folgten sie in der Mitte hinter den vorderen Teilen.

Bei den verschiedenen Gefechtsformen bestand oft eine Schwierigkeit mit der Eingliederung von Stabsteilen, Funkstellen, Führern der Unterstützungswaffen, Verbindungsoffizieren usw. Für diese Teile mußte ihr Platz klar befohlen werden. Sie drängten sich sonst in der verständlichen Absicht, »bei der Hand zu sein«, dicht um die Bataillonsführungsgruppe und störten dort die Führung und die Übersicht.

Die Formen des Panzergrenadierbataillons auf dem Gefechtsfeld wurden zwar vor jedem Einsatz klar befohlen, aber schon bei Geländeschwierigkeiten oder nach der ersten Feindberührung wurde diese Ordnung gestört. Ein starres Festhalten der befohlenen Formen war dann nicht mehr möglich. Sobald es die Umstände zuließen, wurde die alte Ordnung wiederhergestellt. Als oberster Grundsatz galt stets, den Zusammenhalt zu wahren, um die Übersicht nicht zu verlieren und die Führung aller Teile ständig zu gewährleisten.

4. Befehlsgrundsätze und Meldewesen — Funk

Die schnelle und kurze Befehlsgebung hatten die späteren Panzergrenadiere bereits vorher als Schnelle Truppen in Polen, Frankreich und 1941 in Rußland gelernt. Alle Befehlsarten wie Vorbefehle, Einzelbefehle, Gesamtbefehle, die »Besonderen Anordnungen für die Versorgung« und das Meldewesen waren ihnen geläufig. Selbstverständlich behielten all diese Befehlsarten ihre Gültigkeit, aber darüber hinaus brachte die enge Kampfgemeinschaft mit den Panzern in der Befehlsgebung doch einige grundlegende Änderungen.

Ein schneller Panzerverband erfordert eine andere Art der Befehlstechnik als ein sehr viel langsamerer Infanterieverband. Der letztere wurde am kurzen Zügel von Abschnitt zu Abschnitt geführt. Beim Angriff von Panzerverbänden wurde dagegen mit einem klaren Auftrag ein weitgestecktes Endziel befohlen, das es zu nehmen galt. Es war im Panzer-Jargon »die Fahrkarte bis zur

Die Kommandeure und Kompaniechefs führten aus ihrem Funk-SPW weit vorn.
Trotz Funk waren Kradmelder unentbehrlich.
(S. a. Bild auf S. 66)

Endstation«. Das »Wie« der Durchführung wurde dem gepanzerten Verband überlassen, der auf seinem Wege nur durch kurze Funkbefehle geführt und orientiert wurde, z.B. bei neuer Feindlage, über Ergebnisse der Luftaufklärung, bei notwendigen Hinweisen auf Geländeschwierigkeiten usw.

Es gab keine ortsfesten Gefechtsstände, denn diese rollten im Panzerverband mit. Die weit vorn befindlichen Kommandeure der Panzergrenadierbataillone führten aus ihrem SPW ihre Bataillone durch kurze Funkbefehle. Dabei war es ein unschätzbarer Vorteil, daß auf diesem Wege alle unterstellten Einheiten und schweren Waffen auf dem kürzesten Befehlsweg erreicht werden konnten.

Nach den Grundsätzen Guderians erforderte der rasche Wechsel des Gefechtsbildes in einem gepanzerten Verband sofort durchführbare Befehle im Telegrammstil. Das Mittel dazu bot der **Sprechfunk**, der während des Gefechtes durch die direkte Ansprache an den unterstellten Führer einen ganz anderen Einfluß bewirkte als der schriftliche Befehl.

Der Sprechfunk ermöglichte es:

○ kurze Befehle mit einem klaren Auftrag zu erteilen,
○ Befehle auf dem zeitlich kürzesten Weg zu übermitteln,
○ Befehle schnell und unmittelbar an den betreffenden Führer mit persönlichem Kontakt durchzugeben,
○ Rückfragen sofort zu beantworten.

Dies war eine sehr viel schnellere und kürzere Befehlsgebung als bisher. Es war nun auch möglich den letzten SPW zu erreichen. Aber der Umgang mit dem Sprech-

funk und die kurze Befehlsgebung — später **Kampfgespräch** genannt — bereitete den Panzergrenadieren anfangs einige Schwierigkeiten. Was heute in den modernen Panzergrenadierbataillonen als Grundlage der Ausbildung selbstverständlich ist, mußte damals auf dem Gefechtsfeld aus positiven und negativen Erfahrungen mühsam erworben werden.

Am wichtigsten war zunächst die Kenntnis und die Bedienung der verschiedenen Funkgeräte. Eine falsche Bedienung durfte den Funkgeräten nicht als Versagen angelastet werden. Führer und Truppe mußten Vertrauen zu diesem neuen Führungsmittel bekommen und von dessen Zuverlässigkeit überzeugt sein.

Die kurze Befehlsgebung bedurfte langer Übung. Heute ist die Führung durch Funk ausgereift und klar gegliedert in Funkkommandos, Funkbefehle und Funkmeldungen, aber in der Anfangszeit mußte streng darauf geachtet werden, daß der Funkverkehr nicht in lange Funk-»Telefonate« ausartete.

Zur Routine des Funksprechverkehrs gehörte weiter der selbständige Wechsel auf befohlenen Frequenzen bei gestörten Verbindungen, das Funken mit verkürzter Antenne bei kurzen Entfernungen und das Erkennen von störenden Einflüssen sowie deren Beseitigung.

Auch die Sorglosigkeit der Truppe gegenüber der notwendigen Geheimhaltung mußte am Anfang bekämpft werden. Der Truppe war es zunächst unbequem und lästig, die Funksprüche zu tarnen und zu verschleiern, aber allmählich setzte sich der Gebrauch von Decknamen, Geländezahlen und der Stoßlinie durch. Die Schwierigkeiten hatten ihren Grund meist darin, daß in einem Panzergrenadierverband im allgemeinen nach

General Guderian in seinem Funk-SPW — Sdr.Kfz. 251/6

5. Versorgung

Eine unabdingbare Voraussetzung für den Kampf der Panzergrenadiere war eine ausreichende Versorgung, besonders mit Munition und Betriebsstoff. War diese Versorgung gelähmt oder eingeschränkt, dann wirkte sich dies sofort auf das Kampfgeschehen aus. Leider hatte die Truppe in vielen Phasen des Krieges mit großen Versorgungsschwierigkeiten zu kämpfen. Meist ging es dabei um den notwendigen Nachschub an Betriebsstoff. Der Winter 1941/42, der Feldzug in Nordafrika, die Entlastung von Stalingrad und der Vorstoß zum Kaukasus mit den dortigen Kämpfen sind bittere Beispiele dafür.

Die in der Versorgung eingesetzten Dienste haben sich unter opfervollem Einsatz bemüht, die Truppe rechtzeitig und ausreichend zu versorgen. Standen aber die Nachschubgüter nicht zur Verfügung, dann waren auch sie machtlos. Hinzu kamen zusätzliche Schwierigkeiten bei Schlamm- und Frostperioden durch nicht ausreichende Transportfahrzeuge und oft der Kampf mit Partisanen auf den Versorgungswegen. Auch durch Luftangriffe, besonders in den letzten Jahren des Krieges, entstanden Ausfälle an Nachschubgütern und Verluste bei den Versorgungsdiensten. Gegen Ende des Krieges 1944/45 war eine Versorgung wegen der feindlichen Luftüberlegenheit nur noch nachts möglich.

Nachdem die Panzergrenadiere mit dem SPW ausgestattet waren, behielten ihre Versorgungteile zunächst die vorherige Gliederung und Fahrzeugausstattung mit Lastkraftwagen. Lediglich der Transportraum für Betriebsstoff und Munition wurde vergrößert.

Betriebsstoffversorgung

Die ausreichende und rechtzeitige Versorgung mit Betriebsstoff war bei den Panzergrenadieren genau wie bei den Panzern die Hauptsorge, vor allem wegen der oft ungenügenden Zuteilung an die Truppe, denn Betriebsstoff war während des ganzen Krieges knapp. Die Panzergrenadiere waren wegen ihres geringeren Verbrauches davon nicht so sehr betroffen wie die Panzer. Der mittlere SPW verbrauchte für 100 Kilometer auf der Straße 50 Liter und im Gelände 85 Liter. Diese Verbrauchszahlen konnten im Gelände jedoch nicht zugrundegelegt werden, da bei jedem Halt wegen der sofortigen weiteren Einsatzbereitschaft der Motor weiterlaufen mußte. Geländeschwierigkeiten, schwerer Boden mit Schlamm und Schnee, häufiger Stellungswechsel und zusätzliche Gefechtsaufklärung setzten den Betriebsstoffverbrauch erheblich herauf, so daß erfahrene Versorgungsbearbeiter in solchen Lagen die Anforderung gegenüber dem normalen Verbrauch verdoppelten, wenn nicht gar verdreifachten.

dem Gelände geführt wurde. Da genügte es, über Funk zu befehlen: »Die vor ihnen liegende Höhe ...« oder »Das Waldstück rechts vorwärts ...«.

Bei befohlener Funkstille und auch dann, wenn der Funk nicht ausreichte, wurden die altbewährten Führungszeichen, Leuchtzeichen und Kradmelder eingesetzt. Auf diese einfachen Verbindungsmittel konnte nicht verzichtet werden, sie waren auch bei den Panzergrenadieren bis zum Kriegsende im Einsatz.

Besonders den Kradmeldern muß ein hohes Lob gesagt werden. Sie zeichneten sich bei den Panzergrenadieren besonders dadurch aus, daß sie sich nicht scheuten, im laufenden Gefecht ohne Panzerschutz hinter den SPW der Kommandeure und Chefs herzufahren, stets bereit, wichtige Meldungen zu überbringen. Wenn alle anderen Verbindungsmittel versagten, dann war auf die Kradmelder immer Verlaß.

Jede Gefechtspause und jede Rast wurde zur Betriebsstoffergänzung ausgenutzt. Das Auftanken der SPW erfolgte aus 20-Liter-Kanistern, die von den Betriebsstoff-Lkw herangebracht wurden. Beim Heranschleppen der vollen Kanister an die SPW half selbstverständlich die ganze Besatzung mit. Waren Panzergrenadiere zusammen mit Panzern eingesetzt, dann halfen die Panzer in Notlagen oft mit Betriebsstoff aus.

Trotz des ausreichenden Tankinhaltes und der großen Reichweite wurden auf dem SPW noch Reservekanister mitgeführt. Sie bildeten mit dem leicht entzündlichen Otto-Kraftstoff bei Feindeinwirkung eine ständige Gefahr, gleichgültig ob ihre Unterbringung im Kampfraum oder außen am SPW erfolgte. Eine befriedigende Lösung dafür ist während des ganzen Krieges nicht gefunden worden.

Bei der häufig begrenzten Zuteilung von Betriebsstoff an die Truppe war diese ständig bemüht, sich eine Kraftstoff-»Reserve« zu schaffen. Außerdem liefen besonders in den ersten Jahren in Rußland bei den Trossen noch zahlreiche Beutefahrzeuge über den Sollbestand hinaus mit, die Verluste ausgleichen und mehr Transportraum sichern sollten. Auch dieser Zustand führte zeitweise bis zur nächsten »Auskämmung« zu einem höheren Betriebsstoffverbrauch.

Diese Hortung und der Mehrverbrauch waren den vorgesetzten Dienststellen natürlich ein Dorn im Auge, und es wurde mit energischen Befehlen dagegen vorgegangen.

Gegen Ende des Krieges hatte sich die Betriebsstoffversorgung so weit verschlechtert, daß in einzelnen Fällen Industrie-Alkohol mit Dieselöl und Benzin vermischt wurde, um als Treibstoff zu dienen. Es war ein hoffnungsloser Versuch, denn die Motoren brachten damit nur eine völlig ungenügende Leistung.

Munitionsversorgung

Leichter als die Betriebsstoffversorgung war bei den Panzergrenadieren die Versorgung mit Munition. Hier war es aber die Vielfalt der Waffen, die mit den dafür notwendigen Munitionsarten oft Schwierigkeiten bereitete. Das Panzergrenadierbataillon verfügte 1942 in der Normalgliederung über folgende Waffenausstattung:

270 Pistolen
127 Maschinenpistolen
575 Gewehre
107 leichte Maschinengewehre
  12 schwere Maschinengewehre
   9 Panzerabwehrkanonen 3,7 cm
   3 Panzerabwehrkanonen 5 cm
   6 mittlere Granatwerfer 8 cm
   4 leichte Infanteriegeschütze 7,5 cm

Darüber hinaus mußten auf jedem SPW noch Handgranaten und Minen mitgeführt werden.

Schon nach kurzer Zeit lagen Erfahrungszahlen darüber vor, wie hoch der prozentuelle Bedarf für die verschiedenen Munitionsarten war. Den Hauptanteil der Munition beanspruchten die zahlreichen Maschinengewehre mit ihrer hohen Feuergeschwindigkeit. Darüber hinaus mußte bei den Panzergrenadieren aber noch eine breite Munitionspalette für die anderen Waffen zugeführt werden. Da es selten vorkam, daß sich eine Waffenart völlig verschoß, wurde auf dem Gefechtsfeld oft ein Austausch an Munition von einem SPW zum anderen vorgenommen. Außerdem war in der Truppe befohlen, daß ein Sperrbestand von 10 Prozent nur in besonderen Lagen auf Befehl verschossen werden durfte.

Mit den zunehmenden Luftangriffen in der Heimat auch auf Produktionsstätten von Munition kam es vor, daß vorübergehend eine Munitionsart Mangelware war und beim Nachschub rationiert werden mußte. Auf die Kampfkraft der Panzergrenadiere haben sich diese meist nur kurzfristigen Lücken aber kaum ausgewirkt.

Die Versorgungskompanie

Bis zum Jahre 1943/44 waren die Panzergrenadierkompanien in ihrer Versorgung recht selbständig. Sie verfügten über den Gefechtstroß I, der vom Kompaniefeldwebel geführt wurde. Dazu gehörte der Kompaniefeldwebeltrupp, der Verpflegungstrupp, ein Gepäck-Lkw und außerdem noch der Instandsetzungstrupp mit einem Ersatzteil-Lkw, die vom Schirrmeister geführt wurden. Der Gefechtstroß I hielt sich auf dem Gefechtsfeld an seine im Einsatz befindliche Panzergrenadierkompanie heran und konnte bei Rasten und Gefechtspausen zur Versorgung schnell herangezogen werden. Wurde die Kompanie einem anderen Verband z.B. einem Panzerbataillon unterstellt, dann wurde der Gefechtstroß I durch Betriebsstoff- und Munitions-Lkw verstärkt und begleitete die Kompanie als **Versorgungspaket**.

Der Gefechtstroß II bestand aus den Versorgungsteilen des Panzergrenadierbataillons. Dies waren:

Instandsetzungszug für Fahrzeuge, Waffen und Geräte,
Verpflegungsstaffel,
Munitionsstaffel,
Betriebsstoffstaffel.

Die Führung des Gefechtstrosses II war nicht einheitlich. Es bildete sich aber mehr und mehr heraus, daß dafür ein standfester, umsichtiger Offizier eingesetzt wurde. Auch tüchtige Feldwebel wurden mit dieser Aufgabe betraut. Die Fahrzeuge des Gefechtstrosses II waren ungepanzert. Infolgedessen wurde dieser mit weitem Abstand hinter dem im Einsatz befindlichen Bataillon nachgeführt. Der Versorgungsbedarf wurde durch Funk oder Kradmelder angefordert und von hinten zugeführt. Diese Art der Versorgung war umständlich und führte zu manchen Schwierigkeiten. Sie wurde ab 1944 durch die

Aufstellung von Versorgungskompanien bei den Panzer- und Panzergrenadierbataillonen abgelöst. Von diesem Zeitpunkt an wurde die gesamte Versorgung des Bataillons von der Versorgungskompanie übernommen. Als Führer fungierte ein älterer Offizier, der auch als Vertreter des Bataillonskommandeurs eingesetzt werden konnte.

Erst mit der Aufstellung der Versorgungskompanien hatte der Kommandeur ein Mittel in der Hand, mit dem die Versorgung im Bataillon schwerpunktmäßig durchgeführt werden konnte. Dabei war es wichtig, daß der Chef der Versorgungskompanie nach vorn zu seinem Kommandeur oder zum Gefechtsstand eine enge Verbindung hielt, entweder durch Funk oder durch eine häufige persönliche Verbindungsaufnahme.

Durch diesen engen Kontakt erhielt der Chef der Versorgungskompanie rechtzeitig und laufend einen Überblick über die taktische Lage sowie über Vorhaben und Absicht seines Kommandeurs. Er orientierte sich ebenfalls über den Stand der Versorgung bei den Panzergrenadierkompanien und über deren Bedarf für bevorstehende Einsätze. Während oder nach Gefechtshandlungen forderten die Kompanien ihren Bedarf über das Bataillon bei der Versorgungskompanie an.

Nach dieser Anforderung stellte der Chef der Versorgungskompanie gemeinsam mit den Versorgungsbearbeitern und den Funktionsunteroffizieren den Versorgungsbedarf für die einzelnen Kompanien zusammen. Er befahl Zeitpunkt und Art der Zuführung entweder durch einzelne Lkw oder mit ganzen Staffeln, die von den Funktionsunteroffizieren geführt wurden.

Dabei hat es sich in der Praxis bewährt, daß diesen Versorgungsfahrten auch die Feldküchen und die Versorgung mit sonstiger Verpflegung angehängt wurde. Die Führung eines solchen Versorgungspaketes übernahm dann meist der Kompaniefeldwebel als Nachschubführer, wodurch die enge Verbindung zu seiner Kompanie gewährleistet war. Wenn er dann zur Truppe nach vorn auch noch Feldpost und Marketenderwaren mitbrachte, kam er als wahre »Mutter der Kompanie«.

Sanitätsdienstliche Versorgung

Die sanitätsdienstliche Versorgung im Panzergrenadierbataillon erfolgte durch die Sanitätsstaffel. Sie bestand aus der Verbandplatzgruppe mit einem Krankenkraftwagen und den Sanitätstrupps. Die Verbandplatzgruppe führte der Bataillonsarzt und folgte mit ihr unmittelbar der kämpfenden Truppe auf dem Gefechtsfeld. Die Sanitätstrupps waren zu den einzelnen Kompanien abgestellt und saßen dort mit auf den SPW auf.

Sobald es die Lage erforderte und ein Anfall von Verwundeten zu erwarten war, richtete der Truppenarzt den Truppenverbandplatz möglichst zentral zum Kampfge-

schehen in der Nähe des Bataillonsgefechtsstandes ein. Wichtig war eine gute Ausschilderung dorthin. Oft ergaben sich bei der Ortswahl für den Truppenverbandplatz dadurch Schwierigkeiten, daß keine geeignete Unterkunft zur Verfügung stand. Dann mußte die ärztliche Versorgung unter freiem Himmel oder im Zelt erfolgen. Die Sanitätssoldaten bei den Kompanien brachten den Verwundeten erste Hilfe, die oft nur darin bestehen konnte, den Abtransport zum Truppenverbandplatz zu ermöglichen. Wenn ein sofortiges Zurückbringen der Verwundeten wegen starker Feindeinwirkung nicht möglich war, wurden diese nach einer ersten Hilfe hinter einer Deckung in Nestern zunächst gesammelt, bis der Abtransport zum Truppenverbandplatz erfolgen konnte. Die Zuführung dorthin erfolgte meist durch Kameradenhilfe oder mit Fahrzeugen, die gerade zur Hand waren. Eine große Hilfe war später der Sanitäts-SPW (Sd.Kfz. 251/8), der bis auf das Gefechtsfeld fahren konnte, um die Verwundeten dort abzuholen. Auch das Kettenkrad brachte schnelle Hilfe.

Der Truppenarzt versorgte die Verwundeten und entschied nach dem Grad der Verwundung über die Dringlichkeit und die Reihenfolge des weiteren Transportes zum Hauptverbandplatz oder zum Feldlazarett. War der Anfall von Verwundeten sehr groß, dann wurden von der Division zusätzlich Krankenfahrzeuge zugeführt.

Der Einsatz der Sanitätstrupps auf dem Gefechtsfeld erfolgte oft im feindlichen Feuer. Eine besondere Schwierigkeit war das Bergen von Verwundeten aus dem SPW, wenn dieser einen schweren Treffer erhalten hatte oder brannte. Wegen der Explosionsgefahr von Munition oder Benzinkanistern erforderte dann der Einsatz der Sanitätssoldaten besonderen Mut und Kaltblütigkeit. Häufig mußte der Truppenarzt den Truppenverbandplatz verlegen, weil die Feindeinwirkung eine ärztliche Versorgung unmöglich machte. Die Verluste von Sanitätspersonal waren in diesem vorderen Bereich besonders hoch. Jedoch sind durch diesen opfervollen Einsatz unzählige Menschenleben gerettet worden.

Bei der sanitätsdienstlichen Versorgung wurde kein Unterschied gemacht zwischen verwundeten deutschen Soldaten und verwundeten Kriegsgefangenen. Soweit es die Lage zuließ, erhielten verwundete Soldaten des Gegners nach den Genfer Bestimmungen des Roten Kreuzes genau so eine ärztliche Betreuung wie deutsche Soldaten. In ruhigen Zeiten erstreckte sich die truppenärztliche Hilfe in Notfällen sogar auch auf die Zivilbevölkerung.

Instandsetzungsdienste

Die unterste Stufe der Instandsetzung war auch schon im Kriege die laufende Wartung und Pflege der SPW. Die Fahrer waren darin ausgebildet, und die Besatzungen hatten mitzuhelfen und sich um »ihren SPW« zu kümmern. Die SPW-Fahrer konnten auch kleinere Reparaturen ausführen, aber die nicht ganz einfache Technik des SPW erforderte bei auftretenden Pannen meist die Hilfe der Instandsetzungsdienste.

Für die Instandsetzung verfügte das Panzergrenadierbataillon über die Instandsetzungstrupps bei den Kompanien und über den Instandsetzungszug in der Versorgungskompanie. Für größere Instandsetzungen und bei schweren Schäden durch Feindbeschuß war eine der Werkstattkompanien in der Panzerdivision zuständig. Die Instandsetzungstrupps befanden sich bei den Panzergrenadierkompanien und folgten diesen bei allen Einsätzen. Sie halfen bei kleineren Schäden, die sich sofort an Ort und Stelle beheben ließen, um die SPW wieder einsatzfähig zu machen. Die Instandsetzungstrupps wurden besonders in der ersten Zeit nach Zuführung der SPW gebraucht, als die Fahrer mit ihrem Fahrzeug noch nicht ausreichend vertraut waren. Die Gründe für die häufige Hilfe waren meistens Unkenntnis von Fahrzeug und Motor sowie Bedienungsfehler. Schon sehr bald nach einiger Erfahrung traten solche Mängel nicht mehr auf.

Auf dem Marsch befanden sich die Instandsetzungstrupps am Ende ihrer Kompanien und sorgten für die ausgefallenen SPW. Bei allen Rasten, im Bereitstellungsraum und während größerer Gefechtspausen unterstützten die Instandsetzungstrupps die Fahrer bei der Wartung und Überprüfung ihrer SPW.

Im Angriff folgten die Instandsetzungstrupps ebenfalls dicht hinter ihren Kompanien, um sofort dort zu helfen, wo SPW mit Schäden ausgefallen waren. In schweren Fällen verständigten sie die Versorgungskompanie, die dann für das Abschleppen sorgte. Anders als bei den Panzern blieb die Besatzung beim Rücktransport nicht bei ihrem Fahrzeug, sondern wurde auf andere SPW verteilt, um die infanteristische Kampfkraft in der Kompanie nicht zu schwächen. Falls der SPW nicht mehr bewegungsfähig war, erfolgte das Abschleppen mit den Bergefahrzeugen der Versorgungskompanie, der dafür Zugkraftwagen (Zg.Kw. 8 t) zur Verfügung standen.

Ein besonderes Problem bildeten ausgefallene SPW bei Rückzugsgefechten. Für eine notwendige Reparatur durch die Instandsetzungstrupps fehlte wegen des Feinddruckes meist die Zeit. Andererseits durften die SPW nicht in Feindeshand fallen. Deshalb kam es in solchen Lagen darauf an, die Bergefahrzeuge dicht heranzuhalten. Für die Bergung war es von Vorteil, daß ein ausgefallener SPW leichter zu handhaben war als ein sehr viel schwererer Panzer.

In diesen schwierigen Lagen standen Bergefahrzeuge für bewegungsunfähige SPW nicht immer und ausreichend zur Verfügung. Sofern das Laufwerk nicht beschädigt war, konnte ein mit Motorschaden ausgefalle-

ner SPW durch einen anderen abgeschleppt werden. Bei beschädigtem Laufwerk, aber intaktem Motor kam es für den Instandsetzungstrupp darauf an, den ausgefallenen SPW mit Hilfe des Fahrers und der Besatzung wenigstens noch rollfähig zu machen. Durch diese Zusammenarbeit kamen oft kühne Improvisationen zustande, welche den SPW vor dem Zugriff des Feindes retteten. Die Sprengung des SPW als letzter Ausweg konnte nur auf Befehl in ernstester Notlage erfolgen und war die Ausnahme.

Die Arbeit der Werkstattzüge wurde durch häufige Verlegungen der Versorgungskompanie entsprechend dem beweglichen Einsatz des Panzergrenadierbataillons erschwert. Schon allein deshalb konnten von ihnen nur solche Instandsetzungen vorgenommen werden, die bei vorhandenen Ersatzteilen innerhalb einer bestimmten Frist durchgeführt werden konnten. Dazu gehörten im allgemeinen Reparaturen am Motor und am Laufwerk sowie Instandsetzungen von Waffen und Gerät, die keinen großen Zeitaufwand erforderten.

Das Bestreben der Truppeningenieure und der Werkmeister bei den Werkstattzügen, der Truppe möglichst schnell zu helfen, führte oft dazu, alle nur denkbaren technischen Möglichkeiten auszuschöpfen, um die Instandsetzung selbst durchzuführen und damit die Schad-SPW nicht zu längerer Reparatur an die Werkstattkompanien der Division abgeben zu müssen, wo sie der Truppe für längere Dauer entzogen waren. Dabei haben die Werkstattzüge oft unter primitivsten Bedingungen arbeiten müssen, auch deshalb verdienen ihre Leistungen Anerkennung und Lob.

Die Werkstattkompanien der Panzerdivisionen waren für große Instandsetzungen zuständig. Das waren in der Regel schwere Schäden durch Feindbeschuß am Motor, am Laufwerk und am Panzeraufbau der SPW. Die Instandsetzung solcher Schäden erfolgte durch Austausch ganzer Baugruppen und erforderte Zeit. Schwierigkeiten ergaben sich meist nicht durch die Schwere des Schadens, sondern durch fehlende Ersatzteile. Um der Truppe schnell helfen zu können, führte dieser Mangel oft dazu, daß andere SPW ausgeschlachtet werden mußten, die dann als Totalausfall gemeldet wurden.

Bekleidung und Ausrüstung

Für die Panzergrenadiere wurde eine Uniform eingeführt, die im Schnitt derjenigen der Panzertruppe entsprach, jedoch in feldgrauer Farbe. Die enganliegende Jacke hat sich bewährt, weniger dagegen die Überfallhose. In Verbindung mit genagelten Schnürschuhen war sie im abgesessenen Kampf auf schlammigen Boden und im Schnee ungünstig. Der altbewährte Kommißstiefel war eine bessere Lösung.

Als Wetterschutz wurden Tarnjacken benutzt, im Winter Schneemäntel. Beide waren bei der Truppe nicht sehr beliebt, weil unbequem, aber sie waren nützlich und notwendig. Dagegen war der lange Übermantel, der beim abgesessenen Kampf auf dem SPW zurückblieb, bei ungünstiger Witterung und im Winter ein wirksamer Kälteschutz. Ebenso zweckmäßig war für die Kradfahrer der lange Mantel aus gummiertem Stoff.

Als Kopfbedeckung setzte sich neben dem im Gefecht unentbehrlichen Stahlhelm die Bergmütze der Gebirgsjäger durch, die mit ihrem Schirm gegen Regen und Blendung durch die Sonne einen besseren Schutz bot als das Schiffchen.

Jeder Panzergrenadier besaß einen Wäschebeutel aus grauem Leinen für den notwendigsten Wäschebedarf und für sonstige Gebrauchsgegenstände. Er war für den Soldaten der persönliche Bereich, in dem auch seine Feldpost und andere private Dinge verwahrt wurden. Die notwendige Reservewäsche und sonstige Ersatzbekleidung wurde auf dem Gepäck-Lkw nachgeführt.

Zur weiteren Ausrüstung für die Panzergrenadiere gehörten noch Zeltbahn und Kochgeschirr sowie Brotbeutel und Feldflasche. Für den abgesessenen Einsatz, besonders wenn dieser länger dauerte, wurde diese Ausrüstung als Sturmgepäck mit einem Tragegestell auf dem Rücken und am Koppel getragen.

Es kam vor, daß die Panzergrenadiere bei Totalverlust ihres SPW ihre gesamte Ausrüstung verloren und nur noch das besaßen, was sie beim abgesessenen Einsatz bei sich hatten. Es hat jedoch, von den persönlichen Dingen abgesehen, nie Schwierigkeiten gegeben, diese Verluste zu ersetzen. In solchen Fällen kam es auf die Initiative der Kompaniefeldwebel an, mit schneller und geeigneter Hilfe einzugreifen, um den Soldaten möglichst schnell das Gefühl einer guten Betreuung und Fürsorge zu geben.

Verpflegung

Für die starke physische und psychische Belastung der Soldaten war eine gute und ausreichende Verpflegung eine unabdingbare Voraussetzung. In normalen Zeiten erfüllte die Verpflegung für die Truppe mit einer einfachen und schmackhaften Kost im allgemeinen diese Bedingungen. Es gab zwar Engpässe in der Zulieferung z.B. dann, wenn die Truppe abgeschnitten oder eingekesselt war, oder auch, wenn die Verpflegung aus dem Lande erfolgen mußte, aber das waren befristete Ausnahmen.

Für die Verpflegung zuständig waren die Truppenzahlmeister. Sie waren meist langjährig gediente Soldaten, und von ihrer Fürsorge hing viel ab. Sie kannten die Bedürfnisse der Truppe genau und bemühten sich, wenn es möglich war, über die Zuteilungen hinaus durch Ankäufe und aus freigegebenen Beutebeständen die Verpflegung aufzubessern.

Im Panzergrenadierbataillon hatte jede Kompanie eine Feldküche, die auf einem geländegängigen Lkw montiert war. Dorthin wurde die zugeteilte Verpflegung für warme und für kalte Kost zugeführt. Es hing viel von der Kunst des Feldkoches ab, was er daraus machte, und oft waren die Köche wahre Meister ihres Faches. Wenn auch der kräftige Eintopf dominierte, so gab es doch in ruhigen Lagen auch oft reichhaltigeres Essen.

Die Feldküche folgte ihrer Panzergrenadierkompanie dichtauf, soweit die Lage dies zuließ, und gab bei Rasten, im Bereitstellungsraum und bei längeren Gefechtspausen die warme Verpflegung aus. Wenn die Feldküchen den Kompanien nicht folgen konnten, dann wurde das Essen in Thermo-Kübel umgefüllt und mit gerade greifbaren Fahrzeugen, nicht selten auch durch Essenholer zu Fuß, zu den einzelnen Zügen gebracht. Bei jeder Verpflegungsausgabe wurde gleichzeitig Kaffee und kalte Kost ausgegeben.

Die bewegliche Kampfführung in einem gepanzerten Verband brachte es mit sich, daß die Verpflegung im Laufe aufeinander folgender Gefechtstage nie regelmäßig zu bestimmten Zeiten ausgegeben werden konnte, aber die Truppe hatte sich daran gewöhnt und war zufrieden, wenn nach schweren Gefechtstagen die Feldküche überhaupt kam.

Für die Besatzungen der SPW war für besondere Notlagen eine eiserne Portion vorhanden; sie durfte nur auf Befehl angebrochen werden. Bei Großeinsätzen und weitreichenden Operationen wurde die Panzer-Sonderausstattung ausgegeben. Sie bestand neben Büchsenkonserven aus einer hochkonzentrierten und vitaminreichen Zusatzverpflegung, bei der Keks, Schoka-Cola, Traubenzucker und Zigaretten die Hauptbestandteile bildeten.

Ein Kernstück der Verpflegung war das altbekannte Kommißbrot. Es war trotz aller Schwierigkeiten in der Versorgung bis zum letzten Kriegstag von gleichbleibender guter Qualität.

6. Zusammenwirken mit Panzern

Nach den überzeugenden Erfolgen der Panzerwaffe in Polen und in Frankreich sowie im ersten Jahre des Krieges in Rußland 1941 hat zweifellos neben Guderian eine Führerpersönlichkeit aus den Reihen der schnell beweglichen Infanterie gefehlt, die schon frühzeitig darauf hätte dringen müssen, daß die Infanterie für die Panzer nicht nur eine Hilfs- und Begleitwaffe war, sondern auf dem Gefechtsfeld gleichberechtigt und mit der entsprechenden technischen Ausstattung eingesetzt werden muß.

Leider fehlte es nicht nur an dem Schöpfer einer modernen »Panzer-Infanterie«, sondern es standen darüber hinaus auch die halbherzigen Entscheidungen für eine hochbewegliche und gepanzerte Infanterie entgegen. Es wurde außer von Guderian einfach nicht erkannt, daß der Gründung einer modernen Panzerwaffe parallel dazu die Neuschöpfung der notwendigen »Panzer-Infanterie« folgen mußte.

Die verantwortliche Führung — das Oberkommando des Heeres und der Generalstab — begnügte sich mit dem Vorhandenen. Das war eine Infanterie, wenn auch motorisiert, die es bisher aber nur gelernt hatte, zu Fuß zu kämpfen, welcher der Angriffsgeist der Panzertruppe, das Motto Guderians: »Fahrkarte bis zur Endstation« fremd war und die für das Zusammenwirken mit Panzern zum Beginn des Krieges nur mit wenigen Schützenpanzerwagen, sonst aber mit Räderfahrzeugen ausgestattet war. Daneben behauptete sich noch die schwer auszurottende Vorstellung, Infanterie kämpft nur zu Fuß mit einem Angriffstempo von vier Kilometern in der Stunde. Auch der Panzertruppe ist bis in die ersten Kriegsjahre hinein der Vorwurf zu machen, daß sie sich mit einer derartig ungeeigneten infanteristischen Begleitwaffe begnügte.

So mußte sich zwangsläufig die erste Zeit des Zusammenwirkens zwischen Panzern und Panzergrenadieren schwierig gestalten.

Seit Beginn des Feldzuges in Rußland, besonders aber seit der Ausstattung der Panzergrenadiere mit dem Schützenpanzerwagen, setzte sich endlich die Erkenntnis durch, daß beide Waffengattungen nur dann ein Höchstmaß an Erfolgen erringen konnten, wenn sie so eng wie möglich zusammenarbeiteten. Die Formen des Zusammenwirkens mußten erst gefunden werden. Nicht selten kam es zu gegenseitigen Mißverständnissen und Vorwürfen, die meist auf Unkenntnis der beiderseitigen Möglichkeiten beruhten.

Die Grundlagen für das Zusammenwirken waren die Stärken und die Schwächen beider Waffengattungen. Sie ergänzten einander, und daraus ergaben sich auch die Aufgaben für die Panzergrenadiere. Eine Gegenüberstellung soll dies verdeutlichen:

Stärken der Panzer	Schwächen der Panzergrenadiere
Starker Panzerschutz	Schwache Panzerung. Abgesessen hohe Verwundbarkeit
Starke, weitreichende Feuerkraft mit großem Kaliber	Starke Feuerkraft, aber mit kleinerem Kaliber und geringerer Reichweite
Überlegene Wirkung gegen Feindpanzer	Geringe Ausstattung mit Panzerabwehrwaffen
Hohe Beweglichkeit	Eingeschränkte Beweglichkeit

Schwächen der Panzer	Stärken der Panzergrenadiere
Eingeschränkte Beobachtungsmöglichkeiten	Beobachtungsmöglichkeiten rundum
Großes Ziel	Kleine Silhouette
Ausrüstung nur mit Kanone und Maschinengewehr	Vielfalt an Infanteriewaffen auf- und abgesessen
Nur schweres Flachfeuer	Steilfeuerwaffen
Keine Wirkung auf nahe und nächste Entfernungen	Kampfmöglichkeiten über Bord auch auf mittleren, nahen und nächsten Entfernungen
Begrenzter Fahrbereich mit hohem Betriebsstoffverbrauch	Großer Fahrbereich mit geringem Betriebsstoffverbrauch

Trotz anfänglicher Reibungen setzte sich allmählich die Überzeugung durch, daß beide Waffengattungen mit ihren Stärken und Schwächen aufeinander angewiesen waren. Die Panzer erkannten immer mehr den hohen Kampfwert der Panzergrenadiere mit ihren vielfältigen Einsatzmöglichkeiten und der schnellen Einsatzbereitschaft ihrer schweren Waffen. Für die Panzergrenadiere bildete sich eine klare Aufgabenstellung heraus. Danach fielen ihnen beim Zusammenwirken mit Panzern folgende Aufgaben zu:

○ Begleiten des Panzerangriffes;
○ Ausnutzen der Erfolge der Panzer durch Brechen feindlichen Widerstandes in Feldstellungen, Stützpunkten und Bunkern;
○ Säubern, Besetzen und Halten von gewonnenem Gelände;
○ Niederkämpfen feindlicher Panzerabwehr und Überwinden von Sperren;
○ Schutz der Panzer gegen feindliche Panzernahkämpfer;
○ überraschender Angriff gegen Flanke und Rücken des Feindes;
○ schnelles Besetzen wichtiger Geländeräume zur Voraussetzung für den weiteren gemeinsamen Angriff;
○ unmittelbare Unterstützung der Panzer in schwierigem Gelände, im Orts- und Waldkampf sowie bei unsichtigem Wetter und nachts.

Um diese Aufgaben optimal zu erfüllen, bildeten sich feste Formen des Zusammenwirkens mit den Panzern heraus, die aus der Praxis geboren wurden. Sie setzten sich mehr und mehr durch und fanden schließlich auch ihren Eingang in die Vorschriften und in die Ausbildung. Die Grundlagen dafür waren der **Auftrag**, die **Feindlage** und das **Gelände**.

a) Panzer voraus — Panzergrenadiere folgen

Dieses Kampfverfahren wurde im allgemeinen dann angewandt, wenn das Gefechtsfeld ein weiträumiges, langwelliges und offenes Gelände war mit ausreichenden Sichtverhältnissen, die den Panzern gute Wirkungsmöglichkeiten auf großen Entfernungen boten. Ebenfalls Voraussetzung war eine geklärte Feindlage. Die Gefechtsgliederung erfolgte in zwei Treffen. Im 1. Treffen fuhren die Panzer, und im 2. Treffen folgten die Panzergrenadiere und die anderen Begleitwaffen. Der Abstand der beiden Treffen richtete sich nach der Sicht und nach dem Gelände.

Die Führung lag beim Kommandeur der Panzer, dem die Panzergrenadiere unterstellt und mit dem die anderen Begleitwaffen auf Zusammenarbeit angewiesen waren. Dabei erwies es sich als praktisch, wenn der Kommandeur der Panzergrenadiere im 1. Treffen in der Nähe des Panzerkommandeurs mitfuhr.

In der Annäherung und in der ersten Gefechtsphase trugen die Panzer die Hauptlast des Kampfes vor allem gegen Feindpanzer. Verstärkte sich der feindliche Widerstand aus Feldstellungen und durch Panzerabwehr, so wurden die Panzergrenadiere herangeholt, um mit der Feuerunterstützung der Panzerkanonen den Feind abgesessen niederzukämpfen.

Auch hier gab es bis 1942 Schwierigkeiten bei den Schützenverbänden, die noch nicht über den Schützenpanzer verfügten. Sie mußten wegen der fehlenden Panzerung oft vorzeitig absitzen und dann mühsam zu Fuß den weiteren Angriff der Panzer begleiten.

Nachdem in jeder Panzerdivision ein vollgepanzertes Panzergrenadierbataillon vorhanden war, besserte sich die Zusammenarbeit grundlegend, aber immer noch wurden die Panzergrenadiere im allgemeinen in das 2. Treffen verbannt. Von den Grundsätzen einer engen Zusammenarbeit war man noch weit entfernt. Diese bildete sich erst heraus, als mit dem weiteren Fortgang des Krieges der Zusammenschluß zu gepanzerten Kampfgruppen erfolgte.

b) Panzer und Panzergrenadiere gemeinsam

Dieses Kampfverfahren wurde angewandt bei ungeklärter Feindlage, in einem stark bedeckten Gelände, beim Ortskampf sowie bei unsichtigen Witterungsverhältnissen und bei Nacht. Dazu traten Panzer und Panzergrenadiere eng gemischt gemeinsam an.

Die Zusammenarbeit erfolgte auf der untersten Ebene zwischen den einzelnen Panzern und den Panzergrenadiergruppen mit ihrem Schützenpanzer. Die Panzer hatten die Aufgabe, den Kampf der Panzergrenadiere zu unterstützen und folgten diesen in kurzen Sprüngen. Die Panzergrenadiere dagegen übernahmen den Schutz der Panzer vor allem gegen feindliche Panzernahkämpfer und gegen überraschend auftretende Panzerabwehrwaffen. Die Last des Kampfes war zwischen den beiden Waffengattungen gleichmäßig je nach auftretendem Feindwiderstand verteilt.

Eine besondere Form dieses Kampfverfahrens bestand darin, daß Panzergrenadiere, die nicht mit dem Schützenpanzer ausgerüstet waren, oder auch Infanteristen

Abgesessene Panzergrenadiere im gemeinsamen Angriff mit Panzern

auf den Panzern aufsaßen und so den Angriff mitfuhren. Dies war jedoch nur in Lagen möglich, in denen der Feind bereits erschüttert war, wie z.B. nach erfolgtem Durchbruch oder in der Verfolgung.

Der Nachteil eines solchen Einsatzes war die Gefährdung durch feindliches Feuer, das die Panzer auf sich zogen und dem die aufgesessenen Soldaten schutzlos preisgegeben waren. Zum anderen waren die Panzer nach dem Absitzen an das langsame Tempo zu Fuß kämpfender Infanterie gebunden. Deshalb war das Aufsitzen auf die Panzer nur eine Aushilfslösung.

Das Kampfverfahren Panzer und Panzergrenadiere gemeinsam hat am besten das gegenseitige Verständnis zwischen beiden Waffengattungen gefördert, weil die Panzer in solchen Lagen ihre Schwächen und die Notwendigkeit der Unterstützung durch die Panzergrenadiere erkannten.

c) Panzergrenadiere voraus — Panzer folgen

Bei diesem Kampfverfahren wurden die Panzergrenadiere voraus eingesetzt, wenn die Panzer in ihrer Beweglichkeit durch ungünstiges Gelände stark behindert wurden oder wenn sie infolge massiver feindlicher Feuerwirkung, insbesondere durch Panzerabwehrwaffen, hohen Verlusten ausgesetzt waren. Das war meist der Fall bei der Überwindung von Flußabschnitten und von Sperren, zur Öffnung von Engen, beim Einbruch in Ortschaften und Feldstellungen sowie beim Kampf in Wäldern und im Gebirge.

In diesen Fällen griffen Panzergrenadiere voraus an und hatten damit die Hauptlast des Kampfes zu tragen. Es war ihre Aufgabe, den Panzern den Weg zu bahnen. Sie führten dabei den Kampf meist abgesessen, in günstigen Lagen auch aufgesessen, wobei sie von ihren Schützenpanzern und ihren schweren Waffen unterstützt wurden. Ihre Gefechtsgliederung richtete sich nach dem Gelände und nach den Erfordernissen der taktischen Lage.

Die Panzer unterstützten den Kampf der Panzergrenadiere aus rückwärtigen Stellungen, zum Teil einzeln nach Art der Sturmgeschütze, aber auch aus geschlossenen Feuerfronten einzelner Züge oder Kompanien. Sie folgten, sobald die Lage dies zuließ.

Die Schwierigkeiten bei diesem Kampfverfahren bestanden für die Panzergrenadiere oft darin, daß ihnen für die Vorbereitung und für die Durchführung ihrer Aufgaben nicht genügend Zeit gelassen wurde. Für die meisten der genannten Aufgaben war eine gründliche Vorbereitung, oft sogar eine, wenn auch nur kurze Bereitstellung sowie das Einschießen von Mörsern und schweren Infanteriegeschützen erforderlich. Die Panzer, die an ein schnelles Angriffstempo gewöhnt waren,

konnten oft nur schwer begreifen, daß bei den genannten Aufgaben für die Panzergrenadiere nur ein sorgfältig vorbereiteter Angriff nach infanteristischen Grundsätzen zum Erfolg, ungestümes Drängen und Ungeduld aber nur zum Mißerfolg führen konnten.

d) Panzer und Panzergrenadiere aus verschiedenen Richtungen

Bei diesem Kampfverfahren griffen Panzer und Panzergrenadiere ein gemeinsames Ziel aus verschiedenen Richtungen an. Es erforderte von beiden Waffengattungen eine längere Kampferfahrung und bedurfte einer straffen Führung. Die Voraussetzungen für dieses Verfahren wurden entweder vom Gelände oder von der Feindlage bestimmt; oft waren beide zusammen entscheidend.

Das Gelände war dann von Einfluß, wenn es unterschiedlich, aber für beide Waffengattungen typisch war, also langwellig und offen für die Panzer und kurzwellig und stark bedeckt für die Panzergrenadiere. Es war entscheidend, daß beide Stoßgruppen gute Annäherungsmöglichkeiten fanden, um den Feind in der letzten Angriffsphase möglichst zu überraschen.

Die Feindlage war entscheidend, wenn der Angriff aus verschiedenen Richtungen besonderen Erfolg versprach. Im allgemeinen behielten die Panzer dabei ihre Angriffsrichtung bei, oder sie wählten den direktesten Weg, während die Panzergrenadiere flankierend oder umfassend angesetzt wurden.

Für die Panzergrenadiere waren diese Möglichkeiten immer gegeben zum Ausschalten starker feindlicher Panzerabwehrstützpunkte aus der Flanke, beim überraschenden Angriff gegen den Rücken des Feindes und besonders wirksam bei der überholenden Verfolgung. Dazu wurden sie meist durch Panzer verstärkt, um sie vor überraschend auftretenden Feindpanzern zu schützen.

Schwierig war die Führung, um die Zusammenarbeit zwischen Panzern und Panzergrenadieren abzustimmen. Beide traten meist aus verschiedenen Bereitstellungsräumen an, und es war wichtig, beide Stoßgruppen fest in der Hand zu behalten. Ferner galt es, die Feuerunterstützung der Artillerie vor beiden Angriffsspitzen zu regeln. Außerdem war es notwendig, in der letzten Angriffsphase die Bewegungen kurz vor dem gemeinsamen Ziel und den weiteren Kampf danach klar zu befehlen, um Massierungen zu vermeiden. Dieses Kampfverfahren der Panzer und der Panzergrenadiere war wegen der Zangenbewegung einer der beiden Stoßgruppen meist recht erfolgreich. Aber auch dann, wenn der Angriff geradlinig, nur aus verschiedenen Richtungen angesetzt wurde, führte er meist zum Erfolg.

e) Zusammenwirken auf anderen Gebieten

Bei der Darstellung der Zusammenarbeit zwischen Panzern und Panzergrenadieren beschränkt sich diese meist nur auf das taktische Zusammenwirken. Dies allein war aber nicht der Grund für das gegenseitige Vertrauen und die enge Waffenkameradschaft; denn die gegenseitige Hilfe und Unterstützung im Gefecht war selbstverständlich. Aus ihr erwuchsen kameradschaftliche und persönliche Bindungen sowie Achtung und Respekt vor der Leistung des anderen Waffenkameraden, die mit der Zeit die notwendige Vertrauensbasis schufen.

Die enge Kampfgemeinschaft zwischen Panzern und Panzergrenadieren bildete sich auch auf vielen anderen Gebieten, sowohl auf dem Gefechtsfeld als auch in Zeiten der Ruhe. Es wird selten erwähnt, daß gerade die kleinen gegenseitigen Hilfeleistungen auch mit die Grundlage dieser Waffenkameradschaft waren.

So war es selbstverständlich, daß sich bei der Versorgung und Bergung von Verwundeten in vorderer Linie die beiderseitigen Sanitätsdienste unterstützten. Die Fälle waren nicht selten, in denen die Panzertruppe ihre Kampfwagen einsetzte, um verwundete Panzergrenadiere nach rückwärts zu transportieren und Verwundetennester im feindlichen Feuer zu räumen. So wurde auch der Verfasser nach einer Verwundung von einem Panzer III geborgen.

Immer wieder kam es vor, daß in schwierigen Gefechtslagen Munition, Betriebsstoff und Verpflegung ausgetauscht wurden. Häufig mußten die Panzergrenadiere aus dem abendlichen Versorgungsgeleit der Panzer mitversorgt werden, weil die eigene Versorgung wegen der Feindeinwirkung nicht durchkam. In einfacheren Lagen fuhren sie im panzergesicherten Versorgungsgeleit mit.

Oft genug mußten die Panzergrenadiere in schwierigem Gelände, besonders in den Schlammperioden, für ihre Schützenpanzer die Panzer als Schlepphilfe in Anspruch nehmen. Das war bei Absetzbewegungen in vielen Fällen die einzige Möglichkeit, ausgefallene Schützenpanzer und ihre Besatzungen vor einem feindlichen Zugriff zu retten. Andererseits sind ausgefallene und kampfunfähige Panzer von den Panzergrenadieren so lange gesichert worden, bis sie geborgen werden konnten.

Ebenso packten die Panzergrenadiere mit an, wenn in Verteidigungslagen die Kampfpanzer eingegraben und getarnt werden mußten, weil ein Schützenpanzer von einer ganzen Gruppe eben schneller in die Erde zu bringen war als ein Kampfpanzer von nur vier Mann Besatzung.

Die gegenseitige Zusammenarbeit zwischen Panzern und Panzergrenadieren außerhalb der Kampfverfahren ist damit nicht erschöpft. Hier sollten zum Verständnis nur ein paar Hinweise gegeben werden, wie eng diese Zusammenarbeit auch auf vielen anderen Gebieten war.

7. Die auf- und abgesessene Kampfweise

Die Ausstattung mit dem SPW brachte für die Panzergrenadiere eine grundlegende Neuerung in der Kampfweise und in der Technik, besonders aber wurde ihr Kampfwert beim Zusammenwirken mit Panzern erheblich gesteigert. Bisher wurden die Schützen auf das Gefechtsfeld transportiert, um dort zum Kampf zu Fuß abzusitzen. Nun war endlich die Möglichkeit gegeben, den Kampf aufgesessen unter Panzerschutz oder abgesessen mit Unterstützung durch den SPW zu führen. Alle Waffen an Bord des SPW waren ständig feuerbereit, und die schweren Waffen konnten sofort auf allen Entfernungen den Kampf unterstützen. Es ergab sich eine enge Verbindung von starker Feuerkraft und hoher Beweglichkeit.

Der schnelle Wechsel zwischen auf- und abgesessener Kampfweise war von diesem Zeitpunkt ab die besondere Eigenart der Panzergrenadiere. Beide Kampfweisen waren abhängig von der Gefechtslage, vom Feind und Gelände sowie vom Kampfverfahren mit den Panzern.

Die aufgesessene Kampfweise

Panzergrenadiere kämpften aufgesessen gegen erschütterten Feind, beim Überrollen von Feldstellungen und in der Verfolgung, solange die Lage, der Feindwiderstand und das Gelände dies erlaubten, um

○ die Angriffsgeschwindigkeit der Panzer zu halten,
○ eigene Kräfte zu schonen und
○ Verluste durch Infanteriebeschuß und Splitter zu vermeiden.

Panzergrenadiere im Kampf aufgesessen vom SPW

Als Kommandant des SPW mit dem Fahrer und der aufgesessenen Gruppe von zehn Panzergrenadieren fungierte der Gruppenführer. Er war schon damals im Kriege mit seinem Aufgabenbereich stark gefordert. Zunächst einmal mußte er den SPW führen und dem Fahrer Richtung, Geschwindigkeit und Gefechtshalte befehlen. Ebenso mußte er die Verbindung zum Zugführer und den anderen SPW des Zuges halten. Weiterhin waren die Funkbefehle und die Lageorientierungen des Kompaniechefs und des Zugführers mitzuhören.

Die Hauptaufgabe des Gruppenführers im Gefecht war die Leitung des Feuerkampfes der aufgesessenen Besatzung. Er befahl die Kampfaufträge für die beiden Maschinengewehre und für die Gewehrschützen sowie den Einsatz von Nahkampfmitteln.

Die Besatzung des SPW hatte die Aufgabe, den Gruppenführer bei der Gefechtsfeldbeobachtung zu unterstützen und rundum zu sichern. Dazu war jedem Panzergrenadier ein Beobachtungssektor einschließlich des Luftraumes zugewiesen. Es erwies sich sehr bald als praktisch, für die Meldung von Feindbeobachtungen das Meldeverfahren nach der Uhr von den Panzern zu übernehmen.

Der Kampf von Bord des SPW war leichter und wirkungsvoller zu führen als der bisherige Kampf zu Fuß im freien Gelände. Zwar erfolgte er aus einem engen Raum heraus, aber die Besatzung hatte unter sich eine nahe und unmittelbare Verbindung und damit eine leichtere und schnellere Verständigungsmöglichkeit zur Bekämpfung überraschend auftretender Ziele. Ihre überhöhte Position unter Panzerschutz mit einem guten Überblick schuf ein Gefühl der Sicherheit und Überlegenheit vor allem beim Kampf gegen Feind in erdgebundenen Feldstellungen. Hinzu kam, daß die aufgesessenen Panzergrenadiere keinen physischen Belastungen wie im Kampf zu Fuß ausgesetzt waren durch Laufen, Deckungnehmen, Kampftätigkeiten und durch das Mitführen von Munition.

Diesen Vorteilen standen allerdings auch Nachteile gegenüber, die bereits bei den Einsatzerfahrungen erwähnt wurden (Seite 62). Das Front-Maschinengewehr war zwar durch einen Schild geschützt, hatte aber nur einen begrenzten Schwenkbereich. Das Heck-Maschinengewehr im Schwenkarm konnte dagegen fast rundum feuern, aber der bedienende Schütze war oberhalb der Panzerung ungedeckt. Der Kampfraum auf dem SPW war für zehn Panzergrenadiere, wenn die Gruppe ihre volle Stärke hatte, für den Kampf über Bord zu eng. Es fehlte die notwendige Bewegungsfreiheit, besonders beim Kampf auf kurzen Entfernungen, wenn neben Gewehren und Maschinenpistolen auch Handgranaten eingesetzt wurden. Für den Feuerkampf auf nahen und mittleren Entfernungen fehlten für treffsichere Schüsse

gute Anschlagsmöglichkeiten und Auflagen oder Rasterungen für die Gewehre. Aus diesem Grunde kam auch das mitgeführte dritte Maschinengewehr beim Kampf über Bord kaum zum Einsatz. Ein besonderes Problem waren im Nahkampf, z.B. beim Durchkämmen von Feldstellungen, feindliche Handgranaten, die in den SPW geworfen wurden. Die Abwehr dagegen erfolgte mit dem Spaten oder es mußte abgesessen werden. Mit zunehmender Kampferfahrung wurden diese Schwierigkeiten jedoch überwunden, und die Vorteile der aufgesessenen Kampfweise überwogen bei weitem.

Abgesessene Kampfweise

Panzergrenadiere kämpften abgesessen

○ gegen Feind in stark ausgebauten Stellungen,
○ zum Überwinden von Sperren und Hindernissen, insbesondere bei starker feindlicher Panzerabwehr und Minen,
○ in Ortschaften und Wäldern,
○ über Flußabschnitte und durch Engen und
○ in panzerungünstigem Gelände.

Abgesehen von Gefechtslagen, in denen Panzergrenadiere von vorn herein nur zu Fuß kämpfen konnten, war beim Zusammenwirken mit Panzern der Befehl zum Absitzen eine der wichtigsten Entscheidungen für den weiteren Verlauf des Kampfes. Er richtete sich nach der Lage und nach der feindlichen Feuerwirkung.

Das Absitzen konnte sowohl vom Bataillonskommandeur als auch von den Kompaniechefs und von den Zugführern befohlen werden. Es gab dafür keine feststehende Regel. Das schloß auch nicht aus, daß oft temperamentvolle und draufgängerische Gruppenführer aus eigenem Entschluß mit der Gruppe absaßen, um den Feind mit der blanken Waffe und mit Handgranaten niederzukämpfen. Leider haben diese schneidigen Einsätze oft zu bedauerlichen Verlusten geführt, weil eine vorher abgestimmte Unterstützung durch andere Gruppen und durch schwere Waffen fehlte.

Panzergrenadiere im Kampf abgesessen

Das Absitzen vom SPW und danach wieder das Aufsitzen war ein Schwächemoment. Das Absitzen über die Bordwand erfolgte grundsätzlich nach der dem Feinde abgewandten Seite (Feuerlee) und war drillmäßig geübt. Es war Aufgabe der Bordmaschinengewehre, den Feind dabei niederzuhalten und den absitzenden Panzergrenadieren den notwendigen Feuerschutz zu geben.

Zum abgesessenen Einsatz gliederten sich die Panzergrenadiere innerhalb des Zuges meist stoßtruppartig. Mit Gewehren, Handgranaten und dem dritten Maschinengewehr kämpften sie die befohlenen Ziele nieder, um unmittelbar danach wieder aufzusitzen und den Panzern zu folgen oder um diesen voraus weiter anzugreifen. Es kam darauf an, diese Kampfaufträge mit dem massiven Einsatz aller verfügbaren Waffen so schnell wie möglich durchzuführen, um eine hohe Angriffsgeschwindigkeit zu halten und Gegenmaßnahmen des Feindes mit seinen Reserven in der Tiefe des Gefechtsfeldes zu verhindern.

Nicht immer war es notwendig, daß alle Panzergrenadiere einer Gruppe oder eines Zuges geschlossen absaßen. Dann hatten die aufgesessen gebliebenen Teile den Auftrag, die zu Fuß kämpfenden Panzergrenadiere mit ihrem Feuer zu unterstützen.

Die Führung der abgesessenen Gruppe hatte der Gruppenführer. Für den Fahrer des SPW und für den Maschinengewehrschützen an Bord war es oft eine schwierige Aufgabe, die Verbindung zu der abgesessenen Gruppe zu halten, um sie wirksam zu unterstützen. Von dem Können des Fahrers hing es ab, den SPW dicht an die zu Fuß kämpfenden Teile heranzuhalten, um eine optimale Feuerunterstützung mit dem Bordmaschinengewehr zu ermöglichen.

Mußten die Panzergrenadiere für längere Zeit absitzen und zu Fuß kämpfen, so wurde der Kampf nach infanteristischen Grundsätzen mit der entsprechenden Gliederung geführt, stets aber wo immer möglich mit wirksamer Unterstützung der Bordwaffen. Auch in solchen Lagen wurden die SPW dicht herangehalten. War dies nicht möglich, so wurde trotzdem deren Unterstützung aus abgesetzten Feuerstellungen angestrebt.

Kampfstärke auf- und abgesessen

Auf die eingeengten Bewegungen der aufgesessenen Besatzung von 10 Panzergrenadieren beim Kampf über Bord ist bereits hingewiesen worden. Für die aufgesessene Kampfweise war die volle Besatzung im allgemeinen nicht notwendig. Dafür waren neben dem Kommandanten und dem Fahrer 7 bis 8 Soldaten ausreichend. Oft war es aber so, daß auf dem Gefechtsfeld die Besatzung eines technisch ausgefallenen oder bewegungsunfähigen SPW von den anderen Fahrzeugen, wenn auch nur vorübergehend, aufgenommen werden mußte.

Dieser Zustand war im Hinblick auf einen möglichen Totalausfall des SPW durch Feindeinwirkung nicht zu verantworten.

Es erwies sich als praktisch, die Besatzungen ausgefallener SPW, neuen Ersatz und Leichtverwundete zunächst beim Troß zu belassen und sie erst dann nach vorn zu holen, wenn Lücken in den Besatzungen aufgefüllt werden mußten. Die Kompaniechefs schufen sich auf diese Weise eine stille Personalreserve, aus der sie Ausfälle schnell ergänzen konnten.

Demgegenüber stand aber die harte Notwendigkeit, daß die Absitzstärke bei der abgesessenen Kampfweise so groß wie möglich sein mußte, besonders dann wenn der Kampf zu Fuß länger dauerte. Es wurden dazu mehr Kräfte benötigt, und die Verluste waren höher. In solchen Lagen war die Personalreserve der Kompaniechefs schnell verbraucht und die Gefechtsstärke sank dann, besonders gegen Ende des Krieges, unter ein Minimum ab, das für den Einsatz der Panzergrenadiere opfervoll und verlustreich war. Auch eine rücksichtslos durchgeführte Auskämmung der Trosse brachte meist wenig und auch nur für kurze Zeit Erfolg.

Die Forderung nach einer hohen Absitzstärke ist nicht nur von den Panzergrenadieren, sondern auch von der Panzertruppe während des ganzen Krieges gestellt worden. Sie war leider nur selten zufriedenstellend zu erfüllen. Nur unter diesem Gesichtspunkt einer starken Kampfkraft zu Fuß war die Stärke der Panzergrenadiergruppe von 1:1:10 zu bewerten.

8. Aufklärung und Sicherung

a) Aufklärung

Von den verschiedenen Aufklärungsarten waren die Panzergrenadiere nur für die Gefechtsaufklärung geeignet, d.h. für die Aufklärung in und vor dem nahen, eigenen Frontbereich des Panzergrenadierbataillons. Im Zusammenwirken mit Panzern bedeutete das, wenn es die Lage erforderte, daß auch für diese oder mit ihnen zusammen die Gefechtsaufklärung zu betreiben war.

Die Gefechtsaufklärung soll nach bereits vorliegenden Aufklärungsergebnissen über den gegenüberstehenden Feind vor allem Aufschluß bringen über weitere wichtige Einzelheiten, die für den Entschluß des Bataillonskommandeurs und für seine Gefechtsführung bei den bevorstehenden Kampfhandlungen von Bedeutung sind. Der Zweck der Gefechtsaufklärung im Panzergrenadierbataillon war es, folgendes festzustellen:

○ Stärke und Gliederung des Feindes sowie Schwächen seiner Aufstellung,

○ feindliche Panzerabwehrstellungen und Waffenstützpunkte,
○ Minensperren und sonstige Sperren aller Art,
○ eigene und feindliche Flankierungsmöglichkeiten,
○ Geländehindernisse,
○ gedeckte Annäherungsmöglichkeiten.

In die Gefechtsaufklärung war immer eine Geländeerkundung eingeschlossen.

Der Schwerpunkt der geforderten Aufklärungsergebnisse war immer die Frage nach feindlichen Panzerabwehrstellungen, nach Minensperren und nach Geländehindernissen. Infolgedessen waren die Aufträge für die Gefechtsaufklärung durch kurze Funkbefehle einfach und klar, etwa in der Form:

»Wo feindliche Panzerabwehr? Wo Minen? Kommen wir da durch?«

Das klingt zwar etwas simpel, aber es waren die entscheidenden Fragen für den Erfolg eines gemeinsamen Angriffes von Panzern und Panzergrenadieren oder auch für letztere allein.

Im Panzergrenadierbataillon wurde die Gefechtsaufklärung vom Bataillonskommandeur befohlen und entweder von ihm selbst oder auf seinen Befehl von den Kompaniechefs angesetzt. Die Auftragserteilung erfolgte mündlich oder über Funk.

Im Gegensatz zur Infanterie, wo für einen Spähtrupp oft nur wenige Soldaten oder eine Gruppe genügten, war es bei den Panzergrenadieren notwendig, für einen gepanzerten Spähtrupp mindestens zwei SPW einzusetzen. Das war in den gepanzerten Truppen die Norm und auch dringend erforderlich aus Gründen der gegenseitigen Unterstützung und Hilfeleistung. Hinzu kam, daß die Gruppen-SPW im Sprechfunk nicht senden konnten und deshalb einer der beiden SPW ein Zugführerwagen sein oder eine Funkstelle mitgegeben werden mußte. Daher war jeder eingesetzte Spähtrupp für die Panzergrenadierkompanie eine Schwächung der Kampfkraft, und es konnte im allgemeinen immer nur ein Spähtrupp je Kompanie abgestellt werden, besonders dann, wenn nach längeren Gefechtstagen die Einsatzzahlen der SPW in den Kompanien abgesunken waren.

Aus dem gleichen Grunde kam es nur selten zur Abstellung stehender Spähtrupps mit SPW, weil diese für längere Zeit in den Panzergrenadierkompanien nicht zu entbehren waren. So wurde auch auf kurzen Entfernungen, in Ortschaften und Wäldern sowie bei Nacht meist nur zu Fuß aufgeklärt.

Als Führer für einen Spähtrupp mit SPW wurden nur ältere und erfahrene Unteroffiziere eingesetzt, welche die Gewähr boten, daß der Spähtrupp unter Berücksichtigung der Feindlage das Gelände sorgfältig und geschickt ausnutzte, um nicht aufzulaufen oder abgeschossen zu werden. Es war auch in bestimmten Lagen üblich, von der Auftragstaktik abzuweichen und den

Spähtrupp über Funk von einem Geländepunkt zum nächsten zu führen, um kein Risiko einzugehen.

Eine besondere Form der Aufklärung war in den gepanzerten Truppen die Bildung von kleinen gemischten und kampfkräftigen Verbänden zur gewaltsamen Aufklärung, wenn ein Einblick in feindbesetztes Gelände erzwungen werden sollte. Dazu wurden Panzer und Panzergrenadiere meist in Zugstärke gemischt und durch Panzerpioniere verstärkt. Diese kampfstarke Gefechtsaufklärung war in der Lage, sich gegen feindliche Sicherungen und einzelne Feindpanzer durchzusetzen. Die eigentliche Aufklärung erfolgte dann oft durch Feuer, besonders bei der Annäherung an Ortschaften oder an Waldränder.

Für die Panzergrenadiere war die Gefechtsaufklärung eine schwierige Aufgabe und für die Truppe belastend. Das hatte verschiedene Gründe. Zunächst einmal war der SPW als Aufklärungsfahrzeug wenig geeignet; er war in schwierigem Gelände zu langsam und seine Fahrgeräusche waren zu laut. Beiwagenkräder waren mit ihrer Wendigkeit im Gelände und mit ihrer kleinen Silhouette weit besser zu verwenden. Auf die Schwächung der Kampfkraft in den Panzergrenadierkompanien bei abnehmenden Gefechtsstärken wurde bereits hingewiesen. Diese Lage wurde noch schwieriger, wenn dann die Gefechtsaufklärung für die Panzer noch mit übernommen werden mußte.

Vor allem aber fehlte zur wirksamen Gefechtsaufklärung mit gepanzerten Spähtrupps die Erfahrung, und bei der hohen personellen Fluktuation der Panzergrenadiere war es schwer, geeignete und erfahrene Führer für die Gefechtsaufklärung zu finden. Das war besonders in den letzten Kriegsjahren eine spürbare Lücke. Es fehlte bei den kurzfristig ausgebildeten Zugführern der Panzergrenadiere in der Heimat eine systematische Ausbildung zum Führer eines gepanzerten Spähtrupps.

b) Sicherung

Sicherung gegen Feind aus der Luft

Die Angriffe der feindlichen Luftwaffe waren für die deutschen Panzerverbände nicht nur eine ständige Bedrohung, sondern oft auch mit empfindlichen Verlusten verbunden. Besonders drastisch wirkte sich dies an der Invasionsfront 1944 aus. Sofern keine Flugabwehrkräfte zugeteilt waren, gab es sowohl bei der Panzertruppe als auch bei den Panzergrenadieren mit den vorhandenen Waffen dagegen kaum eine wirksame Abwehrmöglichkeit. In der Truppe entstand zeitweise sogar eine Psychose der Wehrlosigkeit.

Das änderte sich erst, als von der Luftwaffe Fliegerabwehrkräfte zugeteilt und eingegliedert wurden. Auch in den Panzergrenadierregimentern wurden ab 1942 Fliegerabwehrkompanien aufgestellt, die eine gewisse Entlastung brachten.

Bei den Panzergrenadieren wurde schon frühzeitig erkannt, daß der beste Schutz gegen die Bedrohung aus der Luft eine lückenlose Luftraumbeobachtung und eine möglichst breite Gliederung im Gelände war. Außerdem wurden die Panzergrenadiere dazu erzogen, sich bei feindlichen Luftangriffen mit allen Waffen — auch mit den Gewehrschützen — an der Fliegerabwehr zu beteiligen. Wenn diese Maßnahme auch nicht sehr erfolgreich war, so trug sie doch dazu bei, das Gefühl der Wehrlosigkeit und den psychischen Schock der Ohnmacht gegenüber feindlichen Flugzeugen zu überwinden.

Leider konnte die Forderung der gepanzerten Verbände nach einer ausreichenden Fliegerabwehr nur in Zeiten großer Offensiven, sonst aber nur ungenügend erfüllt werden.

Sicherung auf dem Marsch

Die Sicherung eines marschierenden Panzerverbandes hatte die Aufgabe, die Stetigkeit des Marsches zu gewährleisten, schwächeren Feind zu werfen und gegenüber stärkerem Feind den nachfolgenden Teilen Zeit und Gelegenheit zur Entfaltung und Entwicklung zu geben. Für diese Aufgabe waren Panzergrenadiere besonders geeignet. Durch ihre ständige Beobachtung und Sicherung rundum, durch die sofortige Feuerbereitschaft aller Waffen an Bord des SPW und durch ihre hohe Beweglichkeit waren sie schneller gefechtsbereit als zu Fuß marschierende Infanterie.

Die Marschsicherung eines gemischten Verbandes aus Panzern und Panzergrenadieren erfolgte durch einen kampfkräftigen Spitzenzug. Er bestand meist aus einem Zug Panzergrenadiere, der je nach Feindlage entsprechend verstärkt war. Gegen feindliche Panzerbedrohung waren entweder eigene Panzer oder Panzerabwehrwaffen eingegliedert. Ebenso gehörten dazu Panzerpioniere und in den letzten Kriegsjahren auch Fla-Kampftrupps.

In einem Abstand, der sich nach dem Gelände und den Sichtverhältnissen richtete, folgte die Spitzenkompanie. Bei ihr befand sich meist schon der Bataillonskommandeur, weitere Panzer und die vorgeschobenen Beobachter der schweren Waffen und der Artillerie. Damit war gewährleistet, daß auftretender Feind vor der Spitze sofort wirksam bekämpft werden konnte.

Für den Führer des Spitzenzuges — er konnte je nach Zusammensetzung sowohl ein Panzergrenadier als auch ein Panzermann sein — kam es bei Feindberührung darauf an, sich sofort einen Überblick über die Lage sowie über die Stärke und die Waffen des gegenüberstehenden Feindes zu verschaffen. Bei Sperren und Hindernissen war zu entscheiden, welche Mittel am

schnellsten zu ihrer Überwindung eingesetzt werden konnten.

Die häufigsten Schwierigkeiten entstanden fast immer bei überraschend auftretender feindlicher Panzerabwehr, bei Minensperren und bei zerstörten Übergängen über oftmals nur kleine Gewässer oder Abschnitte. Es war dann die Aufgabe der abgesessenen Panzergrenadiere, die feindliche Panzerabwehr mit der dazugehörigen Infanterie niederzukämpfen und die Räumarbeiten der Panzerpioniere sowie die Herstellung von Übergängen auf der Feindseite in der Art eines wenn auch nur kleinen Brückenkopfes zu sichern.

Diese Einsätze für die Panzergrenadiere waren schwierig, wenn sie in Ortschaften, an Waldrändern, in unübersichtlichem Gelände oder bei Nacht erfolgten. Oft waren dann die Kräfte des Spitzenzuges nicht ausreichend, und nachfolgende Teile mußten eingreifen. Nach solchen Einsätzen war es häufig notwendig, für die weitere Marschsicherung andere Kräfte einzusetzen und einen neuen Spitzenzug zu bilden.

Auf Kriegsmärschen war im allgemeinen Funkstille befohlen. Obwohl bei Feindberührung der Funk frei war und die nachfolgenden Teile auch durch den auflebenden Feuerkampf beim Spitzenzug gewarnt waren, so dauerte es doch eine begrenzte Zeit, bis die eingeleiteten Maßnahmen wirksam wurden. Am besten haben sich bei den Panzergrenadieren immer wieder Leuchtzeichen bewährt. In regelmäßigen Abständen oder an wichtigen Geländeabschnitten geschossene Leuchtzeichen des Spitzenzuges signalisierten zuverlässig, daß die Spitze ohne Behinderung marschierte oder aber auf Feind gestoßen war. Die bei Funkstille so oft gepriesene Verbindung durch Kradmelder dauerte zu lange und wurde nur auf langen Märschen hinter der Front genutzt.

Ein besonderes Problem war der Spähtrupp vor der Spitze. Wenn dafür auch meist Panzerspähtrupps der Aufklärungsabteilungen eingesetzt wurden, so kam es doch auch vor, daß Panzergrenadiere diese Aufgabe übernehmen mußten. Aus bereits genannten Gründen waren sie dafür nicht geeignet. Außerdem »klebten« sie meist dicht vor dem Spitzenzug und brachten nicht frühzeitig die Ergebnisse, wie die dafür weit besser geeigneten Panzerspähtrupps der Aufklärungsabteilungen.

Sicherung der Ruhe

In der Ruhe soll die Truppe durch die aufgestellten Sicherungen vor Überraschungen durch den Feind geschützt werden, und sie muß unter diesem Schutz Zeit haben, um ihre Gefechtsbereitschaft herzustellen. Dazu galt der Grundsatz: **Jede Truppe sichert sich selbst**. *Leider ist gegen diesen Grundsatz während des ganzen Krieges häufig verstoßen worden, indem die Panzergrenadiere zur Sicherung von Stäben, Feuerstellungen, für* andere Waffengattungen und vor allem auch für die Panzertruppe befohlen wurden.

Nun waren allerdings die Panzergrenadiere auf Grund ihrer Waffen- und Fahrzeugausstattung für Sicherungsaufgaben besonders geeignet. Im Grunde wurde dabei ähnlich wie in der Verteidigung verfahren, und oft genug ist auch der Fall eingetreten, daß aus einer anfänglichen Sicherung eine ernsthafte Verteidigung wurde.

Der Sicherungsbereich war, gleichgültig ob es sich um eine lineare oder um eine Rundumsicherung (»Igel«) handelte, in Sicherungsabschnitte gegliedert. Feindwärts wurde dieser Bereich durch eine Sicherungslinie begrenzt. Bei einem Sicherungsauftrag wurden Panzergrenadiere zu Fuß, meist in Stärke eines Trupps, bis in die Sicherungslinie vorgeschoben, wo sie sich als Sicherungsposten in einer gut getarnten Stellung mit guten Beobachtungsmöglichkeiten einrichteten. Vor ihren Stellungen legten sie einfache Sperren und Alarmanlagen an. Bei Nacht wurden die Maschinengewehre mit einfachen Mitteln auf eine Hauptschußrichtung festgelegt.

Weiter rückwärts standen die SPW in gedeckten Feuerstellungen oder in Wechselstellungen, aus denen sie mit ihrem Feuer bis vor die Sicherungslinie wirken konnten. Bei der Zusammenarbeit mit Panzern wurden zur Panzerabwehr auch einzelne Panzer bis in die Stellungen der SPW vorgezogen, anderenfalls wurden Panzerabwehrwaffen zugeteilt. Allergrößter Wert wurde auf die Tarnung der Postenstellungen und der Feuerstellungen der SPW gelegt. Auch zwischen einer Tag- und einer Nachtaufstellung wurde unterschieden.

Das Gros der Truppe ruhte rückwärts und war durch Alarmposten gesichert.

Bei einer feindlichen Annäherung hatten die Sicherungsposten den Auftrag, schwächeren Feind abzuweisen. Bei stärkerem Feind gingen sie auf die Stellungen der SPW zurück und meldeten die Stärke und die Angriffsrichtung des Feindes. Um den Feind zu überraschen und zu täuschen, wurde dabei oft ein stiller Alarm ausgelöst. Der bei den SPW befindliche Zugführer entschied über die Feuereröffnung unter gleichzeitiger Meldung an den Kompaniechef oder den Bataillonskommandeur. Meist wurde der Feind mit dem zusammengefaßten Feuer der SPW und der Panzer abgewiesen.

War jedoch ein stärkerer Feindangriff erkannt, so wurde auch die ruhende Truppe alarmiert, die dann erkundete und vorbereitete Alarmstellungen mit ihren SPW besetzte. Über diesen Einsatz entschied der Bataillonskommandeur oder der zuständige Führer selbst, um zu verhindern, daß bei jeder harmlosen Schießerei die gesamte Truppe einsatzbereit war und um ihre Ruhe gebracht wurde.

Bei dieser Art der Sicherung gab es für die Panzergrenadiere keine Probleme. Diese traten nur dann auf, wenn mit abgesunkenen Kampfstärken überdehnte und sehr breite Abschnitte gesichert werden mußten, bei denen dann bewußt Lücken in Kauf genommen wurden.

9. Marsch

Es soll nicht Aufgabe dieses Kapitels sein, alle Vorschriften und Befehle zu wiederholen und zu erläutern, nach denen Märsche der Panzergrenadiere im Kriege vorbereitet und durchgeführt wurden. Vielmehr sollen die besonderen Umstände und Schwierigkeiten aufgezeigt werden, unter denen Panzergrenadiere Marschbewegungen durchführen mußten.

Die Panzergrenadiere besaßen aus der Zeit, als sie mit ihren Räderfahrzeugen noch Schützen und motorisierte Infanteristen waren, genügend Erfahrung mit motorisierten Märschen, für deren Durchführung schon in Friedenszeiten die Grundlage eine strenge Marschdisziplin und eine gut entwickelte Marschtechnik war. Mit Beginn des Krieges und besonders ab 1941 in Rußland traten jedoch Erschwernisse auf, die bedingt waren durch die Feindlage einschließlich der Luftbedrohung sowie durch Gelände- und Straßenverhältnisse und durch die Witterungsbedingungen. Nach den großräumigen Bewegungen im Sommer 1941 setzte sich im darauffolgenden Herbst und Winter die Erkenntnis durch, daß für Märsche in Zukunft andere Voraussetzungen galten als bisher.

Auf die ungenügende technische Auslegung der SPW ist bereits hingewiesen worden. Die schwachen Leistungen des Motors wirkten sich besonders an Steigungen und bei schlechten Untergrundverhältnissen recht nachteilig aus. Die bei solchen Schwierigkeiten langsamer werdenden SPW waren die Ursache, daß die Marschkolonne abriß und sich auseinanderzog.

Weiterhin war das Schachtellaufwerk der Ketten in den Schlammperioden sowie bei Schnee im Winter mit wechselnden Temperaturen zwischen über und unter Null Grad eine recht große Behinderung. Es setzte sich mit Schlamm und Schnee voll, der sehr bald anfror und dann nur in mühevoller Handarbeit mit dem Klauenbeil beseitigt werden konnte. Unter diesen Umständen war eine längere Marschbewegung mit den SPW nur mit großen Mühen durchzuführen.

Andererseits boten die SPW auch Vorteile, die bereits erwähnt wurden. Mit ihrem geringeren Betriebsstoffverbrauch als die Panzer hatten sie einen größeren Aktionsradius als diese und waren damit auf dem Marsch von der Versorgung unabhängiger. Die oben offenen

SPW ermöglichten eine ständige Blickverbindung, vor allem auch nach rückwärts, und eine lückenlose Sicherung rundum. Dadurch waren die Panzergrenadiere auf Kriegsmärschen jederzeit, auch nachts gegen überraschende Feindangriffe aus allen Richtungen gefechtsbereit.

Marschvorbereitung

Jeder Marsch, auch ein Verlegungsmarsch hinter der Front, war ein Kriegsmarsch. Bittere Erfahrungen haben schon 1939 in Polen zu der Erkenntnis geführt, daß bei jeder Marschbewegung mit Feindberührung oder mit Feindeinwirkung gerechnet werden mußte. Daher war es die dringlichste Aufgabe, vor jedem Marsch die Gefechtsbereitschaft der SPW und der Besatzungen herzustellen. Dazu gehörte vor allem die Einsatzbereitschaft aller Waffen und eine ausreichende Betriebsstoffversorgung.

Neben dem Marschbefehl mußte eine besondere Unterrichtung der SPW-Fahrer erfolgen über Weg, Ziel und Länge des Marsches sowie über Rasten und Halte.

Über den Zustand der Marschstraße war meist wenig bekannt. Karten des Marschweges standen oft nur dem Kompaniechef zur Verfügung, und auch die waren meist veraltet. Daher war es notwendig, die Gruppenführer und auch die Fahrer mit Wegeskizzen, zumindest aber mit den Ortsnamen im Verlauf des Marschweges zu versorgen. Diese Orientierung, besonders der SPW-Fahrer, war wichtig, denn von ihrer Aufmerksamkeit und von ihrem Können hing das Gelingen des Marsches entscheidend mit ab.

Es war gut, wenn diese Vorbereitungen, noch dazu gestützt durch einen Vorbefehl, in Ruhe erfolgen konnten und für alle Maßnahmen genügend Zeit blieb. Aber oft genug wurde die Truppe, häufig auch nachts, aufgeschreckt mit dem alarmierenden Befehl: »Fertigmachen — Marschbereitschaft herstellen und melden!« In solchen Fällen war es wichtig, daß die Panzergrenadiere jeden Handgriff auf ihrem SPW routinemäßig kannten und die Einsatzbereitschaft in kürzester Zeit hergestellt wurde.

Versammlung und Ablauf

Es kam selten vor, daß ein Panzergrenadierbataillon reinrassig, d.h. nur mit seinen Panzergrenadierkompanien marschierte. Je nach der befohlenen Marschfolge erfolgte am Ablaufpunkt die Eingliederung anderer Waffen wie Panzer, Pioniere, Flugabwehrwaffen und einzelne Batterien der Artillerie, die zum Gefecht der verbundenen Waffen notwendig waren. Sie wurden deshalb so eingegliedert, daß sie befehlsmäßig schnell zu erreichen waren und rasch eingesetzt werden konnten. Andererseits wurde angestrebt, das Panzergrenadierbataillon

durch diese Eingliederungen nicht auseinanderzureißen. Es hatte sich als praktisch erwiesen, daß die zugeteilten Waffen vor dem Ablauf mit dem Ablaufoffizier Verbindung aufnahmen.

Es war im Panzergrenadierbataillon unzweckmäßig, zum Ablaufoffizier Kradmelder abzustellen, um verspätete Einheiten suchen oder beschleunigt heranholen zu lassen. Diese Kradmelder fehlten später während des Marsches bei meist befohlener Funkstille zur Befehlsübermittlung und zu anderen Aufgaben.

Ein Problem war die Meldung des Ablaufoffiziers an den Marschgruppenführer über den ordnungsgemäß erfolgten Ablauf oder eingetretene Friktionen. Ein Überholen der Marschgruppe, die in der Masse aus gepanzerten Fahrzeugen bestand, war besonders nachts und bei schlechten Wegeverhältnissen schwierig. So blieb oft nur die Möglichkeit, mit der Meldung bis zum ersten Halt zu warten. Der Marschgruppenführer erfuhr daher oft erst recht spät, ob seine Marschgruppe richtig, d.h. mit allen Teilen in der befohlenen Reihenfolge abgelaufen war und ob alle Einheiten »dran« waren.

Schließender

Am Ende der Marschgruppe, aber auch am Ende jeder Einheit fuhr ein Schließender. Seine Aufgaben bestanden darin, liegengebliebene Fahrzeuge festzustellen, um die sich Schirrmeister und Instandsetzungstrupp weiter kümmerten, und das unberechtigte Überholen von Fremdfahrzeugen zu verhindern. Das waren meist ausgefallene oder verirrte Fahrzeuge anderer Einheiten, die den Anschluß wieder suchten, dabei rücksichtslos überholten und sich eigenmächtig irgendwo eingliederten. Sie unterbrachen dabei die Verbindung der Marschgruppe und störten die Marschdisziplin.

Für seine Aufgaben mußte der Schließende beweglich sein. Er konnte sie nicht von einem SPW aus wahrnehmen, sondern mußte mit einem Beiwagen-Krad oder mit einem geländegängigen Kübelwagen ausgestattet werden. Nur in Ausnahmefällen, wenn die Fahrzeuglage dazu zwang, wurde ein Zugführer auf SPW als Schließender eingesetzt, der dann am Ende fuhr.

Es war auch unzweckmäßig, wie manchmal geschehen, den Kompaniefeldwebel oder den Schirrmeister dafür einzuteilen; denn diese waren durch ihre Funktion gebunden. Am besten eignete sich für die Aufgaben des Schließenden ein energischer Unteroffizier, der mit den entsprechenden Vollmachten ausgestattet war.

Marschverlauf

Die Marschgeschwindigkeit wurde vor Beginn des Marsches befohlen. Sie konnte aber nur selten für die gesamte Dauer des Marsches eingehalten werden. Die Ursachen dafür waren schlechter Straßenzustand,

Feindeinwirkung, Abreißen der Marschgruppe und Stockungen.

Feindeinwirkungen konnten erfolgen durch Auflaufen der Spitze, durch Luftangriffe, in Partisanengebieten durch Feuerüberfälle sowie durch Sperren aller Art. Infolge seiner Beweglichkeit und Panzerung war das Panzergrenadierbataillon gegen diese Einwirkungen nicht so empfindlich wie ein anderer motorisierter oder ein zu Fuß marschierender Verband.

Ein Abreißen der Marschkolonne entstand meist durch schwankende Fahrgeschwindigkeiten der SPW, besonders an Steigungen oder bei schwierigen Wegstrecken. Die Folge davon war ein Nachjagen hinter den vorausfahrenden Teilen, sobald die Straßenverhältnisse dies wieder zuließen. Alle SPW-Fahrer waren deshalb angewiesen, eine Lücke nach vorn nur allmählich auszugleichen, um beim nächsten technischen Halt oder bei einer Rast den Anschluß wieder herzustellen.

Marschstockungen waren die häufigsten und nachhaltigsten Behinderungen auf Märschen, weil sie zu Verstopfungen der Marschstraße und damit zu oft bedrohlichen Massierungen führten. Die Ursachen waren schlechter Straßenzustand, zerstörte Brücken, Sperren sowie oft auch mangelnde Marschdisziplin durch überholende Fahrzeuge und kreuzende Kolonnen. Trotz der Geländegängigkeit der SPW war es nicht immer möglich, solche Hindernisse zu umfahren und seitlich der Marschstraße auszuweichen.

In den meisten Fällen waren die Ursachen für eine Marschstockung bei den nachfolgenden Teilen nicht erkennbar. Deshalb war jeder Offizier und Unteroffizier

verpflichtet, sich vom Grund des Haltes zu überzeugen und besonders dann, wenn Verstöße gegen die Marschdisziplin vorlagen, energisch einzugreifen, damit der Marsch weitergehen konnte.

Um liegengebliebene SPW, die während des Marsches ausfielen, kümmerte sich in erster Linie der Schirrmeister mit seinem Instandsetzungstrupp. Mit zunehmender Erfahrung waren jedoch auch die Fahrer und Besatzungen in der Lage — und wurden darin auch ausgebildet —, selbständig immer wieder vorkommende Reparaturen auszuführen oder eine Hilfe zu improvisieren, um den SPW wieder beweglich zu machen. Dazu gehörten das Auswechseln des Scherbolzens, das Aufziehen einer abgeflogenen Kette und das Unterziehen einer Holzstütze bei einem abgeschossenen oder durch Minen verlorenen Vorderrad. Während dieser Arbeiten war der SPW selbstverständlich zu sichern, insbesondere dann, wenn das ausgefallene Fahrzeug hinter der Marschgruppe zurückblieb und nachts.

Technische Halte und Rasten

Bei jedem längeren Marsch wurden technische Halte und Rasten eingeplant. Der technische Halt erfolgte alle 2 Stunden meist nach der Uhr. Mit zunehmender Luftbedrohung wurden die technischen Halte nach dem Gelände befohlen. Eine Rast wurde nach 4 bis 6 Stunden dort vorgesehen, wo das Panzergrenadierbataillon im Gelände Deckungsmöglichkeiten fand. Soweit möglich wurde der Rastraum vorher erkundet.

Technische Halte dienten zur Überprüfung der SPW und zum Aufschließen zurückgebliebener Teile. Wäh-

Panzergrenadiere eng aufgeschlossen auf dem Kriegsmarsch

Technischer Halt während eines Verlegungsmarsches.
Im Vordergrund ein Gruppen-SPW der Panzergrenadiere.
Links rückwärts ein Panzer III mit KwK 5-cm-Pak.

rend einer Rast setzte die Versorgung ein, und die Truppe sollte ruhen.

Der technische Halt erfolgte entlang der Marschstraße, wobei diese freigemacht und der vorüberfließende Verkehr durch Posten geregelt wurde. Auf jedem SPW blieb ein Maschinengewehr zur Fliegerabwehr besetzt. Für eine Rast wurden gedeckte Räume seitlich der Marschstraße bezogen. Das Einfließen in einen Rastraum wurde geregelt, und die Panzergrenadierkompanien wurden eingewiesen. Stets wurde eine Sicherung gegen Luft- und Erdfeind befohlen.

Nachtmarsch

Der Marsch bei Nacht stellte erhöhte Anforderungen an die Fahrer mit ihren eingeschränkten Sichtmöglichkeiten. Diese Schwierigkeiten erhöhten sich noch beträchtlich, wenn nur mit einer kleinen Beleuchtungsstufe oder ganz ohne Licht gefahren werden mußte. Hinzu kam bei längeren Märschen die Übermüdung der Fahrer. In solchen Fällen war die Unterstützung durch den Gruppenführer wichtig, der mit seiner besseren Übersicht die Orientierung und Beobachtung entlang der Marschstraße übernahm, während sich der Fahrer allein auf seine Fahrbahn konzentrieren konnte. Unzweckmäßig war bei langen Nachtmärschen die Ablösung des Fahrers durch den Gruppenführer, obwohl auch dies vorgekommen ist. Bei Nacht war es besser, nur kurze Halte oder Rasten einzulegen, damit die Fahrer zur Weiterfahrt nicht aus einem tiefen Schlaf herausgerissen werden mußten.

Fliegerabwehr

Mit dem Beginn des Krieges in Rußland 1941 setzte eine wesentlich stärkere Bedrohung aus der Luft durch Jagd- und Bombenflugzeuge ein. In den folgenden Jahren wurden die Luftangriffe durch gepanzerte Schlacht-

flugzeuge noch empfindlicher, und sie erreichten ihren Höhepunkt ab 1944 im Westen durch Massenangriffe, die tagsüber jede Marschbewegung zum Erliegen brachten.

Aus diesem Grunde war es notwendig, in jede Marschgruppe gepanzerter Truppen Flugabwehrkräfte einzugliedern. Darüber hinaus war im Panzergrenadierbataillon befohlen, bei einem direkten Angriff feindlicher Flugzeuge jede Waffe im Bataillon, die dafür geeignet war, zur Fliegerabwehr einzusetzen.

Daneben waren noch passive Maßnahmen wirksam:

○ Auf jedem SPW war ein Luftspäher eingeteilt,
○ die SPW wurden sowohl auf dem Marsch als auch bei Halten und Rasten getarnt,
○ sofern die Möglichkeit dazu bestand, entfalteten sich die Panzergrenadierkompanien bei einem längeren Halt beiderseits der Marschstraße und nutzten Deckungsmöglichkeiten aus,
○ mit zunehmender Luftüberlegenheit erfolgten Märsche tagsüber nur in kleinen Gruppen,
○ Märsche wurden in die Nacht verlegt, wobei kurze Sommernächte nur einen zeitlich begrenzten Schutz boten.

Eine bedenkliche Erfahrung — auch für die Panzergrenadiere — war nach heftigen feindlichen Luftangriffen der sogenannte »Flieger-Schock«, eine Niedergeschlagenheit der Truppe, gepaart mit einem Gefühl wehrloser Ohnmacht gegenüber den eingetretenen Verlusten. Er konnte nur allmählich überwunden werden, am besten dadurch, daß zugeteilte Fla-Kräfte Erfolge beim Abschuß feindlicher Flugzeuge erzielten.

Schlußbemerkung

Märsche im Kriege verliefen selten ohne Reibungen und Friktionen. Mit Feindeinwirkungen und schlechten Straßenverhältnissen war bei Kriegsmärschen immer zu rechnen. Es kam darauf an, durch vorausschauende Befehle und Maßnahmen so weit wie möglich die Stetigkeit des Marsches zu sichern und bei auftretenden Schwierigkeiten die Störungen und Behinderungen durch energisches Eingreifen abzustellen.

Befehle und Maßnahmen für einen Marsch waren Sache der Führung. Bei der Truppe lag es, durch eine strenge Marschdisziplin den Verlauf des Marsches zu gewährleisten. Daher besteht kein Zweifel, daß bei den Märschen von Panzergrenadieren die Gruppenführer und die SPW-Fahrer die Hauptlast zu tragen hatten.

10. Angriff und Verfolgung

Angriff

Panzergrenadiere waren mit ihrer Feuerkraft, Beweglichkeit und Panzerung sowie der damit verbundenen Stoßkraft und ihrer schnellen Gefechtsbereitschaft besonders für den Angriff geeignet. Die enge Zusammenarbeit mit Panzern im Angriff entsprach dabei dem Wesen der Panzergrenadiere. Darüber hinaus waren sie mit ihren schweren Waffen in der Lage, Angriffe auch allein ohne die Unterstützung der Panzer zu führen. Während des letzten Krieges wurde noch unterschieden zwischen:

○ Angriff aus der Bewegung und
○ Angriff nach Bereitstellung.

Daneben gab es noch den Begriff der flüchtigen Bereitstellung, der dann angewandt wurde, wenn bei Angriffsbeginn nicht alle schweren Waffen feuerbereit waren.

Der **Angriff aus der Bewegung** zusammen mit Panzern wurde gegen schwächeren Feind geführt oder dann, wenn dieser überrascht werden konnte, aber auch gegen stärkeren Feind, der noch nicht voll gefechtsbereit war. Dabei kam es für den eigenen gepanzerten Verband darauf an, aus dem Schwung der Bewegung heraus den Feind zu überraschen, seinen Widerstand schnell zu brechen und zügig weiter vorzustoßen.

Beim Angriff aus der Bewegung ergab sich das Kampfverfahren zwischen Panzern und Panzergrenadieren aus der Gliederung während der Annäherung. Besonders in der ersten Phase des Rußlandfeldzuges griffen die Panzer meist voraus an, und die Panzergrenadiere folgten.

Ebenso konnte, vor allem im Mittel- und Nordabschnitt der Ostfront, bei durchschnittenem und stark bedecktem Gelände das Panzergrenadierbataillon voraus angreifen und die Panzer folgten. In beiden Fällen fuhr das Panzergrenadierbataillon bei den meist ungeklärten Feindlagen im Keil und hielt die schweren Waffen dicht heran.

Trotz der gebotenen Eile konnte auf eine Gefechtsaufklärung nicht verzichtet werden. Sie war wichtig, um vor allem feindliche Pak-Stellungen und Feindpanzer festzustellen.

Gleichgültig, ob Panzergrenadiere voraus angriffen oder den Panzern folgten, es kam für sie darauf an, den feindlichen Widerstand in Feldstellungen rasch niederzukämpfen sowie feindliche Panzerabwehrwaffen auszuschalten. Soweit wie möglich wurde der Kampf aufgesessen geführt und nur vorübergehend abgesessen. Ein schneller und wendiger Einsatz ihrer schweren Waffen unterstützte sie dabei. Oberster Grundsatz war, den Feindwiderstand vor den Panzern zu brechen und trotzdem den Anschluß an diese nicht zu verlieren.

Das Panzergrenadierbataillon führte den Angriff aus der Bewegung selbständig und ohne Panzer, wenn es im Rahmen des Regimentes oder der Division allein eingesetzt wurde und wenn die Panzer an anderer Stelle gebunden waren. Solche Lagen kamen häufig vor und entstanden oft aus einem Vorhutverhältnis, aus einem Begegnungsgefecht und zur Inbesitznahme wichtiger Geländepunkte.

Dabei war es für die Panzergrenadiere von Vorteil, daß ihnen die schnelle Feuerbereitschaft aller ihrer Waffen und ihre Beweglichkeit von vorn herein einen Vorsprung in der Gefechtsbereitschaft gegenüber dem Feind ermöglichten. Allerdings war es notwendig, daß Panzerabwehrwaffen zugeteilt wurden, um sich auch gegen überraschend auftretende einzelne Feindpanzer durchzusetzen.

Da sich der Angriff aus der Bewegung für das Panzergrenadierbataillon häufig aus einem Marschverhältnis oder aus der Entfaltung entwickelte, galt bei der Befehlsgebung die Reihenfolge, erst die Angriffsrichtung und danach die Gliederung für den Angriff zu befehlen, wonach die Aufträge für die schweren Waffen folgten.

Der Angriff wurde nach dem Grundsatz von Feuer und Bewegung geführt, allerdings mit einem hohen Tempo. Die auf- und abgesessene Kampfweise wurde auch hier beibehalten, solange die Feindlage dies zuließ. Wenn Teile oder ganze Kompanien absitzen mußten, so wurden sie von den Waffen ihrer SPW unterstützt. Grundsätzlich wurde eine Reserve aufgesessen bereitgehalten. Die schweren Waffen folgten dichtauf.

Der Angriff aus der Bewegung war für die Panzergrenadiere eine ihrem Wesen entsprechende Kampfart und führte, sorgfältig angesetzt, fast immer zum Erfolg. Mißerfolge stellten sich nur dann ein, wenn die Gefechtsaufklärung ungenügend war oder bei unerwarteten Geländeschwierigkeiten im Angriffsverlauf.

Für das allein eingesetzte Panzergrenadierbataillon ergaben sich gegenüber dem Zusammenwirken mit Panzern einige Unterschiede. Die Panzergrenadiere waren an die Panzer nicht gebunden und brauchten auf befohlene Kampfverfahren keine Rücksicht zu nehmen. Der Kommandeur war in seiner Angriffsführung mit seinen Entschlüssen freier und konnte alle notwendigen Maßnahmen nach eigenem Ermessen treffen.

Angriff nach Bereitstellung

Der Angriff nach Bereitstellung zusammen mit Panzern wurde erforderlich, wenn der Feind in seiner Gefechtsbereitschaft überlegen war. Das war immer der Fall bei ausgebauten Feldstellungen mit starker Panzerabwehr, aber auch beim Gegenangriff sowie beim Angriff über Gewässer und bei Nacht. Der im Angriffsziel beabsichtigte Einbruch in den Feind und der Durchbruch in die

Tiefe erforderten gründliche Vorbereitungen, insbesondere des Feuers vor und während des Angriffs. Nur dadurch und dem damit verbundenen größeren Zeitaufwand unterschied sich der Angriff nach Bereitstellung vom Angriff aus der Bewegung.

Die Grundlage für den Angriff nach Bereitstellung war ein Gesamtbefehl, der nach dem Angriffsplan die Gliederung im Bereitstellungsraum, das Kampfverfahren, das Zusammenwirken von Panzern und Panzergrenadieren sowie die Feuervorbereitung und die spätere Feuerunterstützung regelte.

Für die Panzergrenadiere und ihre Aufgaben war das nach Feind und Gelände befohlene Kampfverfahren bestimmend, je nachdem, ob sie den Panzern folgten, mit diesen gemischt, voraus oder aus verschiedenen Richtungen anzugreifen hatten.

Bei dem Kampfverfahren Panzer voraus stellten sich die Panzergrenadiere im Bereitstellungsraum hinter den Panzern bereit und folgten bei Angriffsbeginn mit dem Auftrag, feindlichen Widerstand in Feldstellungen niederzukämpfen, feindliche Panzerabwehr auszuschalten und das Gefechtsfeld zu säubern.

Wenn Feind und Gelände oder die Sichtverhältnisse es erforderten, daß Panzer und Panzergrenadiere in engem Verbund miteinander angreifen mußten, so erfolgte dieser durch eine genaue Absprache bereits im Bereitstellungsraum. Schon dort wurde die bevorstehende Zusammenarbeit mit den Panzern bis herunter zu den Panzergrenadierzügen, ja sogar bis zu den Gruppen festgelegt. Mit Angriffsbeginn hatten die Panzergrenadiere die Aufgabe, die Panzer im besonderen vor feindlichen Panzernahkämpfern zu schützen und Ziele für die Panzer aufzuklären, während die Panzer mit ihrem schweren Flachfeuer den Rückhalt für den Kampf der Panzergrenadiere bildeten.

Befehlsausgabe vor dem Angriff.
Am Straßenrand die Kommandeurgruppe der Panzer. In der Mitte der Kommandeur-SPW und Kradmelder der Panzergrenadiere.

Wurden die Panzergrenadiere vor den Panzern eingesetzt, dann mußte der Kampf meist abgesessen geführt werden. Das war zunächst immer der Fall gegen stark ausgebaute Feldstellungen, gegen Pak-Fronten, über Gewässer und oft bei Nacht.

Die Bereitstellung der Panzergrenadiere erfolgte dann abgesessen vor den Panzern. Dem Angriff ging eine sorgfältige Feuervorbereitung der schweren Waffen und der Artillerie voraus; in Überraschungslagen auch ohne Feuervorbereitung. Mit Angriffsbeginn und während des ersten Vorgehens der Panzergrenadiere folgten ihnen die SPW sprungweise, sie überwachten das Vorgehen der abgesessenen Teile und unterstützten deren Kampf besonders beim Einbruch. Die nachfolgenden Panzer bekämpften weiter rückwärts liegende Ziele und schützten die Panzergrenadiere vor feindlichen Panzern.

Bereitstellung zum Angriff.
Panzer und Panzergrenadiere
gemischt.

Zeichnete sich nach einem erfolgreichen Einbruch der Durchbruch und der Stoß in die Tiefe ab, so konnte das Kampfverfahren gewechselt werden.

Der Angriff von Panzern und Panzergrenadieren aus verschiedenen Richtungen wurde geführt, wenn für beide Waffengattungen ein unterschiedliches, aber jeweils arteigenes Gelände vorhanden war oder wenn der Angriff aus verschiedenen Richtungen einen besonderen Erfolg erwarten ließ. Das war für die Panzergrenadiere immer dann der Fall, wenn es gelang, überraschend in die Flanke oder in den Rücken des Feindes anzugreifen, z.B. beim Aufrollen einer feindlichen Pak-Front aus der Flanke oder von rückwärts.

In solchen Lagen stellten sich Panzer und Panzergrenadiere in getrennten Räumen bereit. Wie bereits dargestellt, bestand die Schwierigkeit bei diesem Kampfverfahren in der Regelung der Feuerunterstützung vor beiden Angriffsgruppen. Für die Panzergrenadiere war dies insofern einfacher, weil sie schwere Waffen — Granatwerfer und Infanteriegeschütze — selbst zur Verfügung hatten.

Angriffsverlauf

Unabhängig von dem Kampfverfahren war der Angriff von Panzern und Panzergrenadieren ein Wechselspiel der beiderseitigen Möglichkeiten. Er unterlag dem Gesetz von Feuer und Bewegung, und jede der beiden Waffengattungen setzte ihr Potential zum Nutzen der anderen ein.

Beim Angriff kam es darauf an, die gepanzerte Beweglichkeit zur Annäherung an den Feind mit einem hohen Angriffstempo auszunutzen und dem Feind möglichst wenig Zeit für seine vorbereitete Verteidigung zu lassen. In dieser Phase richtete sich eine lückenlose Gefechtsfeldbeobachtung auf den bereits aufgeklärten Feind in seinen Stellungen, vor allem aber gegen überraschend auftretende Feindpanzer und gegen feindliche Panzerabwehr. Unabhängig vom Kampfverfahren war der Angriff gegen starke feindliche Panzerabwehr sowie gegen Feind in Stellungen und Stützpunkten immer eine Hauptaufgabe für die Panzergrenadiere. Der letzte Zugriff darauf erfolgte in abgesessener Kampfweise, stoßtruppartig gegliedert mit Unterstützung der Waffen auf den SPW. Blieben einzelne Feindnester stehen, so wurden sie nachfolgenden Teilen überlassen.

Während des Einbruches in die feindliche Stellung war es für die Panzergrenadiere wichtig, daß die Führer aller Grade den Überblick behielten und sich nicht in Einzelaktionen verzettelten. Es galt, sich nicht aufhalten zu lassen und den Zusammenhang mit den Panzern nicht zu verlieren.

Nicht immer hatten die Panzer bei ihrem Angriffsschwung dafür Verständnis, daß die infanteristischen Einsätze der Panzergrenadiere Zeit brauchten. Für die Panzergrenadiere bedeutete ein Angriff nicht nur Fahren und Schießen, sondern der Kampf zu Fuß mußte auch in den Einzelaktionen vorbereitet werden und kostete demzufolge Zeit.

Verfolgung

Der Zweck der Verfolgung ist es, nach einem erfolgreichen Angriff den Rückzug des Feindes zur Flucht zu steigern, die jeden weiteren Widerstand ausschließt. Der Feind soll dabei überflügelt, abgeschnitten und völlig vernichtet werden. Die Verfolgung konnte frontal erfolgen, wenn der durchbrochene Feind zu weichen begann, oder aber auch überholend durch Verlegen des Rückzuges und zu seiner Einschließung.

Gepanzerte Verbände aus Panzern und Panzergrenadieren waren mit ihrer schnellen Beweglichkeit und ihrer starken Feuerkraft für die Verfolgung besonders geeignet. Dabei wurden Panzergrenadiere sowohl mit Panzern zusammen als auch als selbständige Verfolgungsabteilung eingesetzt.

Der Übergang vom Angriff zur frontalen Verfolgung wurde meist unmittelbar nach dem Höhepunkt des Angriffes eingeleitet, oft entstand sie aber auch ad hoc nach einer Krise, wenn sich die Niederlage des Feindes abzeichnete.

Die überholende Verfolgung wurde dagegen auf Befehl des übergeordneten Führers mit einem weit gesteckten Ziel befohlen. Sie bedurfte einer, wenn auch nur kurzen Vorbereitung zur Bereitstellung der Versorgung und der Unterstützung von Artillerie und Pionieren.

Der Beginn der frontalen Verfolgung war selten zeitlich genau zu bestimmen. Wenn die vordersten Angriffsspitzen die Tiefe der feindlichen Stellung durchstoßen hatten, wurde im allgemeinen der Befehl zur Verfolgung gegeben. Oft bildeten sich aber auch Kampfgruppen, gemischt aus Panzern und Panzergrenadieren, die aus eigenem Entschluß ohne Rücksicht auf noch haltende Feindteile weiter vorstießen, um nach der Weisung Guderians — »Fahrkarte bis zur Endstation« — fliehenden Feind anzuschneiden und zu vernichten.

In solchen Lagen ergaben sich für die Führung oft Probleme, weil Teile des gepanzerten Verbandes durch den vorhergehenden Angriff noch gebunden waren. Dies traf besonders für die Panzergrenadiere zu, die letzten feindlichen Widerstand zu brechen und das Gefechtsfeld zu säubern hatten. Daher waren die zur frontalen Verfolgung antretenden Teile oft recht unterschiedlich gemischt. Es hatte sich bewährt, daß sich die Panzergrenadiere dabei eng an die Panzer anlehnten.

Das Siegesgefühl und der Drang, den geschlagenen Feind restlos zu vernichten, waren eine Gefahr und durften nicht dazu führen, daß die Truppe sorglos weiter vorwärts stürmte. Deshalb gehörten die Führer weit nach vorn, um den Zusammenhalt und die Übersicht zu wahren sowie auch zur Sicherstellung der Feuerunterstützung und der Versorgung.

Eine weitere Gefahr bestand darin, daß die verfolgenden Teile »abbröckelten« und nicht mehr voll kampffähig waren. Aus diesem Grunde mußten sie mit Reserven aus der Tiefe verstärkt werden, damit die Verfolgung aus Kräftemangel nicht vorzeitig abgebrochen werden mußte.

Das Panzergrenadierbataillon als Verfolgungsabteilung

Zur überholenden Verfolgung mit einem weit gesteckten Ziel war das Panzergrenadierbataillon besonders geeignet. Es wurde dazu durch Panzer oder Panzerabwehrwaffen sowie durch Pioniere und VB oder einzelne Batterien der Artillerie verstärkt. Ebenso war die Bereitstellung einer ausreichenden Versorgung erforderlich. Da immer die Zeit drängte, konnte oft die Zuführung der Verstärkung und der Versorgung nicht abgewartet und diese mußten nachgeführt werden.

Notwendig war jedoch immer eine kampfstarke Gefechtsaufklärung, da jederzeit mit der Verteidigung eines sich verzweifelt wehrenden Feindes oder mit der Heranführung feindlicher Reserven gerechnet werden mußte. Eine Hauptgefahr waren dabei überraschend auftretende feindliche Panzer oder Panzerabwehr.

Die überholende Verfolgung wurde durchgeführt nach den gleichen Grundsätzen wie der Angriff aus der Bewegung. Die Panzergrenadiere nutzten ihre hohe Beweglichkeit und kämpften aufgesessen von ihren SPW. Auch hier galt es, sich nicht aufhalten zu lassen. Geländeschwierigkeiten wurden umfahren und stärkerem Feind wurde ausgewichen. Stehengebliebener schwacher Feind wurde nachfolgenden eigenen Kräften überlassen.

Für das Panzergrenadierbataillon als Verfolgungsabteilung kam es darauf an, mit allen Teilen möglichst geschlossen das befohlene Ziel zu gewinnen. Dieses war meist ein wichtiges Gelände, oft eine Brücke oder eine Enge, an welcher der feindliche Rückzug gesperrt werden sollte.

Der Feind war selbstverständlich bemüht, solche Geländeteile durch Aufnahmetruppen zu sichern und für die eigenen Kräfte offen zu halten. So ergab sich für die verfolgenden Panzergrenadiere die Notwendigkeit, zunächst diesen Feind niederzukämpfen und danach den geschlagenen und fliehenden Feind aufzufangen und auszuschalten. Häufig waren auch noch neu herangeführte feindliche Reserven abzuwehren, also ein Kampf in zwei Richtungen zu führen.

Nach dem Abschluß einer erfolgreichen Verfolgung, gleichgültig ob diese frontal oder überholend geführt

wurde, war die Truppe meist erschöpft und an der Grenze ihrer Leistungsfähigkeit angelangt. Die Einheiten waren weit auseinander gezogen, ein Teil der Fahrzeuge war ausgefallen oder zurückgeblieben. Deshalb war es vordringlich, die Einheiten und Verbände zu ordnen und die volle Kampfbereitschaft wiederherzustellen.

In unübersichtlichen Lagen galt der Grundsatz: Sicherung — Aufklärung — Verbindung. Eine Reserve mußte gebildet und die Versorgung eingeleitet werden. Ein besonderes Problem war die Rückführung der Gefangenen. Da die Panzergrenadiere in solchen Lagen keine eigenen Kräfte entbehren konnten, wurde diese Aufgabe meist nachfolgenden Teilen überlassen.

11. Abwehr

Verteidigung

Nach den Erfahrungen des Ersten Weltkrieges und den später gültigen Vorschriften war das Ziel der Verteidigung, eine Stellung oder einen Geländeabschnitt gegen jeden Angriff des Feindes zu halten, dessen Durchbruch zu verhindern und ihm möglichst hohe Verluste beizubringen. Das Element der Verteidigung war die vernichtende und abstoßende Kraft des Feuers. Sie wurde vornehmlich von der Infanterie aus ortsfesten Stellungen geführt.

Im Zweiten Weltkrieg wurden gepanzerte Verbände erstmalig im Winter 1941/42 vor die Aufgabe gestellt, die schwer ringende Infanterie in der Verteidigung zu unterstützen. Die wenigen verbliebenen Panzer standen als Eingreifreserve hinter den Stellungen der Infanterie bereit, und die abgesessenen Schützen verteidigten aus Gräben und Erdlöchern ebenso wie die zu Fuß kämpfende Infanterie.

Nach den erfolgreichen Offensiven des Jahres 1942 befand sich ab 1943 das Heer in der Abwehr. Deren Rückgrat waren die gepanzerten Verbände, die mit ihrer Beweglichkeit offensiv eingesetzt wurden, wo immer die Lage dies zuließ. Dazu gehörten sowohl großräumige Operationen wie z.B. bei Kursk als auch an allen Frontabschnitten örtliche Einsätze zur Entlastung der Front, um feindliche Angriffe aufzufangen und größere Durchbrüche zu verhindern. Gleichzeitig wurden dem Feind erhebliche Verluste beigebracht.

Die Hauptaufgabe gepanzerter Verbände in der Abwehr war die Bereinigung von Einbrüchen und das Abriegeln von überlegenen Feindkräften sowie das Zerschlagen feindlicher Bereitstellungen.

Dementsprechend wurde in den Kampfarten unterschieden zwischen dem Gegenangriff, dem Gegenstoß und dem Abriegeln. Dabei wirkten Panzer und Panzergrenadiere eng zusammen.

Der **Gegenangriff** wurde von der übergeordneten Führung befohlen, um verlorengegangenes Gelände dem Feinde zu entreißen und ihm dabei hohe Verluste beizubringen. Er wurde nach Bereitstellung und mit begrenztem Ziel geführt. Der Gegenangriff war dann besonders erfolgreich, wenn es gelang, den Feind zeitlich zu überraschen und aus unerwarteter Richtung in seine tiefe Flanke zu stoßen. Voraussetzung für den Erfolg waren eigene starke gepanzerte Kräfte und eine ausreichende Feuerunterstützung. Das Kampfverfahren zwischen Panzern und Panzergrenadieren richtete sich nach Feind, Gelände und Sichtverhältnissen.

Zum **Gegenstoß** wurden Panzer und Panzergrenadiere eingesetzt, wenn eingebrochener Feind sofort vernichtet oder geworfen werden sollte, um die bisherige Lage wiederherzustellen. Den Befehl dazu gab derjenige örtliche Führer, dem als bereitgehaltene Reserve gepanzerte Verbände oder Einheiten unterstanden. Der Gegenstoß wurde automatisch bei Feindeinbrüchen befohlen und erfolgte ohne Bereitstellung. Es war wichtig, daß er für den Feind überraschend kam und möglichst auch in seine Flanke traf, um ihn abzuschneiden.

Der Gegenstoß war für die eigene Infanterie besonders dann eine wirksame Unterstützung, wenn feindliche Panzer begleitet von Infanterie in ihre Stellungen eingebrochen waren.

Eigene Panzer und Panzergrenadiere griffen zum Gegenstoß gemeinsam an und waren eng gemischt. Nach Abschluß des Unternehmens sicherten sie in der gewonnenen Linie solange, bis die eigene Truppe in ihren früheren Stellungen wieder verteidigungsbereit war.

Das **Abriegeln eines Einbruches** von überlegenen Feindkräften wurde befohlen, wenn ein Durchbruch drohte und die eigenen Kräfte für einen Gegenangriff oder Gegenstoß nicht ausreichten. Damit sollte eine unmittelbare Gefahr abgewendet und Zeit gewonnen werden, um Verstärkungen heranzuführen. Der Befehl zum Abriegeln wurde wie beim Gegenstoß automatisch ausgelöst, und dazu wurden die nächsten greifbaren Reserven herangezogen.

Panzer und Panzergrenadiere bildeten aus günstigen Stellungen eine Feuerfront, um den Feind zum Stehen zu bringen, seine Angriffskraft zu schwächen und seinen Angriff aufzusplittern. Dabei ergänzte sich das Flachfeuer der Panzer mit dem schweren Steilfeuer der Panzergrenadiere.

Das Abriegeln war der letzte Ausweg, um einen feindlichen Durchbruch zu verhindern. Beim Einsatz von gepanzerten Kräften bestand der Nachteil darin, daß diese dadurch gebunden waren und nicht für wirkungsvollere Aufgaben eingesetzt werden konnten.

Bei den vorgenannten Kampfverfahren in der Abwehr konnten Panzer und Panzergrenadiere gemeinsam, aber auch getrennt von einander selbständig eingesetzt werden. Insbesondere wenn Infanterieverbände unterstützt werden mußten, fungierten sie oft einzeln als bewegliche Reserve. Nach den Weisungen Guderians sollte dies die Ausnahme sein. Bei der Notlage des Heeres in der Abwehr an allen Fronten wurde es jedoch zur Regel, daß die gepanzerten Verbände von einer Krise zur nächsten gerufen wurden und so die Eigenschaft einer Feuerwehr annehmen mußten.

Das Panzergrenadierbataillon in der Verteidigung

Das Panzergrenadierbataillon wurde häufig eingesetzt, um aus Stellungen zu verteidigen, obwohl dies dem Wesen seiner gepanzerten Beweglichkeit widersprach. Die Panzergrenadiere kämpften dann abgesessen oder nur mit abgesessenen Teilen, während die SPW dicht dahinter oder aus Randstellungen mit ihrem Feuer unterstützten. In dieser Art der Verteidigung waren die Panzergrenadiere mit ihren Flach- und Steilfeuerwaffen jedem Infanterieverband überlegen. Allerdings war bei solchen Einsätzen die geringe Ausstattung mit Panzerabwehrwaffen ein erheblicher Nachteil. Eine Verstärkung in der Panzerabwehr war daher erforderlich.

Für die Verteidigung aus einem Riegel war es für die Panzergrenadiere ebenfalls notwendig, daß sie durch Panzer oder Panzerabwehrwaffen verstärkt wurden. In solchen Lagen kämpften sie meist aufgesessen aus günstigen Stellungen und stützten sich dabei vornehmlich auf die Bordwaffen der SPW und ihr schweres Steilfeuer.

Häufig wurden die Panzergrenadiere als bewegliche Reserve in der Verteidigung bei motorisierten Panzergrenadieren und bei der Infanterie eingesetzt. Dabei ergaben sich oft Schwierigkeiten, weil sie als gepanzerte Stoßgruppe und als Panzerersatz angesehen wurden. Ihre Leistungsfähigkeit wurde überschätzt, was nicht selten zu unerfüllbaren Aufträgen führte. Jedoch überall dort, wo für den geforderten oder befohlenen Einsatz der Panzergrenadiere nach den Vorschlägen ihrer Kommandeure oder Kompaniechefs verfahren wurde, war meist auch der Erfolg verbürgt.

Hinhaltendes Gefecht

Das hinhaltende Gefecht war seit dem Jahre 1943 an allen Fronten für das Heer eine Hauptaufgabe. Dabei sollten vor allem Kräfte gespart, und es sollte Zeit gewonnen werden, um die Entscheidung an anderer Stelle zu suchen. Der Angriff des Feindes sollte verlangsamt, seine Kräfte abgenutzt und es sollten ihm möglichst hohe Verluste beigebracht werden. Die Preisgabe von Gelände wurde dazu bewußt in Kauf genommen.

Der hinhaltende Kampf wurde bei geschickter Ausnutzung des Geländes zunächst mit Feuer auf weiten Entfernungen geführt, um den Feind frühzeitig zur Entwicklung und zum Angriff zu zwingen. Eine zeitlich begrenzte Verteidigung täuschte den Feind über die eigenen Absichten und wechselte mit Angriffen aus unerwarteten Richtungen besonders gegen seine Angriffsspitzen. Gedecktes örtliches Ausweichen und Vorlegen an anderer Stelle zersplitterte weiter die feindlichen Kräfte. Gegen einen überlegenen feindlichen Angriff setzte sich die eigene Truppe gedeckt durch starkes Feuer und örtliche Gegenstöße ab.

Für diese Art der Kampfführung waren gepanzerte Truppen mit ihrer hohen Beweglichkeit und mit ihrer starken Feuerkraft geradezu ideal geeignet. Der Erfolg ihres Kampfes wurde noch unterstützt, wenn er in einem Gelände stattfand, das gute Beobachtungsmöglichkeiten für die Ausnutzung der Höchstschußweiten bot, die gedeckte Annäherung für örtliche Gegenstöße ermöglichte und das Besetzen und Räumen von Stellungen unbemerkt vom Feind zuließ.

Zum hinhaltenden Kampf wurden sowohl gepanzerte Kampfgruppen zusammen mit Panzergrenadieren als auch letztere selbständig eingesetzt. Das Panzergrenadierbataillon brachte für diese Kampfart zwar alle Voraussetzungen mit, aber es mußte durch Panzer — meist eine Kompanie — oder Panzerabwehrwaffen sowie durch vorgeschobene Beobachter der Artillerie und zur Anlage von Sperren auch durch Pioniere verstärkt werden. Im allgemeinen wurde dem Bataillon ein Gefechtsstreifen zugewiesen, in welchem es hinhaltend zu kämpfen hatte.

Das Panzergrenadierbataillon nutzte in allen Phasen seine hohe Beweglichkeit aus und führte den Kampf aufgesessen, auch dann, wenn es zeitlich begrenzt verteidigte. Es stützte sich dabei auf die Bordwaffen der SPW sowie auf die schweren Infanteriegeschütze und die Granatwerfer.

Der hinhaltende Kampf begann für die Panzergrenadiere meist mit der Verteidigung aus einer günstigen Randstellung mit weiter Feuerwirkung aller dazu geeigneter Waffen, um die Annäherung des Feindes zu verzögern. Eigene Panzer oder Panzerabwehrwaffen bekämpften die Feindpanzer, während die Bordwaffen und die schweren Waffen der Panzergrenadiere vornehmlich gegen die feindliche Infanterie wirkten.

Bei weiterem feindlichen Angriff wurde mit den SPW örtlich ausgewichen, um aus erkundeten flankierenden Stellungen sowie mit bisher nicht eingesetzten Panzergrenadierzügen den Feind zu überraschen und ihm Verluste beizubringen. Kampfstarke feindliche Gefechtsaufklärung wurde im Gegenstoß zusammen mit Panzern geworfen.

Unter Ausnutzung von panzerhemmendem Gelände und durch vorbereitete Minensperren wurde der feindliche Angriff weiter verzögert und in eine gewünschte Richtung gelenkt, wo Panzerabwehr sowie Sperrfeuerräume der Artillerie und der Granatwerfer vorbereitet waren. Dadurch wurde der Feind zum Halten und zu erneuter Bereitstellung gezwungen. Diesen Schwächemoment galt es auzunutzen und vor allem neu herangeführte feindliche Reserven zu zerschlagen.

Einem erneuten überlegenen Feindangriff wurde auf Befehl oder dann ausgewichen, wenn eine Überflügelung oder ein Abschneiden durch den Feind drohte. Zur eigenen Entlastung und zur Täuschung des Feindes wurden Gegenstöße, unterstützt von Panzern, angesetzt, um sich unter deren Schutz in einem Zuge abzusetzen, so daß der feindliche Angriff ins Leere traf.

Teile des Panzergrenadierbataillons oder Reserven der übergeordneten Führung bereiteten weiter rückwärts die Aufnahme der hinhaltend kämpfenden Teile vor, um dort den Kampf wieder aufzunehmen.

Der hinhaltende Kampf mit seiner aufgelockerten Kampfweise, die aus einem dauerndem Wechsel zwischen zeitlich begrenzter Verteidigung, Angriffen mit begrenztem Ziel und dem Abbrechen des Gefechts bestand, stellte an alle Führer hohe Anforderungen. Es kam für den Kommandeur und die Chefs darauf an, weit vorn den Überblick über die oftmals weit von einander entfernt kämpfenden Teile zu behalten und mit klaren kurzen Funkbefehlen zu führen. Es bestand immer die Gefahr, daß einzelne Teile »aus der Hand rutschten«, besonders in einem unübersichtlichem Gelände und bei unsichtigem Wetter.

Die Versorgung des hinhaltend kämpfenden Panzergrenadierbataillons erfolgte im allgemeinen ohne besondere Schwierigkeiten. Auch dann, wenn der Kampf überraschend begonnen werden mußte, gelang es meist die notwendige Versorgung sicherzustellen. Nur wenn die Nachschubwege durch ein Gebiet führten, das von Partisanen bedroht war, mußte im Geleit mit bewaffnetem Schutz gefahren werden.

Ein besonderes Problem waren die SPW, die durch Beschuß oder infolge technischer Mängel ausgefallen waren. Sofern sie nicht behelfsmäßig wieder bewegungsfähig gemacht werden konnten, mußten sie von anderen SPW abgeschleppt oder in äußerster Notlage auf Befehl gesprengt werden.

Im übrigen galt der Grundsatz, vor Beginn eines hinhaltend geführten Gefechtes alle nur irgendwie entbehrlichen Versorgungsteile nach rückwärts abzuschieben.

12. Kampf gegen Pak-Fronten

Auf die überlegenen deutschen Panzerangriffe während der ersten Jahre des Feldzuges im Osten reagierte die russische Armee mit der Verstärkung und dem Ausbau ihrer Panzerabwehrwaffen und mit der Befähigung, diese wirkungsvoll einzusetzen. Dazu benutzte sie alle zur Panzerabwehr geeigneten Waffen wie Panzerabwehrkanonen (Pak) aller Kaliber, das berüchtigte Feldgeschütz 7,62 cm (»Ratsch-Bum«) und einzelne Panzer. Der Einsatz dieser Waffen erfolgte aus Feldstellungen sowie Bunkern, und die zur Panzerabwehr verwendeten Panzer wurden bis zum Turm eingegraben.

Etwa seit 1943 wurden die Panzerabwehrwaffen in ihren Stellungen zu Pak-Fronten zusammengefaßt und bildeten überall dort, wo deutsche Panzerangriffe erwartet wurden, das Rückgrat der Verteidigung. Besonders deutlich wurde dies im Sommer 1943 bei Kursk, wo es einem großen Aufgebot deutscher Panzer- und Infanterieverbände nicht gelang, das tiefgestaffelte Panzerabwehrsystem der Russen zu überwinden.

Die russischen Pak-Fronten waren in gut ausgebauten Stellungen eingerichtet, in denen die verschiedenen Panzerabwehrwaffen gegen Erd- und Luftbeobachtung geschickt getarnt und vor ihrer Feuereröffnung kaum auszumachen waren. Sie wurden meist hinter Minensperren und auch flankierend angelegt. Eine infanteristische Sicherung war immer vorhanden.

Für den Angriff eigener Panzerverbände waren diese Pak-Fronten immer ein schweres Hindernis. Im allgemeinen mußte der Angriff dagegen, der nun einem solchen gegen befestigte Stellungen gleichkam, abgebrochen werden. Die eigenen Panzer zogen sich aus dem Wirkungsbereich der Pak-Front zurück und mußten Deckungen aufsuchen. Der weitere Angriff konnte nur von den Panzergrenadieren und dann abgesessen geführt werden.

Eine Bereitstellung wurde erforderlich, um zunächst eine eingehende Gefechtsaufklärung anzusetzen und eine ausreichende Unterstützung durch die Artillerie sicherzustellen. Besonders wichtig war die Gefechtsaufklärung, die nicht nur die Lage und die Stärke der feindlichen Waffenstützpunkte festzustellen hatte, sondern vor allem auch Aufschluß geben mußte über vorhandene Minensperren und über die infanteristische Besetzung.

Da ein frontaler Angriff gegen eine Pak-Front immer zeitraubend und meist auch verlustreich war, wurde nach den deutschen Führungsgrundsätzen stets nach Möglichkeiten gesucht, in die Pak-Front an einem ihrer Flügel einzubrechen, sie aus der Flanke anzugreifen oder als ideale Lösung sie im Rücken zu fassen und von dort aus aufzurollen.

Ergab sich jedoch nach Feindlage und Gelände keiner dieser Ansatzpunkte, dann mußte der Angriff von den Panzergrenadieren frontal geführt werden. Nach Bereitstellung und mit starker Feuerunterstützung der Artillerie sowie der schweren Waffen galt es zunächst, unter dem Schutz von Nebel zusammen mit Pionieren die feindlichen Minensperren zu überwinden. Der Angriff wurde mit Stoßtrupps gegen die beabsichtigte Einbruchsstelle der Pak-Front geführt. Dabei unterstützten vor allem Granatwerfer und schwere Infanteriegeschütze, während die Artillerie den Einbruch nach beiden Seiten und in der Tiefe abriegelte.

Mit dem Einsatz von Nahkampfmitteln und mit geballten Ladungen, dabei durch Nebel gedeckt, erzwangen die Panzergrenadiere den Einbruch und kämpften nacheinander die vordersten feindlichen Waffenstützpunkte nieder. Nach gelungenem Einbruch wurde die Pak-Front durch nachgeführte Teile nach beiden Seiten aufgerollt. Sobald einzelne Feindstellungen ausgeschaltet waren und die Lage es zuließ, wurden die Kanonenwagen der Panzergrenadiere und die SPW herangezogen, um den weiteren Kampf zu unterstützen. Auch die Panzer beteiligten sich dann mit ihrem Feuer aus rückwärtigen Stellungen. Sie wurden nachgezogen, sobald die Masse der feindlichen Panzerabwehr ausgeschaltet war, um in die Tiefe durchzustoßen.

Erfolgte der Angriff auf eine Pak-Front gegen deren Flügel, in die Flanke oder umfassend in den Rücken, so war oft schon durch die Überraschung der Erfolg leichter zu erringen, insbesondere dann, wenn es den Panzergrenadieren gelang, unbemerkt gedeckte Ausgangsstellungen zu gewinnen. Oft konnten bei günstigem Gelände schon frühzeitig die SPW und einzelne Panzer an dem Angriff beteiligt werden. In geeigneten Lagen war es sogar möglich, den Angriff aufgesessen zu führen. Die feindlichen Waffenstützpunkte wurden nacheinander vom Flügel her mit Stoßtrupps niedergekämpft. Bei solchen Einsätzen haben sich auch die leider erst sehr spät eingeführten Flammpanzerwagen der Panzergrenadiere hervorragend bewährt.

Für die meist zu Fuß kämpfenden Panzergrenadiere war der Angriff gegen eine feindliche Pak-Front ein schwerer Einsatz. Durch den harten und verbissenen Nahkampf beim Durchkämmen der feindlichen Stellungen gingen Überblick und Zusammenhalt leicht verloren. Alle Führer vom Kompaniechef bis zu den Gruppenführern mußten deshalb ihre Einheiten und Stoßtrupps fest in der Hand behalten. Für den Bataillonskommandeur bestand die Hauptaufgabe neben der Führung der Panzergrenadierkompanien darin, vor allem das Feuer der schweren Waffen im Schwerpunkt des Angriffes sicherzustellen und mit einer bereitgehaltenen Reserve bei kritischen Lagen einzugreifen.

II. Kampf unter besonderen Verhältnissen

1. Schlamm- und Winterkrieg

Im Feldzug gegen Rußland waren die in jedem Frühjahr und Herbst eintretenden Schlammperioden für die Verbände des Heeres ein besonders einschneidendes Ereignis, das die Truppe vor manchmal kaum lösbare Aufgaben stellte.

Während dieser Schlammperioden verwandelten sich alle nicht befestigten Straßen und Wege in Moraste, die nur mit Schwierigkeiten oder überhaupt nicht befahren werden konnten. Das galt besonders für alle Räderfahrzeuge, aber auch die Kettenfahrzeuge waren stark behindert. Die Straßendecke bestand dann nicht nur aus zahllosen Tümpeln, sondern es bildete sich meist eine durchlaufende Schlammschicht, die streckenweise oft bis an die Oberkante der Räder reichte.

Ein Ausweichen in freies Gelände außerhalb von Ortschaften war nicht möglich, weil die unbefestigten russischen Landwege, sogenannte »Gräterwege«, ohnehin mit tiefen Spuren ausgefahren waren, und es war üblich, daß sich jedes Fahrzeug daneben eine neue und bessere Spur suchte. So konnte es vorkommen, daß solche »Gräterwege« bis zu mehreren hundert Metern breit wurden.

Die in der Ukraine zahlreich vorhandenen Balkas — das waren vom Regen ausgewaschene Geländeeinschnitte —, in denen in trockenen Zeiten die Truppe oft Deckung fand, waren völlig verschlammt und konnten auch von Kettenfahrzeugen nicht mehr befahren werden.

Die Folge des Schlammes war eine Lähmung aller Bewegungen, sowohl bei Märschen als auch bei Kampfhandlungen. Kettenfahrzeuge konnten sich nur noch mühsam bewegen, Räderfahrzeuge blieben stecken, und Kräder mußten verladen werden. Es gab stunden- und tagelange Verzögerungen und nicht selten erstarb jede Bewegung. Trotzdem quälten sich dort, wo es darauf ankam, besonders die Fahrer der Räderfahrzeuge und die Kradmelder bis zur Leistungsgrenze von Mensch und Material ab, um ihre Fahrzeuge beweglich zu halten.

Auch die Führung mußte sich umstellen und allen Bewegungen der Truppe andere Zeitberechnungen zu Grunde legen. Bei der Vorbereitung von Kampfhandlungen war die Geländebeurteilung ein ausschlaggebender Faktor und beeinflußte alle anderen Überlegungen, insbesondere auch die Versorgung.

Die Versorgung stand vor schwierigen Problemen sowohl bei der Zuführung der Versorgungsgüter als auch bei der Bergung ausgefallener Fahrzeuge und bei der Instandsetzung. In dringenden Lagen konnte die Zuführung von Munition und Betriebsstoff rechtzeitig nur mit den schweren Zugmaschinen der Artillerie und der Pioniere bewältigt werden. Das Bergen von ausgefallenen Panzern und SPW sowie von Räderfahrzeugen stellte die Bergetrupps mit ihren nur für normale Witterungsverhältnisse geplanten Bergemitteln vor fast unlösbare Aufgaben. Durch das Fahren im zähen Schlamm ergab sich ein stark überhöhter Betriebsstoffverbrauch, und es

Während der Schlammperioden in Rußland im Frühjahr und im Herbst waren alle Bewegungen mit Kraftfahrzeugen stark behindert.

Mit Hammer und Meißel mußte das Laufwerk der SPW mühsam gereinigt werden.

entstanden mehr Schäden an den Kupplungen und Getrieben als sonst.

Bei den Panzergrenadieren traten die bereits erwähnten Mängel auf, die besonders beim Fahren im Schlamm eine erhebliche Behinderung waren. Deshalb war es oft nicht möglich, den Panzern in deren Tempo zu folgen und den Anschluß zu behalten.

Als Kuriosum sei vermerkt, daß sich in Schlammperioden auch die gepanzerten Truppen zur Versorgung auf unterer Ebene der nie versagenden pferdebespannten Panjewagen bedienten.

Auf Grund der vielen schlechten Erfahrungen während der Schlammperiode suchte nicht nur die Truppe nach Aushilfen, sondern auch die Führung traf gegenüber den zu erwartenden Behinderungen vorbeugende Maßnahmen. Dazu gehörte unter anderem eine vorausschauende Wegehilfe durch die Pioniere, die in entscheidenden Lagen zum Bau von Bohlenwegen und zur Herstellung von Knüppelteppichen für die Truppe eingesetzt wurden. Weiterhin postierte die Führung an schwierigen Schlammstrecken vorsorglich Kettenfahrzeuge als Schlepphilfe. Außerdem wurden die noch einigermaßen brauchbaren Straßen und Wege den Räderfahrzeugen zugewiesen, während die Kettenfahrzeuge auf eigene ausgeschilderte Panzerwege im Gelände angewiesen waren.

Darüber hinaus half sich die Truppe selbst, soweit sie dazu in der Lage war. So wurden z.B. bei den Räderfahrzeugen wegen der besseren Griffigkeit oft Schneeketten aufgezogen. Bei steckengebliebenen Fahrzeugen, auch bei den SPW der Panzergrenadiere, halfen sich die Besatzungen zum Herausziehen und Abschleppen gegenseitig, wobei oft erstaunliche Leistungen vollbracht wurden.

Winterkrieg

Noch einschneidender als die Schlammperioden waren für die deutsche Kriegsführung in Rußland die Auswirkungen des Winters, der erstmalig 1941/42 mit seiner unvorstellbaren Härte das deutsche Heer fast an den Rand einer Katastrophe brachte.

Der osteuropäische Winter setzte nach der herbstlichen Schlammperiode im November zunächst mit mäßigem Frost ein und ließ den Boden fest frieren. Im Dezember bis Januar folgten heftige Schneefälle mit tiefen Kältegraden. Dabei gab es Schneehöhen bis 1,50 Meter und darüber sowie Frost bis zu 30 bis 40 Grad Celsius unter Null.

Hinzu kam ein eisiger Wind, der meterhohe Schneeverwehungen entstehen ließ und mit dem aus arktischen Zonen bekannten windchill die Kältewirkung noch verstärkte. Gefürchtet waren die Schneestürme, die aus ostwärtigen Richtungen über das Land fegten und bei allen Kampfhandlungen für die deutschen Truppen von

vorn kamen, während die Russen sie im Rücken hatten. Trotzdem war das Winterwetter unbeständig, denn es gab immer wieder einen Wechsel zwischen Frostperioden und vorübergehendem Tauwetter.

Die russischen Truppen waren mit dem Winter in ihrem Land gut vertraut und nutzten ihn für ihre Angriffe. Ihre Infanterie griff überraschend auch bei extremen Kältegraden an, und die russischen Panzer waren mit ihren breiten Ketten auch bei hohen Schneelagen äußerst beweglich. Der russische Panzer T 34 bewältigte Schneehöhen bis zu einem Meter ohne Schwierigkeiten.

Die Auswirkungen der russischen Kriegswinter betrafen alle Verbände der deutschen Wehrmacht gleichermaßen. Hier soll aber nur auf die Panzergrenadiere eingegangen werden, die davon nicht weniger betroffen waren als andere Waffengattungen. Die winterlichen Witterungseinflüsse veränderten für das Panzergrenadierbataillon die sonstigen Voraussetzungen sowohl für die Kampfführung als auch im täglichen Kampfgeschehen der Truppe.

Die geländegängige Beweglichkeit der SPW war stark eingeschränkt, da sie schon in ebenem Gelände nur bei einer Schneehöhe bis zu 30 cm fahren konnten. Auch auf gebahnten und befahrenen Wegen verlangsamten sich alle Bewegungen, und es gab durch Schneeverwehungen erhebliche Behinderungen. Oft genug mußten die Panzergrenadiere zum Spaten greifen, um ihre SPW freizuschaufeln.

Alle Gewässer waren zugefroren und konnten mühelos überquert werden. Sie waren aber auch für den Feind kein Hindernis und deshalb für eine Verteidigung wertlos. Auf den weiten gleichförmigen Schneeflächen fanden sich kaum Deckungsmöglichkeiten, weshalb die Fliegerabwehr mit den dazu geeigneten Waffen verstärkt werden mußte.

Die kurze Tagesdauer schränkte alle Gefechtshandlungen ein. Der Kampf — gleichgültig ob Angriff oder Verteidigung — ging meist zäh und verbissen um Ortschaften mit ihren warmen Quartieren. Während eines Kampftages mußte bereits mittags der Entschluß fallen, ob das nächste Dorf noch angegriffen oder auf ein rückwärtiges zurückgegangen werden sollte, um der Truppe beheizte Unterkünfte zu sichern. Bei den ausgedehnten russischen Dörfern kam es oft genug vor, daß die eine Hälfte von eigenen Kräften im Angriff genommen und die andere noch von Russen besetzt war.

Auch die Versorgung des Panzergrenadierbataillons mußte sich auf die veränderten klimatischen Bedingungen einstellen mit besonderer Fürsorge für die Truppe auf allen Gebieten.

Der russische Winter wirkte sich ebenfalls auf die Kampfarten aus. Angriffe erfolgten meist nur mit einem begrenzten Ziel, das bis zur Dunkelheit genommen werden konnte. Andererseits wurden besonders in den letzten Kriegsjahren auch im Winter von gepanzerten Kampfgruppen erfolgreiche Angriffe bei Nacht geführt, um den Feind zu überraschen.

Der winterliche Angriff erfolgte im allgemeinen nach Bereitstellung, Angriffe aus der Bewegung waren selten. Im Angriffsverlauf mußte von vorn herein damit gerechnet werden, daß alle Bewegungen langsamer abliefen als unter normalen Bedingungen.

Das Instellunggehen aller Waffen war im hohen Schnee schwierig, deshalb mußten Feuerstellungen meist dicht an den Wegen gesucht werden. Die Feuerwirkung fast aller Waffen änderte sich. Sie war im tiefen Schnee geringer und die Schußbeobachtung war erschwert. Dagegen entstand auf schneefreiem Frostboden eine stärkere Splitterwirkung. Weiterhin mußte bei strengem Frost vermehrt mit Kurzschüssen gerechnet werden.

Der Kampf der Panzergrenadiere wurde, soweit es die Lage nur irgendwie zuließ, aufgesessen geführt. Daneben war die abgesessene Kampfweise zwar schwer und zeitraubend, jedoch oft notwendig beim Angriff auf Ortschaften oder in Wäldern. Wenn die Schneelage es ermöglichte, folgten die SPW dichtauf und unterstützten mit ihren Bordwaffen die abgesessenen Panzergrenadiere. Auf Zusammenarbeit angewiesene oder unterstellte Panzer konnten bis zu einer Schneehöhe von 50 cm den Panzergrenadieren folgen. Ihr Einsatz vollzug sich dann nach Art der Sturmgeschütze.

Verteidigungsstellungen lehnten sich als Rückhalt möglichst an Ortschaften und beherrschende Geländeabschnitte an. Die Panzergrenadiere führten die Verteidigung abgesessen, in Ausnahmefällen auch aufgesessen. Wichtig war immer eine ausreichende Panzerabwehr. Sofern möglich wurden die SPW dicht herangehalten, um sich am Feuerkampf aus gut getarnten Stellungen zu beteiligen, sonst wurden sie als bewegliche Reserve bereitgehalten. Der Feuerkampf wurde frühzeitig auf großen Entfernungen eröffnet.

Für die Panzergrenadiere war die Verteidigung abgesessen nur möglich, wenn natürliche Stellungen vorhanden waren oder genügend Zeit blieb, diese mit Hilfe von Sprengmitteln in den geforenen Boden zu bringen.

In diesen mühsam geschaffenen Stellungen kämpften die Panzergrenadiere häufig wochenlang unter den gleichen Bedingungen wie ihre Kameraden von der Infanterie. Bei klirrendem Frost wurden diese Erdlöcher und Bunker auf eine oft abenteuerliche Weise beheizt; der Verfasser hat es erlebt, daß andererseits in einigen Fällen sogar eine elektrische Beleuchtung vorhanden war, die aus Batterien abgeschossener russischer Panzer gespeist wurde.

Ebenso wie auf die Kampfführung des Panzergrenadierbataillons wirkte sich der Winter mit einschneidenden Veränderungen auch auf die Truppe, ihre Fahrzeuge und Waffen sowie auf die Versorgung aus.

Vom Winter 1942/43 ab erhielten die Panzergrenadiere eine zweckmäßige Winterbekleidung, mit der sie vor der grimmigen Kälte ausreichend geschützt waren. Außerdem wurden zur Tarnung Schneehemden ausgegeben, und der Stahlhelm erhielt einen weißen Anstrich. Es war nicht zu vermeiden, daß die Besatzungen auf dem oben offenen SPW froren, da sie sich in dem engen Kampfraum nicht genügend Bewegung machen konnten. Als Abhilfe wurden zum Aufwärmen kleine Katalyt-Öfen benutzt, die eigentlich zum Vorwärmen der Motoren nach längerem Halt dienten. Weiterhin wurde der Stahlboden der SPW gegen kalte Füße mit Strohmatten oder mit Brettern ausgelegt. Jeder Halt wurde zum Absitzen benutzt, um sich zu bewegen und aufzuwärmen.

Es war kaum zu verantworten, die Soldaten bei strengem Frost eine ganze Nacht im Freien zu lassen. Die notwendigen Posten und Sicherungen mußten in kurzen Zeitabständen abgelöst werden. Nachts herrschte für die Schutz suchende Truppe in den überfüllten russischen Häusern und Katen oft eine drangvolle Enge, und es hat viele Nächte gegeben, welche die durchfrorenen und erschöpften Männer aus Raummangel nur hockend oder stehend verbrachten.

Die besondere Fürsorge bestand vor allem in der regelmäßigen und rechtzeitigen Zuführung von warmer Verpflegung und heißen Getränken sowie von Marketenderwaren. Sonderzuteilungen von hochwertigen Nahrungs- und Genußmitteln waren erforderlich und bei der Truppe beliebt, jedoch leider nicht immer möglich. In regelmäßigen Abständen mußte dafür gesorgt werden, daß die Soldaten in warmen Quartieren Gelegenheit zur

SPW mit Wintertarnanstrich.
Das vordere Fahrzeug ist ein Zugführerwagen mit 3,7-cm-Pak Sdr.Kfz. 251/10, das hintere ein Gruppenwagen Sdr.Kfz. 251/1. Am Heck der beiden SPW ist deutlich das MG 42 im Fliegerschwenkarm zu erkennen.

gründlichen Körperreinigung, zum Wechseln von Bekleidung und Wäsche bekamen, die übliche notwendige Entlausung nicht zu vergessen.

Wie bei Führung und Truppe hatte der russische Winter auch erheblichen Einfluß auf Fahrzeuge und Waffen. Der SPW als Hauptwaffe der Panzergrenadiere konnte sich im Gelände nur bei geringen Schneehöhen bewegen. Bei größeren Schneemassen sank er mit seinen schmalen Ketten ein, und vor seinem Bug und den Vorderrädern schob sich der hohe Schnee zusammen, so daß Motor und Ketten diesen Widerstand nicht überwinden konnten. Die SPW hatten einen weißen oder gesprenkelten Tarnanstrich, waren aber aus der Luft wegen ihres dunklen Innenraumes gut zu erkennen.

Bei strengem Frost wurde das Material leicht spröde, so daß Gelenke, Achsen und Laufräder brachen. Besondere Vorsicht war geboten nach dem Durchfahren überfrorener Schlammlöcher, da der Schlamm anschließend im Laufwerk festfror. Die Motoren brauchten eine besondere Wartung mit Kälteschutzmitteln. Bei längerem Stehen und bei Halten mußten sie ständig warmgehalten werden. Dies geschah meistens mit halbstündigem Warmlaufenlassen oder auch — obwohl verboten — mit einem offenen Feuer unter dem Motorblock. Bei strengem Frost wurden als Vorsichtsmaßnahme die Batterien ausgebaut und mit in die Quartiere genommen.

Ebensolche Aufmerksamkeit war für die Waffen, besonders für MG und Kanonen erforderlich. Nach längeren Feuertätigkeiten waren sie heiß und während der Feuerpausen bildete sich an den gleitenden Teilen in der Kälte ein Kondens, der schnell festfror.

In der Versorgung war die Zuführung aller Versorgungsgüter erschwert, weil sie bei Eis und Schneeglätte meist nur mit Räderfahrzeugen erfolgen konnte. Bei starken Schneeverwehungen mußten deshalb oft die im Panzergrenadierbataillon vorhandenen Zugmaschinen eingesetzt werden.

Eine große Sorge war im Winter die Versorgung und der Abtransport der Verwundeten. Der Truppenverbandplatz sollte möglichst dicht hinter der kämpfenden Truppe und für den Abschub der verwundeten Soldaten günstig liegen. Es war oft schwierig, dafür eine geeignete warme Unterkunft zu finden, die Schutz vor Kälte besonders für die liegenden Verwundeten bot. Für den Abtransport stand bis 1943 nur der vierrädrige Sanitätskraftwagen (Sanka) zur Verfügung, der wie alle Räderfahrzeuge im Schnee schwer durchkam. Später erfolgte eine wesentliche Verbesserung mit der Einführung einer Sonderform des SPW, dem Krankenwagen Sd.Kfz. 251/8.

Auch für die Instandsetzungsdienste des Panzergrenadierbataillons war es schwer, überdachte Arbeitsmöglichkeiten zu finden, die es meist nur in größeren Orten

oder auf Kolchosen gab. Daraus ergaben sich dann weite Wege zur Truppe für das Bergen von ausgefallenen und für die Zuführung von Reparaturfahrzeugen. Die Bergemittel waren für die strengen winterlichen Verhältnisse unzureichend, ihr Einsatz war schwierig, und es mußte zu Aushilfen gegriffen werden. Weiterhin entstand durch die Kälte an den SPW ein erhöhter Materialverschleiß. Für die Instandsetzung ergab sich dadurch ein großer Anfall von Reparaturen, dem jedoch gerade im Winter eine nur schleppende Ersatzteilversorgung gegenüberstand.

Die winterlichen Verhältnisse in Rußland brachten für die Führung des Panzergrenadierbataillons und für die Panzergrenadiere schwerere und härtere Einsatzbedingungen. Das größte Hindernis bei Kälte, Eis und Schnee war die Einschränkung der Beweglichkeit im Kampf und auf allen Gebieten der Versorgung. Die anfangs unzureichende materielle Ausstattung der Truppe wurde später verbessert, jedoch konnten nicht alle Forderungen und Wünsche erfüllt werden, vor allem nicht die nach einem anderen Kampffahrzeug, das im Winter besser einzusetzen war. Erstaunlich bleibt, mit welcher Selbstverständlichkeit die Truppe all diese Belastungen und Einschränkungen durch den russischen Winter hinnahm und trotzdem noch ihre Pflicht erfüllte.

2. Orts- und Waldkampf

a) Panzergrenadiere im Ortskampf

Beim Ortskampf war für den Gefechtsverlauf die Größe und die Ausdehnung der Ortschaften entscheidend sowie der Wert, den der Feind ihrem Besitz zumaß. Die Schwere des Kampfes wurde davon bestimmt, ob es Städte mit wichtigen Verkehrszentren, Übergängen und Industrieanlagen waren oder mittlere und kleinere Orte, die nur einen taktischen Wert für die Kampfhandlungen besaßen.

Panzerverbände waren zum Ortskampf wenig geeignet, da die Panzer ihre Beweglichkeit nicht ausnutzen und den Feuerkampf nur auf kurzen Entfernungen führen konnten. Trotzdem mußten Ortschaften häufig angegriffen und bei Absetzbewegungen verteidigt werden. Der Kampf wurde dann in erster Linie von den Panzergrenadieren geführt, zu deren Aufgaben der Ortskampf gehörte.

Charakteristisch für jeden Kampf in oder um Ortschaften war die Unübersichtlichkeit der Kämpfe, die auf kurzen Entfernungen und im Nahkampf geführt wurden. Nicht selten kamen sie dem Kampf um befestigte Stellungen gleich. Sie verursachten einen schnellen Verschleiß der kämpfenden Truppe und erforderten daher den Einsatz genügend starker Angriffskräfte und Reserven ebenso wie die unmittelbare Unterstützung durch schwere Waffen.

Beim Angriff von Panzerverbänden gegen Ortschaften wurde unterschieden zwischen solchen, die beim Rückzug des Feindes oder bei dessen Verfolgung durch seine Nachhuten nur schwach besetzt waren, und solchen, die eine wirksame Verteidigung durch den Feind vermuten oder erkennen ließen.

Der Angriff gegen schwachen oder erschütterten Feind in weiträumigen, übersichtlichen Ortschaften gelang nicht selten im Handstreich, wobei Panzer und Panzergrenadiere — letztere aufgesessen — mit allen Waffen feuernd schnell in die Ortschaft einbrachen und die Panzer bis zum jenseitigen Rand durchstießen. Die Panzergrenadiere kämpften noch haltenden Feind nieder und säuberten Häuser und Grundstücke.

Im allgemeinen wurde jedoch in solchen Lagen ein kurzer Halt befohlen, um der Gefechtsaufklärung einen zeitlichen Vorsprung zu geben. Diese bestand aus Panzern und Panzergrenadieren und hatte, überwacht durch schwere Waffen, die Aufgabe, feindliche Stellungen am Ortsrand sowie vorhandene Pak oder Sperren und günstige Einbruchsstellen festzustellen.

Aufgrund des Aufklärungsergebnisses erfolgte der Angriff mit einer oder mit mehreren Stoßgruppen, gemischt aus Panzern und Panzergrenadieren, letztere meist aufgesessen und voraus. Die Panzer gaben entlang der Hauptstraßen Feuerschutz und unterstützten das Vorgehen der Panzergrenadiere, die seitlich davon den Ort in auf- und abgesessener Kampfweise säuberten.

Um einen Ortskampf zu vermeiden, wurde zunächst immer nach Möglichkeiten gesucht, an schwach besetzten Ortschaften vorbeizustoßen. Überall dort, wo dies nach Feindlage und Gelände möglich war, hatten die Panzergrenadiere die Aufgabe, aufgesessen mit einer tiefen Staffelung zu folgen, gegen den Ortsrand zu sichern und feindliche Flankierungen auszuschalten.

Der Angriff eines gepanzerten Verbandes gegen stark besetzte und zur Verteidigung ausgebaute Ortschaften mit einem zur Abwehr entschlossenen Feind konnte dagegen nur nach Bereitstellung und mit einer gründlichen Feuervorbereitung geführt werden. Solche Ortschaften waren meist schon im Vorfeld durch Minen und andere Sperren gesichert oder lagen hinter einem natürlichen Hindernis.

Der frontale Angriff gegen Ortschaften mit abwehrbereitem Feind war für die angreifende Truppe meist schwer und verlustreich, weil der Feind mit seiner Verteidigung darauf eingestellt war. Deshalb wurden alle Möglichkeiten der Täuschung zur Überraschung ausgenutzt. Dazu gehörten der Angriff aus verschiedenen Richtungen, möglichst flankierend oder umfassend, Scheinangriffe

Panzergrenadiere im Ortskampf

sowie die Ausnutzung unsichtigen Wetters und der Nacht.

Als Erfahrung muß hier festgehalten werden, daß besonders im Osten, wo der russische Soldat in der Verteidigung ein für uns überraschendes Standvermögen hatte, oft Angriffe gegen stark verteidigte Ortschaften überstürzt befohlen wurden, die dann wegen der mangelnden Vorbereitung scheiterten.

Deshalb ging dem Angriff eine gründliche Gefechtsaufklärung voraus. Dazu wurden mehrere Spähtrupps der Panzergrenadiere zu Fuß angesetzt, die zunächst im Vorfeld der betreffenden Ortschaft etwa vorhandene Minen- und sonstige Sperren sowie feindliche Gefechtsvorposten in vorgeschobenen Stellungen feststellten. Schwerpunkt der Gefechtsaufklärung waren Pak- und Feldstellungen am Ortsrand sowie gedeckte Annäherungsmöglichkeiten im Vorgelände. Auch die Gegebenheiten für ein Vorgehen aus der Flanke wurden sorgfältig erkundet.

Der Kommandeur des Panzergrenadierbataillons mußte in seinem Angriffsplan für die beabsichtigte Kampfführung folgende Phasen unterscheiden:

○ Feuervorbereitung,
○ Annäherung mit Überwinden von Sperren und Minen sowie Ausschalten der feindlichen Gefechtsvorposten,
○ Niederkämpfen der feindlichen Stellungen und Waffen am Ortsrand,
○ Einbruch in die Ortschaft, möglicherweise an mehreren Stellen oder aus der Flanke,
○ Kampf im Ort mit Regelung der notwendigen Feuerunterstützung.

Der Angriff gegen verteidigte Ortschaften wurde von den Panzergrenadieren zu Fuß geführt. Sie gliederten sich für den zu erwartenden Häuser- und Straßenkampf in Stoßtrupps von etwa Zugstärke, die durch Pioniere verstärkt wurden. Neben Maschinengewehren und Handwaffen wurden reichlich Nahkampfmittel mitgeführt.

Die Angriffsvorbereitung erfolgte durch starke Feuerschläge der Artillerie, der Infanteriegeschütze und der Granatwerfer. Ihr Feuer richtete sich vor allem auf die feindlichen Stellungen am Ortsrand. Es gab aber auch Lagen, in denen auf diese massive Feuervorbereitung verzichtet wurde, um den Feind bei unsichtiger Witterung oder bei Nacht zu überraschen. Oft wurde auch ein frontaler Angriff mit Feuer vorgetäuscht, um dann an anderer günstiger Stelle meist flankierend in die Ortschaft einzubrechen.

Mit Angriffsbeginn kam es entscheidend darauf an, möglichst schnell das Vorgelände mit allen Sperren und Hindernissen zu überwinden, den Feind am Ortsrand niederzukämpfen und den Einbruch zu erzwingen. Dabei wurde immer angestrebt, daß die Panzergrenadiere von ihren SPW oder auch von Panzern unterstützt wurden, sofern dies aus rückwärtigen günstigen Stellungen möglich war.

Die kritische Phase beim Kampf um Ortschaften war der Einbruch. Gelang dieser nicht, mußte der Angriff meist abgebrochen und neu angesetzt werden. Unmittelbar vor dem Einbruch wurde deshalb das Feuer aller Waffen auf die vorgesehenen Einbruchsstellen vereinigt.

Nach gelungenem Einbruch riegelten die Panzergrenadiere nach beiden Seiten ab, um entschlossen weiter durchzustoßen. Sobald der Feind am Ortsrand niedergekämpft war und mit Panzerabwehrwaffen auf das Vorfeld nicht mehr einwirken konnte, wurden die SPW, die Kanonenwagen und später die neueingeführten Flammpanzerwagen nachgezogen, um in dem nun beginnenden Straßen- und Häuserkampf die Panzergrenadiere zu unterstützen.

Der Angriff im Ort war umso schwieriger, je länger der Feind Zeit und Gelegenheit hatte, sich zur Verteidigung einzurichten und je enger die Ortschaft bebaut war.

Dann konnte der Kampf nur zu Fuß geführt, und Haus für Haus mußte im Nahkampf mit Handgranaten und Sprengmitteln genommen werden. Dabei unterstützten Pioniere durch Beseitigen von Hindernissen und Öffnen von Sperren.

Da die großen Straßenzüge meist von weittragenden Flachfeuerwaffen beherrscht wurden, gingen die Stoßtrupps seitlich davon vor. Sie hatten Blickverbindung miteinander und gaben sich gegenseitig Deckung und Feuerschutz.

Die SPW wurden so dicht wie möglich herangehalten und unterstützten die abgesessenen Panzergrenadiere mit ihren Bordwaffen. Die Kanonenwagen wurden vornehmlich gegen verschanzten Feind in Häusern eingesetzt, und die Flammpanzerwagen waren eine hervorragende Waffe, um Widerstand in feindlichen Stützpunkten zu brechen.

Zugeteilte oder unterstellte Panzer hatten die Aufgabe, Feind an Straßensperren oder Barrikaden sowie feindliche Panzer zu bekämpfen. Letztere wurden von den Russen im Ortskampf meist sehr geschickt und gut getarnt eingesetzt.

Für nachfolgende Teile wie Reserven, Versorgung und Truppenverbandplatz bestand eine besondere Erschwernis darin, daß die Russen die für sie verlorenen Ortsteile sofort mit starkem Feuer von schweren Granatwerfern und Artillerie belegten.

Die Führung war wegen der Unübersichtlichkeit der Kämpfe sehr erschwert. Um den Angriff der Stoßgruppen zu koordinieren, wurden als Zwischenziele markante Punkte, querlaufende Straßen oder Bahnlinien befohlen. Der Bataillonskommandeur befand sich meist in der Mitte hinter den Angriffsspitzen oder im Schwerpunkt. Seine wichtigsten Aufgaben waren neben der Führung die Regelung des Feuers der Unterstützungswaffen und der Einsatz von Reserven.

Panzergrenadiere beim Sammeln nach abgeschlossenem Ortskampf.
Bei dem vordersten SPW Sdr.Kfz. 251/1 ist das Heck-MG aus dem Fliegerschwenkarm herausgenommen, weil es vermutlich für den abgesessenen Einsatz gebraucht wurde.

Nach Beendigung des Ortskampfes kam es darauf an, so schnell wie möglich die Ordnung in den Kompanien wiederherzustellen. Während Teile noch mit der Säuberung in der Ortschaft gebunden waren, mußte andererseits sofort eine Gliederung zur Verteidigung am Ortsrand erfolgen, Gefechtsaufklärung war anzusetzen, und die Versorgung mußte eingeleitet werden.

Panzergrenadiere in der Verteidigung von Ortschaften

Als in der zweiten Hälfte des Krieges das deutsche Heer an allen Fronten in die Abwehr gedrängt wurde, mußten auch Panzerverbände zur Verteidigung von Ortschaften — meist zeitlich begrenzt — eingesetzt werden. Dabei waren sie mit ihrer feuerstarken Beweglichkeit noch mehr eingeschränkt als bei der Verteidigung in offenem freien Gelände.

Bei der Verteidigung von Ortschaften führten die Panzergrenadiere den Kampf abgesessen aus Stellungen an den Ortsrändern und weiter rückwärts tiefgestaffelt im Ortsinneren. Dort wurde auch die Reserve auf- und abgesessen bereitgehalten. Die Stellungen am Ortsrand wurden so ausgewählt, daß die Bordwaffen der SPW den Kampf der abgesessenen Teile unterstützen konnten. Dazu bezogen die SPW gedeckte Aufstellungen, aus denen sie erst zur Feuereröffnung ihre Feuer- und Wechselstellungen bezogen. Dasselbe galt für die Kanonenwagen. Zur Deckung gegen das meist sehr starke Vorbereitungsfeuer der Russen sowie gegen Luftangriffe war es notwendig, die SPW und sonstige Kampffahrzeuge einzugraben.

Mit der Feuerkraft aller Waffen sollte der feindliche Angriff möglichst frühzeitig weit vor dem Ortsrand zerschlagen werden. Dabei kam es darauf an, die feindliche Infanterie von den begleitenden Panzern zu trennen und so den feindlichen Angriff aufzusplittern. Ohne ihren infanteristischen Schutz verlangsamte sich dann meist auch der Angriff der Feindpanzer. Selten brachen feindliche Panzer ohne den Schutz ihrer Begleitinfanterie in Ortschaften ein, wo sie leicht das Opfer von Panzernahkämpfern wurden.

Feindliche Einbrüche wurden aus vorbereiteten oder erkundeten Stellungen abgeriegelt und durch automatisch einsetzende Gegenstöße in auf- und abgesessener Kampfweise bereinigt.

Zur Entlastung und zur Wiederherstellung der Lage war am wirksamsten immer ein kraftvoll geführter Gegenangriff mit bereitgehaltenen Panzern und Panzergrenadieren außerhalb der Ortschaft möglichst in die Flanke des Feindes, bevor sich dieser nach den ersten Anfangserfolgen festsetzen konnte.

b) Panzergrenadiere im Waldkampf

Der Kampf in Wäldern hat eine große Ähnlichkeit mit dem Ortskampf. Sein Charakter wird vor allem bestimmt von der noch größeren Unübersichtlichkeit des Gefechtsfeldes, durch welche die Gefechtsaufklärung, die Führung und der Kampf der Truppe mehr erschwert werden als in Ortschaften. Der Ablauf der Kampfhandlungen ist langsamer, und die Unterstützung durch die schweren Waffen und die Artillerie ist durch eingeschränkte Beobachtungsmöglichkeiten und langwieriges Einschießen behindert.

Der Kampf in Wäldern war während des Krieges für deutsche Panzerverbände besonders im Mittel- und Nordabschnitt der Ostfront durch die landschaftlichen Gegebenheiten oft eine zwingende Notwendigkeit. Allerdings waren Panzer für den Waldkampf wenig geeignet, weil sie weder ihr weittragendes Flachfeuer noch ihre Beweglichkeit ausnutzen konnten. Beim Kampf in Wäldern lag die Hauptlast bei den Panzergrenadieren, die dann abgesessen und oft im Nahkampf eingesetzt wurden.

Dabei sahen sie sich einem Feind gegenüber, der durch seine Ausbildung und durch seine Naturverbundenheit sowohl in der Verteidigung als auch im Angriff nicht zu unterschätzen war. Beim Waldkampf überraschte die russische Infanterie immer wieder durch Feuerüberfälle aus geschickt getarnten Stellungen und aus kaum auszumachenden Erdbunkern. Ihr Feuerkampf wurde ergänzt durch raffiniert angelegte Sperren und Fallen sowie durch Baumschützen.

Auch aus diesem Grunde war die Gefechtsaufklärung vor Angriffsbeginn mühsam und kostete Zeit. Sie hatte keine große Eindringtiefe und mußte später abschnittsweise neu angesetzt werden. Während des Angriffes hielten sich die zu Fuß vorgehenden Spähtrupps der Panzergrenadiere meist dicht vor den Angriffsspitzen. Sollte ein bestimmtes Ziel, z.B. feindliche Stellungen oder Erdbunker, aufgeklärt werden, so wurden kampfkräftige Spähtrupps angesetzt, die durch Pioniere verstärkt wurden.

Zum Angriff gliederten sich die Panzergrenadiere zugweise in Stoßtrupps, die sich nach allen Seiten und gegen Baumschützen sicherten. Notwendig war eine reichliche Ausstattung mit Nahkampfmitteln und eine Verstärkung durch Pioniere zum Einsatz gegen Stützpunkte und Bunker sowie zum Beseitigen von Sperren. Die Vorbereitung und die Unterstützung des Angriffes durch die schweren Waffen und die Artillerie konnte sich bei Beginn nur auf das Zerschlagen feindlicher Stellungen am Waldrand und bis zu einer geringen Tiefe auswirken.

Das weitere Vorgehen und der Angriff im Walde richtete sich nach der Größe und Dichte der Waldgebiete. In lichten, aufgelockerten Wäldern und durch kleine Waldstücke erfolgte der Angriff meist zügig, weil eine Unterstützung durch die herangehaltenen SPW und durch die schweren Waffen leichter möglich war.

In ausgedehnten, dichten Wäldern mußte dagegen der Angriff abschnittsweise geführt werden, um den Zusammenhang zu wahren. Als Leitlinien dienten Schneisen, der Marschkompaß oder auch hochgezogene Sprengpunkte der Artillerie. In den Panzergrenadierkompanien wurde ein Stoßtrupp als Richtungshalter und für den Anschluß bestimmt.

Beim Angriff im Walde war es schwer, den Feind zu überraschen. Meist führte ein plötzlicher Zusammenstoß zum Kampf auf kürzesten Entfernungen und zum Nahkampf. Beim Auftreffen auf feindliche Stellungen kam es darauf an, schnell und entschlossen einzubrechen. Dagegen konnten Stützpunkte und Bunker oft nur zusammen mit Pionieren durch den Einsatz von Sprengmitteln und — wenn vorhanden — mit Flammenwerfern ausgeschaltet werden. Wichtig war anschließend die sofortige Sicherung gegen feindliche Gegenstöße und Reserven.

Die vorgeschobenen Beobachter der Granatwerfer und der Artillerie mußten den Angriff der Panzergrenadiere zu Fuß begleiten. Durch die eingeschränkten Beobachtungsmöglichkeiten war die Zielauffassung und das Einschießen schwierig. Hinzu kam die Gefahr durch Kurzschüsse und Baumkrepierer. In vielen Lagen mußten die Granatwerfertrupps ihre Waffe ablasten und den Panzergrenadieren ebenfalls zu Fuß folgen, um auf Lichtungen oder in Schonungen in Stellung zu gehen.

In lichteren Wäldern und einzelnen Waldstücken wurden die SPW und einzelne zugeteilte Panzer zur Unterstützung ähnlich wie beim Ortskampf dicht herangehalten. Dagegen konnten sie in dichten ausgedehnten Waldgebieten nur entlang von Schneisen oder Wegen sprungweise folgen, von wo aus sie den Feuerkampf vornehmlich gegen feindliche Sperren und deren Sicherung führten. Die Panzer mußten dabei gegen feindliche Panzernahkämpfer gesichert werden.

Die Führung im Waldkampf war, bedingt durch die Unübersichtlichkeit des Geländes, durch die eingeschränkten Nachrichtenverbindungen und durch den verwirrenden Kampflärm, außerordentlich erschwert. Es kam für die Führer aller Grade darauf an, die Übersicht über die Gefechtslage nicht zu verlieren und die Truppe fest in der Hand zu behalten. Aus diesem Grunde wurden auch die Zwischenziele kurz gesteckt. Eine weitere Schwierigkeit bestand darin, schwache Stellen beim Feind zu erkennen und Schwerpunkte zu bilden. Stets mußte eine ausreichende Reserve für Krisenlagen bereitgehalten werden. An Stelle der meist unzureichenden Nachrichtenverbindungen waren Fußmelder zuverlässiger und bewährten sich gut.

Ebenso schwierig war die Versorgung. Die Munitionsfahrzeuge und der Truppenverbandplatz konnten nur entlang von Schneisen oder Wegen folgen. Der Munitionsnachschub beschränkte sich daher meist auf Träger zu Fuß. Die Schwerverwundeten mußten oft über weite Strecken getragen werden, da es unzweckmäßig war, im dichten Wald Verwundetennester anzulegen. Nicht nur der eigentliche Kampf der Panzergrenadiere sondern auch diese Versorgungsmaßnahmen erforderten einen großen Bedarf an Kräften.

Nach Abschluß von Waldgefechten war es notwendig, die Truppe zu sammeln und die Ordnung in den Einheiten wieder herzustellen. Unerläßlich war die sofortige Gliederung zur Verteidigung und der Ansatz von Gefechtsaufklärung über den Verbleib des Feindes. Vor einem weiteren Einsatz war für die erschöpften Panzergrenadiere eine Ruhepause meist dringend erforderlich.

3. Kampf bei Nacht und unsichtiger Witterung

Mit Beginn des Krieges war das deutsche Heer nur unzulänglich auf den Kampf bei Nacht vorbereitet und dafür ausgebildet. Das hatte vielerlei Gründe, auf die hier nicht näher eingegangen werden soll. Im Laufe des Krieges wurden aber recht bald die Möglichkeiten erkannt, den Kampf auch bei Nacht und bei unsichtiger Witterung überlegen zu führen. Die Gründe dafür waren neben dem Überraschungseffekt vor allem der Vorteil einer stark herabgesetzten gegnerischen Waffenwirkung und die fehlende feindliche Luftwaffe. Weiterhin setzte sich die Erfahrung durch, daß auch Panzerverbände trotz der damals noch fehlenden Nachtsichtgeräte bei richtigem Ansatz und geschickter Führung in der Lage waren, erfolgreich zu kämpfen.

Am Anfang des Krieges in Rußland hatten die Angriffe von Panzerverbänden bei Nacht im allgemeinen den Zweck, entweder für einen bevorstehenden Angriff günstige Ausgangsstellungen noch vor Tagesanbruch zu gewinnen oder aber nach einem erfolgreichen Kampftag den sich anbahnenden Erfolg auszuweiten und durch den Übergang zur Verfolgung in die Nacht hinein den Feind zu vernichten. Einen ganz anderen Schwerpunkt erhielten die nächtlichen Panzerangriffe, als etwa vom Jahre 1943 ab das deutsche Heer in die Abwehr gedrängt wurde. Jetzt kam es darauf an, durch Angriffe mit begrenztem Ziel die notwendigen Absetzbewegungen zu verschleiern und bei feindlichen Einbrüchen durch kraftvolle Gegenangriffe die Lage wiederherzustellen. Weiterhin wurden mit gutem Erfolg Angriffe bei Nacht geführt, um eingeschlossene Teile aus einem Kessel zu befreien.

Feind

Dabei galt es sich auseinanderzusetzen mit einem Feind, der durch seine Naturverbundenheit viele Eigenschaften eines guten Nachtkämpfers besaß. Der russische Soldat konnte sich bei Dunkelheit gut orientieren, er bewegte sich geschickt und lautlos, und er konnte sich jedem Gelände anpassen. Er beherrschte die nächtliche Gefechtsaufklärung und verstand es meisterhaft, unbemerkt in unsere Stellungen einzusickern.

In der Verteidigung zeichnete sich der russische Soldat durch eine hohe Standfestigkeit aus. Er war stets abwehrbereit in einer tiefgestaffelten Verteidigungsstellung, an der er zäh und verbissen festhielt. Jedoch war er gegen massive Überraschungen, z.B. gegen angreifende deutsche Panzer und gegen Flankenangriffe äußerst empfindlich. Er war dann immer noch ein guter Einzelkämpfer, aber die russische Führung war auch bei Nacht starr und ohne eigene Selbständigkeit. Sie war dann nicht in der Lage, schnell den Abwehrschwerpunkt zu wechseln.

Daher kann allgemein von einer Überlegenheit der Russen im Nachtkampf nicht gesprochen werden. Den hervorragenden kämpferischen Eigenschaften des russischen Soldaten stand als schwerwiegender Nachteil die geistige und taktische Unbeweglichkeit der russischen Führung gegenüber.

Nachteile und Vorteile des Kampfes bei Nacht

Den Eigenarten des Kampfes bei Nacht entsprechend, mußten sich die angreifenden Panzerverbände dabei mit Nachteilen abfinden, die im übrigen auch für alle anderen Waffengattungen galten. Neben der Gefechtsaufklärung und der Orientierung war die Führung und die Verbindung bei Nacht besonders schwierig. Das Angriffstempo war sehr viel langsamer als bei Tage. Sowohl für die Panzerkanonen als auch für die Artillerie war die Zielaufklärung erschwert. Hinzu kam ein hoher Munitionsverbrauch. Besonders nachteilig waren bei Nacht die weit hörbaren Kettengeräusche und der Motorenlärm. Auch die Versorgung unterlag besonderen Bedingungen.

Viele dieser Nachteile stimmten überein mit denen im Orts- und Waldkampf. Dagegen standen aber für Panzerverbände ganz erhebliche Vorteile. Im Nachtkampf konnten geschlossen eingesetzte Panzerverbände nicht nur ihre Beweglichkeit voll ausnutzen, sondern sie waren auch in der Lage, durch ihr überraschendes Auftreten und ihr überfallartiges Feuer aus allen Rohren während der Bewegung den Feind zu demoralisieren und

niederzuhalten. Hinzu kam, daß bei Nacht angreifende deutsche Panzerverbände während ihrer raschen Bewegungen durch ein geplantes und gezieltes Abwehrfeuer kaum zu fassen waren, da sie meist erst auf kurzen Entfernungen erkannt wurden. Daher kam auch das Sperrfeuer der russischen Artillerie oft zu spät.

Nacht und Gelände

Trotz der unbestrittenen Vorteile war nicht jede Nacht und auch nicht jedes Gelände für den Angriff von Panzerverbänden geeignet. Im allgemeinen waren helle Mondnächte ebenso wie Neumondnächte ungünstig. Besser eigneten sich Nächte und Witterungsverhältnisse mit einer Sicht von 150 bis 250 Metern; kürzere Sichtweiten waren ungeeignet. Das Gelände sollte langwellig und offen, möglichst ohne dichte Bedeckung sein. Voraussetzung war weiter ein panzergängiges Gelände ohne Panzerhemmnisse, Wasserläufe und Engen. Kleinere Waldstücke und Ortschaften wurden in Kauf genommen, beim Angriff aber ausgespart und den Panzergrenadieren oder der Artillerie zugewiesen. Wichtig waren für die Orientierung auffallende Geländepunkte und »Bauernlineale«.

Ansatz der Kräfte

Die nächtlichen Panzerangriffe wurden von gepanzerten Kampfgruppen geführt (siehe Seite 39). Sie bestanden meist aus 1 Panzerabteilung, 1 Panzergrenadierbataillon, 1 Panzerpionierkompanie und gepanzerter Artillerie auf Selbstfahrlafetten. Oft aber, besonders gegen Ende des Krieges, setzten sich die Panzerkampfgruppen nur noch aus den wenigen gepanzerten Teilen zusammen, über welche die Panzerdivisionen noch verfügten. Trotzdem war mit dieser Konzentration die Bildung eines starken Schwerpunktes möglich, und die durchschlagenden Erfolge der gepanzerten Gruppen waren darin begründet, daß sie sich für ihren geschlossenen Einsatz die Nacht zum Verbündeten machten.

Der nächtliche Angriff einer gepanzerten Kampfgruppe wurde stets mit begrenztem Ziel geführt und mußte spätestens mit Tagesanbruch beendet sein. Dabei war Voraussetzung, daß der Feind nicht längere Zeit voll abwehrbereit mit einer starken Panzerabwehr aus befestigten Feldstellungen war. Zur Beseitigung von Feindeinbrüchen in die eigene Front oder bei eigenen Gegenangriffen wurde immer angestrebt, den Angriff nicht frontal sondern flankierend oder zum Abschneiden seiner rückwärtigen Verbindungen zu führen. Dabei kam es darauf an, nicht nur seine vorgeprellten Angriffsspitzen zu vernichten, sondern möglichst auch in seine Tiefe bis zu seinen Artilleriestellungen, seinen Stäben und zu seinen Versorgungsdiensten durchzustoßen. Nicht immer konnte dies gelingen, aber die zahlreichen kriegsgeschichtlichen Beispiele beweisen, daß es oft möglich gewesen ist.

Panzergrenadiere im Nachtkampf

In den Panzerkampfgruppen hatten die Panzergrenadiere die Aufgabe, mit ihren besseren Beobachtungsmöglichkeiten aus den oben offenen SPW die Panzer vor feindlichen Panzernahkämpfern zu schützen, Feindziele mit aufzuklären, örtlichen Feindwiderstand zu brechen und das Gefechtsfeld von stehengebliebenen Feindnestern zu säubern. Ihr Einsatz wurde besonders notwendig gegen feindliche Stützpunkte und verschanzten Feind sowie zur Überwindung von Sperren und zur Sicherung der Panzerpioniere bei deren Arbeit zur Beseitigung von Sperren. Je nach der Kampflage kämpften die Panzergrenadiere dabei aufgesessen von ihren SPW oder abgesessen mit deren Unterstützung.

In einem unübersichtlichen Gelände, bei unsichtiger Witterung und bei Nebel mit nur kurzen Kampfreichweiten griffen die Panzergrenadiere voraus und dann abgesessen an. Die Panzer folgten mit einem Sicherheitsabstand und wurden von den Panzergrenadieren auf schwer auszumachende Ziele hingewiesen.

Das übliche Kampfverfahren bei gepanzerten Kampfgruppen war jedoch eine enge Mischung von Panzern und Panzergrenadieren, wobei letztere die Panzer in enger Tuchfühlung teils auf-, teils abgesessen begleiteten. Die kleinen Zwischenräume und die kurzen Sicht- und Rufverbindungen ergaben eine unmittelbare Zusammenarbeit, um überraschend auftauchende Ziele sofort und ohne längere Einweisung gemeinsam zu bekämpfen.

Bei sehr weiträumigen Einsätzen und in einem übersichtlichen Gelände mit weiten Wirkungsmöglichkeiten konnten die Panzergrenadiere auch nach den Panzern folgen. Diese Gefechtseinsätze ähnelten dann solchen wie bei Tage.

Panzergrenadiere waren in der Lage, Angriffe bei Nacht auch allein zu führen. Sie mußten dann durch einzelne Panzer sowie durch Panzerpioniere verstärkt werden; ebenso meist auch durch Panzerartillerie.

Vorbereitung

Zu den wichtigen Vorbereitungen eines Nachtangriffes gepanzerter Gruppen gehörte eine sorgfältige Geländeerkundung und eine eingehende Gefechtsaufklärung. Versäumnisse auf diesem Gebiet — wenn auch manchmal aus Zeitnot — rächten sich fast immer mit schweren Behinderungen im Angriffsverlauf.

Die Unübersichtlichkeit des Kampfgeschehens bei Nacht machte es erforderlich, daß Befehle und Absprachen zur Zusammenarbeit zwischen den beiden Waffengattungen so eingehend wie möglich bis ins Einzelne erfolgten. Die Führer aller Ebenen mußten sich schon vor Angriffsbeginn kennen und eintretende mögliche Kampfsituationen besprochen haben.

Genau so wichtig war eine Absprache mit der Stellungstruppe, besonders dann, wenn nach einem größeren Feindeinbruch der Angriff über sie hinweg erfolgen mußte, um die Lage wieder herzustellen.

Abgesessene Panzergrenadiere zusammen mit Panzern im Angriff bei Nacht

Unterstützung

Die Unterstützung durch die Artillerie und durch die schweren Waffen der Panzergrenadiere war bei den nur kurzen Sichtweiten schwierig. Die Aufgabe der Artillerie bestand in erster Linie nicht in der Leitung des zusammengefaßten Feuers aller Rohre, sondern vor allem in der örtlichen Unterstützung des angreifenden Panzerverbandes. Sie beschränkte sich mit Feuerzusammenfassungen daher meist auf die Feuervorbereitung bei Angriffsbeginn und im Angriffsverlauf auf die Abschirmung der Flanken.

Während des Angriffes befanden sich die vorgeschobenen Beobachter unmittelbar bei den Führern der Panzer und der Panzergrenadiere, um stärkeren feindlichen Widerstand zu zerschlagen. Als sehr wirksam erwies sich die Feuerwalze, die in 50- oder 100-Metersprüngen vor der Angriffsspitze der angreifenden Truppe ihren Weg erleichterte. Darüber hinaus erhellte die Artillerie das Gefechtsfeld mit Leuchtgranaten, die gleichzeitig der Orientierung und zum Einhalten der Richtung dienten. Die schweren Waffen der Panzergrenadiere befanden sich während des Angriffes feuerbereit zum unmittelbaren Eingreifen dicht hinter den vorderen Kompanien.

Durchführung des Nachtkampfes

Für die Durchführung von Nachtangriffen gliederten sich die Panzerkampfgruppen, sofern das Gelände dies zuließ, in breite Formen, um mit einer möglichst großen Zahl von Waffen gleichzeitig wirken zu können. Es wurde ein schnelles Angriffstempo angestrebt, um das Sperrfeuer der feindlichen Artillerie zu unterlaufen und den Feind zu überraschen. Jedoch machten die weithin hörbaren Kettengeräusche eine vollkommene Tarnung des Angriffes kaum möglich. Die Feuereröffnung erfolgte meist bei der ersten Feindberührung und auf kurzen Entfernungen. Dabei kam es darauf an, den Feind mit starkem Feuer zu »überschütten«, um ihn niederzuhalten und zu demoralisieren.

Bei einem nächtlichen Feuerkampf mit seinem hohen Munitionseinsatz war es schwierig, sich zu orientieren. Die Abschüsse und Einschläge der großen Kaliber, das dichte Feuer der Maschinengewehre mit Leuchtspurmunition sowie Brände und Rauch erschwerten die Übersicht. Hinzu kam, daß beide Seiten versuchten, das Gefechtsfeld mit Leuchtmunition und durch Inbrandschießen von Häusern oder anderen geeigneten Objekten aufzuhellen. Für die angreifenden Panzer und SPW war dies gefährlich, wenn sie in dieser Beleuchtung als Silhouette gut erkennbare Ziele boten. Dagegen half nur ständige Bewegung.

Bei der stark wechselnden Gefechtsfeldbeleuchtung zwischen hell und dunkel war die Aufklärung feindlicher Ziele sehr erschwert. Sie erfolgte meist nach dem Abschußknall und den Leuchtspuren. Dabei waren die Panzergrenadiere mit ihren besseren Beobachtungsmöglichkeiten eine wirksame Hilfe für die Panzer.

Einsatz der Panzergrenadiere

Solange es die Lage erlaubte, fuhren die Panzergrenadiere den Angriff aufgesessen auf ihren SPW mit. Sie unterstützten den Feuerkampf der Panzer mit ihren Bordwaffen. Dabei gab es kein Einzelfeuer, sondern die Hauptwaffe waren die Maschinengewehre. Sie bekämpften in erster Linie feindliche Infanterie in deren Stellungen. Vorübergehend wurde dazu abgesessen, um nach Ausschaltung des Feindes sofort wieder aufzusitzen und den Panzern zu folgen. Solche Einsätze richteten sich auch gegen feindliche Panzerabwehrwaffen, die meist eine starke infanteristische Sicherung hatten. Der Kampf der abgesessenen Panzergrenadiere brachte zwangsläufig kurze Aufenthalte mit sich und kostete Zeit. Trotzdem war es notwendig, ihre Einsätze nicht zu überstürzen, sondern diese abzuwarten, damit der Feind im Rücken der angreifenden Truppe nicht wieder auflebte. Aus diesem Grunde wurde der Angriff auch abschnittsweise geführt, um ein Auseinanderreißen des Panzerverbandes zu vermeiden.

Beim Auflaufen des Angriffes auf eine Sperre oder auf Minen kam der Angriff zum Stehen. Dann kämpften die Panzergrenadiere die Sicherungen der Sperre nieder. Dabei wurden sie von den Panzern und von ihren SPW aus rückwärtigen Stellungen unterstützt. Anschließend sicherten sie die Arbeit der Pioniere, bis der Angriff fortgesetzt werden konnte.

Führung

Die Führung im Nachtkampf war gekennzeichnet durch die Unübersichtlichkeit des Kampfgeschehens. Neben den sonstigen Führungsaufgaben kam es für alle Führer in einer Panzerkampfgruppe darauf an, den Kampf ihrer Verbände und Einheiten trotz aller Gefechtsfeldeinwirkungen möglichst geschlossen in der befohlenen Angriffsrichtung zu führen. Bei unerwartet starkem örtlichen Feindwiderstand galt es, diesen mit stärkstem Einsatz zu brechen oder durch Flankierung und andere geeignete Maßnahmen den Angriff in Fluß zu halten. Es war wichtig, nachlassenden Feindwiderstand rechtzeitig zu erkennen, den Schwerpunkt dorthin zu verlegen und entschlossen weiter durchzustoßen.

Während des Angriffes arbeiteten die Kommandeure der beiden Waffengattungen eng zusammen und klärten besondere Gefechtslagen unmittelbar miteinander. Die Verbindung zu allen unterstellten Teilen mußte jederzeit gewährleistet sein. Die Führung der Einheiten und die Befehlsübermittlung erfolgte durch Sprechfunk und wurde durch vorher festgelegte Licht- und Leuchtsignale ergänzt.

Versorgung

Während eines vorausgeplanten Nachtkampfes war eine Versorgung mit Munition und Betriebsstoff im allgemeinen nicht erforderlich. Sie erfolgte vor Angriffsbeginn, und für die Panzergrenadiere kam es darauf an, eine reichliche Ausstattung vor allem an MG- und Leuchtmunition sowie an Nahkampfmitteln mitzuführen. Erschwert war bei Nacht die Bergung von Verwundeten, die sofort versorgt und abtransportiert werden mußten. Die Bergung ausgefallener Panzer und SPW mußte durch eine ausreichende Bereitstellung von schnell erreichbaren Bergemitteln gewährleistet sein.

Beendigung des Nachtkampfes

Nach dem Nachtangriff einer Panzerkampfgruppe mußte mit Erreichen des Angriffsziels klar befohlen werden, welchen Auftrag der Panzerverband danach hatte. Es gab eigentlich nur zwei Möglichkeiten, entweder Verbleib am Angriffsziel, bis die Stellungstruppen ihre alten Positionen wieder eingenommen hatten, oder Befehl zu neuer Verwendung.

Am Angriffsziel übernahmen die Panzergrenadiere die Sicherung mit Unterstützung der rückwärts bereitgehaltenen Panzer. War die Lage weiterhin ungeklärt, so igelte sich die Panzerkampfgruppe ein.

4. Kampf im Gebirge

Für den Gebirgskampf waren Panzerverbände wenig geeignet, und sie waren dafür auch nicht vorgesehen. Jedoch ergaben sich im Laufe des Krieges immer wieder operative Lagen, wie z.B. in Griechenland, im Kaukasus, in den Karpathen, in Italien und in den Ardennen, wo Panzer und Panzergrenadiere im Gebirge kämpfen mußten und dabei auch Erfolge hatten. Diese Einsätze waren schwierig und mußten unter harten Kampfbedingungen durchgeführt werden.

Der Kampf im Gebirge hatte zum Ziel das Gewinnen von entscheidenden Höhen für gute Beobachtungsstellen und für beherrschende Feuerstellungen sowie das Öffnen von Pässen für den weiteren Vorstoß. Dazu mußte der Angriff von gepanzerten Verbänden entlang von meist schmalen Tälern mit einem nur unzureichenden Verkehrsnetz mit wenigen Straßen und oft zerstörten Brücken geführt werden. Seitlich von Straßen und Wegen hatte die Truppe steile Hänge und, wie im Kaukasus, oft urwaldartige Wälder zu überwinden. Hinzu kamen dann in der schlechten Jahreszeit noch ungünstige Witterungsverhältnisse, die den Kampf besonders erschwerten.

Im Gebirge war der Feind als Verteidiger durch das Gelände begünstigt. Besonders der russische Soldat nutzte diesen Vorteil geschickt aus. In der unübersichtlichen Gebirgslandschaft waren seine Stellungen hervorragend angelegt, gut getarnt und stark ausgebaut. Dabei setzte er seine Waffen, vornehmlich auch Panzerabwehrwaffen, überraschend aus flankierenden Stellungen ein. Aus überhöhten Beobachtungsstellen sicherte er sich eine überlegene Wirkung seiner Artillerie und Granatwerfer. An allen sich bietenden natürlichen Hindernissen legte er wirkungsvolle Sperren an, deren Räumung oft einen starken Pioniereinsatz erforderte und Zeit kostete. Ebenso geschickt brachte er sogar einzelne Panzer in steile und gedeckte Hangstellungen, wo sie von deutscher Seite kaum vermutet werden konnten.

Für den Kampf im Gebirge gegenüber einem solchen Feind konnten Panzer ihre typischen Eigenschaften, die Beweglichkeit in Verbindung mit ihrer starken Feuerkraft, nur sehr begrenzt ausnutzen. Der geschlossene Einsatz von Panzern war nur in sehr breiten und langen Gebirgstälern möglich. Darüber hinaus konnten Panzer nur einzeln nach Art der Sturmgeschütze oder in Feuerfronten zur Unterstützung der Panzergrenadiere folgen.

Panzergrenadiere beim Vormarsch im Kaukasus

Dabei erwies sich als Nachteil, daß die Erhöhung der Panzerkanonen gegen einen Feind in höher gelegenen Hangstellungen oft nicht ausreichte.

Panzergrenadiere im Gebirgskampf

Die Panzergrenadiere waren mit ihrer Beweglichkeit zu Fuß die Hauptträger des Kampfes im Gebirge, wenn gepanzerte Verbände dort eingesetzt wurden. Doch auch sie waren dafür nur begrenzt geeignet, denn sie besaßen nicht die besondere Ausbildung der Gebirgsjäger und auch nicht deren Spezialausrüstung.

Für die Panzergrenadiere waren die Einsatzbedingungen für den Gebirgskampf unterschiedlich, je nachdem der Angriff in engen Tälern auf Straßen und gegen Ortschaften oder seitwärts davon über Hänge und durch Wald geführt werden mußte. Entlang von Straßen war es oft möglich, den Kampf auf- und abgesessen zu führen, wogegen ein Angriff über bewaldete Hänge nur zu Fuß erfolgen konnte. Besonders die letztere Art erforderte viel Zeit und einen hohen Kräfteverschleiß auch deshalb, weil dann die SPW zur unmittelbaren Unterstützung nicht dicht herangehalten werden konnten. Es wurde jedoch immer angestrebt, den Angriff der Panzergrenadiere, wenn er abgesessen erfolgen mußte, von den SPW aus rückwärtigen Feuerfronten zu unterstützen.

Die Angriffsziele wurden im Gebirge im allgemeinen nur kurz gesteckt. Um aber nicht gegen die meist starken feindlichen Stellungen frontal anzurennen, wurde vor einem Angriff grundsätzlich nach Möglichkeiten gesucht, durch Umgehung mit starken Kräften in die Flanke des Feindes möglichst bei Nacht einzusickern und so seine Hauptstellungen und Sperren unwirksam zu machen. Die Gliederung der Panzergrenadiere zum Angriff erfolgte nach infanteristischen Grundsätzen. Im allgemeinen bewährte sich auch im Gebirge das tiefgestaffelte Vorgehen in Stoßtrupps. Dabei führten die Panzergrenadiere nur ihre Handwaffen und das kleine Sturmgepäck mit. Zum Mitführen von ausreichender Munition für die schweren Maschinengewehre und die Granatwerfer waren oft Trägertrupps erforderlich.

Die Feuerunterstützung durch die Artillerie und die schweren Waffen war in gebirgigem Gelände erschwert, weil die Schußtafeln und sonstige Schießgrundlagen mit dem Gelände nicht immer in Einklang zu bringen waren. Oft wurde deshalb nach Augenbeobachtung »über den Daumen« geschossen. Auch die Zielaufklärung war schwierig. Für die Panzergrenadiere war die wichtigste schwere Waffe der Granatwerfer, dessen Steilfeuer schnell und wirkungsvoll besonders gegen höher gelegene Hangstellungen gerichtet werden konnte. Dagegen blieb das Feuer der schweren Maschinengewehre mit seiner flachen Flugbahn oft wirkungslos, und die schweren Infanteriegeschütze hatten Schwierigkeiten, geeignete Stellungen mit einer genügenden Schußweite zu finden. Die vorgeschobenen Beobachter der Artillerie befanden sich bei den vordersten Kompanien. Ihre Aufgabe war es, stärkeren feindlichen Widerstand zu zerschlagen; aber in dem felsigen Gelände war auch ein massiertes Artilleriefeuer in seiner Wirkung oft begrenzt.

Das Vorgehen im Gebirge und die Annäherung an die feindlichen Stellungen wurde von der Artillerie und den schweren Waffen überwacht. Letztere folgten sprungweise von einer günstigen Feuerstellung zur nächsten. Begünstigt wurde das Vorgehen meist durch das eingeschnittene Gelände, das vielfach Deckung bot.

Der letzte Zugriff auf die feindlichen Stellungen glich im Gebirge nicht selten dem Angriff auf Bunker. Nach einem Feuerschlag der Artillerie oder der Granatwerfer arbeiteten sich die Panzergrenadiere oft unter dem Schutz von Nebel auf Einbruchsentfernung heran, um dann mit Sturmgewehren und Handgranaten die feindliche Besatzung niederzukämpfen. Besonders günstig war es, wenn dies aus einer höher gelegenen Position oder aus der Flanke erfolgen konnte.

Führung und Verbindungen

Die Führung und die Verbindungen waren in stark durchschnittenem und bewaldetem Gelände besonders erschwert. Für den Kommandeur des Panzergrenadierbataillons war vor einem Angriff ein wichtiger Entschluß der Ansatz der Kräfte. Mit einer Massierung waren im Gebirge kaum Erfolge zu erringen, sondern vielmehr nur mit einem aufgelockerten Einsatz und einer listenreichen Führung, die das Gelände geschickt ausnutzte. Die Aufgabe aller Führer war es, ihre Kräfte von einem Zwischenziel bis zum nächsten straff zu führen und in allen Phasen Feuer und Bewegung zu regeln. Zur Herbeiführung der Entscheidung war es wichtig, frühzeitig Schwächen beim Feind zur Bildung des eigenen Schwerpunktes zu erkennen und dort die Reserve nachzuführen, da deren spätere Verschiebung wegen des Geländes oft nicht möglich war. Die Reserve des Panzergrenadierbataillons folgte entlang von Straßen und Wegen meist aufgesessen, jedoch querbeet über Hänge zu Fuß.

Zur Aufrechterhaltung der Verbindungen wurden Sprechfunk, Signalmittel und Zeichen benutzt. Die Funkverbindungen waren durch die Täler und Wälder in ihrer Reichweite begrenzt, so daß der altbewährte und zuverlässige Fußmelder eingesetzt wurde.

Auch die Versorgung war im Gebirge erschwert. Der Nachschub von Munition konnte oft nur durch Träger erfolgen und war daher in seinem Umfang begrenzt. In kritischen Lagen wurde in Einzelfällen bei der materiellen

Versorgung auch durch Absetzen aus der Luft geholfen, jedoch war dies eine Ausnahme. Der Truppenarzt konnte seinen Verbandplatz wegen des weiteren Rücktransportes der Schwerverwundeten nur an befahrbaren Wegen einrichten. Die nicht gehfähigen Verwundeten mußten bis dorthin getragen werden, ein Erschwernis, das oft nicht leicht zu bewältigen war.

Der Einsatz von Panzergrenadieren im Gebirge entsprach nicht ihrer Eigenart, da sie ihre gepanzerte Beweglichkeit und ihre starke Feuerkraft nur begrenzt nutzen konnten. Der Kampf zu Fuß mußte in einem Gelände erfolgen, das die unmittelbare Unterstützung durch die SPW in vielen Fällen ausschloß. Somit waren sie nur auf ihre infanteristische Kampfkraft angewiesen in einem Gelände, für das ihnen die Ausbildung und die Ausrüstung fehlte.

III. Besondere Gefechtslagen

1. Flußübergang und Kampf um Brückenköpfe

In der modernen Kriegsgeschichte gibt es kaum ein Beispiel, bei dem die Überwindung eines großen und breiten Flußabschnittes nicht gelungen wäre. Dazu waren im allgemeinen gewaltige Anstrengungen mit einem Großeinsatz der Artillerie und der Luftwaffe erforderlich wie beim Übergang über die Maas im Mai 1940. In manchen Fällen gelangen sie auch im Handstreich wie bei der Brücke über die Düna in Dünaburg durch die 8. Panzerdivision im Juni 1941 oder bei der Wolgabrücke in Kalinin durch das I.Btl./Schtz.Rgt. 113 im Oktober 1941. In diesem Kapitel soll nicht von der Überwindung großer Strombarrieren gesprochen werden, die eine Aufgabe der oberen Führung waren, sondern von den Hindernissen mittlerer und kleiner Flußabschnitte, die entweder im Handstreich genommen wurden oder aber im ersten Anlauf nicht zu überwinden waren und dann meist einen Halt für den Angriff von gepanzerten Verbänden erforderten.

Oft waren dies kleinere Flußläufe von nur 10 bis 15 Meter Breite aber mit versumpften Ufern. Dann wieder waren es breite und flache Gewässer mit einem trügerischen Sandbett, in dem jedes Fahrzeug hoffnungslos stecken blieb, aber ebenso waren auch steil eingeschnittene Kanäle wie in Frankreich und auch reißende Gebirgsflüsse wie der Kuban darunter.

Für den Feind bot ein Flußabschnitt eine günstige Möglichkeit für seine Verteidigung. Sofern ihm die notwendige Zeit dazu verblieb, wurden die Brücken zur Sprengung vorbereitet und die Zufahrtswege durch überwachte Sperren gesichert. Ergänzend dazu war ein dichtes Sperrfeuer der Artillerie vorbereitet, und Panzerabwehrwaffen überwachten die Annäherungswege an den Fluß. Ein starkes Stellungssystem vervollständigte die Abwehr des Feindes. Allerdings war diese infanteristische Verteidigung bei den Russen oft starr. Die untere russische Führung hatte meist nicht die Fähigkeit und die Beweglichkeit, um nach Wegnahme einer Brücke oder nach erfolgreichem Übergang danach auf dem eigenen Ufer mit entschlossenen Gegenstößen die Lage wiederherzustellen. War von deutscher Seite erst einmal die Bildung eines Brückenkopfes gelungen, dann war es für die Russen kaum noch möglich, diesen zu beseitigen.

Für schnell bewegliche Panzerverbände kam es darauf an, solche Flußhindernisse gegenüber einem abwehrbereiten Feind rasch zu überwinden, auf dem jenseitigen Ufer einen Brückenkopf zu bilden und kampfkräftige Teile nachzuziehen, um so bald als möglich den Angriff fortzusetzen. Dabei war es entscheidend, sich durch überraschenden Zugriff in den Besitz der Übergänge zu setzen, um dem Feind keine Zeit für das Sprengen der Brücken und zu deren Verteidigung zu lassen.

Die Möglichkeiten dazu boten sich vor allem beim Vormarsch in einer Offensive und in der Verfolgung. Dabei bedeutete der Auftrag zum Gewinnen oder Erreichen eines Flußabschnittes immer die Inbesitznahme des feindlichen Ufers mit dem Ziel, die Brücken oder Übergänge unbeschädigt in die Hand zu bekommen.

In der Regel wurde dazu eine gemischte Vorausabteilung angesetzt, die aus Panzern, Panzergrenadieren, Panzerpionieren und aus Panzerartillerie bestand. Ihr Führer war je nach der Lage entweder der Kommandeur der Panzerabteilung oder der Kommandeur des Panzergrenadierbataillons.

Bei der Annäherung an den Übergang war es immer ein spannungsvoller Moment festzustellen, ob die Brücke noch unversehrt oder bereits gesprengt war. Wurde die Brücke unbeschädigt vorgefunden, dann gab es davor keinen Halt. Diesseitige Sicherungen wurden aus allen Rohren feuernd überrollt und es galt nur das Bestreben »Hinüber«, um ohne Zögern das feindliche Ufer zu gewinnen. In welcher Reihenfolge dies geschah, war nicht so entscheidend, dagegen war es wichtig, möglichst schnell kampfstarke Teile über den Fluß zu bringen und angebrachte Sprengladungen an der Brücke herauszureißen.

Die Panzer mit Teilen der Panzergrenadiere hatten dann die Aufgabe, entschlossen in die Tiefe durchzustoßen und ohne Rücksicht auf den Feind, der das Ufer besetzt hielt, einen möglichst großen Brückenkopf zu bilden. Die Masse der Panzergrenadiere kämpfte die Besatzung beiderseits der Brücke nieder sowie Infanterie in Stellungen und feindliche Panzerabwehrwaffen. Die Panzerpioniere beseitigten Sprengladungen und verhinderten so die nachträgliche Sprengung der Brücke. Außerdem beseitigten sie Sperren und räumten Minen.

Panzergrenadiere beim Angriff über Gewässer

Es gelang nicht immer, Brücken im Handstreich zu nehmen. Oft genug waren diese bereits zerstört oder sie wurden kurz vorher gesprengt. Für einen gepanzerten Verband trat dann ein unerwünschter Halt ein, und der Angriffsschwung war unterbrochen. Der weitere Angriff über einen Flußabschnitt zur Bildung eines Brückenkopfes und die Instandsetzung der Brücke oder die Herstellung eines Überganges waren die Aufgabe von Panzergrenadieren und Panzerpionieren.

Sofern nicht an anderer Stelle eine Übergangsmöglichkeit gefunden wurde, mußte der Uferwechsel von den Panzergrenadieren über die zerstörte Brücke erzwungen werden. War dies nicht möglich, so wurde bei größeren Gewässern mit Floßsäcken übergesetzt. Kleinere Flüsse mit geringer Wassertiefe wurden durchfurtet oder durchwatet.

Der Angriff über ein Gewässer gegen einen zur Verteidigung eingerichteten Feind war für die Panzergrenadiere immer eine besondere und schwere Aufgabe und erforderte eine sorgfältige Vorbereitung. Dabei war der eigentliche Uferwechsel, ganz gleichgültig in welcher Form er erfolgte, ein Schwächemoment für die übergehende Truppe. Es kam deshalb darauf an, den Feind am jenseitigen Ufer niederzuhalten oder auch zu täuschen. In vielen Gefechtslagen blieb nach den Eigenarten des Flußufers und nach den Uferverhältnissen keine andere Möglichkeit, als den Angriff über das Gewässer direkt und frontal zu führen. Wesentlich leichter und erfolgreicher war es dagegen, den Übergang an der zerstörten Brücke mit einem starken Einsatz der Artillerie unter Zuhilfenahme von Nebel vorzutäuschen, um dann überraschend und vom Feinde unerwartet an anderer Stelle überzugehen. Wo immer möglich wurde diese Lösung angestrebt. Endlich gab es noch die Möglichkeit, vor allem bei Nacht und unsichtigen Witterungsverhältnissen, in kleinen Trupps über den Fluß zu setzen und auf dem jenseitigen Ufer einzusickern, um den Feind an der Brückenstelle flankierend auszuschalten.

Dem Angriff über ein Gewässer ging stets eine eingehende Geländeerkundung, vor allem auch durch die Pioniere voraus. Wo die Feindlage es zuließ, erfolgte auch eine Gefechtsaufklärung auf dem feindbesetzten Ufer. Ebenso war ein genauer Zeitplan für die Zusammenarbeit mit den Pionieren und für die Feuervorbereitung durch die Artillerie und die schweren Waffen erforderlich. Die Bereitstellung der Panzergrenadiere und der Pioniere mit ihrem Gerät oder den Übersetzmitteln erfolgte im Schutze natürlicher Deckungen oder bei Nacht so dicht wie möglich an den beabsichtigten Übergangsstellen.

Mit Angriffsbeginn gingen die Panzergrenadiere entweder nach Feuervorbereitung, nach einem Feuerschlag oder auch ohne diese überraschend über. Das erste Angriffsziel waren die Feindstellungen am jenseitigen Ufer. Wurde der Übergang von der Artillerie und den schweren Waffen unterstützt, dann beteiligten sich daran auch die Panzer und die SPW aus günstigen Stellungen.

Sobald der Feind am jenseitigen Ufer niedergekämpft oder geworfen war, wurde ohne Zögern in die Tiefe durchgestoßen und die Einbruchsstelle nach beiden Seiten erweitert. Dabei kam es für die Panzergrenadiere oft zu Nahkämpfen besonders dann, wenn auf dem

Feindufer eine Ortschaft lag. Das angestrebte Ziel war die Bildung eines Brückenkopfes, der mindestens so groß sein mußte, daß der Feind mit Infanteriewaffen nicht mehr auf die Übergangsstelle einwirken konnte. Danach begann die Arbeit der Pioniere zur Herstellung des Überganges, damit Panzer, SPW und die schweren Waffen schnell nachgezogen werden konnten.

Nach Bildung des Brückenkopfes bestand die Hauptgefahr durch feindliche Gegenstöße mit herangeführten Reserven. Dagegen richteten sich die Panzergrenadiere zeitlich begrenzt zur Verteidigung ein.

Für die Führung im Panzergrenadierbataillon bei einem Angriff über Gewässer befanden sich die Kompaniechefs bei den vordersten übergehenden Teilen ihrer Kompanien. Der Kommandeur regelte zunächst die Rei-

henfolge des Überganges und die Feuerunterstützung. Er folgte, sobald die ersten Teile auf dem jenseitigen Ufer Fuß gefaßt hatten, und sorgte dann für die Gliederung des weiteren Angriffes, für den Einsatz der nachfolgenden Teile und Reserven sowie für das möglichst schnelle Nachziehen der SPW. Als Führungsmittel zum anderen Ufer wurde meist der Funk benutzt. Im Brückenkopf erfolgte die Befehlsübermittlung durch Funk, Fußmelder und festgelegte Zeichen.

Zur Versorgung der Verwundeten ging der Truppenarzt frühzeitig mit den ersten Teilen über und richtete in der Nähe des Überganges an geschützter Stelle den Truppenverbandplatz ein. Die anfallenden Verwundeten wurden dort zunächst in Nestern gesammelt, bis der Rücktransport erfolgen konnte. Schwerverwundete wur-

Kleinere Flüsse mit geringer Wassertiefe wurden durchfurtet oder durchwatet.
Oben: Funkwagen Sdr.Kfz. 251/6.
Rechts: Kanonenwagen mit 7,5-cm-StuK 37 L/24 — Sdr.Kfz. 251/9

den sofort durch Träger auf das andere Ufer zu den dort befindlichen Krankenkraftwagen gebracht.

Für den weiteren Vormarsch oder Angriff des gepanzerten Verbandes aus dem Brückenkopf heraus mußten die Panzergrenadiere in ihren Stellungen abgelöst werden. Im allgemeinen geschah dies durch andere nachgeführte Verbände. Während die Panzer nach einem Flußübergang sofort wieder einsatzbereit waren, brauchten die Panzergrenadiere Zeit für die Ablösung und für die materielle Versorgung mit Munition und Verpflegung. Dies war erst möglich, wenn die Versorgungsfahrzeuge in den Brückenkopf zugeführt werden konnten. Nach den meist schweren Kämpfen war eine, wenn auch nur kurze Ruhepause notwendig. Oft genug aber drängte die Lage, und es mußte nach kürzester Zeit wieder angetreten werden.

2. Überwinden von Minensperren und Panzerhindernissen

Angreifende Panzerverbände wurden aber nicht nur durch Flußläufe, sondern auch durch Sperren und Hindernisse aller Art aufgehalten. Wenn diese nicht im Handstreich überwunden oder umgangen werden konnten und es auch keine Möglichkeit gab, den Angriff an anderer Stelle weiterzuführen, dann bedeutete dies in der Regel eine Unterbrechung der Vorwärtsbewegung, da zur Überwindung der Sperren oft zeitraubende Maßnahmen eingeleitet werden mußten.

Gegen die Geländegängigkeit von gepanzerten Fahrzeugen gab es eine Vielzahl von Möglichkeiten, um die Bewegungen für den ungehinderten weiteren Vormarsch oder Angriff zu erschweren. Dazu gehörten in erster Linie natürliche Geländehindernisse, die durch Panzergräben, Steilabstiche und Anstauungen von Gewässern verstärkt wurden. Entlang einer Vormarschstraße konnten Baumsperren und Barrikaden durchsetzt mit Sprengladungen sowie Straßensperrungen, letztere besonders im Gebirge, sehr wirksam sein. Drahtsperren waren dagegen wenig hemmend, da sie durch Artilleriefeuer leicht geöffnet werden konnten. Recht massive Sperren waren dagegen Höcker- und Pfahlhindernisse sowie Minensperren aller Art, die stets einen großen Aufwand zu ihrer Beseitigung erforderten. Alle Sperren erfüllten nur dann ihren Zweck, wenn sie gut getarnt waren, erst spät erkannt wurden und nicht umgangen werden konnten. Außerdem mußten sie gegen einen Angriff gesichert und überwacht werden. In der russischen Armee war die Anlage von Sperren und Geländehindernissen ein Schwerpunkt der Ausbildung, und der russische Soldat besaß in ihrer Anlage viel takti-

sches Geschick, vor allem dann, wenn genügend Zeit für die Herstellung vorhanden war. Oft waren die russischen Sperren raffiniert angelegt und mit tückischen Fallen durchsetzt. Vornehmlich in der Anlage von Minensperren — auch mit Scheinminen — zeigten die Russen ihr gutes Können mit Fantasie und Einfallsreichtum. Ihre Sperren waren stets gesichert und wurden überwacht, hauptsächlich durch Panzerabwehrwaffen und kleinere Feldgeschütze.

Großräumige Sperren und ausgedehnte Flächenhindernisse des Feindes wie Panzergräben, Höckerhindernisse und Pfahlsperren waren im allgemeinen schon vorher durch Luftbilder oder durch die operative Aufklärung bekannt. Maßnahmen zu ihrer Überwindung oder zu einer weiträumigen Umgehung konnten deshalb schon frühzeitig geplant und eingeleitet werden. Der Angriff wurde dann an anderer Stelle bei gleichzeitiger Verlagerung des Schwerpunktes weitergeführt.

Im Gegensatz dazu wurden kleinere Sperren, besonders entlang von Straßen oder in Engen, oft erst von der Gefechtsaufklärung festgestellt. Der Entschluß zu ihrer Überwindung mußte schnell gefaßt werden und konnte entweder im Handstreich oder durch Umgehung erfolgen. War eine Umgehung nicht möglich, dann mußte der Feind jenseits der Sperre durch Artillerie und schwere Waffen niedergehalten oder ausgeschaltet werden, während die Räumung oder Öffnung der Sperre durch Pioniere unter dem Schutz von Nebel erfolgte.

Das Auflaufen auf eine Minensperre erfolgte dagegen meist überraschend. Die getarnten Minen wurden oft erst bemerkt, wenn der gepanzerte Verband unmittelbar davorstand oder mit den vordersten Teilen bereits hineingefahren war. Es blieb dann nur die Möglichkeit, sich einzunebeln und auf der eigenen Spur in die nächste Deckung zurückzusetzen. Minensperren waren so angelegt, daß sie sich an panzerungangbares Gelände anlehnten, wodurch eine Umgehung mit gepanzerten Fahrzeugen nicht möglich war. In der Regel wurden Minensperren durch Panzergrenadiere im Angriff zu Fuß umgangen und der Feind hinter der Sperre aus der Flanke und im Rücken angegriffen, während Panzer und Artillerie den Angriff aus Stellungen vor der Sperre unterstützten.

Panzergrenadiere beim Kampf um Sperren

Die Gefechtsaufklärung gegenüber allen unvermuteten Sperren und Hindernissen erfolgte durch die Panzergrenadiere mit Spähtrupps zu Fuß. Sie hatten die Aufgabe, Größe und Ausdehnung der Sperre sowie die Feindkräfte zu ihrer Überwachung und Sicherung festzustellen. Besonders wichtig waren dabei die Aufklärungsergebnisse für Umgehungen und Flankierungen des Feindes hinter der Sperre.

Wo immer die Feindlage und das Gelände die Möglichkeit bot, den Feind durch Umgehung der Sperre zu täuschen und ihn in der Flanke oder im Rücken anzugreifen, wurde sie entschlossen genutzt. Nach den sorgfältigen Geländeerkundungen und einer eingehenden Gefechtsaufklärung wurde dann das Panzergrenadierbataillon oder Teile davon zum flankierenden Angriff angesetzt.

Soweit es im Gelände möglich war, erfolgte die erste Annäherung der Panzergrenadierkompanien meist aufgesessen, der Angriff selbst wurde zu Fuß durchgeführt. Dabei wurden die Panzergrenadiere von Artillerie und auch von den Panzern aus Randstellungen diesseits der Sperre unterstützt. In dieser ersten Phase des Angriffes kam es darauf an, feindliche Flankensicherungen rasch zu überwinden und schnell in die Flanke oder in den Rücken des Feindes zu stoßen. Die Masse der Panzergrenadiere rollte den Feind hinter der Sperre auf und kämpfte vornehmlich feindliche Panzerabwehrwaffen nieder. Andere Teile stießen in die Tiefe, um Gegenstöße oder herangeführte Reserven des Feindes abzuwehren, wozu eine Art Brückenkopf gebildet wurde. Schon während der letzten Phase, der Säuberung der feindlichen Stellungen, wurden Pioniere angesetzt, um die Sperre zu öffnen, Gassen herzustellen oder Hindernisse zu beseitigen, damit zum frühestmöglichen Zeitpunkt Panzer und SPW für den weiteren Angriff nachgezogen werden konnten.

Der Kommandeur des Panzergrenadierbataillons führte seine Kompanien vom SPW oder zu Fuß und befand sich dort, wo er für die Bildung des Schwerpunktes, für die Feuerunterstützung und für die Nachführung von Reserven notwendig war. Bei ihm befanden sich Verbindungskommandos der Artillerie und der Chef der schweren Kompanie. Die Führung erfolgte durch Funk, durch optische Zeichen und mit Fußmeldern. Die Verbindung zum Führer des gepanzerten Verbandes wurde durch Funk, in größeren Gefechtshandlungen auch durch Draht aufrechterhalten.

In der Versorgung war nur die Betreuung und der Abtransport der Verwundeten wichtig. Der Truppenarzt richtete seinen Verbandplatz dicht hinter den angreifenden Kompanien ein und hielt den Krankenkraftwagen oder den Sanitäts-SPW möglichst nahe heran. Wo es die Lage nicht anders zuließ, wurden die Verwundeten zunächst in Nestern gesammelt, um sie sobald als möglich abzutransportieren.

IV. Waffen der Panzergrenadiere[25]

Einleitung

Die umfangreiche Waffenausstattung der Panzergrenadiere ergab sich aus deren besonderen Aufgaben und bestand nach dem Zweck ihrer Verwendung aus den verschiedensten Arten und Typen, wie sie, auch der Zahl nach, keiner anderen Waffengattung zur Verfügung stand.

Bei Beginn des Krieges verfügten die Schützen durchweg über die damals in der Infanterie allgemein vorhandenen Waffen. Jedoch muß dazu bemerkt werden, daß diese Waffenausstattung 1939 derjenigen unserer Gegner durchaus gleichwertig, wenn nicht teilweise sogar überlegen war.

Die Erfordernisse des Krieges führten dann zu einer fortlaufenden Verbesserung und Weiterentwicklung der vorhandenen sowie zur Konzeption völlig neuer Waffen. Die Leitgedanken waren dazu nicht nur eine Leistungssteigerung, eine Verbesserung der Handhabung und eine Vereinfachung zur Herstellung in der Massenproduktion, sondern auch das Streben nach Überlegenheit gegenüber den Waffen der Kriegsgegner. Dabei spielte die fortschreitende Mechanisierung eine wichtige Rolle.

Sie wirkte sich bei den Panzergrenadieren besonders aus, nachdem mit der Einführung des SPW eine völlig neue Kampfweise im Zusammenwirken mit den Panzern entstand, die bestimmt wurde durch den Kampf vom und mit dem SPW und die schnell wechselnde auf- und abgesessene Kampfweise.

Diesen Erkenntnissen mußten die herkömmlichen Waffen angepaßt werden und neue traten hinzu.

Für die Panzergrenadiere ergaben sich während des Krieges durch die weitere Entwicklung in der Waffenausstattung grundlegende Veränderungen:

○ die meisten der herkömmlichen Infanteriewaffen konnten nach Einführung des SPW beweglich und unter Panzerschutz[26] eingesetzt werden;
○ die leichten Flachfeuerwaffen wurden durch stärkere Kaliber ergänzt;
○ die Panzerabwehr wurde durch neue Waffen mit stärkerem Kaliber verstärkt;
○ zur besseren Fliegerabwehr erhielten die Panzergrenadiere eigene Fla-Einheiten; neue moderne Teileinheiten konnten beweglich unter Panzerschutz eingesetzt werden;
○ neue Sonderwaffen für spezielle Verwendungen wurden eingeführt.

Allein für die Panzergrenadiere wurden für eine große Zahl dieser Waffen neben der Grundform des SPW, dem Gruppenfahrzeug, weitere 10 Abarten eingeführt, um einen optimalen Einsatz beim Zusammenwirken mit Panzern zu ermöglichen.

Nachstehend sollen alle Waffen der Panzergrenadiere kurz vorgestellt und die Erfahrungen mit ihnen dargelegt werden.

1. Handfeuerwaffen

Gewehr

Das Standardgewehr der deutschen Wehrmacht und damit auch zunächst für die motorisierten Schützen und die Panzergrenadiere war der Karabiner 98 K Kaliber 7,92 8 × 57/IS. Er ist eine Karabinerversion des legendären Gewehres 98, das schon vor und im Ersten Weltkrieg in der alten Armee vorhanden war. Der Karabiner 98 K ist ein Repetiergewehr mit einem Magazin im Mittelschaft, in das bei geöffnetem Verschluß fünf Patronen von oben von einem Ladestreifen eingeführt werden.

Der Karabiner 98 K ist eine Waffe von hervorragender Qualität und mit einer hohen Schußpräzision. Sein System wird heute noch gebaut. Bei allen seinen Vorteilen hat er aber für die Führung eines modernen, schnell ablaufenden Infanteriegefechtes auch Nachteile:

○ nach jedem Schuß muß mit der Hand durchrepetiert werden,
○ geringe Magazinkapazität,
○ starker Rückstoß,
○ mit einer Länge von 1,11 Meter war er im Nahkampf und später nach Einführung des SPW für die Panzergrenadiere zum Kampf über die Bordwand zu unhandlich.

In der Version mit Zielfernrohr kamen die Mängel des 98 K nicht zum Tragen, da im Scharfschützeneinsatz in erster Linie der präzise Einzelschuß zählt. Diesen aber garantierte der »langsame« und »genaue« Karabiner mehr als alle anderen Handwaffen des Zweiten Weltkrieges. Später als dem deutschen Soldaten im Kriege auch moderne Waffen zur Verfügung standen, zogen

---

25 Die nachfolgenden Daten und Beschreibungen der einzelnen Waffen sind entnommen bei: Rudolf Luser, Die deutschen Waffen und Geheimwaffen des 2. Weltkrieges und ihre Weiterentwicklung, J.F. Lehmanns Verlag, München
26 Unter Panzerschutz wird hier der leicht gepanzerte, aber oben offene SPW verstanden

Karabiner 98 K mit aufgesetztem Zielfernrohr

die meisten Scharfschützen den 98 K allen anderen Modellen wegen seiner Präzision und Robustheit vor. Seine maximale sinnvolle Reichweite betrug gegen stehende Ziele etwa 700 Meter. Die Hauptbedeutung mit Zielfernrohr lag aber weniger bei extremen weiten Schüssen, sondern vielmehr beim Bekämpfen von sehr kleinen, gut getarnten oder nur kurzzeitig sichtbaren Zielen auf mittleren Entfernungen.

Karabiner 98 K mit aufgesetztem Schießbecher und Gewehrgranate

Der Karabiner 98 K konnte durch Aufpflanzen eines Seitengewehres für den Nahkampf in eine Stichwaffe verwandelt werden.

Ein aufsetzbarer Schießbecher ermöglichte den Verschuß von Gewehrgranaten mit Sprengwirkung gegen Infanterie und mit Hohlladung gegen Panzer.

Schon vor dem Kriege wurde versucht, die Feuerkraft des Gewehres durch ein größeres Magazin und durch einen Selbstlademechanismus zu erhöhen. Seit Kriegsbeginn entwickelten mehrere Firmen nunmehr mit Hochdruck ein neues Gewehr, aber es dauerte bis 1943, ehe ein Modell als Gewehr 43 »wirklich« frontverwendungsfähig wurde. Es war dann eine ausgereifte Waffe im Standardkaliber mit einem Ansteckmagazin, das 10 Schuß faßte.

Der Karabiner 43 — die Bezeichnung Gewehr 43 war nur eine andere Benennung für die gleiche Waffe — war eine grundsolide Entwicklung, mit der man den Vorteil des automatischen Nachladens durch eine geringere, taktisch aber kaum ins Gewicht fallende Präzision gegenüber dem Karabiner 98 K erkauft hatte.

Ursprünglich hatten alle Karabiner 43 eine Montageschiene für ein Zielfernrohr. Da die Scharfschützen aber den präziseren Karabiner 98 K vorzogen, fiel die Montagemöglichkeit bei der letzten Kriegsproduktion weg. Der Karabiner 43 hatte keine Möglichkeit zum Aufpflanzen eines Seitengewehres.

Maschinenpistole

Bereits am Ende des Ersten Weltkrieges wurde 1918 auf deutscher Seite als Maschinenpistole die MP 18 zur Sturmabwehr auf nahen Entfernungen und für Stoßtruppunternehmen eingeführt. Es folgten in den Jahren danach noch zahlreiche andere Konstruktionen, die aufgrund des Versailler Vertrages nicht in die Reichswehr eingeführt werden durften.

Auf diesen Typen aufbauend wurde 1938 für die Wehrmacht, besonders aufgrund einer Forderung der Panzertruppe, zunächst die MP 38 und später die baugleiche MP 40 in Blechprägeversion entwickelt.

Die Waffe — nur 4,3 kg schwer — besaß eine ausklappbare Schulterstütze und ein ansteckbares Stangenmagazin für 32 Patronen und verschoß die für die Pistole 08 eingeführte Patrone vom Kaliber 9 × 19.

Sie schoß nur Dauerfeuer mit einer Kadenz von 400 bis 500 Schuß/min. Die Kampfreichweite lag bei etwa 150 Meter. Diese Konstruktion hatte jedoch neben dem Vorteil der Einfachheit und der guten Kühlung auch Nachteile. Die relativ lange Zeit bis zum Zünden der Patrone nach dem Betätigen des Abzuges und der starke Schlag, den die Waffe beim Vorlaufen des schweren Verschlusses erhielt, wirkten sich negativ auf die Treffgenauigkeit aus. Ferner gab es mit dieser Maschinen-

Maschinenpistole MP 40

pistole nicht selten Unfälle, weil durch die Konstruktion bedingt, die Waffe beim heftigen Aufstoßen mit dem Griffstück oder der Schulterstütze auf den Boden häufig ungewollt schoß.

Trotzdem war die MP 40 wegen ihrer Handlichkeit, des geringen Rückstoßes und der Magazinkapazität von 32 Schuß bei der Truppe beliebt. Bei den Panzergrenadieren eignete sie sich besonders für die aufgesessene Kampfweise vom fahrenden SPW, bei der mit dem Karabiner kaum Treffer zu erzielen waren.

Sturmgewehr

Schon vor dem Kriege waren Bestrebungen im Gange, um die Vorteile der Maschinenpistole wie Handlichkeit, geringer Rückstoß, große Magazinkapazität und hohe Feuerkraft mit denen des Gewehres, der starken Geschoßwirkung und der hohen Präzision zu verbinden. Diese Veränderung war aber nur mit einer neuen Patrone, der sogenannten Kurzpatrone, zu erreichen. Die Kurzpatrone besaß das gleiche Kalibiber wie das Gewehr — 7,92 mm —, jedoch mit einer nur 33 mm langen Hülse und entsprechend schwächerer Ladung.

Etwa ab 1942 liefen Truppenversuche mit einer neuartigen Waffe, die aus den Prototypen verschiedener Firmen hervorgegangen war und zunächst als Maschinenkarabiner, dann als Maschinenpistole 43 und endlich als Sturmgewehr 44 bezeichnet wurde.

Mit dem Sturmgewehr 44 wurde eine neue Waffenart aus den taktischen Bedürfnissen heraus geboren, die noch heute in unterschiedlichen Modellen die Standardwaffe in allen Armeen in West und Ost ist.

Das Sturmgewehr 44 vereinigte in ausgewogener Weise die Vorteile des Gewehres und der Maschinenpistole unter Ausschaltung der meisten Nachteile. Es war wahlweise für den präzisen Einzelschuß auf Entfernungen bis etwa 300 Meter und für Feuerstöße eingerichtet. Es

war deutlich kürzer als der Karabiner 98 K. Die Kurzpatrone erlaubte die Mitführung größerer Munitionsmengen, die in auswechselbaren Magazinen zu je 30 Schuß mitgeführt wurden. Das Sturmgewehr 44 war speziell für den Kampf der Panzergrenadiere in idealer Weise geeignet.

Pistole

Die Pistole 08 wurde im Jahre 1908 als Nahkampfwaffe in die damalige Armee eingeführt. Auch nach dem Ersten Weltkrieg wurde sie ohne wesentliche Veränderungen weitergebaut. Von allen Militärpistolen besitzt sie bis zum heutigen Tage die beste Eigenpräzision.

Sie hatte allerdings auch Nachteile. Die komplizierte Herstellung erforderte hohe Kosten. Weiterhin mußte die Waffe zur schnellen Schußbereitschaft wegen eines fehlenden Spannabzuges durchgeladen und gesichert mit gespanntem Schlagbolzen mitgeführt werden. Ferner besaß sie eine nicht befriedigende Funktionssicherheit, welche nur die Verwendung von Messinghülsen zuließ, was gegen Kriegsende, als fast alle Patronen Stahlhülsen hatten, zu logistischen Problemen führte.

Sturmgewehr 44

Ab 1940 wurde der Truppe eine neue Waffe der Firma Walther mit der Bezeichnung P 38 zugeführt. Sie hatte das gleiche Kaliber wie die Pistole 08, besaß aber einen Spannabzug und konnte deshalb durchgeladen mit entspanntem Hahn völlig sicher getragen werden. Weitere Vorteile waren im Gegensatz zur Pistole 08, daß die P 38 billiger und schneller herzustellen war. Sie war sicherer in der Bedienung und hatte eine schnellere Schußbereitschaft. Nicht so gut war ihre, allerdings völlig ausreichende Eigenpräzision. Das steil stehende Griffstück machte sie zum instinktiven Zielen und Schießen auf nahen Entfernungen weniger geeignet als das schräge der Pistole 08.

Die Pistolen 08 und P 38 waren Nahkampfwaffen, die von der Infanterie und auch von den Panzergrenadieren zum Kampf auf nächsten Entfernungen eingesetzt wurden. Mitentscheidend für den Erfolg war dabei das starke Kaliber, das ausreichen mußte, um auch einen nicht tötlich getroffenen Gegner schlagartig kampfunfähig zu machen.

Neben dieser Verwendung wurden Pistolen auch zur reinen Selbstverteidigung eingesetzt. So wurden alle Soldaten bei den rückwärtigen Diensten, die Fahrzeugbesatzungen und das Stabspersonal, die keine Gewehrträger waren, mit der Pistole ausgerüstet. Für diesen Personenkreis wurden im Kriege auch handelsübliche Pistolen angekauft, vornehmlich mit dem Kaliber 7,65 mm.

Beutewaffen

Bei den Beutewaffen sollen hier nur die Handwaffen dargestellt werden. Dabei ist zu unterscheiden zwischen den Waffen, mit denen sich die Truppe an der Front selbst »versorgte und ausrüstete«, und den Waffen, die als ursprünglich ausländische Modelle in den besetzten Ländern für die Wehrmacht hergestellt wurden. Neben Belgien kam hier besonders Polen und der Tschechoslowakei große Bedeutung zu.

Die beiden letzteren Länder waren nach dem Ersten Weltkrieg durch deutsche Reparationsleistungen in den Besitz von Gewehrfabriken gelangt und stellten für ihre Armeen Gewehre her, die weitgehend dem deutschen Karabiner 98 K ähnlich waren und auch dessen Kaliber hatten. Nach der Besetzung dieser Länder wurde dort nach einer geringfügigen Umstellung in der Fertigung vor allem der deutsche Karabiner 98 K produziert.

Bei den Beutepistolen nahmen die belgische Armeepistole FN Modell 1935 und die polnische VIS Modell 1935 eine bevorzugte Stellung ein. Beide waren moderne Waffen, und die erstere besaß sogar ein Magazin mit 13 Schuß. Der große Vorteil lag aber darin, daß aus beiden Waffen die deutsche Pistolenpatrone 9 × 19 verschossen werden konnte. Diese beiden Pistolen erfreuten

sich großer Beliebtheit und wurden in den besetzten Ländern unter deutscher Regie in namhaften Stückzahlen weiter hergestellt.

Neben dieser Fremdproduktion beschaffte sich die Truppe auf dem Gefechtsfeld aber auch selbst Beutewaffen, vor allem dann, wenn diese nach der ersten Erprobung Vorteile in der Handhabung und in der Funktion boten.

Bei Beginn des Feldzuges in Rußland, als das deutsche Heer noch kein Selbstladegewehr hatte, war das russische Modell Tokarev 1938 und 1940 mit seinem 10 Schuß-Magazin als Beutewaffe sehr beliebt. Auch Gewehre mit Zielfernrohr für den Einsatz von Scharfschützen wurden von der Truppe mit Vorliebe vereinnahmt. Als Beutewaffe besonders begehrt und am häufigsten benutzt war die russische Maschinenpistole PPsh 41, die einen legendären Ruf besaß. Dieser beruhte sowohl auf einer hohen Zuverlässigkeit und einer sicheren Funktion bei Hitze und Kälte als auch auf einer großen Feuerkraft durch ein 72 Schuß fassendes Trommelmagazin. Von den Panzergrenadieren wurde diese Waffe deshalb gern bei der auf- und abgesessenen Kampfweise verwendet.

2. Leichte Flachfeuerwaffen

Maschinengewehr

Mit Beginn des Zweiten Weltkrieges war in allen Waffengattungen das MG 34 als Mehrzweck-MG vorhanden. Es war eine langerprobte und nach Anfangsschwierigkeiten in der Bedienung eine zuverlässige Waffe. Mit nur 12 kg Gewicht und der Möglichkeit eines schnellen Laufwechsels sowie einer Kadenz von 800 bis 900 Schuß in der Minute erfüllte dieses Maschinengewehr alle Forderungen und hat sich in den ersten Kriegsjah-

Maschinengewehr M 42 mit angesteckter Munitionstrommel

ren bewährt. Es wurde als leichtes Maschinengewehr auf einem Zweibein und als schweres Maschinengewehr von einer Lafette eingesetzt.

Aufgrund der Kriegserfahrungen forderte die Infanterie jedoch ein Maschinengewehr, das leichter im Gewicht und in der Handhabung sowie unempfindlich gegen Verschmutzung und Witterungseinflüsse sein sollte. So kam es zur Neukonstruktion des MG 42, das bei seinem ersten Einsatz an der Front eine Sensation war. Die Russen bezeichneten es wegen seiner hohen Kadenz als »elektrisches Maschinengewehr«. Das Gewicht be-

Maschinengewehr M 42 auf Fliegerdreibein

trug einschließlich Zweibein nur 11,6 kg und die Kadenz lag bei bis zu 1 300 Schuß in der Minute. In dieser hohen Schußfolge lag auch sein Nachteil mit einem großen Munitionsverbrauch, der aber durch die dichte Garbe im Ziel wieder wettgemacht wurde.

Das MG 42 war für die Panzergrenadiere eine ideale Waffe und entsprach mit seinen Leistungen voll den Anforderungen für die auf- und abgesessene Kampfweise. Auf dem SPW konnte das Bug-MG hinter dem Schutzschild nach vorn mit einem dichten Feuerschirm in der Fahrtrichtung wirken, während das Heck-MG im Fliegerschwenkarm in gleicher Weise nach rückwärts und gegen direkt angreifende Tiefflieger eingesetzt wurde. Allerdings war dieser MG-Schütze beim Feuerkampf ungedeckt. Weniger günstig waren die Wirkungsmöglichkeiten des dritten an Bord befindlichen MG 42 seitwärts über die Bordwand, da eine Lafettierung oder Halterung dafür fehlte. Der MG-Schütze konnte es nur lose auflegen und so den nächsten Bereich abstreuen.

Als schweres Maschinengewehr war das MG 42 auf den beiden SPW der sMG-Gruppe des schweren Zuges in jeder Panzergrenadierkompanie vorhanden. Es war an Stelle des Bug-MG besonders lafettiert, besaß eine Zieloptik sowie einen Höhen- und Seitenrichttrieb. Aus günstigen, meist Randstellungen war es sofort feuerbereit.

Mit einer besonderen Lafette konnte es auch abgelastet vom Boden aus eingesetzt werden.

Das MG 42 hat sich während des ganzes Krieges vorzüglich bewährt. Es wurde später in vielen Armeen nachgebaut und wird heute noch nach über 40 Jahren in der Bundeswehr als MG 3 verwendet.

3. Schwere Flachfeuerwaffen

3,7-cm-Panzerabwehrkanone L/45

Nach Einführung des SPW war auf jedem Zugführerwagen — Sdr.Kfz. 251/10 — eine 3,7-cm-Pak L/45 mit einem Schutzschild montiert. Diese Waffe war schon 1941 gegenüber dem russischen Panzer T 34 in ihrer Durchschlagsleistung ungenügend. Sie konnte daher auch ihrer Aufgabe bei den Panzergrenadieren zur Selbstverteidigung gegen überraschend auftretende einzelne Feindpanzer nie gerecht werden.

Sie wurde bei den Panzergrenadieren jedoch nicht nur gegen gepanzerte Fahrzeuge, sondern mit Sprengmunition auch sehr erfolgreich gegen Feldstellungen und Sperren sowie im Ortskampf eingesetzt, wo sie den Kampf der abgesessenen Teile wirksam unterstützte. Zu einer Schwerpunktwaffe ist die 3,7-cm-Pak bei den Panzergrenadieren aber nie geworden.

7,5-cm-Sturmkanone L/24

In den schweren Panzergrenadierkompanien befand sich ab 1942 eine Kanonengruppe, deren beide Wagen — Sdr.Kfz. 251/9 — mit der 7,5-cm-Sturmkanone L/24 (»Stummel«) ausgerüstet waren. Diese Waffe war aus dem Panzer IV übernommen und hatte sich auch seit Kriegsbeginn in den Sturmgeschützen bewährt. Sie hatte eine Reichweite von 3 500 Meter und war als Angriffswaffe vorgesehen. Ihre Geländegängigkeit und der Einsatz unter Panzerschutz auf dem SPW ermöglichten es, den Angriff der Panzergrenadiere zu begleiten und diesen ständig im Schwerpunkt auf wirksamste Schußentfernung zu unterstützen. Dabei wurde die 7,5-cm-StuK besonders gegen feindliche Waffenstützpunkte, gegen Erdbunker sowie im Ortskampf eingesetzt und war wegen ihrer Treffgenauigkeit geschätzt.

Leider ist die Kanonengruppe nicht selten mißbraucht worden, indem sie als Spitzengruppe, als Spähtrupp und zur Panzerabwehr eingesetzt wurde. Gerade für die letztere Aufgabe war sie wegen der gekrümmten Flugbahn ihrer Granaten weniger geeignet.

Später wurden die Kanonengruppen in den schweren Kompanien zu Kanonenzügen mit je 6 Kanonenwagen erweitert. Diese Kanonenzüge wurden jedoch selten geschlossen eingesetzt, sondern sie wurden meist gruppenweise auf Zusammenarbeit mit den Panzergrenadierkompanien angewiesen.

Granatwerfereinsatz vom SPW
Granatwerferwagen mit Granatwerfer 8 cm — Sdr.Kfz. 251/2

4. Steilfeuerwaffen

Granatwerfer

Im schweren Zug jeder Panzergrenadierkompanie war eine Granatwerfergruppe eingegliedert, auf deren beiden Wagen — Sdr.Kfz. 251/2 — je ein Granatwerfer s.Gr.Wf. 34 eingebaut war. Diese Waffe war aus der Infanterie übernommen und hatte sich dort in den Feldzügen in Polen und in Frankreich gut bewährt. Der s.Gr.Wf. 34 hatte ein Kaliber von 81 mm und verschoß Wurfgranaten mit einem Gewicht von 3,2 kg und einer Reichweite von 90 bis 1 900 Meter. Die Granaten hatten eine Sprengwirkung von etwa 20 Meter im Umkreis.

SPW Kanonenwagen mit 7,5-cm-Sturmkanone L/24 Sdr.Kfz. 251/9

Granatwerfer: s.Gr.Wf. 34 — 8 cm
Er wurde vom SPW Sdr.Kfz. 251/2 und vom Boden eingesetzt

Schwerer Granatwerfer: 12-cm-Gr.Wf. 42
Er wurde im mot. Zug bewegt und konnte nur vom Boden eingesetzt werden

Als Steilfeuerwaffe war der s.Gr.Wf. 34 eine unentbehrliche Ergänzung zum schweren Flachfeuer und wurde in allen Kampfarten als Schwerpunktwaffe eingesetzt. Sein Vorteil bestand darin, daß er in der vorderen Angriffswelle der Panzergrenadiere mitfahren konnte und sofort feuerbereit war, um Feind in und hinter Deckungen wirksam zu bekämpfen.

Der s.Gr.Wf. 34 konnte mit Hilfe einer mitgeführten Bodenplatte auch abgelastet vom SPW eingesetzt werden. Gegenüber der russischen Überlegenheit mit schweren Granatwerfern wurde 1944 der 12-cm-Gr.Wf. 42 eingeführt. Er verschoß Wurfgranaten mit einem Gewicht von 15,8 kg und hatte eine Reichweite von 400 bis 6000 Meter. Wegen seines hohen Bodendruckes beim Feuern

konnte er nicht auf dem SPW eingebaut werden. Er wurde im motorisierten Zug bewegt und zum Feuern abgelastet.

In den Gliederungen ab 1944 befanden sich 4 12-cm-Gr.Wf. 42 in den schweren Kompanien der Panzergrenadierbataillone.

Dieser Werfer war eine Schwerpunktwaffe und wurde vornehmlich zum Zerschlagen feindlicher Angriffe sowie gegen starke Stützpunkte und befestigte Stellungen eingesetzt. Leider kam diese gute und hervorragende Waffe für die Truppe viel zu spät.

Infanteriegeschütze

In den schweren Panzergrenadierkompanien waren 2 Infanteriegeschützzüge zu je 2 Geschützen eingegliedert. Ursprünglich war das 7,5-cm-I.G. 37 L/22 vorhanden, das später durch das 7,5-cm-I.G. 42 L/22 ersetzt wurde. Das le.I.G. konnte in der unteren und in der oberen Winkelgruppe wirken. Die letzte Ausführung hatte eine Reichweite von etwa 5000 Meter. Bewegt wurde es im motorisierten Zug von einem SPW — Sdr.Kfz. 251/4. Das le.I.G. wurde im Angriff und in der Verteidigung mit gutem Erfolg eingesetzt. Im Laufe des Krieges wurde es durch den Granatwerfer verdrängt und später durch das schwere Infanteriegeschütz abgelöst.

Das schwere Infanteriegeschütz 15-cm-s.I.G. 33 L/11,4 war die schwerste Waffe der Panzergrenadiere. Es war in jedem Panzergrenadierregiment (gp) in einer s.I.G.-Kp. mit 6 Geschützen vorhanden. Das s.I.G. verschoß Granaten mit einem Gewicht von 5,5 kg, konnte in der unteren und oberen Winkelgruppe wirken und hatte eine Reichweite von 4800 Meter. Bereits ab 1942 wurde

Schweres Infanteriegeschütz
15 cm — s.I.G. 33 L/11,4.
Hier noch im mot Zug mit Zugmaschine

115

es auf einer Selbstfahrlafette Sf beweglich gemacht. Das s.I.G. wurde als Schwerpunktwaffe gegen stark befestigte Feldstellungen, gegen Waffenstützpunkte und im Ortskampf eingesetzt.

5. Panzerabwehrwaffen

Beim Feldzug in Rußland setzte sich die deutsche Panzerabwehr gegenüber der russischen Panzerüberlegenheit nur zögernd durch. Es gab zum Ende des Krieges zwar eine große Zahl wirkungsvoller Panzerabwehrwaffen, jedoch kamen sie meist erst dann zur Truppe, wenn es die Überzahl der russischen Panzer zwingend erforderte. Davon war besonders die Infanterie betroffen, aber ebenso auch die Panzergrenadiere, wenn sie zu selbständigen Aufgaben eingesetzt wurden und den Schutz der Panzer entbehren mußten.

Panzerfaust

Ab 1944 wurden die Infanterie und die Panzergrenadiere sowie auch andere Waffengattungen mit der Panzerfaust 30 (»Gretchen«) ausgestattet. Sie war eine Einmannwaffe, die leicht zu handhaben war und als Faustpatrone mit einer Hohlladung nach dem rückstoßfreien Prinzip arbeitete. Allerdings mußte ein Feuerstrahl von 1,5 Meter Länge nach rückwärts in Kauf genommen werden, der die Stellung des Schützen verriet.
Die Visierung sah Entfernungen von 30, 60 und 80 Metern vor. Die günstigste Schußentfernung betrug für Schützen mit guten Nerven 25 Meter (!). Mit der Panzerfaust wurde eine Durchschlagsleistung bis zu 200 mm erzielt. Sie war auf jedem SPW mehrfach vorhanden und wurde bei abgesessener Kampfweise in unübersichtlichem Gelände und im Ortskampf stets mitgeführt.

Panzerschreck: (»Ofenrohr«)

Panzerschreck

Die Panzerabwehrwaffe Panzerschreck (»Ofenrohr«) entstand als Parallelentwicklung zur amerikanischen Bazooka. Die letzte Ausführung hatte eine Länge von 2,0 Meter und einen Durchmesser von 10 cm. Sie arbeitete ebenfalls rückstoßfrei und hatte eine Trefferreichweite von 100 bis 400 Meter. Bei einer Entfernung von 100 Metern durchschlug das Hohlladungsgeschoß alle Panzerungen. Das Instellunggehen und die Herstellung der Feuerbereitschaft erforderte die Bedienung von 2 Soldaten. Während die Panzerfaust mehr der Selbstverteidigung gegen einzelne feindliche Panzer diente, war der Panzerschreck eine wirkungsvolle Panzerabwehrwaffe, die bei den Panzergrenadieren auf jedem Zugführer-SPW mitgeführt wurde.

Panzerfaust 30: (»Gretchen«)

Ladevorgang an der schweren Panzerfaust

Schwere Panzerabwehrkanone 7,5-cm-Pak 40 L/48 im mot Zug durch Sdr.Kfz. 251/1

Panzerabwehrkanonen

In den schweren Panzergrenadierkompanien war ab 1942 ein Pak-Zug mit 3 Kanonen 5-cm-Pak 38 L/60 eingegliedert, die als Nachfolgewaffe für die 3,7-cm-Pak in den früheren 14. Kompanien der Schützenregimenter vorgesehen war. Diese Waffe erreichte mit der Panzergranate 40 eine Durchschlagsleistung von 120 mm auf 100 Meter und 65 mm auf 400 Meter. Sie wurde im motorisierten Zug beweglich gemacht mit einer 1 t-Zugmaschine — Sdr.Kfz. 10 — und besaß eine Spreizlafette sowie einen Schutzschild. Vor allem wegen der ungenügenden Kampffreichweite wurde sie bei den Panzergrenadieren nur für Sicherungs- und Verteidigungsaufgaben eingesetzt, da das Abprotzen und Instellunggehen im Angriff zu lange dauerte.

Die 5-cm-Pak wurde 1943 abgelöst durch die 7,5-cm-Pak 39 und 40 L/48. Sie erreichte eine Durchschlagsleistung von 95 mm auf 1 000 Meter und war damit auch für den Angriff brauchbar, sofern sofort beim Auftreten feindlicher Panzer eine günstige Feuerstellung gefunden wurde. Sie besaß ebenfalls eine Spreizlafette und einen Schutzschild und wurde im motorisierten Zug bewegt, wobei in einigen Einheiten ein SPW — Sdr.Kfz. 251/1 — benutzt wurde.

Darüber hinaus gab es noch eine Ausführung der 7,5-cm-Pak 39, die auf einem SPW — Sdr.Kfz. 251/22 — montiert war. Diese Waffe wurde aber nicht bei den Panzergrenadieren, sondern in Panzerjägereinheiten verwendet.

6. Flugabwehrwaffen

Ab Herbst 1942 wurde in die Panzergrenadierregimenter (gp) als 9. Kompanie eine Fla.-Kp. mit 12 Fla-Kanonen 2-cm-Flak 38 eingegliedert. Sie war als Selbstfahrlafette beweglich auf einem 1 t-Zgkw — Sdr.Kfz. 10 —, der aber leider nicht gepanzert war. Als Munition verschoß die 2-cm-Flak 38 Sprenggranaten und hatte eine Schußweite von 4800 Metern und eine Steighöhe von 3 700 Metern. Ihre hohe Kadenz von 480 Schuß je Minute wurde eingeengt durch die ständig notwendige Zuführung von Magazinen mit 20 Schuß.

Diese Waffe war gegen die zunehmende Luftbedrohung dringend erforderlich und hat sich ausgezeichnet bewährt. Bei den Panzergrenadieren wurde sie mit gutem Erfolg auch gegen Flächenziele, gegen Fahrzeuge und beim Kampf um Sperren eingesetzt.

Der Nachteil bestand darin, daß die 2-cm-Flak 38 außer ihrem Schutzschild ungepanzert war, wodurch bedauerliche Verluste eintraten. Es gab allerdings auch eine Ausführung, bei der die Waffe auf einem SPW — Sdr.Kfz. 251/17 — montiert war. Bei diesem Fahrzeug konnten die Seitenwände heruntergeklappt werden. Diese Abart diente als Truppenluftschutzfahrzeug z.B. bei der Artillerie. Bei den Panzergrenadieren war dieser Typ nicht vorhanden.

Da die Fla-Kp. selten geschlossen eingesetzt, sondern meist zugweise bei anderen Panzergrenadiereinheiten unterstellt wurde, kam es 1944 zur Auflösung der 9. Kompanie. Stattdessen wurden ab Herbst 1944 in jede

SPW-Flugabwehrwagen — Sdr.Kfz. 251/21
1,5-cm-FlaMG Drilling 151
Einige Stückzahlen dieses Fahrzeuges wurden auch mit 20-mm-
Drilling ausgerüstet

Panzergrenadierkompanie 2 SPW mit je einem 2-cm-
Drilling eingegliedert — Sdr.Kfz. 251/21. Wegen Pro-
duktionsschwierigkeiten wurde statt des 2-cm-Drilling
auch das Fla-MG 151, die Standardwaffe aus den Flugzeugen der Luftwaffe, eingebaut. Sie hatte ein Kaliber
von 15,1 mm und eine Kadenz von 650 Schuß je Minute.
Mit dem 2-cm-Drilling oder dem Fla-MG 151 als Drilling
erhielten die Panzergrenadiere in den letzten Monaten
des Krieges eine hervorragende Waffe mit ausgezeichneten Leistungen.

7. Sonderwaffen

Schweres Wurfgerät 41

Ab 1944/45 wurde in einer begrenzten Stückzahl der
SPW Sdr.Kfz. 251/1 mit dem schweren Wurfgerät 41
ausgestattet, womit Wurfgranaten vom Kaliber 28 cm
und 32 cm verschossen werden konnten. Auf jeder Seite dieses SPW waren 3 Wurfrahmen angebracht.
Die Wurfgranate 28 cm war eine Sprenggranate und
hatte eine Reichweite von 1 900 Meter. Ihre Sprengkraft
war nicht sehr hoch, aber sie erzeugte eine starke
Druckwelle im Umkreis von 150 Metern mit einer ver-
nichtenden Wirkung. Die Russen fürchteten diese Waffe sehr und drohten bei ihrem Einsatz mehrfach, daß sie
mit Gas antworten würden.
Die Wurfgranate 32 cm war eine Flammgranate mit einer Reichweite von 2 200 Metern. Sie war mit schwerem
Flammöl gefüllt, und ihre Wirkung bestand in einer flächendeckenden Inbrandsetzung des Geländes. Sie war
damit ein Vorläufer der heutigen Napalm-Bomben.
Das schwere Wurfgerät 41 wurde nur wenigen Panzergrenadierbataillonen zugeführt. Es wurde dort mit über-
ragendem Erfolg in Schwerpunkten eingesetz, wie z.B.
gegen die Angriffsspitzen der Russen bei ihren Offensiven im Winter und Frühjahr 1944/45.

Schweres Wurfgerät 41 auf SPW — Sdr.Kfz. 251/1 ausgestattet mit
6 Wurfgestellen für 28/32-cm-Wurfgranaten

Schweres Wurfgerät 41 im Einsatz

Flammenwerfer

Vom Herbst 1944 an befand sich in jedem Panzergrenadierregiment (gp) ein Flammzug. Er war unterschiedlich eingegliedert, teils in der Stabskompanie, teils in der Panzerpionierkompanie. Der Flammzug bestand aus 6 Flammpanzerwagen SPW — Sdr.Kfz. 251/16. Jedes Fahrzeug war mit 2 Strahlrohren ausgerüstet, die seitlich über die Bordwand wirken konnten. Der einzelne Flammenwerfer hatte eine Reichweite von 60 Metern und konnte 80 Feuerstöße von je 2 Sekunden Dauer abgeben.

Die Flammpanzerwagen waren eine hervorragende Waffe und wurden besonders beim Angriff auf stark befestigte Stellungen sowie im Ortskampf und bei Nacht eingesetzt. Der Flammstrahl hatte ebenfalls eine große moralische Wirkung und war beim Feinde gefürchtet. Sein Nachteil bestand in der starken Rauchentwicklung, wodurch die Sicht auf dem Gefechtsfeld behindert wurde.

SPW-Flammpanzerwagen: Sdr.Kfz. 251/16

Flammpanzerwagen im Einsatz

Waffen der Panzergrenadiere im Kriege 1939 bis 1945

Bezeichnung	Kaliber mm	Gewicht kg	Reichweite m	Kadenz min	Durchschlagsleistung	Beweglichmachung
1. Handfeuerwaffen						
Karabiner 98 k	7,9	3,9	100 – 800			
Sturmgewehr 44	7,9	5,4	100 – 800			
Maschinenpistole 40	9	4,3	100	450		
Pistole 08	9	0,915	25			
Walther-Pistole 38	9	0,865	25			
2. Leichte Flachfeuerwaffen						
Maschinengewehr 34	7,92	12	1 000	900		
MG 42	7,92	11,6	1 000	1 250		
3. Schwere Flachfeuerwaffen						
3,7 Pak KwK L/45	37	435	1 000		100 m: 65 mm 1 000 m: 22 mm	Sdr.Kfz. 251/10
7,5 KwK L/24	75	455	3 500			Sdr.Kfz. 251/9
4. Steilfeuerwaffen						
Granatwerfer 34	81	56,7	60 – 1 200			Sdr.Kfz. 251/2
12-cm-Gr.Wf. 42	120		400 – 6 000			mot. Z.
le. Inf.Gesch.	baugleich mit 7,5 KwK L/24					mot. Z.
s.I.G. 30, 15 cm	150	1 750	4 800			mot. Z.
5. Pz.Abw.Waffen						
Panzerfaust 30	45	3	80		80 m:140 mm	
Panzerschreck	100	3,4	100 – 400		bis 100 m alle Panzer	mot. Z.
5-cm-Pak 38 L/60	50	986	bis 1 000		1 000 m: 65 mm	Sdr.Kfz. 251/22
7,5-cm-Pak 39 L/48	75	1 425	—		1 000 m: 65 mm	
6. Fla-Waffen						
Fla MG Drilling 2 cm	20	413	4 800	480		Sdr.Kfz. 251/21
7. Sonderwaffen						
s. Wurfgerät 28/32 cm	280/320	80	1 900 – 2 200			Sdr.Kfz. 251/1
Flammenwerfer			80			Sdr.Kfz. 251/16

Entwicklungen in der Bundeswehr

I. Auswertungen der Kriegserfahrungen

Die ersten Vorbereitungen zu einer Neuaufstellung deutscher Streitkräfte erfolgte seit 1951 in einer Dienststelle des Bundeskanzleramtes mit der Bezeichnung »Der Beauftragte des Bundeskanzlers für die mit der Vermehrung der alliierten Truppen zusammenhängenden Fragen« und die nach dem Amtsinhaber sehr viel kürzer »Amt Blank« genannt wurde.

Zu den Männern der »ersten Stunde«, die dort arbeiteten, gehörten neben erfahrenen Fachleuten für eine Wiederbewaffnung vor allem kriegserfahrene Offiziere aller Waffengattungen, für die es außer einer Fülle von ebenso wichtigen anderen Aufgaben, die mit einem neuen Anfang zusammenhingen, darauf ankam:

○ die Kriegserfahrungen ihrer Waffengattungen auszuwerten,
○ die Entwicklungen im Ausland seit 1945 kritisch zu werten,
○ moderne Einsatz- und Führungsgrundsätze zu erarbeiten,
○ die dafür notwendigen Vorschriften zu entwerfen,
○ daraus die militärischen Forderungen für Waffen und Gerät zu erstellen,
○ die Gliederungsbilder sowie die Stärke- und Ausrüstungsnachweisungen (STAN) festzulegen und danach
○ Überlegungen für die Infrastruktur anzustellen.

Dabei war zu berücksichtigen, daß sich zu diesem Gesamtkomplex die Alliierten ein gewichtiges Mitspracherecht vorbehielten.

Besonders für die Panzergrenadiere waren diese Vorbehalte erschwerend, denn während des Krieges und in den Jahren danach sind von unseren ehemaligen Gegnern die Einsatzgrundsätze der Panzergrenadiere und ihre Kampfweise nicht begriffen worden. Im Rahmen ihrer konservativen Vorstellung über die Mechanisierung sollte die Infanterie zwar in gepanzerten Fahrzeugen auf das Gefechtsfeld transportiert werden, dann aber zur Zusammenarbeit mit den Panzern absitzen und den weiteren Angriff zu Fuß begleiten.

Deshalb mußte bei der Aufstellung deutscher Panzergrenadierverbände von unserer Seite an den Forderungen Guderians und an den Kriegserfahrungen konsequent festgehalten werden. Diese Verschiedenheit der Auffassung sollte sich auch noch später zeigen, als zwischen den Vereinigten Staaten und der Bundesrepublik Deutschland geplant wurde, gemeinsam einen Schützenpanzer zu entwickeln und zu bauen.

Nachdem als Voraussetzung in Umrissen eine Führungsvorschrift für die Verteidigungsaufgaben zukünftiger deutscher Streitkräfte erarbeitet und darin auch die Aufgaben der einzelnen Waffengattungen in den verschiedenen Gefechtsarten festgelegt wurde, konnte die Arbeit für Neuaufstellung der Panzergrenadiere beginnen.

Zunächst mußten die Kriegserfahrungen sehr genau und gründlich überprüft werden. Dabei kam es nicht nur darauf an festzustellen, was gut und was schlecht gewesen war, sondern es galt vor allen Dingen, aus den negativen Erfahrungen der Panzergrenadiere Folgerungen zu ziehen und daraus resultierende Forderungen in die Neuaufstellung einzubringen.

Dabei ergab sich, eigentlich gar nicht überraschend, daß die Führungs- und Einsatzgrundsätze der Panzergrenadiere im Kriege auch für die Zukunft mit wenigen Ausnahmen ihre volle Gültigkeit behalten würden. Ein gravierendes Moment für eine Neuorientierung war der Kampf mit Panzern auf einem atomaren Gefechtsfeld, aber sonst änderte sich kaum etwas.

Der alte Grundsatz Guderians, wonach Panzergrenadiere in der Lage sein mußten, voll gepanzert und geländegängig den Panzern überallhin querbeet zu folgen, diese infanteristisch zu unterstützen und ihnen den Weg zu bahnen, war nach wie vor der Leitgedanke für alle Überlegungen. Allerdings würden die Panzergrenadiere in Zukunft nicht mehr eine Hilfswaffe der Panzer sein. Dafür hatte es im Kriege als Beweis viele unzählige Gefechtslagen gegeben, in denen sich die Panzergrenadiere als gleichberechtigte und eigenständige Waffengattung durchgesetzt hatten.

Aus diesen Erfahrungen und Überlegungen heraus wurden für die Panzergrenadiere in den neuen deutschen Streitkräften die Führungs- und Einsatzgrundsätze konzipiert, die nach vielen Überarbeitungen während der Vorbereitungs- und Gründerphase in der ersten Bataillonsvorschrift HDv 231/1 festgelegt wurden.

1. Wesen und Aufgaben der Panzergrenadiere

Panzergrenadiere sind zum Zusammenwirken mit Panzern und Grenadieren bestimmt. Sie sind auch zu selbständigem Einsatz in allen Gefechtsarten geeignet.

Schnelligkeit, Geländegängigkeit und Panzerung, starke Feuerkraft auch während der Bewegung und reichliche Ausstattung mit Fernmeldemitteln befähigen sie zu wendiger Führung des Kampfes.

Im **Angriff** bilden Panzergrenadiere mit den Panzern die gepanzerte Spitze und bahnen den Grenadieren den Weg oder vollenden in raschem Nachstoßen die von den Grenadieren errungenen Erfolge.

In der **Abwehr** sind sie, mit Panzern beweglich bereitgehalten, der Rückhalt der in der Verteidigungsstellung eingesetzten Grenadiere. Wenn Lage und Gelände dazu zwingen, können die Panzergrenadiere auch abgesessen neben den Grenadieren eingesetzt werden. Ihre Beweglichkeit und ihre Stoßkraft wirken sich besonders in der **Verzögerung** und in der **Verfolgung** aus.

Panzergrenadiere kämpfen meist in engem Zusammenwirken mit Panzern. Dabei haben sie die Aufgabe, durch Niederhalten der feindlichen Infanterie die Panzer gegen Panzernahbekämpfung zu schützen, Erfolge der Panzer rasch auszunützen und von Panzern gewonnenes Gelände zu säubern, zu besetzen und zu halten. Oft müssen sie überlegene Panzerabwehr im Kampf zu Fuß ausschalten und dadurch die Voraussetzung für den Einsatz der Panzer schaffen.

Beim Zusammenwirken mit Grenadieren fällt den Panzergrenadieren vornehmlich die Aufgabe zu, als bewegliche Reserve oder als Flankenschutz den Kampf der Grenadiere zu unterstützen.

Schnelles Besetzen wichtiger Geländeräume, überraschender Angriff gegen Flanken und Rücken des Feindes und überholende Verfolgung sowie Kampf als Verzögerungsabteilung und beweglicher Einsatz in einer Verteidigungsstellung sind weitere Aufgaben, die den Panzergrenadieren übertragen werden können.

Diese vielseitigen Aufgaben haben zu einem eigenen wirkungsvollen Kampfstil geführt: dem Kampf vom und mit dem Schützenpanzer. Auch im Kampf zu Fuß werden die Panzergrenadiere durch ihre vom Fahrzeug kämpfenden schweren Waffen und von den Maschinenkanonen der Schützenpanzer unterstützt.

Ein leistungsfähiges Kampffahrzeug, zahlreiche Flach- und Steilfeuerwaffen und ausreichende Führungsmittel bilden die technischen Voraussetzungen für die Erfüllung ihrer Aufgaben.

Die Schnelligkeit und Geländegängigkeit der Schützenpanzer gestatten ein großzügiges und weiträumiges Ausnutzen des Geländes für Bewegung und Kampf.

Die Panzerung bietet Schutz gegen Infanteriefeuer und Granatsplitter und setzt die Wirkung atomarer Waffen herab. Eigenes Artilleriefeuer mit hohen Sprengpunkten kann durchfahren werden.

Die weitreichenden Bordkanonen erzielen gegen Feind in offenem Gelände ihre nachhaltigste Wirkung. Feind in oder hinter Deckungen wird durch mittlere und schwere Mörser bekämpft. Im Kampf auf nahe Entfernung wird das Feuer der zahlreichen Maschinengewehre, durch Sturmgewehre, Flammenwerfer, Gewehr- und Handgranaten und Panzernahkampfmittel ergänzt.

Die Funkverbindungen gestatten eine schnelle Befehlsübermittlung und damit eine straffe und wendige Führung. Das Handeln im Sinne der Gesamtabsicht wird insbesondere dadurch gewährleistet, daß auch untere Führer Befehle und Meldungen mithören können.

Trotz der starken Kampfkraft sind den Panzergrenadieren bei einem selbständigen Einsatz durch die geringe Ausstattung mit schweren, weitreichenden Panzerabwehrwaffen und durch die leichte Panzerung Grenzen gesetzt. Nur in günstigen Lagen können sie auf die Unterstützung durch Panzer verzichten.

2. Einsatz- und Führungsgrundsätze

Auf Grund der Kriegserfahrungen ergaben sich aus dem Wesen und den Aufgaben der Panzergrenadiere die Einsatz- und Führungsgrundsätze für den Aufbau nach dem Kriege. Ferner mußten auch die Besonderheiten der Kampfführung bei einem Einsatz von Atomwaffen berücksichtigt werden, und genau so wichtig waren für alle Überlegungen die technischen Voraussetzungen:

○ Beweglichkeit,
○ Geländegängigkeit,
○ Panzerung,
○ starke Feuerkraft und
○ ausreichende Ausstattung mit Fernmeldemitteln.

Jede einzelne dieser Bedingungen war wichtig, aber jedes technische oder personelle Versagen auf nur einem Gebiet setzte die Kampfkraft erheblich herab und machte das Waffensystem unbrauchbar.

Beweglichkeit

Die Beweglichkeit der Schützenpanzer (SPz) ist eine der größten Stärken der Panzergrenadiere. Sie ermöglicht dem Bataillon:

○ weiträumige Bewegungen in kurzer Zeit,
○ überraschendes Eingreifen auf dem Gefechtsfeld,
○ sich schnell zu konzentrieren und zu zerlegen,
○ seine Feuerkraft ohne große Vorbereitungen rasch einzusetzen,

○ ohne Zeitverlust überraschend Schwerpunkte zu bilden,
○ das Gefecht abzubrechen, um den Kampf an günstigerer Stelle fortzusetzen.

Der rasche Ablauf aller Bewegungen und vor allem die sich daraus für den Einsatz ergebenden Möglichkeiten stellen an jeden Führer zwei Forderungen:

○ vorausschauendes Denken, schnelle Entschlußkraft und gefaßte Entschlüsse rasch in Befehle umzusetzen,
○ in jeder Lage mit schneller Bewegung zu rechnen, um sie zu wendiger Kampfführung und zur Überraschung des Feindes auszunutzen.

Geländegängigkeit

Die Geländegängigkeit der Schützenpanzer ermöglicht dem Bataillon:

○ zügige Bewegungen auch abseits von Straßen und Wegen,
○ weiträumige Ausnutzung des Geländes für Bewegung und Kampf,
○ rasches Umfahren von Hindernissen und Sperren,
○ sich der Feindeinwirkung auf der Erde und aus der Luft durch starke Auflockerung weitgehend zu entziehen,
○ den Feind aus unerwarteter Richtung anzugreifen,
○ seine Waffen aus günstigen Stellungen überraschend zur Wirkung zu bringen.

Der Einsatz der Schützenpanzer ist jedoch weitgehend von der Beschaffenheit des Geländes abhängig:

Es muß für Panzerfahrzeuge befahrbar sein und soll darüber hinaus auch günstige Bedingungen für den Kampf bieten.

Richtige Ausnutzung des Geländes steigert die eigene Waffenwirkung, mindert die Verluste, schont Gleisketten und Motore der Schützenpanzer und erleichtert die Überraschung des Feindes.

Die starke Kampfkraft des Bataillons kommt am besten in einem Gelände zur Geltung, in dem Schnelligkeit und Geländegängigkeit der Schützenpanzer voll ausgenutzt werden können.

Wann immer Lage und Auftrag es zulassen, ist für den Einsatz des Bataillons das jeweils günstigste Gelände zu berücksichtigen. Auch größere Umwege sind nicht zu scheuen, wenn dadurch der Kampf unter besseren Geländebedingungen geführt werden kann. Die Wahl eines geeigneten Kampfgeländes ist mitentscheidend für den Erfolg.

Voraussetzung für die volle Ausnutzung der Geländegängigkeit und damit auch für die Erzielung der größten Kampfkraft ist eine frühzeitige, vorausschauende Geländeerkundung und Geländebeurteilung.

Günstig für Bewegung und Kampf sind:

○ leichter bis mittelschwerer Boden,
○ leicht abfallendes, schwach gewelltes Gelände,
○ mäßige Bodenbedeckung,
○ schwache Besiedlung.

Hier kann die schnelle Beweglichkeit der Schützenpanzer voll ausgenutzt werden. Für den Kampf bieten sich versteckte oder Randstellungen und gute Beobachtungsmöglichkeiten für schwere Waffen und Artillerie. Ungünstig für Bewegungen und Kampf sind:

○ Mahlsand oder schwerer, feuchter Boden,
○ bergiges oder tief durchschnittenes Gelände,
○ deckungslose Ebenen und Knickgelände,
○ starke Bodenbedeckung, Wälder und Ortschaften,
○ Engen.

Sie behindern den beweglichen Einsatz der Schützenpanzer, engen ihn ein oder begünstigen die feindliche Panzerabwehr.

Größere Geländeerhebungen verlangsamen die Bewegungen und begünstigen Hinterhangstellungen der feindlichen Panzerabwehr. Wenn sie nicht umfahren werden können, sind sie in breiter Front zu überwinden. Mulden, Täler und Schluchten bieten Schutz vor erdbeobachtetem Feuer und können die Druck-, Hitze- und Strahlungswirkungen von Atomwaffen erheblich einschränken. Sie eignen sich für Bereitstellungen, Feuerstellungen schwerer Waffen sowie zur Aufstellung und Verschiebung von Reserven.

Quer zur Angriffsrichtung verlaufende tiefe Täler und Schluchten können einen aufgesessenen Angriff ausschließen. Engen, Täler und Schluchten, die in Angriffsrichtung verlaufen, zwingen zu tiefer Gliederung. Sie behindern einen Feuerkampf in breiter Front und sind vom Feind leicht zu sperren.

Ortschaften und Wälder bieten Deckung gegen Erd- und Luftbeobachtung. Sie erschweren jedoch Bewegung, Feuerkampf, Sicht- und Funkverbindungen und begünstigen die feindliche Panzernahbekämpfung. Sie sind nach Möglichkeit zu umfahren. Müssen sie bei stärkerem Feindwiderstand angegriffen werden, ist zum Kampf abzusitzen.

Sumpf und Moor schließen ein Befahren meist aus. Wenn sie im Winter tragfähig zugefroren sind, bilden sie bei günstiger Bodenbewachsung ein gutes Kampffeld. Wasserläufe über 1,50 Meter Wassertiefe, Gräben über 1,50 Meter Breite und Stufen über 1,20 Meter Höhe bilden Hindernisse, die von Schützenpanzern ohne Hilfsmittel nicht zu überwinden sind.

Furten mit einer Wassertiefe bis 1,20 Meter erlauben ein Überqueren von Gewässern. Voraussetzungen dafür sind ein fester Untergrund sowie flache Ein- und Ausfahrten.

An Steilhängen birgt lockerer, sandiger Untergrund die Gefahr des Festfahrens der Schützenpanzer.

Steigungen über 60% können nicht überwunden werden.

Geländehindernisse und Sperren, die einen aufgesessenen Angriff hemmen oder ihn in ungewollte Richtung zwingen können, sind:

○ Steilhänge und Steilabstiche,
○ Panzergräben,
○ Panzerminensperren,
○ Anstauungen und künstliche Versumpfungen.

Witterungseinflüsse (Regen, Schnee, Frost, Tauwetter) können die Gangbarkeit des Geländes in kürzester Zeit grundlegend verändern. Starke Niederschläge oder Tauwetter können das Gelände für Schützenpanzer unbefahrbar machen.

Frostperioden können die Überwindung von vorher ungangbarem Gelände ermöglichen.

In Regen- und Schlammperioden sind die technische Beanspruchung der Schützenpanzer und der Bedarf an Betriebsstoff in jedem Gelände besonders groß. Alle Bewegungen sowie die Pflege- und Instandsetzungsarbeiten benötigen mehr Zeit.

Beim Übergang von einer Schlammperiode zu Frostwetter ist einem Einfrieren der Gleisketten vorzubeugen.

Eine Schneehöhe über 50 cm erschwert oder verhindert den Einsatz von Schützenpanzern und erhöht den Betriebsstoffbedarf wesentlich. Die Schützenpanzer sind dann vorwiegend an schneegeräumte Straßen und Wege gebunden.

Vereiste oder schneeverwehte Straßen können oft erst nach langwierigem Einsatz von Streu- oder Räumkommandos überwunden werden.

Ist das Gelände für Schützenpanzer ungangbar oder versperrt ein Hindernis den Weg und kann nach Gelände, Auftrag oder Lage auch nicht in ein günstiges Gelände ausgewichen werden, wird das Bataillon ganz oder mit Teilen abgesessen eingesetzt.

Sobald das Gelände es zuläßt, sind die Schützenpanzer schnell nachzuziehen, um Marsch oder Kampf aufgesessen fortzusetzen.

Panzerung

Die leichte Panzerung des Schützenpanzers schützt die Besatzung weitgehend vor Feindeinwirkung auf der Erde und aus der Luft. Mit geschlossener Deckenpanzerung ist der Schützenpanzer in der Lage, ABC-verseuchtes Gelände zu überwinden.

Zur vollen Ausnutzung der Panzerung und der schnellen Beweglichkeit der Schützenpanzer kämpfen die Panzergrenadiere aufgesessen, solange das Gelände, eine überlegene Panzerabwehr oder Minen einen Einsatz der Schützenpanzer nicht ausschließen.

Ein unnötiges Absitzen bedeutet Preisgabe des Panzerschutzes und Verzicht auf schnelle Bewegung.

Andererseits darf jedoch ein schnelles Absitzen zum Kampf zu Fuß nicht gescheut werden, wenn es die Lage erfordert und dadurch der Feind überrascht oder der Erfolg leichter erreicht werden kann.

Die Panzerung des Schützenpanzers schützt vor feindlichem Infanteriefeuer; es kann rücksichtslos durchfahren werden.

Feindlichem Artilleriefeuer wird nach Möglichkeit ausgewichen, oder es wird mit erhöhter Geschwindigkeit durchfahren.

Beim Zusammenstoß mit Feindpanzern oder beim Auftreffen auf überlegene feindliche Panzerabwehr gilt für die nur leicht gepanzerten Panzergrenadiere:

○ Feindpanzer werden durch eigene Panzer bekämpft. Die Panzergrenadiere folgen und bekämpfen feindliche motorisierte Schützen und Infanterie;
○ starke feindliche Panzerabwehr wird abgesessen im Kampf zu Fuß niedergekämpft;
○ Einsatz der Panzergrenadiere an anderer günstigerer Stelle zur Flankierung, wobei Panzer und Artillerie unterstützen.

In der Verteidigung sind die Schützenpanzer möglichst beweglich einzusetzen. Ist dies nicht möglich, so werden sie eingegraben in Deckungen zurückgehalten, um zum Feuerkampf in erkundete Feuer- und Wechselstellungen vorzufahren. Die Besatzungen verteidigen dann abgesessen zu Fuß.

Feuerkraft

Das Bataillon verfügt mit seinen zahlreichen Flach- und Steilfeuerwaffen über eine starke Feuerkraft. Da alle schweren Waffen von Bord eingesetzt werden, ist das Bataillon auch während der Bewegung stets feuer- und kampfbereit.

Die besondere Stärke der Panzergrenadiere ergibt sich jedoch erst aus der Verbindung von Feuer und Bewegung.

Die gepanzerte Beweglichkeit und die starke Feuerkraft sind auszunutzen, um:

○ den Feind im aufgesessenen Angriff mit Feuer zu überschütten und niederzuhalten und seine Verteidigung zu lähmen;
○ das Feuer auf gefährliche Ziele schnell und überraschend zusammenzufassen;
○ durch häufigen und schnellen Stellungswechsel kein festes Ziel zu bieten und sich der feindlichen Gegenwirkung zu entziehen;
○ in schneller Annäherung mit dem Feuer aller Bord- und Handwaffen den Feind in seinen Stellungen niederzukämpfen;
○ mit den schweren Waffen Feindziele in der Tiefe und hinter Deckungen zu zerschlagen.

Jeder Feuerkampf ohne Bewegung setzt die Kampfkraft der Schützenpanzer herab. Das Feuer muß sich daher stets mit der Bewegung verbinden.

Im aufgesessen geführten Angriff schießt sich das Bataillon in schnellem Wechsel von Feuer und Bewegung an den Feind heran. Werden Teile oder das ganze Bataillon zum Kampf zu Fuß gezwungen, sind die Schützenpanzer in der Tiefe oder in den Flanken beweglich einzusetzen, um die abgesessenen Teile mit starken Feuerzusammenfassungen zu unterstützen.

Auch in der Verteidigung erreicht das Bataillon seine größte Wirkung meist dann, wenn es neben seiner Feuerkraft auch seine Beweglichkeit voll entfalten kann, also in überraschenden Gegenangriffen, in beweglicher Verteidigung und im hinhaltenden Kampf.

Sofern Lage, Gelände und Auftrag es zulassen, ist eine ortsfeste Verteidigung mit abgesessenen Panzergrenadieren zu vermeiden, da sie die besondere Stärke der Panzergrenadiere, die Beweglichkeit des Feuers nicht nutzen kann.

Funkverbindung

Eine breite Ausstattung mit Funkgeräten verbindet die Kompanien, die schweren Waffen, das Bataillon untereinander, mit übergeordneten Stellen und mit anderen Waffengattungen.

Diese Verbindungen können zu jeder Zeit, in allen Lagen und über alle notwendigen Entfernungen auf dem Gefechtsfeld und nach rückwärts hergestellt werden.

Die Durchführung des Funkverkehrs erfordert gründliche Planung und strenge Disziplin.

Schnelle und stetige Funkverbindungen ermöglichen die Führung und das Zusammenwirken aller Teile. Sie sind notwendig für Befehle, Meldungen und Kampfgespräche.

Jeder Führer nutzt die Funkverbindungen zu straffer Führung, beweglicher Kampfweise, raschen und beweglichen Feuerzusammenfassungen und für das Zusammenwirken aller Kräfte.

Führungsgrundsätze

Die große Beweglichkeit des Panzergrenadierbataillons auf dem Gefechtsfeld fordert vom Bataillonskommandeur vorausschauendes Denken, schnelles Erfassen der Lage, Entschlußkraft und die Fähigkeit, Entschlüsse rasch in Befehle umzusetzen.

Dazu wählt der Bataillonskommandeur im Gefecht seinen Platz weit vorn, wo er einen unmittelbaren Eindruck erhält und den Erfordernissen der Lage entsprechend die Kompanien schnell zusammenfassen, verschieben und an jeweils entscheidender Stelle den Schwerpunkt bilden kann. Nur so ist er in der Lage, jederzeit persönlich Einfluß auf den Ablauf des Gefechtes auszuüben.

Der Bataillonskommandeur beurteilt laufend und vorausschauend die Lage und das Gelände, so daß er im entscheidenden Augenblick schnell die richtigen Entschlüsse fassen und die entsprechenden Befehle geben kann.

Die Beurteilung der Lage umfaßt:

○ Auftrag,
○ eigene Lage,
○ Feindlage,
○ Gelände,
○ Versorgungslage,
○ Abwägen der Möglichkeiten und den
○ Entschluß, der die Kampfart, den Zweck, das Ziel und in großen Zügen bereits den Kampfplan enthält.

Aus dem Auftrag, der Absicht, der Beurteilung der Lage und dem Entschluß erstellt der Bataillonskommandeur des Panzergrenadierbataillons den Kampfplan und den sich daraus ergebenden Feuerplan.

Der **Kampfplan** legt die beabsichtigte Führung des Gefechtes, den Einsatz der zur Verfügung stehenden Kräfte und ihre Kampfaufträge in allen Einzelheiten fest. Dabei sind folgende Grundsätze zu beachten:

(1) Der sicherste Erfolg liegt stets in der Überraschung des Feindes, die durch die Schnelligkeit der Schützenpanzer, Tarnung, Geländeausnutzung, List und Täuschung erreicht wird.

(2) Für jeden Kampf sind die Kräfte des Panzergrenadierbataillons zu einem Schwerpunkt zusammenzufassen. Mehrere Aufgaben sind unter erneuter Schwerpunktbildung nacheinander zu lösen.

(3) Nur die Zusammenarbeit aller Kräfte bringt den Erfolg. Sie ist vor und während des Einsatzes durch enge, ständige Verbindung aller Führer und gegenseitige Abstimmung der geplanten Maßnahmen sicherzustellen, auch wenn die Zusammenarbeit nicht durch Befehl geregelt ist.

Der **Feuerplan** regelt das zur Durchführung des Kampfplanes erforderliche Feuer durch örtlich und zeitlich bestimmte Kampfaufträge an die Panzergrenadierkompanien und an die schweren Waffen des Panzergrenadierbataillons sowie an die Unterstützungswaffen.

(1) Die Zielzuweisung erfolgt nach Art und Lage der Ziele und nach der Eigenart und Wirkungsmöglichkeit der einzusetzenden Waffen.

(2) Die Reihenfolge der Zielbekämpfung richtet sich nach der Gefährlichkeit der Ziele. Es sind vordringlich diejenigen Ziele zu bekämpfen, welche die Erfüllung des Auftrages stark behindern und die Panzer am meisten gefährden.

(3) Gegen solche Ziele bildet der Bataillonskommandeur Feuerschwerpunkte, die durch das Zusammenfassen des Feuers möglichst vieler Waffen und hohen Munitionseinsatz erreicht werden.

Die Verbindung von Flach- und Steilfeuer erzielt die größte Wirkung.

(4) Mehrere wichtige Ziele werden nacheinander durch zusammengefaßtes Feuer bekämpft. Die Beweglichkeit der Schützenpanzer und der schweren Waffen des Panzergrenadierbataillons sind auszunutzen, um das Feuer schnell und wendig auf die jeweils wichtigsten Ziele zusammenzufassen und neue Feuerschwerpunkte zu bilden.

Richtige Munitionstaktik ist ein wesentlicher Teil des Feuerplanes und ausschlaggebend für den Erfolg.

Der Munitionseinsatz (Menge und Art) richtet sich nach der Art des Zieles, der erforderlichen Feuerwirkung und der zur Verfügung stehenden Munitionsmenge. Die Vernichtung weniger, aber lohnender Ziele mit dem dafür notwendigen Munitionsaufwand ist erfolgreicher und sparsamer als die Bekämpfung zahlreicher Ziele mit dafür unzureichenden Munitionsmengen.

Der **Munitionshaushalt** muß gewährleisten, daß vor allem für die entscheidenden Kampfphasen genügend Munition zur Verfügung steht und darüber hinaus für unvorhergesehene Fälle eine ausreichende Reserve bleibt. Er muß verhindern, daß sich das Bataillon durch vorzeitiges Feuer auf weniger wichtige Ziele im entscheidenden Augenblick verschossen hat.

Der Munitionsersatz ist vorausschauend zu planen und zu veranlassen.

Die Versorgung mit Betriebsstoff, Munition und Verpflegung, die Instandhaltung und der Nachschub von Waffen, Fahrzeugen und sonstiger Ausrüstung sowie die stete Fürsorge für die Truppe sind Voraussetzungen für die Einsatzbereitschaft des Bataillons.

Die Regelung der Versorgung ist eine Führungsaufgabe. Sie ist vorausschauend zu planen und vorzubereiten. Schon bei der Erstellung des Kampf- und Feuerplanes muß der Bataillonskommandeur die Versorgungslage berücksichtigen und die laufende Versorgung vor und während des Gefechtes sicherstellen.

Die wichtigsten Punkte für die Versorgung sind in den Einsatzbefehl mit aufzunehmen. Einzelheiten werden meist schriftlich in einem gesonderten Versorgungsbefehl angeordnet.

Der Chef der Versorgungskompanie trifft danach selbständig alle Vorbereitungen und leitet verantwortlich die Versorgung des Bataillons.

Die Führer aller Grade müssen ständig über Auftrag, Absicht und weitere Entwicklung der Lage unterrichtet werden, um auch bei veränderter Lage selbständig im Sinne der Gesamtabsicht handeln zu können.

Für weitgreifende Aufträge wird nach der Karte befohlen. Im Gefecht soll jedoch nach Auswerten von Karten und Luftbildern der Befehl grundsätzlich nach dem Gelände gegeben werden.

Im allgemeinen führt der Bataillonskommandeur durch mündliche Befehle. Nur für den Marsch, für voraussichtlich länger dauernde Kampfhandlungen und in der Ruhe wird schriftlich befohlen. Wo immer möglich, wird ein Vorbefehl gegeben.

Wenn es die Lage gestattet, gibt der Bataillonskommandeur den versammelten Führern der Kompanien und unterstellten Truppenteile einen Gesamtbefehl. Sie erhalten dabei Gelegenheit, ihr Zusammenwirken untereinander und mit den Führern der auf Zusammenarbeit angewiesenen Truppenteile im einzelnen abzusprechen.

Im Gefecht führt der Bataillonskommandeur durch Einzelbefehle. Ihre Reihenfolge richtet sich nach der Dringlichkeit der Aufträge. Er übermittelt seine Befehle durch Sprechfunk, Melder oder Zeichen.

In jeder Lage veranlaßt und überwacht der Bataillonskommandeur Aufklärung und Sicherung. Ebenso ist die Verbindung innerhalb des Bataillons, zu den unterstellten Truppen, zur vorgesetzten Stelle und zu den Nachbarn sicherzustellen.

Der Fernmeldeoffizier ist frühzeitig über Lage und Absicht zu unterrichten. Nach den Weisungen des Bataillonskommandeurs stellt er die erforderlichen Fernmeldeverbindungen her. Eine Überlagerung der wichtigsten Verbindungen wird häufig notwendig sein.

3. Vorschriften

Bei der Aufstellung der ersten Panzergrenadierbataillone in der Bundeswehr 1956 gab es noch keine Vorschriften für die Ausbildung. Kriegsgediente Offiziere dieser Waffengattung stellten ihre Erfahrungen zur Verfügung und ersetzten die fehlenden Vorschriften mit selbst herausgegebenen Merkblättern und Umdrucken. Diese nahmen nicht nur einen erheblichen Umfang an, sondern waren manchmal auch widersprüchlich. Hinzu kam, daß außer im Panzergrenadierlehrbataillon in Munster bei den anderen neu aufgestellten Bataillonen noch keine gepanzerten Fahrzeuge vorhanden waren.

Dieser unbefriedigende Zustand wurde vom Inspekteur des Heeres beendet mit der Herausgabe der »Vorläufigen Bestimmungen für die Ausbildung der Panzergrenadiere« vom 2. 9. 1957. Darin war festgelegt, wie der Einsatz und die Kampfweise der Panzergrenadiere im Unterricht, in der Gefechtsausbildung, bei Planspielen und Geländebesprechungen zu behandeln war. Sie waren ein Provisorium und konnten die mangelhafte Praxis ohne Gefechtsfahrzeuge nicht ersetzen.

Erst im Sommer 1958 erhielt die Panzertruppenschule in Munster den Auftrag, durch ihren Spezialstab ATP (Auswertung, Technik, Planung) den Entwurf einer Bataillonsvorschrift für die Panzergrenadiere zu erstellen.

Für diese Arbeit konnte sich der Leiter der Arbeitsgruppe nur auf seine eigenen Kriegserfahrungen als Panzergrenadier stützen. Als taktische Grundlage diente die erste Führungsvorschrift des Heeres »Truppenführung, T.F. HDv. g 100/2 vom 23. 3. 1956«. Danach sollten die Ausbildungsvorschriften für Kompanie und Zug folgen. Dieser erste Entwurf ist zwar fertiggestellt, aber nie erlassen worden.

Inzwischen wurde eine neue Führungsvorschrift für das Heer als Vorabdruck der T.F. 1960 erlassen. Wiederum erhielt die Panzertruppenschule im Dezember 1959 den Auftrag, auf der Grundlage der T.F. 1960 die Bataillonsvorschriften auch für die Panzertruppe und die Infanterie zu erstellen. Dazu wurde eine Arbeitsgruppe gebildet, die aus je 2 Offizieren der genannten Waffengattungen und der Panzergrenadiere bestand. Sie erhielten die Weisung, die 3 Bataillonsvorschriften überall dort spiegelgleich zu schreiben, wo in den 3 Waffengattungen taktische Gemeinsamkeiten vorhanden waren, also z.B. beim Marsch usw.

Auch bei dieser Vorschriftenbearbeitung konnte auf die bewährten Führungs- und Einsatzgrundsätze der 3 Waffengattungen aus dem Kriege zurückgegriffen werden, aber die Arbeit war mühsam und erstreckte sich über das ganze Jahr 1960. Es war aber ein Erfolg, daß endlich im Frühjahr 1961, 6 Jahre nach Aufstellung der Bundeswehr, eine Vorschrift für die Führung des Panzergrenadierbataillons, die HDv. 231/1 (Vorläufer) »Das Panzergrenadierbataillon (SPz), Ausgabe März 1962«, erlassen werden konnte.

Mit dem Erlaß der neuen Vorschrift für die Truppenführung, »Führungsgrundsätze des Heeres für die atomare Kriegführung«, HDv. vertr. 100/2 vom 11. 4. 1961 traten die bisherigen Führungsvorschriften des Heeres außer Kraft. Für die Panzergrenadiere wurden in der neuen T.F. die bisherigen Führungs- und Einsatzgrundsätze beibehalten. Sie wurden lediglich erneut durch die Kampfgrundsätze auf dem atomaren Gefechtsfeld erweitert.

Im Laufe der folgenden Jahre wurde die HDv. 231/1 noch mehrfach geändert. Sie wurde in Teilen abgelöst durch die Einzelanweisung für die Ausbildung der Panzergrenadiertruppe Nr. F 1 »Das Panzergrenadierbataillon« vom 14. 11. 1974, und diese Ausgabe wurde wiederum geändert, bedingt durch die Umgliederung des Heeres nach dem Heeresmodell 4, durch die Anweisung für Führung und Einsatz (FE) 700/108 »Vorläufige Einsatzgrundsätze der Truppengattungen des Heeres« vom März 1984.

Bei diesen späteren Bearbeitungen und Änderungen war auffallend, daß es den jüngeren Bearbeitern, die keine Kriegserfahrungen mehr hatten, schwer fiel, sich in die besondere Kampfweise der Panzergrenadiere hineinzudenken. Mehr und mehr verbreitete sich die Auffassung, daß bei einer zu erwartenden starken Panzerabwehr auf dem Gefechtsfeld der Zukunft die abgesessene Kampfweise vorherrschen werde. Auch bei der Beurteilung der Panzergrenadiere in der Verteidigung entstanden Meinungen, die dem Kampf zu Fuß aus festen Erdstellungen den Vorzug gaben und die hohe Beweglichkeit der Panzergrenadiere nicht berücksichtigten.

Neben den Vorschriften ist von der Kampftruppenschule 2 in einer einprägsamen Kurzfassung, die besonders für die Lehrgangsteilnehmer bestimmt ist, der Auftrag, der Kampf sowie die notwendige Bewaffnung und Ausrüstung für die Panzergrenadiere festgelegt worden:

Auftrag der Panzergrenadiere

Panzergrenadiere müssen — heute und in der Zukunft — kämpfen können

○ im ununterbrochenem Gefecht der verbundenen Waffen,
○ in allen Gefechtsarten,
○ auch in schwierigem Gelände,
○ bei allen Sicht- und Wetterverhältnissen,
○ unter jeder Bedrohung,
○ auf- und abgesessen,
○ in der Verteidigung sowohl voll beweglich als auch aus Feldbefestigungen,
○ im Angriff und in der Verzögerung beweglich und in raschem Wechsel der Kampfweise möglichst ohne Umgliederung,
○ vor allem aber gemeinsam mit Kampfpanzern.

Panzergrenadiere kämpfen

○ vor allem gegen Infanterie und deren Kampffahrzeuge und leicht gepanzerte Ziele,
○ wo möglich auch gegen angreifende Hubschrauber.

Im Rahmen der Fliegerabwehr beteiligen sie sich am Kampf gegen angreifende Flugziele.

Mit ihren Panzerabwehrwaffen bekämpfen sie auch Kampfpanzer.

Zum Kampf benötigen Panzergrenadiere

○ ein Kampffahrzeug mit einer Hauptwaffe,
○ eine Absitzstärke von mindestens 1/6,
○ Kampffahrzeuge mit Überlebensfähigkeit durch ballistischen und ABC-Schutz und dem eigenen Kampfpanzer entsprechender Beweglichkeit,
○ Nachtkampffähigkeit für auf- und abgesessenes Führen, Fahren und Kämpfen,
○ Handwaffen, Panzerabwehrhandwaffen, Kampfmittel für auf- und abgesessenen Einsatz,
○ eine ständig verfügbare Panzerabwehrkomponente,
○ eine ständig verfügbare Steilfeuerkomponente.

II. Gliederungen und Entwicklungen

1. Erste Aufstellungen

Als 1956 die Bundeswehr aufgestellt wurde, waren seit dem Kriegsende 11 Jahre vergangen, und in diesem Zeitraum war ein gewaltiger Wandel im gesamten Kriegswesen eingetreten. Es war daher verständlich, daß man sich bei den Planungen zur Aufstellung der neuen Heeresverbände zunächst einmal, trotz der wertvollen eigenen Kriegserfahrungen, an das amerikanische Vorbild anlehnte, womit zugleich auch die sich aus der Zugehörigkeit zum NATO-Bündnis ergebenden Forderungen erfüllt werden konnten.

Hinzu kam, daß sich die Hilfe der USA insofern als sehr bedeutungsvoll erwies, weil im Rahmen eines Militärhilfeabkommens Waffen, Gerät und Ausbildungspersonal zur Verfügung gestellt wurden.

Von den vorgesehenen 12 Divisionen der Bundeswehr waren 8 als Grenadier-, 2 als Panzer- und je 1 als Gebirgs- und Luftlandedivision geplant.

Die beiden Panzerdivisionen, die die Nr. 3 und 5 trugen, glichen weitgehend den amerikanischen von 1956. Sie hatten eine Stärke von 13 000 Mann.

Zur Division gehörten:

3 Kampfgruppenstäbe mit je 1 Stabskompanie
3 Panzerbataillone
3 Panzergrenadierbataillone
1 Panzeraufklärungsbataillon
1 Panzerartillerieregiment mit 3 Panzerartilleriebataillonen
1 Panzerpionierbataillon
1 Fernmeldebataillon
1 Panzerflugabwehrbataillon
1 Sanitätsbataillon
1 Quartiermeisterbataillon
1 leichte Feldinstandsetzungskompanie
1 Feldjägerkompanie
1 Heeresfliegerstaffel

Diese Verbände wurden je nach Lage in wechselnder Zahl den 3 Kampfgruppenstäben unterstellt.

In der Bundeswehr wurden bei den Panzergrenadieren in der ersten Phase nur die Bataillone der beiden Panzerdivisionen aufgestellt, wobei zunächst nur das Lehrbataillon über gepanzerte Fahrzeuge verfügte. Alle anderen, auch später aufgestellten Panzergrenadierbataillone waren mit handelsüblichen Lastkraftwagen ausgerüstet, die nur für den Transport, nicht aber als Kampffahrzeuge genutzt werden konnten.

Als Hauptbeispiel des Panzergrenadierlehrbataillons soll nachstehend der Aufbau, die Gliederung und die Entwicklung der Waffengattung — ab 1960 Truppengattung — der Panzergrenadiere in der Bundeswehr dargestellt werden.

Für das Bataillon war nach der damaligen Heeresstruktur 1 eine Stärke von 979 Mann vorgesehen. Es war wie folgt gegliedert:

1 Stabskompanie mit
Bataillonsführungsgruppe
Stabszug mit Fernmeldegruppe und einer Gruppe z.b.V.
Panzer
Granatwerferzug 120 mm
Pionierzug

4 Panzergrenadierkompanien mit je
Kompanieführungsgruppe
3 Panzergrenadierzügen
1 Granatwerfergruppe 81 mm
1 Leichtgeschützgruppe 106 mm

1 Versorgungskompanie mit
Kompanieführungsgruppe
1 Quartiermeisterzug
1 Feldzeugzug
1 Sanitätszug

Nachstehend ist die Gliederung eines Panzergrenadierbataillons in einer Panzerdivision Typ 1956 der Bundeswehr mit der eines mit Schützenpanzerwagen (SPW) ausgestatteten Panzergrenadierbataillons eines Panzergrenadierregimentes von 1944 gegenübergestellt, um den Unterschied zu zeigen.[27] (Skizze 5)

Die Aufstellung des Panzergrenadierlehrbataillons erfolgte nach dem Aufstellungsbefehl Nr. 6 (Heer) vom 5.3.1956:

»I. **Organisatorische Bestimmungen**
  1. Es sind aufzustellen:
    a. durch Aufstellungsstab Nord

    .....

    Pz.-Lehr-Btl. in Munster, Hauptlager
    Pz.-Gren.-Lehr-Btl. in Munster, Hauptlager

    .....

---

27 Für dieses und die nachfolgenden Gliederungsbilder der Panzergrenadiertruppe wurden zu Grunde gelegt:
STAN 321 2200 vom 20. 9.1955
STAN 321 2100 vom 20.11.1958
STAN 321 2110 vom 20.11.1958

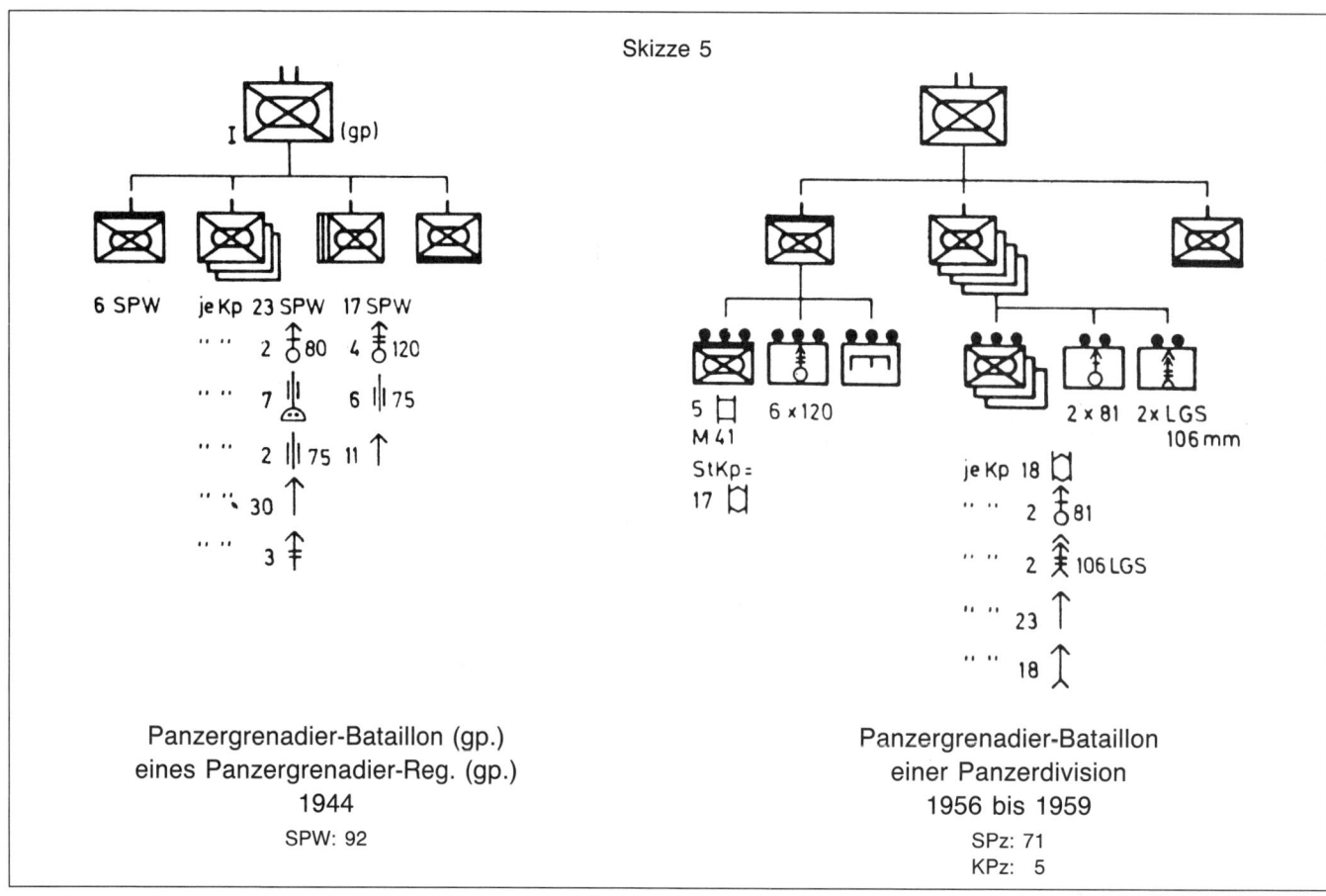

Skizze 5

**Panzergrenadier-Bataillon (gp.)
eines Panzergrenadier-Reg. (gp.)
1944**
SPW: 92

**Panzergrenadier-Bataillon
einer Panzerdivision
1956 bis 1959**
SPz: 71
KPz: 5

3. Aufstellungsablauf (die genannten Daten bezeichnen den jeweiligen Aufstellungs**beginn**):
   a. Am 3. 4. 56 treten als VP die Btl.Kdre., ... und das bis zu diesem Zeitpunkt verfügbare Personal in den jeweiligen Standorten zusammen...
   b. Am 2. 5. 56 Bildung der Kader-Lehr-Btle., ... (unter gleichzeitiger Eingliederung der bis Ende April aus Andernach eintreffenden Züge).

   Am 2. 7. 56 Lehr-Btle. ... voll durch Auffüllung mit Freiwilligen einschließlich O.A. ...«

In diesem Befehl kommt auch zum Ausdruck, daß durch die gemeinsame Unterbringung des Panzer- und des Panzergrenadierlehrbataillons sowie auch später der Panzergrenadier- und der Panzertruppenschule im Standort Munster die unerläßliche enge Zusammenarbeit zwischen Panzern und Panzergrenadieren schon während der Ausbildung im Frieden unterstützt und gefördert werden sollte.

2. Lehr- und Versuchsübungen 1958 — Heeresstruktur 2

Schon während der Aufstellung der Bundeswehr hatte sich herausgestellt, daß die Gliederung der NATO-Divisionen für einen Kampf auf dem atomaren Gefechtsfeld unzweckmäßig war. Infolge ihrer Ausstattung mit einer großen Zahl von Fahrzeugen aller Art waren sie zu groß und unhandlich. Die Organisation der Unterstellung der ebenfalls recht umfangreichen Bataillone unter die Kampfgruppenstäbe machten sie schwerfällig. Auch bei der Bundeswehr hatte die Auswertung von Divisionsübungen im Jahre 1957 erkennen lassen, daß eine Neugliederung notwendig war.

Die Vorstellung dafür waren kleinere Verbände, die, aus allen Waffen zusammengesetzt und mit eigener Versorgung ausgestattet, in der Lage waren, den Kampf auf einem atomaren Gefechtsfeld selbständig und beweglich zu führen.

Zudem hatte sich die Verteidigungspolitik der NATO vom Grundsatz des »atomaren Gegenschlages« zur »abgestuften Abschreckung« gewandelt. Das bedeutete, daß beim Ausbruch eines bewaffneten Konfliktes nicht mehr automatisch atomare Kampfmittel eingesetzt werden sollten. Diese Änderung war politisch bedeut-

Lehr- und Versuchsübung 1958 auf dem Truppenübungsplatz in Bergen.
Das Panzergrenadierbataillon im Angriff.
Im Vordergrund der damalige SPz M 39, dahinter ein Kampfpanzer M 47.

sam, weil sie die Regierungen von dem Zwang befreite, bei ausbrechenden Feindseligkeiten höhere Stufen der Vergeltung auszulösen, als es angesichts der Lage politisch und militärisch sinnvoll gewesen wäre.

Für die anstehende Umgliederung des Heeres wurden vom Führungsstab Forderungen ausgearbeitet, die in großen Lehr- und Versuchsübungen eingehend untersucht werden sollten.

Diese Übungen fanden im September 1958 auf dem Truppenübungsplatz Bergen-Hohne statt. Dazu hatte der Inspekteur des Heeres 2 Übungsbrigaden, eine Panzer- und 1 Grenadierbrigade aufstellen lassen, die in den verschiedenen Gefechtsarten und in verschiedenen Lagen gegeneinander angesetzt wurden. Die Übungs-Panzerbrigade bestand neben anderen Einheiten aus dem Panzer- und dem Panzergrenadierlehrbataillon aus Munster.

Die Lehr- und Versuchsübungen 1958 erbrachten wertvolle Erkenntnisse, die zur Aufstellung der »Division 59« führten.

Die Division verlor ihre Bedeutung als Truppenverband der verbundenen Waffen, gewann aber als Führungselement. Als unterste Großverbände traten an ihre Stelle die Panzer- und die Panzergrenadierbrigaden, die das Gefecht der verbundenen Waffen mit allen dazu notwendigen Truppengattungen, Führungs- und Versor-

gungsteilen führen konnten. Die Personalstärken in den Verbänden wurden herabgesetzt und die Gliederungen geändert, jedoch wurde die Zahl der Verbände erhöht. Die Versorgung lag in Zukunft bei der Brigade. Sie verfügte nur über konventionelle Waffen. Mehrzweckwaffen für konventionelle und atomare Munition waren nur auf der Ebene der Divisionen und der Korps vorhanden. Als weitere Maßnahme wurde die Waffengattung der Grenadiere abgeschafft. Stattdessen gab es nur Panzergrenadiere (mot) und Panzergrenadiere (SPz). Ferner wurden etwa ab 1960 die Waffengattungen Panzer, Panzergrenadiere, Panzeraufklärer und Panzerjäger zur Truppengattung der Kampftruppen unter einheitlicher Führung des Generals der Kampftruppen im damaligen Truppenamt — ab 1. 7. 1970 Heeresamt — zusammengefaßt.

In der Heeresstruktur 2 ergab sich für die Panzerbrigade folgende Gliederung (Skizze 6):

Brigadestab mit Stabskompanie
2 Panzerbataillone
1 Panzergrenadierbataillon (SPz)
1 Panzeraufklärungskompanie
1 Panzerartilleriebataillon
1 Panzerpionierkompanie
1 Panzerflugabwehrbatterie
1 Versorgungsbataillon

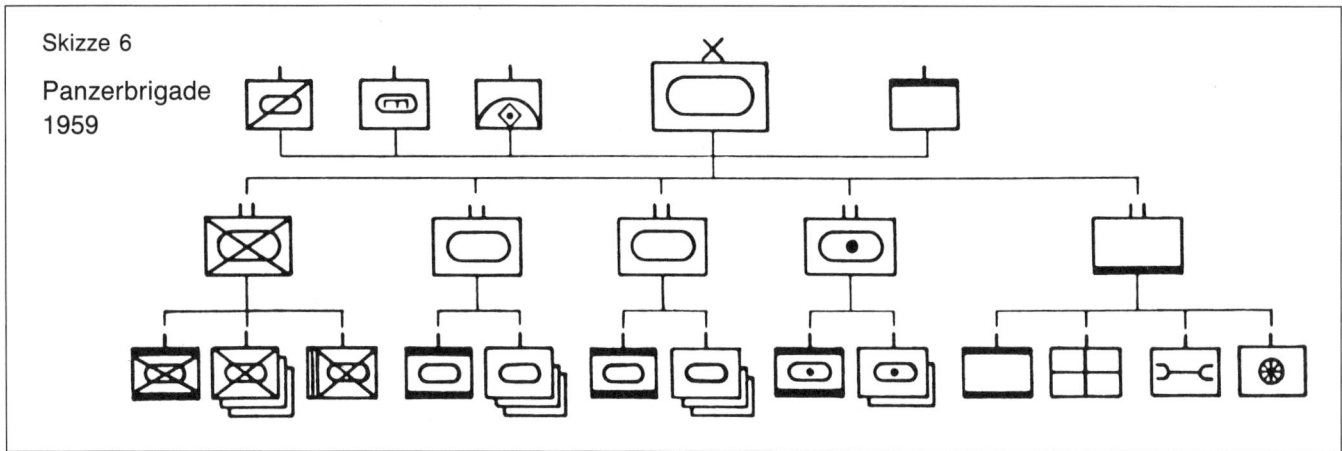

Skizze 6

Panzerbrigade 1959

Noch vor den Lehr- und Versuchsübungen wurde am 1. 6. 1958 in Munster die Panzerlehrkampfgruppe aufgestellt. Sie bestand zunächst aus dem Panzerlehrbataillon, dem Panzergrenadierlehrbataillon und dem Panzeraufklärungslehrbataillon und wurde der Panzertruppenschule unterstellt. Im Februar 1959 erhielt sie die Bezeichnung Panzerlehrbrigade 9 und wurde in der folgenden Zeit zu einer Panzerbrigade des neuen Typs aufgestockt.

Für das Panzergrenadierlehrbataillon hatte die Heeresstruktur 2 ebenfalls grundlegende Auswirkungen. Mit dem Umgliederungsbefehl Nr. 3/58 vom 3. 12. 1958 traten folgende Veränderungen ein (Skizze 7):

○ Das Bataillon wurde umbenannt in Panzergrenadierlehrbataillon 92.
○ Die Stabskompanie und die 5.(Versorgungs-) Kompanie wurden zur 1.(Stabs- und Versorg.-) Kompanie zusammengefaßt.

Skizze 7

Panzergrenadier-Bataillon (SPz) 1959 bis 1967

SPz: 68
KPz: 5

1967 bis 1980

(SPz)

4   je Kp 16   16   16
" 12   5 M 41   12 120
" 20   6 81
" 3   6 120
14
29

○ Die bisherige 4.(O.A.) Kompanie wurde in eine Unteroffizierlehrkompanie umgegliedert, aus dem Bataillon herausgelöst und der Panzertruppenschule direkt unterstellt.
○ Die 5.(schwere) Kompanie wurde mit 2 Mörserzügen und 1 Kanonenzug aufgestellt.
○ Die ehemalige 1. Kompanie wurde in 4. Kompanie umbenannt.

Diese Gliederung blieb im wesentlichen bis 1980 gültig. Nur die 5.(schwere) Kompanie wurde 1967 noch einmal verändert, weil die Kompanie eine veränderte Gliederung und Ausrüstung erhielt.

3. 1970: Heeresstruktur 3

Ende der sechziger Jahre war der Führungsstab des Heeres gezwungen, infolge der Haushaltslage Überlegungen anzustellen, um mit einer Neugliederung der Heeresverbände Kosten zu sparen, ohne die Kampfkraft zu schwächen und ohne die Verteidigungsfähigkeit im Bündnis zu verringern.

Bei den dafür notwendigen Untersuchungen sollte gleichzeitig geprüft werden, wieweit die Geländebeschaffenheit der Bundesrepublik Deutschland Einfluß auf den Einsatz zu Fuß kämpfender Großverbände haben kann.

Dazu wurden verschiedene Verbände in den geplanten Gliederungen aufgestellt und diese in der Herbstübung 1969 »Großer Rösselsprung« erprobt. Das Ergebnis brachte neue Erkenntnisse, nach denen ab 1970 die Neugliederung des Heeres nach dem »Organisationsmodell 3« durchgeführt wurde. Von den damit zusammenhängenden Veränderungen interessieren hier nur die Maßnahmen, welche die Truppengattungen Panzer und Panzergrenadiere (SPz) berühren:

a) Die 2. und die 4. Panzergrenadierdivision wurden in Jägerdivisionen umgewandelt, zu denen außer den Divi-

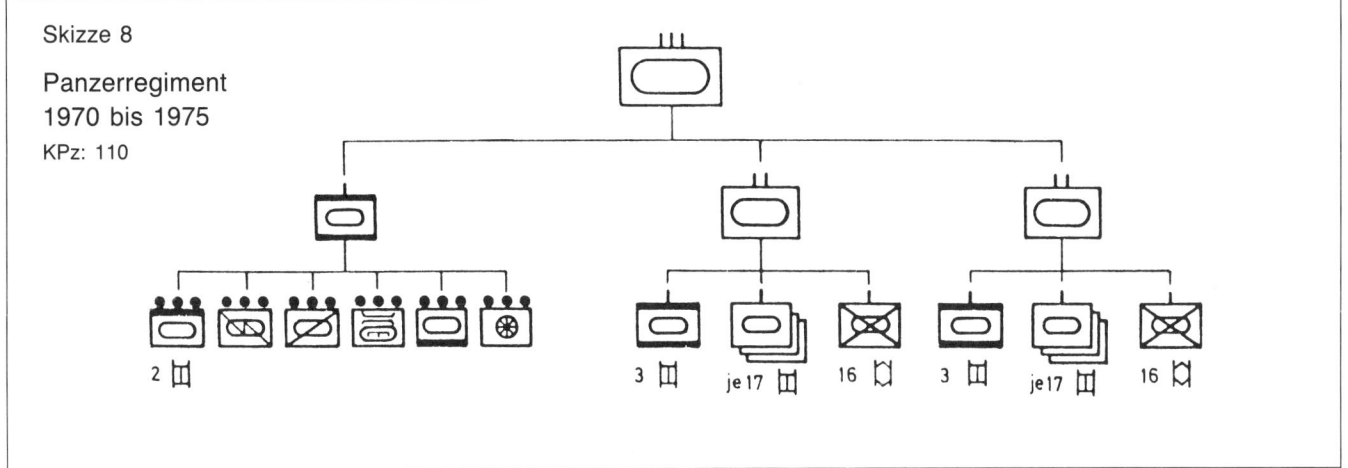

Skizze 8

Panzerregiment
1970 bis 1975

KPz: 110

2

3   je 17   16   3   je 17   16

sionstruppen je 3 Jägerbrigaden gehörten. Diesem »Jägerkonzept« entsprechend war in den neuen Jägerbrigaden der Anteil von Panzern und Panzergrenadieren (SPz) zugunsten einer panzerabwehrstarken, zu Fuß kämpfenden und von Panzerjägerbataillonen unterstützten Infanterie verringert worden.

b) Beim I. und II. Korps wurde 1970 und 1971 je 1 Panzerregiment aufgestellt. Die Panzerregimenter Nr. 100 und Nr. 200 waren als operative Reserve der Korps gedacht. Die beiden Panzerbataillone jedes Regiments wurden durch je 1 Panzergrenadierkompanie (SPz) verstärkt, jedoch fehlten den Regimentern zum selbständigen Operieren in ausreichender Zahl Versorgungstruppen. Die Panzerregimenter wurden 1975 wieder aufgelöst. (Skizze 8)

c) Zur Verstärkung der Territorialen Verteidigung wurde die Heimatschutztruppe mit Heimatschutzkommandos in Regimentsstärke aufgestellt. In diesen Regimentern waren auch gepanzerte Truppen vorgesehen, jedoch waren ihre Anteile oft nur als Kader vorhanden und so gering, daß deren Betrachtung hier ohne Bedeutung ist. Die Ausrüstung der gepanzerten Teile erfolgte mit Panzerfahrzeugen, die bei der aktiven Truppe durch die Einführung neuer Typen ausgemustert wurden.

In den Panzergrenadierbataillonen (SPz) brachte die Heeresstruktur 3 außer der bereits 1967 durchgeführten Umgliederung bei der 5.(Mörser-) Kompanie nur geringfügige Veränderungen in der STAN (Stärke- und Ausrüstungsnachweis), jedoch keine Umstellung der Gliederung.

4. 1980: Heeresstruktur 4

Als Anfang der siebziger Jahre das Heer auf die neuen Gliederungen nach der Heeresstruktur 3 umgestellt wurde, gab es bereits wieder Wandlungen auf militärpolitischem Gebiet sowie bei operativen und taktischen Beurteilungen, die neue Planungen für die Heeresgliederung der achtziger Jahre erforderten.

Die zunehmende Stärke der Armeen des Warschauer Paktes und die fortschreitende Verbesserung ihrer Angriffskräfte sowie ihre Fähigkeit zu schnellen, weitreichenden Operationen zwang dazu, die eigenen konventionellen Verteidigungskräfte zu stärken und schneller verfügbar zu machen. Es kam darauf an, möglichst weit vorn schlagkräftige und hochbewegliche Verbände für die Abwehr eines möglichen Feindangriffes jederzeit präsent zu halten.

Für diese Erkenntnis wirkte sich positiv aus, daß eine neue Generation von Waffen aller Art, wie Kampfpanzer Leopard 1 und 2, Schützenpanzer Marder, Spähpanzer Luchs, Panzerabwehrlenkraketen Milan, TOW und HOT, Flugabwehrpanzer Gepard, Raketenwerfer Lance und die Feldhaubitze 70, die bereits eingeführt worden waren oder deren Einführung bevorstand, die Abwehrkraft des Heeres erheblich gestärkt hatten.

Eine weitere Erkenntnis war, daß auch eine »Vorneverteidigung« zwangsläufig auf westdeutschem Boden stattfinden wird. Die Geländestruktur der Bundesrepublik Deutschland weist in nahe beieinander liegenden Gebieten erhebliche Unterschiede mit Höhenlagen, Bodenbedeckungen, Siedlungen und industriellen Ballungszentren auf, daß in Verbindung mit modernster Waffentechnik auch die Operationen und die Taktik davon beeinflußt werden. In einem solchen Gelände sind kleinere Verbände besser zu führen als die Verbände bisheriger Größe.

Zu diesen Überlegungen kamen auch noch personelle und finanzielle Gründe, die zu dem Entschluß führten, das Heer neu zu gliedern. Bereits ab 1973 wurden neue Gliederungsformen für die Bataillone der Kampftruppen erprobt. Am 24. 10. 1975 fand auf dem Truppenübungsplatz Bergen-Hohne eine Lehr- und Versuchsübung (LV 75) statt, an der die Panzerlehrbrigade 9 und damit auch das Panzergrenadierlehrbataillon 92 beteiligt war.

Die Übungen führten zu dem Entschluß, das Heer für die achtziger Jahre neu zu gliedern. Die Verbände wurden nach dem Umfang verkleinert, aber in der Gesamtzahl vermehrt. Damit wurde nun auch die angestrebte Zahl von 36 Brigaden in der Bundeswehr erreicht: 17 Panzerbrigaden, 15 Panzergrenadierbrigaden, 3 Luftlandebrigaden und 1 Gebirgsjägerbrigade.

Auf Grund der Heeresstruktur 4 hat die Panzergrenadiertruppe verschiedene Bataillonstypen, deren Gliederung im einzelnen davon abhängt, ob sie zu einer Panzer- oder zu einer Panzergrenadierbrigade gehören. Grundsätzlich wurde bei allen Panzergrenadierbataillonen der Umfang sowohl personell als auch materiell verringert, dagegen wurde die Gesamtzahl der Bataillone erhöht.

Das Panzergrenadierbataillon in einer Panzerbrigade hat eine Stärke von 734 Soldaten und ist gegliedert in

1 Stabs- und Versorgungskompanie,
4 Panzergrenadierkompanien,
1 Panzermörserkompanie.
(Siehe Gliederungsbild) Skizze 9

Die Verkleinerung der Verbände wirkte sich besonders in den Panzergrenadierkompanien aus, die nur noch über eine Stärke von 109 Soldaten auf insgesamt 11 Schützenpanzern verfügen. Jede Kompanie besteht

aus 3 Zügen, von denen jeder 1 Zugtrupp und 2 Panzergrenadiergruppen hat. Der gesamte Zug besteht aus 27 Soldaten auf 3 Schützenpanzern.

Auch in der inneren Organisation des Panzergrenadierbataillons gab es Veränderungen. Die Führungsleiste in den Kompanien wurde verringert, und wichtige Funktionen mußten an das Bataillon abgegeben werden, so u.a. die Personalbearbeitung und die Rechnungsführung.

Bei der Heeresstruktur 4 waren die Überlegungen für die Bildung kleinerer und hochbeweglicher Verbände eine vernünftige Voraussetzung. Als Zwangslage bestand aber auch die Notwendigkeit, 3 weitere Brigaden aufzustellen. Finanzielle und personelle Probleme kamen hinzu und gaben den Ausschlag für eine Lösung, die zumindest für die jetzige Gliederung der gepanzerten Kampftruppen nicht zweckmäßig ist.

Gegen diese einschneidenden Veränderungen durch die Heeresstruktur 4 wurden daher bei ihrer Einführung besonders von den Kampftruppen Bedenken erhoben, und noch heute klagt die Truppe über die ihr auferlegten Beschränkungen. Die Kritik richtet sich vor allem und mit Recht gegen die geringe Ausstattung mit Schützenpanzern und gegen die schwachen Personalstärken.

Es ist eine Tatsache, daß bei Beginn jeder größeren Kriegshandlung infolge von Feindeinwirkung die Stärken sowohl des Personals als auch des Materials absinken. Damit tritt im Panzergrenadierbataillon (SPz) eine Schwächung der Kampfkraft ein, die nicht nur bedingt ist durch die geringer gewordenen Einsatzzahlen der Schützenpanzer, sondern die sich auch äußerst nachteilig auswirkt auf die Absitzstärken der Panzergrenadiere beim Kampf zu Fuß. Es scheint so, als ob der wäh-

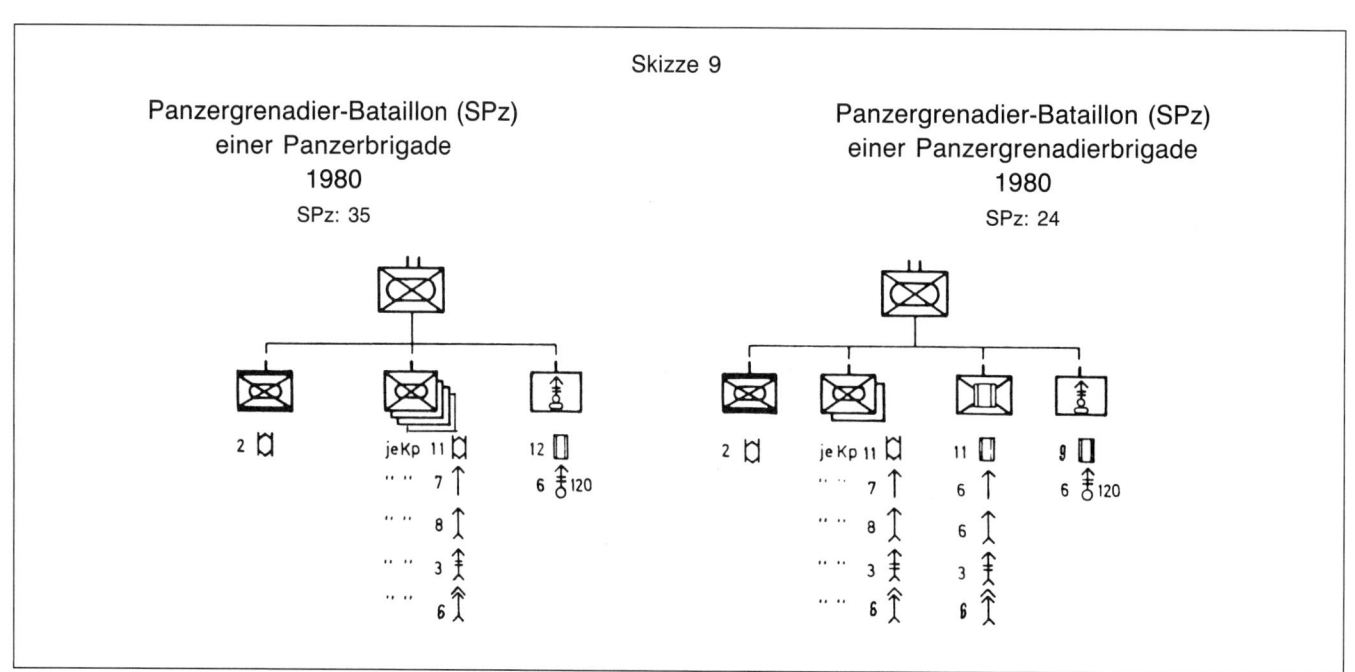

Skizze 9

Panzergrenadier-Bataillon (SPz)
einer Panzerbrigade
1980

SPz: 35

Panzergrenadier-Bataillon (SPz)
einer Panzergrenadierbrigade
1980

SPz: 24

rend des ganzen Krieges dauernd erhobene Ruf der Panzer nach ausreichender infanteristischer Unterstützung völlig vergessen ist.

Die Vorbehalte der Truppe gegenüber den Änderungen in der Heeresstruktur 4 fanden einen deutlichen Ausdruck in einer recht massiven Kritik, die der General a.D. Graf Kielmannsegg im November 1980 auf einem Treffen der gepanzerten Truppen in Munster im Beisein des damaligen Inspekteurs des Heeres vortrug. Er führte u. a. aus:

»Die verkleinerten Verbände der gepanzerten Kampftruppen mögen für die Führung handlicher und beweglicher sein, aber trotz moderner Waffensysteme, die im übrigen auch der Gegner hat, sind ihre Einsatzstärken, vor allem auch im Hinblick schnell eintretender Verluste, zu schwach und ermöglichen kaum die Bildung von Schwerpunkten. Nach Absinken der Kampfstärken in den Verbänden bleibt wieder nur die Notlösung des Krieges, alle übriggebliebenen gepanzerten Teile eines Großverbandes ohne Rücksicht auf ihre frühere Zugehörigkeit zu einer Panzerkampfgruppe zusammenzufassen.«

III. Kampffahrzeuge

1. Erste Ausstattung

Nach Aufstellung der Bundeswehr gab es 1956 für die Panzergrenadiere noch kein geeignetes Kampffahrzeug. Für die erste Ausstattung mußte auf Fahrzeuge aus den USA, Großbritannien und Frankreich zurückgegriffen werden. Als erstes und zunächst auch einziges Panzergrenadierbataillon wurde das Lehrbataillon in Munster ausgestattet. Ende des Jahres 1956 setzte sich der Bestand des Bataillons an gepanzerten Fahrzeugen zusammen aus:

Zahl	Typ	Verwendung	Herkunftsland
30	M 39	Schützenpanzer	USA
12	Bren Carrier	Schützenpanzer	GB
5	M 41	Panzerjäger	USA
4	Hotchkiss	Nachschubpanzer	FR
3	M 74	Bergepanzer	USA

Der M 39 wurde gegen Ende des Krieges von den USA entwickelt, kam aber nur noch vereinzelt zum Einsatz. Dageben war er im Korea-Krieg noch recht erfolgreich.

Die erste Fahrzeugausstattung der Panzergrenadiere erfolgte 1956 in der Bundeswehr mit ausländischen Typen; hier eine Panzergrenadierkompanie in Munster mit englischen Bren Carrier-Fahrzeugen.

Der amerikanische M 39 wurde 1956 als erster SPz verwendet

Das Vollkettenfahrzeug war oben offen, hatte bei einer Motorleistung von 400 PS ein Gewicht von 16 t, verfügte über eine Bewaffnung mit einem MG cal. 50 (12,7 mm) im Drehring und konnte eine Besatzung von 10 Soldaten aufnehmen. Es war beim Panzergrenadierlehrbataillon bis 1959 im Einsatz.

Der Bren Carrier diente ebenfalls als SPZ. Er war in vielen Versionen ein erfolgreiches Fahrzeug im Kriege. Im Panzergrenadierlehrbataillon war er mit einer geringen Stückzahl nur kurze Zeit vorhanden.

Der M 41 wurde seit 1950 vom Heer der USA als lufttransportfähiger Kampfpanzer eingeführt. Er war ein schwach gepanzertes, aber sehr bewegliches Kampffahrzeug mit einer leistungsstarken Bordkanone Kaliber 76 mm. Er wurde bis 1962 im Panzerjägerzug des Bataillons zur Panzerabwehr eingesetzt.

Der Hotchkiss ist 1951 von den Franzosen entwickelt worden. Nach der Verlängerung des Fahrgestelles von 4 auf 5 Laufrollen wurde er ab 1956 als SPz (kurz) vornehmlich als Spähpanzer eingesetzt. Bei den Panzergrenadieren diente er als Nachschubpanzer, jedoch war

Als Bergepanzer diente der amerikanische M 74

seine Nutzlast mit nur 2 t zu gering. Später wurde er bei den Panzergrenadieren mit gutem Erfolg als Sanitätspanzer eingesetzt.

Der mittlere Bergepanzer M 74 ist von den USA entwickelt worden. Mit ihm konnten beschädigte Kettenfahrzeuge auch unter Feindeinwirkung vom Gefechtsfeld geborgen werden. Mit Aufstellung der Bundeswehr wurden die Panzer- und Panzerjägerbataillone sowie das Panzergrenadierlehrbataillon mit diesem Fahrzeug ausgerüstet. Es verfügte neben einem Hebebaum über mehrere Winden und Spezialwerkzeug. Die Leistung des Motors betrug 506 PS. Mit ihm konnten 42,5 t geschleppt werden. Die Zugleistung betrug 21,1 t und die Hubleistung 21,2 t.

Dieses Durcheinander der verschiedenen Fahrzeugtypen machte die Pflege, Wartung und Instandsetzung schwierig, da es für diese ausländischen Fahrzeuge kaum Erfahrung gab. Ebenso brachte die Beschaffung und Bevorratung der Ersatzteile Probleme, die oft zu längerem Ausfall führten und damit die Ausbildung nachteilig beeinflußten.

2. Schützenpanzer HS 30

In der Panzertruppe der Bundeswehr wurde sehr bald als leistungsstarker Kampfpanzer der amerikanische M 48 A 2 eingeführt. Für die Zusammenarbeit mit diesem Panzer war die erste Ausstattung der Panzergrenadiere mit dem vorgenannten Gerät unzureichend. Es war deshalb auch nur als eine Übergangslösung geplant. Die deutsche Industrie war jedoch zum damaligen Zeitpunkt nicht in der Lage, eigene Vorschläge für einen neuen Schützenpanzer zu entwickeln und anzubieten. Bei der Suche danach wurden deshalb verschiedene ausländische Modelle, die sich bereits in fortgeschrittener Entwicklung befanden, auf ihre Eignung untersucht und eingehend geprüft.

Dabei wurden die Erfahrungen eingebracht, die das Heer während des Krieges mit dem mittleren SPW — Sdr.Kfz. 251/1 — gemacht hatte. Die Entscheidung fiel zugunsten des Schützenpanzers HS 30 der schweizerischen Firma Hispano Swiza. Die ersten Prototypen dieses Modelles konntes bereits 1958 vorgestellt und erprobt werden.

Der HS 30 war ein Vollkettenfahrzeug mit einer ausreichenden Panzerung und mit einer oberen Abdeckung. Mit einer Motorleistung von 229 PS und einem Gewicht von 14,6 t erreichte er eine Geschwindigkeit von 51 km/h auf der Straße. Als Hauptwaffen waren in einem Drehturm eine Bordmaschinenkanone 20 mm und ein achsparalleles MG 7,62 mm untergebracht. Die Besatzung bestand aus 8 Soldaten.

Schützenpanzer HS 30
Erste Vorstellung eines Prototypen des SPz HS 30 in Munster im Frühjahr 1958

SPz HS 30 mit montierter Recoilless Rifle in Stellung

Die 4. Kompanie des Panzergrenadierlehrbataillons 92 ausgerüstet mit SPz HS 30

Zum Schließen der Panzerabwehrlücke bei den Panzergrenadieren wurde 1965 als Notlösung in jedem Zug auf dem HS 30 eine amerikanische Recoilless Rifle 106 mm montiert

SPz HS 30 mit 81-mm-Mörser

Kampf mit dem Schützenpanzer HS 30
Aufgesessene Kampfweise mit MG

»Absitzen!«
Beim SPz HS 30 mußte noch wie im Kriege über die Bordwand abgesessen werden

3. Schützenpanzer Marder

Mit der Entwicklung und Einführung des Kampfpanzers Leopard bei der Panzertruppe konnte der SPz HS 30 den Anforderungen nicht mehr genügen und mußte ersetzt werden.

Bereits 1959 bei der Einführung des HS 30 wurde mit den ersten Planungen für ein Nachfolgemodell begonnen und die Militärischen Forderungen (MF) vom ATV-Stab (Ausbildung, Technik, Versuche) der Panzertruppenschule aufgestellt. Die Arbeiten waren jedoch schwierig und zogen sich in die Länge, weil immer wieder neue Vorschläge von den verschiedensten Seiten eingebracht wurden.

Als dann aber bereits 1962 der neue Kampfpanzer Leopard beim Panzerlehrbataillon 93 in Munster in den Großversuch ging, war mit der Entwicklung des »Schützenpanzers neu« Eile geboten.

Neben der Durchsetzung der »Militärischen Forderungen« gab es noch andere Schwierigkeiten. Es war Rücksicht zu nehmen auf die NATO-Partner, die bei der deutschen Entwicklung eines so wichtigen Kampffahrzeuges unterrichtet und gefragt sein wollten. In dem zuständigen Unterausschuß für gepanzerte Fahrzeuge mußten die deutschen Interessen sehr energisch vertreten werden.

Schließlich wurde die Entwicklung noch dadurch belastet, daß zwischen den USA und der Bundesrepublik Deutschland ein Abkommen bestand, wonach ein zukünftiger Schützenpanzer von beiden Staaten gemeinsam entwickelt werden sollte. Die Amerikaner forderten für dieses Fahrzeug, das sie Military Infantry Combat Vehicle (MICV) nannten, nicht nur die ABC-Sicherheit sondern auch die Schwimmfähigkeit.

Mit diesem Schützenpanzer waren die Panzergrenadiere in der Lage, ihre Aufgaben auch im Zusammenwirken mit dem Kampfpanzer M 48 zu erfüllen. Für das Panzergrenadierlehrbataillon standen Ende 1959 bereits 54 HS 30 zur Verfügung. Bei einer Gesamtproduktion von 2 176 Stück konnten nun endlich auch die anderen Panzergrenadierbataillone des Heeres mit diesem Kampffahrzeug ausgerüstet werden.

Der SPz HS 30 war mit einem Leistungsgewicht von 15,7 PS/t in durchschnittenem und hügeligem Gelände zu langsam. Darüber hinaus gab es in den ersten Jahren Schwierigkeiten mit der Bordmaschinenkanone HS 820-1. Die Munitionszuführung an dieser Waffe war bei der Einführung noch nicht ausgereift und führte zu häufigen Hemmungen. Erst 1966/67 konnte dieser unbefriedigende Zustand durch eine umfangreiche Nachrüstung beseitigt werden.

Zusammenwirken von Panzern und Panzergrenadieren etwa ab 1960. Kampfpanzer M 48 A 2 und Schützenpanzer HS 30

Bei dieser Zusammenarbeit war es erschwerend, daß sich die US-Army die arteigene Kampfweise der deutschen Panzergrenadiere, den Kampf so lange als möglich aufgesessen zu führen, immer noch nicht zu eigen machen konnte. Die Amerikaner wollten nach wie vor ihre Panzerinfanterie zusammen mit den Panzern auf das Gefechtsfeld transportieren, dort absitzen lassen und den weiteren Kampf dann zu Fuß führen. Aus dieser Auffassung heraus war eine gemeinsame Konzeption sehr schwierig. Auch zahlreiche Besprechungen in den USA und in Deutschland haben leider keine Annäherung der Standpunkte gebracht.

Nach diesem vergeblichen Bemühen beider Seiten erklärte eine US-Delegation am 2.5.1967 in Bonn, daß eine weitere gemeinsame Entwicklung nicht möglich sei, weil die Amerikaner an der Schwimmfähigkeit festhalten wollten, die von deutscher Seite abgelehnt wurde.

Durch diese Verhandlungen mit den USA war viel kostbare Zeit für die Entwicklung des »SPz neu« verloren gegangen. Immerhin hatte sich die Inspektion für die Heeresrüstung (In H Rüst) trotz der langwierigen Verhandlungen entschlossen, einige Prototypen des SPz neu nach deutschen Vorstellungen bauen zu lassen. Dabei war man sich darüber einig, die Fehler und Mängel des HS 30 nicht zu wiederholen. Mit dem SPz neu sollte für die Panzergrenadiere ein modernes Kampffahrzeug geschaffen werden, das den Anforderungen der Truppe mindestens bis 1990 entsprach.

Dieser neue Schützenpanzer mußte dem Kampfpanzer Leopard gleichwertig sein hinsichtlich der

○ Geländegängigkeit und Wasserbeweglichkeit,
○ der Dauer des Einsatzes und des Fahrbereiches,
○ der Nachtkampffähigkeit und
○ des Schutzes der Besatzung gegen ABC-Kampfmittel.

Diese und die Forderungen der Truppe setzten sich durch und konnten alle erfüllt werden.

Ein wichtiger Punkt war die Hauptbewaffnung des Schützenpanzers, die Bordmaschinenkanone. Im SPz HS 30 hatte die BMK HS 820-1 nie voll befriedigt. Als Ersatz fand sich ein sehr gutes Modell der Firma Rheinmetall. Diese BMK 20 mm 202 RH erfüllte sowohl in der technischen Erprobung als auch im Truppenversuch alle Erwartungen.

Viel und heftig wurde darüber gestritten, ob der neue Schützenpanzer eine Panzerabwehrwaffe haben sollte oder nicht. Nach der Forderung, daß Panzergrenadiere, allein und ohne Panzer eingesetzt, auch in der Lage sein müssen, sich gegen einzelne Feindpanzer durchzusetzen, wurde dies befürwortet. Man wollte den Schützenpanzer aber nicht mit Waffen überladen, und deshalb wurde zunächst auf eine Panzerabwehrwaffe verzichtet. Später setzte sich dann eine andere Erkennt-

Der Schützenpanzer Marder 1, wie er 1971 in die Truppe eingeführt wurde.

nis durch, und der Schützenpanzer wurde mit der Panzerabwehrlenkrakete Milan nachgerüstet.

Die Bordausstattung mit Maschinengewehren bestand aus einer Waffe koaxial neben der BMK und einer zweiten am Heck in einer besonderen Lafette, die später wieder abgeschafft wurde. Der Kampf der aufgesessenen Besatzung mit Gewehr erfolgte über Bord durch 4 Luken in der oberen Abdeckung und unter Panzerschutz mit Maschinenpistolen durch 4 Kugelblenden in den seitlichen Bordwänden.

Grundverschieden waren die Meinungen über die Zahl der Besatzung. Sie schwankten zwischen der Forderung nach einer hohen Absitzstärke und andererseits den sich daraus ergebenden Größen- und Gewichtsverhältnissen. Das Ringen endete mit einem Kompromiß, der sowohl den taktischen als auch den konstruktiven Überlegungen entsprach und der die Besatzungszahl mit 9 Panzergrenadieren festlegte.

Der Spähpanzer Luchs, dessen Turm bei der Entwicklung des Schützenpanzer Marder statt der Scheitellafette noch nicht zur Verfügung stand.

Bei all diesen Überlegungen spielte auch die äußere Formgebung und dabei besonders die Silhouette eine entscheidende Rolle. Panzerabweisende Flächen waren selbstverständlich. Viel wichtiger war in diesem Zusammenhang die Frage, wie die BMK lafettiert werden sollte, in einem Turm oder mit einer Lafette. In jedem Falle mußte die Hauptwaffe so untergebracht werden, daß sie unter Panzerschutz bedient werden konnte. Da zum damaligen Zeitpunkt der fortgeschrittenen Entwicklung des neuen Schützenpanzers kein geeigneter Turm zur Verfügung stand, wie z.B. später beim Spähpanzer Luchs, entschied man sich für eine Scheitellafette der BMK. Das war eine verhängnisvolle Entscheidung, die unter Zeitdruck gefallen ist, denn dadurch wurde die sonst sehr günstige Formgebung mit einer hohen Silhouette ungünstig beeinflußt.

Nach seiner Einführung ist der neue Schützenpanzer später noch mit technischen Besonderheiten ausgerüstet worden. Zur Steigerung der Nachtkampffähigkeit wurde er neben dem bereits vorhandenen Weißlicht-Zielscheinwerfer mit einem passiven Nachtziel- und Beobachtungsgerät mit Wärmeortungsempfänger ausgestattet. Dem Kommandanten und dem Fahrer steht ein Infrarotgerät und letzterem noch zusätzlich ein Bildverstärker-Fahrgerät zur Verfügung. Ferner wurde der Kampfwert des Fahrzeuges durch die Erhöhung der Feuerkraft mit einer Munitionswechselanlage für die BMK gesteigert.

Es war erstaunlich, daß nach den vielen nachträglich eingebrachten militärischen Forderungen das geplante Leistungsgewicht von 20,5 PS/t bei einer Motorleistung von 600 PS und einem Gefechtsgewicht von 28,9 t eingehalten werden konnte.

Die ersten Prototypen des neuen Schützenpanzers standen 1968 zur Verfügung und gingen zunächst in die technische Erprobung, welche die technische Brauchbarkeit erweisen sollte. Die Erwartungen an das neue Fahrzeug wurden voll erfüllt. Dagegen verlief der Truppenversuch an der Kampftruppenschule 2 und beim Panzergrenadierlehrbataillon 92 zunächst mit Schwierigkeiten, da sich die Truppe mit dieser Neukonstruktion erst vertraut machen mußte. Dazu kamen Kinderkrankheiten des neuen Fahrzeuges, welche die Truppe und die Industrie jedoch allmählich in den Griff bekam; denn im Gegensatz zum HS 30 war der neue Schützenpanzer ein kompliziertes Waffensystem, das beherrscht sein wollte.

Kampf mit dem Schützenpanzer Marder

Besatzung aufgesessen.
Hier noch ein älterer Mardertyp. Es fehlt die Panzerabwehrlenkrakete Milan, und das Heck-MG entfiel später.
Deutlich zu erkennen sind die früher noch vorhandenen Kugelblenden für den Kampf mit MPi bei geschlossenen Luken.

Abgesessene Kampfweise.
Der Schützenpanzer wird zur Unterstützung dicht an die abgesessenen Teile herangehalten.

MASS- UND LEISTUNGSANGABEN:		MARDER A 1	

Besatzung:	2 + 7 Mann	**Geschwindigkeit, max.:**	ca. 75 km/h	**Besonder-**	Passives Nachtziel- und
Abmessungen:	siehe Skizzen	**Fahrbereich:**	ca. 520 km	**heiten:**	Beobachtungsgerät
Gefechtsgewicht:	ca. 29 t	**Bewaffnung:**	1 Maschinenkanone 20 mm		mit Wärmeortungsempfänger,
Motor:	6-Zyl.-Diesel,		1 Turmmaschinengewehr		IR-Gerät für Kommandant
	Flüssigkeits-		7,62 mm		und Richtschütze,
	kühlung		1 Panzerabwehrwaffe		Bildverstärker-Fahrgerät
Motorleistung:	441 kW		MILAN		
			1 Nebelmittelwurfanlage		
			mit 6 Wurfbechern		

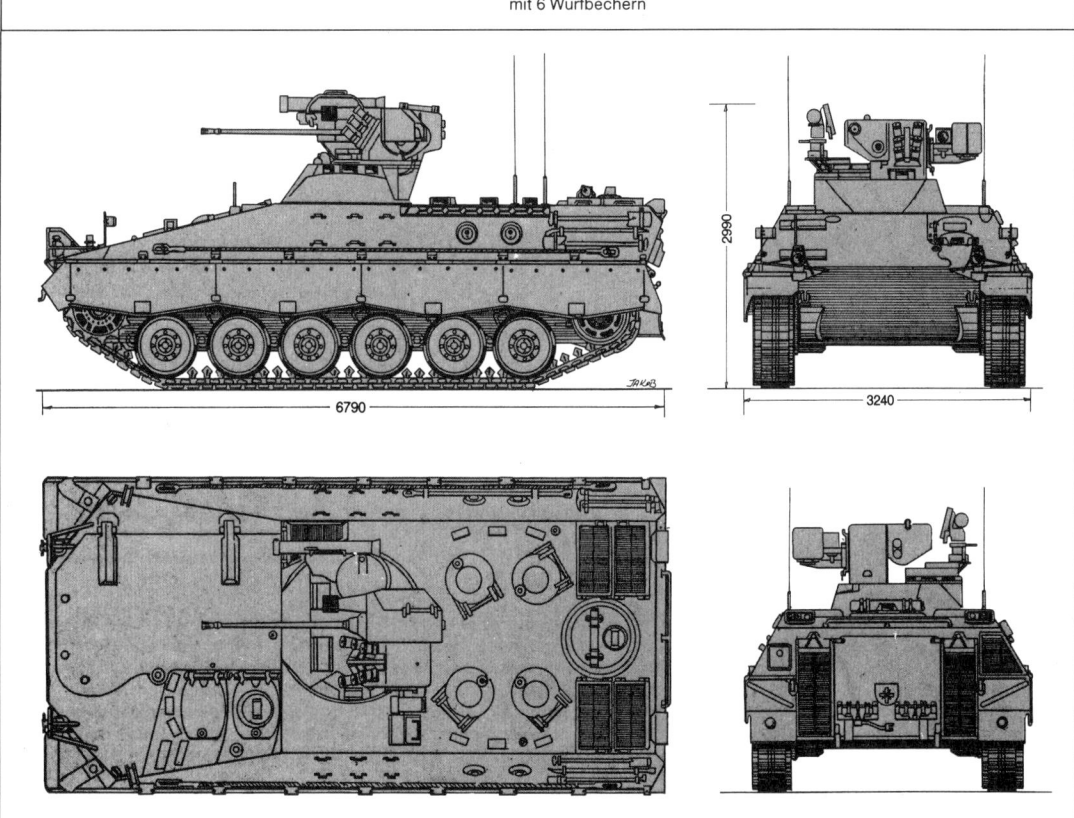

Trotzdem ist der neue Schützenpanzer ein hochwertiges und sehr gut brauchbares Kampffahrzeug für die Panzergrenadiere geworden. Die besonderen Eigenschaften mit seiner starken Feuerkraft in Verbindung mit einer hohen Nachtkampffähigkeit, seine Schnelligkeit, Wendigkeit und Geländegängigkeit befähigen ihn zum gemeinsamen Einsatz mit dem Kampfpanzer Leopard.

In der Zeit von 1971 bis 1975 sind von diesem Typ 1161 Stück bei der Firma Rheinstahl AG. in Kassel und 975 Stück bei der Firma MAK in Kiel gebaut worden. Bei seiner Einführung im Jahre 1971 erhielt das Fahrzeug die Typenbezeichnung »Marder«.

Bei der ersten Ausführung des Schützenpanzers Marder ist es jedoch nicht geblieben. Schon bald waren Veränderungen notwendig und so sind seit der Einführung im Jahre 1971 eine Reihe von Verbesserungen erfolgt, die zu einer wesentlichen Steigerung des Kampfwertes führten.

Die Zwischenstufen dieser Entwicklung brachten vornehmlich eine Verbesserung der Zielmöglichkeiten und der Nachtkampffähigkeit sowie den Wegfall des Heck-MG. (Skizze 10)

Die heutige Version des Marders 1 A/3 weist gegenüber früheren Ausführungen folgende Neuerungen zur Kampfwertsteigerung auf:

1. Feuerkraft:
   ○ Das Turm-MG wurde in einer Außenlafette untergebracht.
   ○ Die Bordmaschinenkanone erhielt eine einfachere Munitionszuführung.
   ○ Für den Hauptkampfraum sind statt 4 nur noch 3 Luken vorhanden, davon 1 für den Heckschützen.
   ○ Zur Auflage der Handwaffen beim Feuerkampf aus den Luken wurde eine Reling angebracht.
   ○ Die Kugelblenden sind weggefallen.

2. Beweglichkeit:
   ○ Der Endantrieb wurde geändert und verbessert.
3. Schutz:
   ○ Bug, Dach und Turm erhielten eine neue Zusatzpanzerung.
4. Stauraum:
   ○ Über dem Laufwerk wurden auf beiden Seiten Staukästen angebracht.
   ○ Die Unterbringungsmöglichkeiten für die persönliche Ausrüstung der Panzergrenadiere wurde grundlegend verbessert.
   ○ Die Unterbringung der gesamten Ausstattung wurde möglichst benutzungsgerecht angeordnet.

Kampffahrzeuge der Panzergrenadiere

Allgemeine Angaben zum Vergleich

	Sdr.Kfz. 251/1	M 39	HS 30	Marder
Typ	Halbkette	Vollkette	Vollkette	Vollkette
Gewicht	8,9 t	16 t	12 t	28,9 t
Länge	5,8 m	5,5 m	5,4 m	6,8 m
Breite	2,0 m	2,9 m	2,5 m	3,24 m
PS	100	400	220	600
Geschwindigkeit	52 km/h	95 km/h	65 km/h	78 km/h
Fahrbereich	320 km	280 km	400 km	520 km
Besatzung	12 Soldat.	10 Soldat.	8 Soldat.	9 Soldat.
Bewaffnung	2 MG	1 MG Kal. 50 mm	1 BMK 20 mm	1 BMK 20 mm 1 MG 1 Pz.Abw. Waffe »Milan«

Der Schützenpanzer Marder 1 A/3 in seiner letzten kampfwertgesteigerten Ausführung.

Im Gelände sind Panzergrenadiere mit dem Schützenpanzer Marder genauso schnell und beweglich wie der Kampfpanzer Leopard.

Schützenpanzer Marder rollt über eine Schwimmbrücke

Auf dem Gefechtssfeld arbeiten die Panzergrenadiere mit dem Schützenpanzer Marder zusammen mit dem Kampfpanzer Leopard der Panzertruppe.

Schützenpanzer Marder rollt über eine Panzer-Schnellbrücke

Auf dem Gefechtsfeld werden Panzergrenadiere von den Waffen der Artillerie unterstützt.
Oben: Panzerhaubitze M-109 (155 mm)
Unten: Mehrfachraketenwerfer 110 SF

Der Flugabwehrpanzer Gepard sichert die Panzergrenadiere gegen Luftangriffe

Gegen Feindpanzer werden Panzergrenadiere unterstützt durch den Panzerabwehrhubschrauber Bo-105 P.

Nachrüstung mit der Panzerabwehrlenkrakete Milan

Panzerabwehrlenkrakete Milan außen
neben dem Turm

Das bisher zur BMK achsparallele MG ist
jetzt in einer Außenlafette montiert.

Über dem Laufwerk wurden auf beiden Seiten Staukästen für die Ausrüstung angebracht

Der Hauptkampfraum hat nur noch drei Luken. Vor diesen sind Relings für die Auflage der Handwaffen beim Feuerkampf angebracht.

Bug, Deck und Turm haben eine neue Zusatzpanzerung erhalten.

IV. Waffen

Die umfangreiche und vielfältige Waffenausstattung der Panzergrenadiere im Kriege war bedingt durch deren Aufgaben, Einsatzgrundsätze und Kampfweise, an denen sich bis zur Aufstellung der Bundeswehr nichts geändert hatte. Für die neuen Panzergrenadierbataillone waren daher im wesentlichen Waffen mit dem gleichen Verwendungszweck erforderlich, aber nach dem neuesten Stand der Technik, mit verbesserter Wirkung und Handhabung.

Obwohl schon frühzeitig die Planungen für eine eigene Waffenproduktion einsetzten, so war die deutsche Industrie zunächst noch nicht in der Lage, den Bedarf schnell zu decken. Außerdem war die Herstellung von Waffen genau wie die Aufstellung der Bundeswehr zum damaligen Zeitpunkt ein heiß umstrittenes Politikum. Man war daher bei der ersten Ausstattung auf umfangreiche Leihlieferungen aus den USA und auf Ankäufe aus dem Ausland angewiesen.

Diese amerikanischen Waffen stammten noch aus dem Kriege. Sie waren robust und erprobt, entsprachen in der Handhabung aber nicht immer den Anforderungen an die besondere Kampfweise der deutschen Panzergrenadiere. Die Schwierigkeiten mit diesen Waffen bestanden weiterhin in der Einweisung und in der Ausbildung durch US-Personal, in der Übersetzung der dafür gültigen Vorschriften sowie bei der Pflege, Wartung und Instandsetzung durch die Truppe und durch das deutsche Waffenmeisterpersonal. Die einzelnen Typen dieser damals vorhandenen amerikanischen Waffen sind im Abschnitt über das Panzergrenadierlehrbataillon aufgeführt.

Für die erforderlichen Waffen der Panzergrenadiere war neben anderen wichtigen Faktoren in erster Linie der Verwendungszweck und ihre Wirksamkeit entscheidend. Der Feuerkampf mit ihnen mußte sowohl aufgesessen unter Panzerschutz und über die Bordwand als auch, mit Ausnahme der Hauptwaffe, abgesessen zu Fuß geführt werden können. Gegenüber der ersten Ausstattung mit den amerikanischen Waffen sollte ein wesentlicher Fortschritt erzielt werden.

Die größte Schwierigkeit bei der Planung für die Waffen der Panzergrenadiere bestand in der Ungewißheit, wie der zukünftige Schützenpanzer beschaffen sein würde, von und mit dem der Kampf geführt werden mußte.

Nachstehend sollen die Waffen der Panzergrenadiere dargestellt werden, wie sie auf dem Schützenpanzer Marder vorhanden sind.

1. Hauptwaffe

Die Bordmaschinenkanone (BMK) 20 mm 202 RH als Hauptwaffe des SPz Marder kann gegen ungepanzerte und teilweise gepanzerte Ziele bis zu einer Entfernung von 2 000 Meter wirken. Mit einem Treibspiegelgeschoß kann sie leichtgepanzerte Ziele bis 1 000 Meter wirkungsvoll bekämpfen, während sie gegen starkgepanzerte Ziele nur im Notfall bis zu 600 Meter eingesetzt werden soll. Gegen Flugziele ist ihr Wirkungsbereich begrenzt, und ihr Einsatz erfolgt dann nur gegen direkt angreifende Feindflugzeuge; bei Hubschraubern bis 2 000 Meter und bei Strahlflugzeugen bis 1 200 Meter. Die hohe Feuergeschwindigkeit von 1 000 Schuß in der Minute ermöglicht es, die Garbe gegen Flächen- und Flugziele dicht zusammenzuhalten. Die schnelle Schußfolge kann jedoch aus Gründen der Zuführung nicht voll ausgeschöpft werden. Schnelles, gut gezieltes Einzelfeuer bringt of bessere Erfolge.

Die Nachtkampffähigkeit war bei Einführung des Marders durch einen Weißlichtscheinwerfer bis 1 000 Meter und durch Infrarotlicht bis 800 Meter gewährleistet. Inzwischen haben mehrere Nachrüstungen zur Verbesserung der Nachtkampffähigkeit stattgefunden. Die heutige Ausstattung des SPz Marder für den Nachtkampf ist auf Seite 139 dargestellt.

Die BMK 20 mm 202 RH entspricht mit ihrer hohen Trefferleistung allen gestellten Anforderungen. Weniger befriedigend ist die Durchschlagsleistung, die gegen die immer stärker werdende Panzerung der sowjetischen Schützenpanzer kaum noch ausreicht.

Ebenso unbefriedigend ist auch die Unterbringung der Waffe in einer Scheitellafette. Besonders kurz nach der Einführung des SPz Marder ergaben sich durch die komplizierte Munitionszuführung Schwierigkeiten, von der ungünstigen Gesamtsilhouette einmal ganz abgesehen. Eine Turmlösung etwa wie beim 1975 eingeführten Spähpanzer Luchs wäre besser gewesen. Da die Fertigstellung des SPz Marder aber unter Zeitdruck stand, konnte eine zufriedenstellende Lösung mit einem Turm Ende der sechziger Jahre nicht abgewartet werden.

2. Handwaffen

Gewehr

Am Anfang war die Bundeswehr mit den amerikanischen Gewehren der Muster Garand M 1 und den Karabinern M 1 und M 2 ausgerüstet.

Bei den Standardisierungsverhandlungen über ein einheitliches NATO-Kaliber für Gewehre und Maschinengewehre drückten die USA die Patrone 308 Winchester durch, die unter der Bezeichnung 7,62 × 51 die NATO-Standardpatrone wurde. Diese relativ lange und starke Patrone ermöglichte es nicht, ein klassisches Sturmgewehr mit Kurzpatrone wie das Sturmgewehr 44 zu konstruieren. Die Sowjets führten dagegen mit der Kalashnikov AK 47 eine Waffe ein, die dem Sturmgewehr 44 wie ein Zwilling gleicht und die russische Kurzpatrone 7,62 × 39 benutzt.

Als Nachfolgewaffe der amerikanischen Gewehre beschaffte die Bundeswehr als Standardbewaffnung das belgische FN-Gewehr, einen Gasdrucklader mit einem Magazin für 20 Schuß, und führte es als Modell G 1 ein.

Da eine Einigung über eine deutsche Lizenzproduktion nicht zustande kam und die Waffe ohnehin recht kompliziert und teuer war, wurde nach anderen Lösungen gesucht.

Nach dem Kriege gingen deutsche Konstrukteure nach Spanien und hatten dort bei der Firma Cetme aus dem Sturmgewehr 45, einem Prototyp der Firma Mauser mit halbstarrer Rollenverriegelung, ein modernes Sturmgewehr entwickelt.

Diese Waffe wurde auf die Patrone 7,62 × 51 eingestellt und nach einigen Modifikationen in billiger Blechprägetechnik in Deutschland gebaut. Es wurde als Modell G 3 in die Bundeswehr eingeführt. Die von der Firma Heckler & Koch gebaute Waffe ist heute auf der Welt eines der verbreitetsten Sturmgewehre im Kaliber 7,62 × 51. Sie ist billig, äußerst robust, leicht bedienbar und von einer für ein Sturmgewehr ungewöhnlich hohen Präzision. Sie wird mit einem Zielfernrohr auch als Scharfschützengewehr eingesetzt.

In der Panzergrenadiergruppe (SPz) sind 5 Gewehre G 3 vorhanden, davon 1 mit Zielfernrohr. In dem vorgegebenen Kaliber 7,62 × 51 stellt das G 3-Gewehr das Optimum dessen dar, was unter vernünftigen Kosten herstellbar ist. Die starke Patrone bringt aber Nachteile mit sich, die beim Sturmgewehr 44 bereits überwunden waren.

Maschinenpistole

Als Maschinenpistole wurde die MP II Uzi aus israelischer Fertigung eingeführt. Sie hat bei den Panzergrenadieren eine zweifache Verwendung. Einmal wird sie beim Kampf zu Fuß als äußerst bewegliche Waffe auf nahen Entfernungen gegen überraschend auftretende Ziele eingesetzt, und zum anderen wurde mit ihr vom Schützenpanzer der Feuerkampf unter Panzerschutz durch dafür vorgesehene Kugelblenden geführt.

Die MP II Uzi hat ein Kaliber von 9 mm und erreicht bei einer V_0 von 395 m/sec eine größte Schußweite von etwa 1 800 Meter. Ihre Kampfreichweite beträgt vom stehenden Schützenpanzer 100 Meter, in der Bewegung 50 Meter. Die Feuergeschwindigkeit liegt bei 550 bis 600 Schuß in der Minute, wobei die Munition aus einem Magazin mit 32 Schuß zugeführt wird. Mit angestecktem und gefülltem Magazin wiegt die Waffe 4,22 kg.

Von der MP II Uzi sind auf jedem SPz Marder 5 Waffen vorhanden. Bei der abgesessenen Kampfweise ist die Maschinenpistole auf Grund ihrer unkomplizierten Handhabung und ihres sehr wendigen Schwenkbereiches besonders im Nahkampf sehr bewährt.

Pistole

Am Anfang verfügte die Bundeswehr über Pistolen vom Typ Colt 1911 A 1 aus amerikanischer Lieferung vom Kaliber 45 sowie über eine Reihe von Pistolen, welche Teile des Bundesgrenzschutzes mitbrachten, die in die Bundeswehr übernommen wurden. Es waren dies vor allem die spanische Atra 600/43 und die Schweizer SIG P 210/4, beide im Kaliber 9 × 19.

Nach den Anfangsjahren wurde die bewährte P 38 des Zweiten Weltkrieges in leicht modifizierter Form mit einem Griffstück aus Aluminium als P 1 in der Bundeswehr eingeführt. Dieses war möglich, weil die Herstellerfirma Carl Walther, die sich früher in Zella-Mehlis befand, in der Bundesrepublik Deutschland in Ulm ein neues Werk gebaut hatte.

Diese Pistole hat ein Kaliber von 9 mm und ist eine Nahkampfwaffe, die mit einer genügenden Kampfreichweite vor allem der Selbstverteidigung dient. Die größte Schußweite beträgt bei einer V_0 von 345 m/sec etwa 1 600 Meter. Sie wiegt bei einem gefüllten Magazin mit 8 Patronen 890 gr.

Bis zur Umgliederung nach dem Modell der Heeresstruktur 3 im Jahre 1970 verfügte fast jeder Panzergrenadier der Marderbesatzung, der nicht mit einem Gewehr ausgerüstet war, über eine Pistole P 1, seit der Heeresstruktur 4 im Jahre 1980 nur noch der Kompaniechef und der Kompaniefeldwebel. Dies ist eine Entscheidung, die in der geringen Kampfkraft der Pistole einerseits und in den Besonderheiten einer Friedensarmee andererseits begründet liegt, die aber in bedenklicher Weise psychologische Aspekte und die Tatsache übersieht, daß die Pistole immer am Mann getragen werden kann und damit in Notfällen sofort verfügbar ist.

3. Leichte Flachfeuerwaffen

Maschinengewehr

Nach anfänglicher Verwendung des amerikanischen Maschinengewehres BAR wurde bereits frühzeitig auf das altbewährte MG 42 aus dem Kriege zurückgegriffen. Es wurde als MG 3 in deutscher Fertigung hergestellt und Ende der fünfziger Jahre bei der Truppe eingeführt. In ihrer schießtechnischen Funktion wurde die Waffe nur geringfügig verändert, jedoch war es notwendig, sie dem NATO-Kaliber von 7,62 mm anzupassen. Die Leistung wurde dadurch nicht beeinträchtigt.

Bei den Panzergrenadieren wird das MG 3 im abgesessenen Einsatz als leichtes Maschinengewehr auf einem Zweibein mit einer Kampffreiweite bis 600 Meter eingesetzt. Außerdem ist es auf jedem Schützenpanzer neben der BMK montiert und hat dort eine Reichweite von 1 000 Meter. Mit einer V_o von 820 m/sec beträgt die größte Schußweite 3 750 Meter und die Feuergeschwindigkeit 1 200 Schuß in der Minute. Die Munitionszuführung erfolgt mit einem Gliedergurt, der in beliebiger Länge zusammengesetzt werden kann. Die Waffe wiegt 11,5 kg.

Das MG 3 ist in jeder Panzergrenadiergruppe vorhanden, insgesamt 7 MG in der Kompanie. Es ist für den infanteristischen Feuerkampf eine ideale Waffe. Mit seiner hohen Schußfolge ist es möglich, die Garbe dicht zusammenzuhalten. Andererseits führt die hohe Feuergeschwindigkeit leicht zur Munitionsverschwendung, ein Vorwurf, der schon im Kriege erhoben wurde.

4. Steilfeuerwaffen

Mörser

Der Panzermörser 120 mm auf dem M 113 ist die schwerste Waffe der Panzergrenadiere. Er dient zur Schwerpunktbildung und wird eingesetzt zum Zerschlagen feindlicher Angriffe, gegen Ziele hinter Deckungen sowie gegen Stützpunkte und befestigte Stellungen, ferner bei Nacht zur Aufhellung des Gefechtsfeldes.

Der Mörser 120 mm war bereits im Kriege seit 1944 vorhanden und hatte sich damals erfolgreich bewährt. Nach Aufstellung der Bundeswehr wurde er für die Infanterie wieder eingeführt, wobei sein technischer Aufbau und seine Funktion fast unverändert blieben. Bei den Panzergrenadieren war er ursprünglich als Panzermörser auf dem SPz Marder vorgesehen. Er wurde dann aber auf dem M 113 montiert, weil sich bei einem Vergleich mit dem Panzermörser Marder herausstellte, daß bei gleich guten Ergebnissen im Truppenversuch die Lösung mit dem M 113 billiger war und dieser in genügenden Stückzahlen eher zur Verfügung stand. Er wurde als Panzermörser 120 mm auf M 113 ab 1971 bei den Panzergrenadieren eingeführt.

Der Mörser verschießt mit verschiedenen Ladungen Wurfgranaten mit einem Gewicht von 15,8 kg auf eine Kampfentfernung von 400 bis 6 500 Meter. Zur Munitionsausstattung gehören Sprenggranaten mit einer hohen Brisanz und Leuchtgranaten. Auf dem M 113 wird eine Bodenplatte und ein Zweibein mitgeführt, so daß der Mörser auch abgelastet vom Boden aus eingesetzt werden kann.

In der Mörserkompanie des Panzergrenadierbataillons sind insgesamt 6 Panzermörser 120 mm auf M 113 mit den notwendigen Richtkreis- und Feuerleittrupps zusammengefaßt.

5. Panzerabwehrwaffen

Milan

Bereits im Kriege setzte sich die Erkenntnis durch, daß die Panzergrenadiere eine wirksame Panzerabwehrwaffe brauchen, um sich gegen Feindpanzer durchzusetzen, wenn sie selbständig und nicht im Zusammenwirken mit eigenen Panzern eingesetzt wurden. Diese Erfahrung wurde nach dem Kriege zunächst nur ungenügend umgesetzt mit der Eingliederung einer Panzergruppe zur besonderen Verfügung (Pz.Gr.z.b.V.) im Panzergrenadierbataillon. Sie bestand aus 5 US-Panzern M 41 mit einer 76 mm-Kanone. Es war eine erste Maßnahme, aber sie erwies sich genauso unzureichend wie die in den sechziger Jahren folgende Notlösung, in jedem Panzergrenadierzug auf dem damals als SPz vorhandenen HS 30 eine amerikanische Recoilless-Rifle 106 mm zu montieren. Diese Waffe hatte nur eine Reichweite von 1 000 Metern und verriet mit der hohen Lafettierung beim Abschuß ihre Stellung durch den starken rückwärtigen Feuerstrahl.

Eine brauchbare Lösung wurde erst gefunden, als nach Einführung des SPz Marder mit dem Waffensystem Milan eine wirksame Panzerabwehrwaffe für die Panzergrenadiere installiert wurde. Die Milan ist ursprünglich eine für die Infanterie entwickelte leichte und tragbare Waffe, die dafür vorgesehen war, von einem kleinen Transportfahrzeug und aus Stellungen vom Boden eingesetzt zu werden. Nach näheren Untersuchungen stellte sich heraus, daß sie neben dem Turm des SPz Marder angebracht werden konnte und damit sehr gute Wirkungsmöglichkeiten bot.

Die Milan ist ein Lenkflugkörper, mit dem Ziele bei einer Kampfentfernung von 350 bis 1 950 Metern mit einer hohen Trefferwirkung vernichtet werden können. Die Hohlladung des Gefechtskopfes durchschlägt alle bekannten Panzerstärken. Mit ihr können auch Bunker und befestigte Stellungen bekämpft werden. Die Waffe ist auch abgelastet vom Boden aus einsetzbar, wozu dann eine Bedienung von 2 Soldaten erforderlich ist. Mit dem im Zulauf befindlichen Wärmebildgerät »MIRA« ist die Milan auch nachtkampffähig.

Die Milan ist außer bei der nichtgebundenen (7.) Gruppe in jeder Panzergrenadiergruppe auf dem SPz Marder vorhanden. Trotz ihrer hervorragenden Eignung zur Panzerabwehr können Nachteile nicht übersehen werden. Durch die Anbringung der Waffenanlage rechts außen am Turm ist der Lenkschütze bei der Bedienung nur zum Teil gedeckt und besonders in einer offenen Feuerstellung des SPz gefährdet. Ferner können die Bordmaschinenkanone und die Milan nicht gleichzeitig verschiedene Ziele bekämpfen. Endlich bedeutet die zusätzliche Ausrüstung mit der Milan eine Überforderung des Kommandanten, der auf dem SPz mit anderen Führungsaufgaben bereits stark ausgelastet ist.

Schwere Panzerfaust

Die schwere Panzerfaust 84 mm »Karl Gustav« stammt aus schwedischer Fertigung und löste bei den Panzergrenadieren etwa ab 1960 die amerikanische Bazooka ab. Eine ähnliche Waffe war als »Panzerschreck« auf deutscher Seite bereits im Kriege vorhanden.

Die schwere Panzerfaust ist eine rückstoßfreie Waffe und benötigt zur Bedienung 2 Soldaten. Ihre Reichweite beträgt gegen haltende Ziele 350 Meter und gegen fahrende 200 Meter. Mit einer V_o von 310 m/sec hat sie eine größte Reichweite von 1 600 Meter. Die Waffe hat einen Durchmesser von 84 mm und ihre Hohlladungsmunition durchschlägt alle bekannten Panzerungen.

Die schwere Panzerfaust ist nach der Einführung der Panzerabwehrlenkrakete Milan als Panzerabwehrhandwaffe überflüssig. Sie wurde als Waffe zu anderer Verwendung beibehalten und mit einer leistungsstarken Leuchtmunition ausgestattet. Bei einem Ausstoß der Leuchtgranate von 200 Meter über dem Boden und einer Brenndauer von 25 bis 30 sec ist eine Ausleuchtung des Gefechtsfeldes mit einem Durchmesser von etwa 400 m möglich.

Leichte Panzerfaust

Diese Waffe ist eine Weiterentwicklung der leichten Panzerfaust 30 (»Gretchen«) aus dem Kriege. Sie ist wie ihre Vorgängerin eine handliche, rückstoßfreie Einmannwaffe. Mit einer unkomplizierten Visierung hat sie bei einer Anfangsgeschwindigkeit von 170 m/sec eine Reichweite von 300 Meter gegen haltende und von 200 Meter gegen fahrende Ziele. Das Waffengewicht beträgt 7,82 kg und feuerbereit 10,12 kg. Die Durchschlagsleistung der Hohlladungsmunition erreicht je nach dem Auftreffwinkel über 200 mm. Die wirkungsvolle Waffe dient in der Stabs- und Versorgungskompanie sowie in der Mörserkompanie zur Selbstverteidigung gegen einzelne durchgebrochene Feindpanzer; sie ist in jeder Gruppe einmal vorhanden.

Abbildungen

der Handwaffen und der Panzerabwehrwaffen der Panzergrenadiere

Gewehr G 3 mit aufgesetztem Zielfernrohr

Maschinenpistole MP II Uzi besonders geeignet für den Nahkampf sowie im Orts- und Häuserkampf

Maschinengewehr MG 3:
Anschlag auf Zweibein

Maschinengewehr MG 3: Anschlag hinter einer Mauer

Maschinengewehr G 3
Behelfsmäßiger Anschlag zur Fliegerabwehr

Panzerabwehrlenkrakete Milan: Einsatz vom Schützenpanzer Marder

Panzerabwehrlenkrakete Milan
Einsatz vom Boden

Panzerabwehrlenkrakete Milan
Einsatz vom Dreibein

Leichte Panzerfaust: Anschlag vom Boden

Leichte Panzerfaust
Zielauffassung und
Feuerbereitschaft

Abgesessene Kampfweise der Panzergrenadiere mit Unterstützung der Waffen vom Schützenpanzer Marder

V. Ausbildung

1. Panzergrenadierschule 1956 bis 1957

Im Mai 1956 wurde für jede Waffengattung der gepanzerten Truppen eine eigene Schule eingerichtet[28:]

○ die Panzertruppenschule und die Panzergrenadierschule in Munster,
○ die Panzeraufklärungsschule und die Panzerjägerschule in Bremen-Grohn.

Der erste Kommandeur der Panzergrenadierschule, Brigadegeneral Wellmann, war nicht nur ein erfahrener und verdienter Regimentskommandeur der Panzergrenadiere im Kriege, sondern er war auch 1944/45 bereits in der Panzerinspektion (In 6) in verantwortlicher Stellung für die Ausbildung der Panzergrenadiere (SPW) tätig, unter anderem war er auch zuständig für den Einsatz der taktischen Lehrkommandos zur Neuaufstellung von Panzergrenadierbataillonen.

Die Panzergrenadierschule hatte am Anfang vordringlich einen Lehr- und Ausbildungsauftrag für das zahlreiche Personal, das für die Aufstellung von Panzergrenadierbataillonen benötigt wurde. Sie hatte neben der umfangreichen Einweisung Kompaniechef- und Zugführerlehrgänge durchzuführen, und ein besonderer Schwerpunkt lag auf der Ausbildung der jungen, bisher ungedienten Offizieranwärter.

Hinzu kamen noch weitere Lehrgänge für die Ausbildung von Spezialpersonal an Waffen und Gerät. Darüber hinaus sollte die Schule richtungsweisend für die weitere Entwicklung der Panzergrenadiere tätig sein durch Erarbeiten von Lehrplanspielen und Lehrübungen sowie Mithilfe leisten bei der Erstellung von Vorschriften für die eigene Waffengattung.

Diesem umfangreichen Auftrag konnte die Panzergrenadierschule erst gerecht werden, als ihr Ende 1956 das Panzergrenadierlehrbataillon unterstellt wurde. Damit hatte die Schule endlich eine Lehrtruppe, mit der Lehrvorführungen aller Art, Belehrungsschießen und sonstige praktische Darstellungen anschaulich durchgeführt werden konnten. Auch stand den Lehrgangsteilnehmern nun eine Truppe zur Verfügung, mit der sie selbst im Gelände üben konnten.

In der ersten Aufstellungsphase ist nicht nur die Panzergrenadierschule, sondern sind auch die anderen Waffenschulen unter großen personellen und materiellen Schwierigkeiten geschaffen worden.

Es fehlte nicht nur das ausreichende Personal, sondern auch die Ausstattung der Unterkünfte war lückenhaft. Anfangs fehlten sogar Betten und Schränke für die Lehrgangsteilnehmer. Da in Munster bei dem großen Zustrom von verheirateten Soldaten so schnell kein ausreichender Wohnraum zur Verfügung gestellt werden konnte, häuften sich die Anträge auf Rückversetzung in die Nähe der Familien. Ebenso war die Anwerbung von zivilem Fachpersonal, wie Werkmeister, Kraftfahrer und Zeichner wegen des niedrigen Lohnniveaus in Munster schwierig.

In der befohlenen Ausbildung entstanden Behinderungen, weil auch das Lehrbataillon stark gefordert wurde, das selbst durch ständige Abgaben in einer schwierigen Lage war. Für die praktischen Übungen im Gelände stand für die beiden Schulen und Lehrbataillone nur der Truppenübungsplatz Munster-Nord (Raubkammer) zur Verfügung, der aber damals für gepanzerte Truppen noch wenig geeignet war. Endlich litt eine zügige Ausbildung auch darunter, daß an den bereitgestellten amerikanischen Waffen und Fahrzeugen eine umständliche und zeitraubende Unterweisung stattfinden mußte.

Unter diesen Umständen schufen der Kommandeur und das Stammpersonal die ersten Voraussetzungen für die Durchführung der Lehrgänge an der Panzergrenadierschule. Bei der benachbarten Panzertruppenschule, mit der von Anfang an eine gute Zusammenarbeit bestand, lagen die gleichen Verhältnisse vor. Unter deren tatkräftigem Kommandeur, Brigadegeneral Munzel, unterstützten und halfen sich beide Schulen gegenseitig bei den Lehrübungen und mit der Gestellung von Personal und Fahrzeugen. Die im Kriege fest begründete Waffenkameradschaft bestätigte sich erneut.

Die Notwendigkeit, die Taktik und die Technik der Panzer und der Panzergrenadiere auf dem Gefechtsfeld sowie die Zusammengehörigkeit der beiden Waffengattungen mit ihren gemeinsamen Kriegserfahrungen noch enger zusammenzuschließen, führte am 24.10.1957 zur Vereinigung beider Schulen zu einer gemeinsamen Ausbildungsstätte der Panzer und der Panzergrenadiere in Munster. Sie erhielt den Namen Panzertruppenschule und wurde 1963 in Kampftruppenschule 2 umbenannt.

Die Aufstellung der Panzertruppenschule erfolgte nach dem Aufstellungsbefehl Nr. 93:

---

28 Schrader, Kampftruppenschule 2, 25 Jahre Schule der gepanzerten Kampftruppen, Munster 1981, bei Panzergrenadiertruppe

Brigadegeneral Wellmann
Kommandeur der Panzergrenadierschule 1956 bis 1957

Brigadegeneral Munzel
Kommandeur der Panzertruppenschule 1956 bis 1957

Der Bundesminister für Verteidigung Bonn-Hardt, den 24.10.1957 **Füstab H-B 1-2896/57 n.f.D.**
Vorg.: a) BMVtdg.-V-V A 4-V B 1-1095/56 vom 22.3.56
   b) FüStab H-V B 1-FS-Vorbefehl Nr. 496 vom 13.9.56

Aufstellungsbefehl Nr. 93 (Heer)
für die Aufstellung der Panzertruppenschule durch Zusammenlegung der derzeitigen Panzertruppen- und Panzergrenadierschule.

I. **Organisatorische Bestimmungen:**
   1. Durch Truppenamt ist ab 1.10.57 in Munster durch Zusammenlegung der bisherigen Panzertruppen- und der bisherigen Panzergrenadierschule die
      ### Panzertruppenschule
      (Pz.Tr.Schule)
      aufzustellen (gem. Vorgang b).
   2. Der Zusammenlegung ist vorbehaltlich der haushaltsmäßigen Genehmigung der beigefügte STAN-Entwurf zugrunde zu legen. Damit wird zugleich der für 1957/58 hinsichtlich der Offiziere geforderte Schulumfang erreicht. (Vgl. Ziff. 4a und b).

3. STAN-Nr.:   392 0000
   Dienststellen-Nr.:   3091400000

Am 1.4.1958 wurde auch die Panzeraufklärungsschule von Bremen nach Munster verlegt und in die neue Panzertruppenschule eingegliedert. Die Panzerjägerschule übersiedelte Anfang April 1958 ebenfalls nach Munster, sie blieb aber zunächst als Panzerabwehrschule, später als Kampftruppenschule 3, eine eigenständige Schule, bis sie 1972 in die Kampftruppenschule 2 integriert wurde.

2. Panzertruppenschule — Kampftruppenschule 2[29]

Die Hauptaufgabe der neuen Panzertruppenschule war die Aus- und Weiterbildung der Führer und Unterführer für die Waffengattungen der Panzer, Panzergrenadiere und Panzeraufklärer. Als weitere Aufgabe hatte sie das vielseitige Spezialpersonal der gepanzerten Kampftruppen im Fernmeldewesen, in der Waffentechnik einschließlich Schießen, in der Instandsetzung und im Kraftfahrwesen auszubilden. Eine weitere wichtige Aufgabe war die Mitarbeit an der Entwicklung und Verbesserung von Waffen und Gerät sowie die Erarbeitung von taktischen Konzeptionen und Vorschriften.

Der erste Kommandeur der Panzertruppenschule war Brigadegeneral Pape, ein verdienter und erfahrener Kommandeur gepanzerter Truppen im Kriege. Seine Persönlichkeit und seine Erfahrung waren eine Gewähr dafür, eine so große Ausbildungsstätte gepanzerter Truppen zu organisieren und zu einer erfolgreichen Leistung zu bringen.

Die Organisation der Schule stützte sich am Anfang auf die Erfahrungen der früheren Panzertruppenschule I und II in der Wehrmacht, bereichert und modernisiert durch neue Erkenntnisse in der Nachkriegszeit. Außerdem hatten viele Lehroffiziere an einer Ausbildung und Schulung in den USA teilgenommen.

Die Zusammenführung der drei Waffengattungen und der dadurch erweiterte Aufgabenkatalog der Schule erforderte eine ständige Änderung der Organisation und führte zu einer fortlaufenden Vergrößerung des personellen und des materiellen Umfanges. Deshalb und infolge später noch neu hinzutretenden Aufgaben mußte die Gliederung mehrfach geändert werden. Im wesentlichen galt in den folgenden Jahren das nachstehende Gliederungsbild.

Die Panzertruppenschule gliedert sich in

○ den Kommandostab
○ den Spezialstab ATP (Ausbildung, Truppenversuche bzw. Technik und Planung)
○ die Gruppe Truppenfachlehrer (zunächst noch bei der Lehrgruppe A, später selbständig)
○ den Lehrstab mit den Lehrgruppen A bis D.

Der Schule ist im Frieden als Lehrtruppe die Panzerlehrbrigade 9 unterstellt.

Der Kommandostab koordiniert den Lehrauftrag mit den vorhandenen Kapazitäten der Schule. Er organisiert und überwacht die Durchführung des Lehrauftrages sowohl personell als auch fachlich. Er sorgt für die Weitergabe aller sonstigen Aufträge an die einzelnen Dienststellen der Schule und überwacht deren Durchführung.

Der Spezialstab ATP — später umbenannt in ATV (Ausbildung, Technik, Vorschriften) — verfügt über Arbeits-

Brigadegeneral Pape
war 1957 bis 1960 der erste Kommandeur der Panzertruppenschule in Munster nach der Zusammenlegung mit den anderen Schulen der gepanzerten Truppen

gruppen der Panzer, Panzergrenadiere und Panzeraufklärer sowie für die Technik, das Waffen- und das Kraftfahrzeugwesen, die mit erfahrenen Offizieren aus diesen Bereichen besetzt sind. Ihre Aufgabe ist es, nach modernen Erkenntnissen der Taktik und der Technik Grundsätze und Vorschriften zu entwickeln sowie Truppenversuche für Waffen, Fahrzeuge und Gerät durchzuführen. Ebenso wird in- und ausländisches Schrifttum der genannten Gebiete ausgewertet.

In der Gruppe der Truppenfachlehrer sind die Lehrkräfte zusammengefaßt, die in den Führerlehrgängen aller Ebenen spezielle Themen vermitteln. Dazu gehören Taktiklehrer aller gepanzerten Truppengattungen, Logistiklehrer, Rechtslehrer und Sportlehrer. Für die praxisbezogene Lehrtätigkeit werden im Bedarfsfall auch Offiziere der Panzerlehrbrigade 9 herangezogen.

29 Schrader, Kampftruppenschule 2, a.a.O., Geschichte und Auftrag der Kampftruppenschule 2

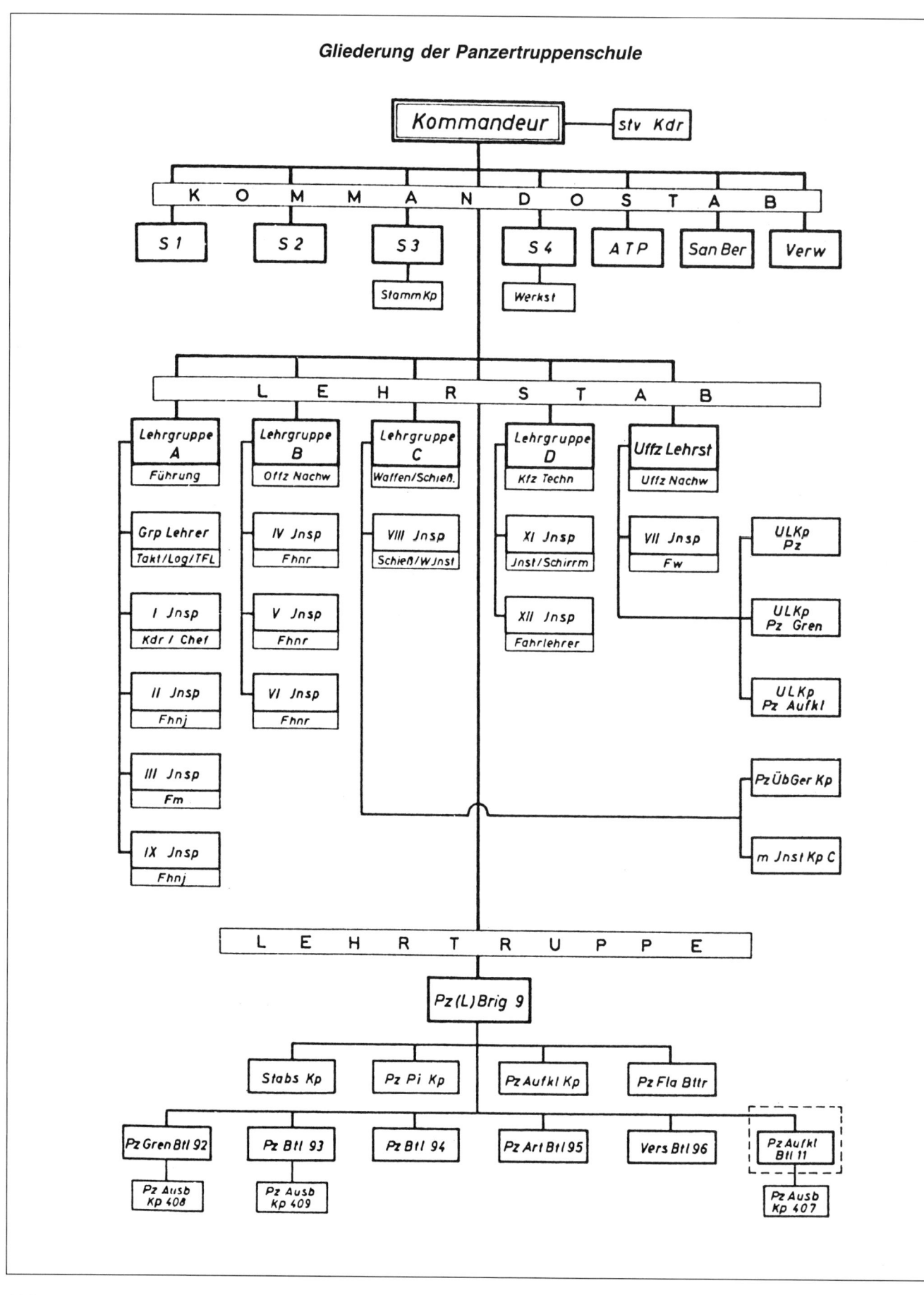

Gliederung der Panzertruppenschule

Kommandeur — stv Kdr

KOMMANDOSTAB

S 1 | S 2 | S 3 | S 4 | ATP | San Ber | Verw

S 3 — Stamm Kp
S 4 — Werkst

LEHRSTAB

| Lehrgruppe A | Lehrgruppe B | Lehrgruppe C | Lehrgruppe D | Uffz Lehrst |
| Führung | Offz Nachw | Waffen/Schieß. | Kfz Techn | Uffz Nachw |

Grp Lehrer — Takt/Log/TFL
IV Jnsp — Fhnr
VIII Jnsp — Schieß/WJnst
XI Jnsp — Jnst/Schirrm
VII Jnsp — Fw

ULKp Pz

I Jnsp — Kdr / Chef
V Jnsp — Fhnr
XII Jnsp — Fahrlehrer

ULKp Pz Gren

II Jnsp — Fhnj
VI Jnsp — Fhnr

ULKp Pz Aufkl

III Jnsp — Fm

Pz ÜbGer Kp

IX Jnsp — Fhnj

m Jnst Kp C

LEHRTRUPPE

Pz (L) Brig 9

Stabs Kp | Pz Pi Kp | Pz Aufkl Kp | Pz Fla Bttr

Pz Gren Btl 92 | Pz Btl 93 | Pz Btl 94 | Pz Art Btl 95 | Vers Btl 96 | Pz Aufkl Btl 11

Pz Gren Btl 92 — Pz Ausb Kp 408
Pz Btl 93 — Pz Ausb Kp 409
Pz Aufkl Btl 11 — Pz Ausb Kp 407

Brigadegeneral von Plato
1960 bis 1962

Brigadegeneral Drews
1962 bis 1964

Brigadegeneral Philipp
1964 bis 1968

Brigadegeneral Deichen
1968 bis 1969

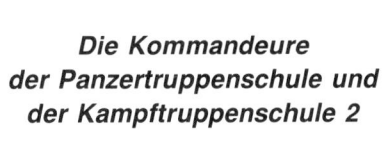

*Die Kommandeure
der Panzertruppenschule und
der Kampftruppenschule 2*

Brigadegeneral Wätjen
1969 bis 1970

Brigadegeneral Müller
1970 bis 1975

Brigadegeneral Mack
1975 bis 1978

Brigadegeneral von Schwerin
1978 bis 1982

Brigadegeneral Ahrens
1982 bis 1987

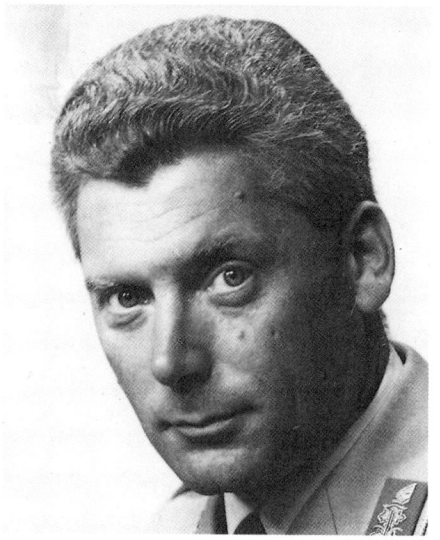

Brigadegeneral Roth
1987 bis 1989

Die Ausbildungs- und Lehrtätigkeit der Schule findet in den Lehrgruppen des Lehrstabes statt, die nach Inspektionen und Hörsälen untergliedert sind. Die einzelnen Hörsäle sind nach Truppengattungen getrennt, sofern dies aus fachlichen Gründen erforderlich ist.

In der Lehrgruppe A werden Kommandeure, Kompaniechefs und teilweise auch Offizieranwärter ausgebildet. Eine Inspektion führte dort anfangs auch die Fernmeldeausbildung durch.

Die Lehrgruppe B bildet den gesamten Offiziernachwuchs und Unteroffiziere zu Zugführern aus.

Die Lehrgruppe C vermittelt die Ausbildung für die Schießlehrer und für die verschiedenen Spezialgebiete der Waffeninstandsetzung und des Munitionswesens.

Die Lehrgruppe D ist für die Ausbildung des technischen Personales aller drei Truppengattungen im Kraftfahrzeugwesen sowie für die Schirrmeister und Fahrlehrer zuständig.

In den ersten Jahren bestand noch ein Unteroffizierlehrstab für die Unteroffizierausbildung, der aber später wieder aufgelöst wurde.

Zwischen den Lehrgruppen sind einzelne Lehrgänge zeitweise und nach Bedarf gewechselt worden, jedoch hat sich an den einzelnen Ausbildungsprogrammen nichts geändert. Sie haben infolge fortschreitender Technik sowie durch die Einführung von neuen Waffen, Fahrzeugen und Gerät erheblich zugenommen. Bereits im Jahre 1961 bildete die Panzertruppenschule in 44 Hörsälen und im damals noch bestehenden Unteroffizierlehrstab 5 400 Lehrgangsteilnehmer aus.

Im Winter 1958/59 konnte endlich der Umzug der Schule in die neuerbaute Kasernenanlage Munster-Ost erfolgen. Damit standen nun endlich ausreichende Unterkünfte für den Kommandostab und für die zahlreichen Hörsäle der Lehrgruppen sowie für Fahrzeughallen, Werkstätten und sonstige Ausbildungsstätten zur Verfü-

gung. Die Kasernenanlage erhielt den offiziellen Namen »Panzertruppenschule«, den sie auch nach der Umbenennung der Schule in Kampftruppenschule 2 behalten hat.

Ein wichtiges Ereignis in der Geschichte der Schule war am 14.2.1972 die Eingliederung der Kampftruppenschule 3, der früheren Panzerabwehrschule. Damit waren alle gepanzerten Kampftruppen an einer Schule vereinigt. Bei der Zusammenlegung brachte die Kampftruppenschule 3 ihr gesamtes Personal, alle Fahrzeuge und sonstiges Gerät mit und mußte als neues Element auf allen Ebenen im Lehr- und Ausbildungsprogramm integriert werden.

Der Umfang der so vergrößerten Kampftruppenschule 2 machte sie zur größten Schule des Heeres, an der im Jahre 1975 in 268 Lehrgängen und über 100 Lehrgangsarten 8 900 Lehrgangsteilnehmer ausgebildet wurden.

Neben dem umfangreichen Lehr- und Ausbildungsauftrag der Schule entwickelten sich im Laufe der Jahre noch zusätzlich besondere Schwerpunkte. Einen besonderen Raum nahmen dabei die zahlreichen Truppenversuche mit neuen Kampffahrzeugen und Waffen ein. Stellvertretend für viele andere seien hier genannt die Versuche mit dem Kampfpanzer Leopard, dem Schützenpanzer Marder und dem Spähpanzer Luchs, wobei es nicht nur erforderlich war die Fahrzeuge, sondern vor allem auch deren neue Waffen mit ihren komplizierten elektronischen Ziel- und Fahrgeräten mit zu entwickeln und zu testen.

Nach Einführung dieser Kampffahrzeuge und Waffen in die Truppe mußten dafür an der Schule die entsprechenden Lehrgänge für Führer und Fachpersonal aller Dienstgrade eingerichtet werden, was eine erneute Erweiterung und Mehrbelastung in der Lehrgangskapazität bedeutete.

**Die
Kampftruppenschule 2
in Munster**

Kasernentor mit Wache

Stabsgebäude

Technischer Bereich

Lehr- und Versuchsübung 1958
Von links nach rechts:
Verteidigungsminister Strauss,
Bundeskanzler Adenauer,
Inspekteur des Heeres Röttiger,
Generalinspekteur
der Bundeswehr Heusinger,
Inspekteur der Luftwaffe
Kammhuber.

In steigendem Maße öffnete sich auch die Kampftruppenschule 2 für Lehrgangsteilnehmer aus Panzerverbänden der NATO sowie des neutralen Auslandes. Dadurch entstanden immer engere Verbindungen zu den wichtigsten Panzertruppenschulen der NATO-Staaten, die in Munster durch Verbindungsoffiziere aus den USA, Großbritannien und Frankreich repräsentiert werden.

Als weitere wichtige Aufgabe gewährt die Kampftruppenschule 2 einer jährlich zunehmenden Zahl von Besuchern aus dem In- und Ausland Einblick in die Gliederung, Ausbildung und Ausrüstung der gepanzerten Kampftruppen. Zu diesen Besuchern gehören nicht nur die Spitzen der Bundesregierung und der Landesregierung sowie Bundestagsabgeordnete, sondern auch die Oberkommandierenden der NATO genauso wie Vertreter aus Wirtschaft und Industrie und der zivilen Verteidigung.

Diese Betreuung der Besucher und Besuchergruppen verlangt speziell auf die jeweiligen Interessen zuge-

**Vorführung
Kampfpanzer Leopard 1 1970**
Von links nach rechts:
Verteidigungsminister
Helmut Schmidt,
Chef des Heeresamtes
General Sonneck,
Oberst Ruge Kdr. KTS 3,
Oberst Riemann,
stellvertr. Kdr. KTS 2,
Generalmajor Guderian,
General der Kampftruppen

General Yamara, Inspekteur des japanischen Heeres und General Westmooreland, ehemals US-Oberkommandierender in Vietnam.

Bundesaußenminister Genscher, 1988,
Kommandeur der Kampftruppenschule 2 Brigadegeneral Roth,
Kommandeur der Panzerlehrbrigade 9 Oberst Spiering

Bundespräsident Prof. Carstens mit einem Unteroffizier des Panzergrenadierlehrbataillons 92 im Jahr 1980

Bundesverteidigungsminister Leber
und der britische Verteidigungsminister Lord Carrington
rechts: Kdr. der KTS 2 — Brigadegeneral Müller,
links: General der Kampftruppen Generalmajor Guderian im Jahr 1972

◁ Empfang des Oberbefehlshabers des Heeres Südkorea

Bundesverteidigungsminister Apel und der Inspekteur
des Heeres Generalleutnant Hildebrand im Jahr 1978

Bundesverteidigungsminister Wörner
und der US-Verteidigungsminister Weinberger
mit Prof. Biedenkopf im Jahr 1983

Bundesverteidigungsminister Wörner
und der Inspekteur des Heeres
Generalleutnant von Ondarza im Jahr 1988

Generalinspekteur der Bundeswehr Admiral Wellershoff
und der Oberbefehlshaber
der Schwedischen Streitkräfte General Gustafsson im Jahr 1987

Generalinspekteur der Bundeswehr Admiral Wellershoff
und der Chef des Generalstabes der Schweizerischen Armee,
Kommandeur der Kampftruppenschule 2 Brigadegeneral Roth

schnittene Besucherprogramme, die einen erheblichen organisatorischen Aufwand erfordern. Zu den herausragenden Teilen solcher Programme gehören die von der Panzerlehrbrigade 9 vorgeführten Lehr- und Gefechtsübungen, mit denen die Schlagkraft der gepanzerten Kampftruppen und der Bundeswehr dargestellt wird. Neben all diesen Aufgaben hat die Kampftruppenschule 2 auch die Verpflichtung übernommen, die Tradition der gepanzerten Verbände der ehemaligen deutschen Wehrmacht zu wahren und weiterzuführen. Als sichtbarer Ausdruck dafür wurde nicht nur jedem Hörsaal die Tradition einer früheren Panzerdivision zugeteilt, sondern es wurde im Bereich der Schule auch ein Ehrenhain geschaffen, in welchem alle ehemaligen gepanzerten Verbände als Gedenkstein einen Findling mit ihrem früheren taktischen Zeichen haben. In jedem Jahr zum Volkstrauertag legen dort die Traditionsverbände ihre

Kränze nieder. Am Tage vorher führt die Schule ein Treffen durch, auf dem sich die gepanzerten Truppen aus dem Kriege und aus der Bundeswehr kameradschaftlich begegnen.

Tradition an der Kampftruppenschule 2 zum Volkstrauertag

Aufstellung der Standarten
aus dem Tannenbergdenkmal
im Ehrenhain

Generalfeldmarschall
von Manstein
beim Abschreiten
der Ehrenkompanie, daneben
Generalmajor Jordan,
damals General der Kampf-
truppen

Chef des Heeresamtes Generalleutnant Lemm
und der Kommandeur der Kampftruppenschule 2
Brigadegeneral Mack im Jahr 1977

General der Kampftruppen
Generalmajor Lichel im Jahr 1988

Die Truppengattung Panzergrenadiere an der Kampftruppenschule 2

Bei der Zusammenlegung der Panzergrenadierschule mit der Panzertruppenschule wurde das gesamte Personal der Panzergrenadiere — Kommandostab und ATP-Stab sowie Lehroffiziere und das technische Personal — in die neue Schule übernommen und in den entsprechenden Verwendungsgebieten eingesetzt. Überraschenderweise war der erste Kommandeur der neuen Schule, Brigadegeneral Pape, ein Panzergrenadier. Unter seinem Kommando wurde ganz besonders streng darauf geachtet, daß keine Truppengattung an der Schule bevorzugt wurde oder ein Eigenleben führte, sondern daß alle ein zusammengehöriges Ganzes bildeten.

Die Panzergrenadiere haben an der Kampftruppenschule 2 für ihre Truppengattung die Aufgaben, welche schon beim Gesamtauftrag der Schule dargestellt wurden. Dementsprechend sind in allen Funktionen, die für die Ausbildung der Panzergrenadiere zuständig sind, auch Panzergrenadiere eingesetzt. Dies gilt nicht nur für den ATV-Stab und die Gruppe Truppenfachlehrer, sondern ebenso für die Führerausbildung in den Lehrgruppen und für die gesamten technischen Lehrgänge. In der Gefechts- und in der Schießausbildung arbeiten die Panzergrenadier-Hörsäle eng mit dem Panzergrenadierlehrbataillon zusammen.

Zweifellos hat sich seit der früheren Zusammenarbeit zwischen Panzern und Panzergrenadieren im Kriege bis zum heutigen Zusammenwirken aller gepanzerten Kampftruppen auf einem modernen Gefechtsfeld ein grundlegender Wandel vollzogen. Diese neuen Erkenntnisse werden an der Kampftruppenschule 2 sofort umgesetzt und nehmen in der Ausbildung einen breiten Raum ein. Dabei kommt es darauf an, die jetzigen und zukünftigen Waffensysteme der Panzergrenadiere mit ihrer gewaltigen Kampfkraft zur größtmöglichen Wirkung für die gepanzerten Kampftruppen auf den modernsten Stand zu bringen und in eine erfolgreiche Richtung zu lenken.

Damit haben die Panzergrenadiere heute die Anerkennung als eine selbständige Truppengattung gefunden, für die sie sich vor dem Kriege und bis zu dessen Ende schwer durchsetzen mußten. Statt einer Hilfswaffe für die Panzer, wie es noch Guderian formulierte, sind die Panzergrenadiere innerhalb der gepanzerten Kampftruppen in engstem Zusammenwirken mit den Panzern deren stärkster und gleichberechtigter Partner auf einem Gefechtsfeld der Zukunft.

3. Panzergrenadierlehrbataillon 92 Geschichtlicher Abriß[30]

Am 3. April 1956 begannen in Munster mit dem Eintreffen des Vorauspersonals die ersten Vorbereitungen für die Aufstellung des Panzergrenadierlehrbataillons. Diese erste Mannschaft setzte sich sehr unterschiedlich zusammen. Die Soldaten kamen aus dem Zivilleben, von der Polizei, aus dem Bundesgrenzschutz, und es waren auch die ersten in Andernach ausgebildeten Freiwilligen darunter. Einen Monat später folgten die ersten Kader, und bereits Anfang Juli 1956 hatte das Bataillon eine Stärke von 35 Offizieren, 169 Unteroffizieren und 753 Mannschaften.

Mit Ablauf des Jahres 1956 war die personelle Aufstellung des Panzergrenadierlehrbataillons weitgehend abgeschlossen. Die vorgesehene Personalstärke von 979 Soldaten ist jedoch auch in den folgenden Jahren nur zeitweise und vorübergehend erreicht worden. Ein gleichbleibender Bestand, vor allem des Stamm- und Ausbildungspersonals, war wegen der dauernden Abgaben für Neuaufstellungen nicht zu halten. Das Bataillon hat in den ersten 3 Jahren etwa 2000 Offiziere, Unteroffiziere und Mannschaften abgegeben bzw. entlassen. Daneben mußte das Bataillon nicht nur die verschiedensten Einweisungslehrgänge durchführen, sondern auch seine Rekruten selbst ausbilden.

Eine weitere Schwierigkeit war die erste Ausrüstung mit amerikanischen Waffen und Fahrzeugen. Als Schützenpanzer wurde dem Bataillon der M 39 mit dem MG Kaliber 50 als Bordwaffe zugewiesen, als leichter Panzer der M 41 und als Bergepanzer der M 74, die im einzelnen bereits dargestellt wurden. Die Radfahrzeuge bestanden ebenfalls aus recht unterschiedlichen Typen. An Handwaffen verfügte das Bataillon als Pistole über den »Remington-Colt«, als Gewehr über das »M 1- und M 2-Rifle«, als Maschinengewehr über das »BAR«, als Maschinenpistole über die »Thomsen« und als Panzerfaust über die »Bazooka«. Als Granatwerfer, später Mörser genannt, dienten zunächst die US-Mörser 81 mm und 106 mm.

Nach der Übernahme der Waffen und Fahrzeuge in Depots der US-Armee erfolgte in Munster eine gründliche Einweisung durch amerikanische Instrukteure. Erst danach konnte die eigentliche Ausbildung in der Truppe und in den verschiedenen Lehrgängen beginnen.

Trotz dieser Schwierigkeiten konnte das Panzergrenadierlehrbataillon seine Aufgabe als Lehrtruppe erfüllen, wenn auch zunächst nur in einem begrenzten Rahmen. So nahm es im Juli 1956 erstmalig an einem NATO-

---

30 Schulz/Jeschke, 25 Jahre Panzergrenadierlehrbataillon 92, Aus der Chronik des Bataillons

Die erste Ausrüstung des Panzergrenadierlehrbataillons 92 erfolgte 1956 mit US-Waffen aus dem Zweiten Weltkrieg

Manöver teil, und bereits im August fand die erste große Lehrübung statt.

Am Ende des Jahres 1956 wurde das Lehrbataillon der Panzergrenadierschule unterstellt. Das Bataillon war nun neben seinen sonstigen Aufgaben an den Lehrauftrag der Schule gebunden. Das erforderte eine Umstellung, die einen neuen umfangreichen Aufgabenkatalog mit sich brachte, der noch größer wurde, als im Oktober

1957 die Zusammenlegung der Panzergrenadier- mit der Panzertruppenschule erfolgte.

Dem Panzergrenadierlehrbataillon ist in diesen ersten Jahren, die der Aufstellung folgten, viel abverlangt worden. Neben der eigenen durchzuführenden Rekrutenausbildung und den damals wichtigen Einweisungslehrgängen aller Art war es infolge der notwendigen Abgaben für Neuaufstellungen mit einer hohen Personal-

Als erstes Kampffahrzeug wurde der M 39 verwendet. Amerikanische Offiziere waren als Ausbilder eingesetzt.

fluktuation belastet. Hinzu kamen Lehrvorführungen für die Schule, Umstellungen in der Ausrüstung und nicht zuletzt die Teilnahme an der LV 58, die erhebliche Vorbereitungen und Vorübungen erforderte.

Anfang Februar 1958 wurde das Bataillon aus der bisherigen Hindenburgkaserne in die neuerbaute Kaserne der Panzertruppenschule nach Munster-Ost verlegt. Dieser Umzug und das erste Einleben war zunächst mit Schwierigkeiten verbunden, da erst noch erhebliche Mängel abgestellt werden mußten; aber er hatte den Vorteil, daß nunmehr genügend Raum für die Unterkünfte und für die Ausbildung zur Verfügung stand.

In der Zeit von 1957 bis 1960 erfolgte Zug um Zug die Ablösung der Waffen und der Ausrüstung aus amerikanischen Beständen. Sie wurden sämtlich ersetzt durch deutsches oder angekauftes Material. Für das Bataillon bedeutete dies viel Unruhe wegen der damit verbundenen Einweisung und Ausbildung. Die Mehrarbeit wurde aber begrüßt, weil nun das Provisorium mit der teilweise unzulänglichen amerikanischen Ausrüstung zu Ende war. Diese Phase der Umrüstung in den ersten Jahren wurde 1959/60 abgeschlossen mit der Einführung des Schützenpanzers HS 30 und der Bordmaschinenkanone HS 820-1. Auch die amerikanischen Funkgeräte wurden durch Fertigungen aus der deutschen Industrie ersetzt.

Die bereits erwähnten Umgliederungen bedeuteten für das Bataillon jedesmal einen Eingriff nicht nur in die Struktur, sondern sie brachten auch personelle Veränderungen und Neubesetzungen mit sich. Dabei war der härteste Eingriff zweifellos die 1980 erfolgte Umstellung auf das Heeresmodell 4, das mit seiner drastischen Verkleinerung der Einheiten den Auftrag als Lehrtruppe nachteilig beeinflußte.

Über die Routine des täglichen Dienstes hinaus hat das Bataillon Höhepunkte und besondere Einsätze erlebt, die vom militärischen Alltag abwichen, aber es hat auch tief enttäuschende Rückschläge hinnehmen müssen.

So hat es im Laufe des dreißigjährigen Bestehens des Bataillons bedauerlicherweise eine Reihe von tödlichen Unfällen gegeben, dienstlich und außerdienstlich.

Jedoch wog keiner so schwer wie das Schießunglück am 9.4.1964 auf dem Truppenübungsplatz Bergen. Bei der Lehrvorführung einer Panzerjägerkompanie im scharfen Schuß mit Artillerie- und Mörserunterstützung, wobei die Mörser vom Panzergrenadierlehrbataillon 92 gestellt wurden, erfaßte die auswandernde Streuung der Einschläge die Zuschauer. Es waren 9 Tote und 10 Verletzte zu beklagen. In der sonst so erfolgreichen Geschichte des Bataillons war dieses Ereignis der absolute Tiefpunkt.

Es gab aber auch Ereignisse, auf die das Bataillon mit Stolz zurückblickt. Das waren die Einsätze 1962 bei der Flutkatastrophe an der norddeutschen Küste[31] und 1975 bei den großen Waldbränden im Raume Eschede und Gifhorn. Dabei wurden die Panzergrenadiere hart gefordert, und sie haben bei diesen Einsätzen als Soldaten nicht nur auf Befehl gehandelt, sondern einfach aus dem selbstverständlichen Pflichtgefühl des Helfens heraus. Während es bei der Flutkatastrophe darauf ankam, Menschen aus ihren umspülten Häusern zu retten und die Deiche zu sichern, half das Bataillon bei den Waldbränden mit schwerem Gerät zum Schlagen von Feuerschneisen und unterstützte mit einer straffen militärischen Organisation und Führung die Arbeit der zahlreichen Löschkräfte.

Ein feierlicher Höhepunkt war 1965 in Münster die Fahnenübergabe an das Bataillon durch den Generalinspekteur der Bundeswehr. Es war bis dahin immer als bedauernswert empfunden worden, daß die Truppe auf dieses Symbol militärischer Verpflichtung und Tradition verzichten mußte. Dieser Umstand trug dazu bei, daß sich das Bataillon bereits 1962 eine eigene Standarte anfertigen ließ und diese bei offiziellen Veranstaltungen auch mitführte.

Ein herausragendes Ereignis war 1971 die Umrüstung auf den Schützenpanzer Marder. Nachdem das Bataillon den Truppenversuch mit diesem Kampffahrzeug abgeschlossen hatte, wurde als erste Einheit die 3. Kompanie damit ausgestattet, um später die Einweisung bei den anderen Kompanien durchzuführen. Es hat am Anfang manche Schwierigkeiten gegeben, bis die Truppe mit dem neuen Fahrzeug vertraut war, weil der Schützenpanzer Marder technisch ein sehr viel komplizierteres Fahrzeug war als der HS 30. Entscheidend war jedoch, daß die Panzergrenadiere nun einen Schützenpanzer hatten, dessen Eigenschaften beim Zusammenwirken mit Panzern auf dem Gefechtsfeld dem Kampfpanzer Leopard voll entsprachen.

Ausbildung

Unter den Panzergrenadierbataillonen in der Bundeswehr nimmt das Panzergrenadierlehrbataillon 92 eine besondere Stellung ein, nicht etwa aus elitären Gründen, sondern weil es als Lehrtruppe zusätzlich zu seiner normalen Ausbildung mit weit darüber hinaus gehenden Aufgaben richtungsweisend und prägend ist für die gesamte Truppengattung.

Das Bataillon hat zunächst wie jedes andere Panzergrenadierbataillon seine eigene Ausbildung durchzuführen. Diese muß besonders sorgfältig und eingehend erfolgen, damit im Rahmen späterer Lehrvorführungen jeder arteigene und typische Ausbildungszweig ausgereift

---

31 Krause, Die Sturmflutkatastrophe im Februar 1962, Verlag A. Pockwitz Nachf. Karl Krause, Stade – Buxtehude, 2. Neuauflage 1963, Seite 38

und einprägsam dargestellt werden kann. Dazu gehört als Schwerpunkt die Gefechtsausbildung zusammen mit Panzern und die besondere Kampfweise der Panzergrenadiere. Dafür besitzt das Bataillon günstige Übungsmöglichkeiten und Schießbahnen auf dem Truppenübungsplatz Munster-Nord.

Trotzdem wird das Bataillon — oft mehrmals im Jahr — auf andere Truppenübungsplätze verlegt, um auch in einem fremden Gelände zusammen mit Panzern und im Brigaderahmen zu üben. Besondere Möglichkeiten boten dazu auch die Aufenthalte auf NATO-Plätzen im Ausland, so 1966 in La Courtin in Frankreich und 1976 und 1984 auf dem großen Panzerübungsplatz in Shilo in Kanada.

Daneben wird das Bataillon zu Übungen in größerem Rahmen mit deutschen und mit NATO-Verbänden herangezogen. Diese Übungen, die meist im norddeutschen Raum sattfinden, dienen nicht nur der Gefechtsausbildung für Führung und Truppe, sondern sie vermitteln auch wertvolle Erfahrungen in der Zusammenarbeit mit den gepanzerten Truppen unserer NATO-Partner.

Lehrauftrag[32]

Zu dem normalen Ausbildungsdienst kommt der umfangreiche Auftrag als Lehrtruppe hinzu. Er besteht vorwiegend in der Durchführung von Lehrübungen und Lehrvorführungen für die Lehrgangsteilnehmer der Kampftruppenschule 2, aber auch für deren zahlreiche Besucher und Besuchergruppen.

Lehrübungen sind begrenzte Gefechtsausschnitte im kleineren und größeren Rahmen und dienen der Aus- und Weiterbildung für die Lehrgangsteilnehmer aller Führungsebenen, die dadurch das taktische Rüstzeug für ihre spätere Verwendung erhalten. Zu den Lehrübungen gehören, um nur einige Beispiele zu nennen, Übungen mit den Themen Spitzenzug, Gefechtsformationen im Zug- und Kompanierahmen, Angriff einer verstärkten Panzergrenadierkompanie sowie Fernmelderahmenübungen.

Lehrvorführungen — stationär oder beweglich — haben als Thema bestimmte Ausbildungszweige, welche den Lehrgangsteilnehmern oder Besuchern bildhaft und anschaulich in Einzelphasen vorgestellt werden. Dabei kommt es darauf an, in einer einprägsamen Schau die Schwerpunkte und Besonderheiten eines Lehrgegenstandes darzustellen. Sie nehmen einen breiten Raum ein und von den zahlreichen Themen waren und sind die wichtigsten:

○ Zuggefechtsschießen und Schießen verbundener Waffen,
○ Bataillonsgefechtsstand und Einweisung in dessen einzelne Funktionen,
○ Besuch einer Panzergrenadierkompanie, STAN-Aufstellung, Kompaniebesichtigung und Erfolgskontrolle,
○ Methodik der Ausbildung am Schützenpanzer — Ausbildungshilfen,
○ Technischer Dienst am Schützenpanzer,
○ Sehstreifenverfahren,
○ Nachtsichtgeräte.

Endlich wird das Panzergrenadierlehrbataillon noch zu großen Lehr- und Versuchsübungen herangezogen, welche neue Erkenntnisse über Taktik, Einsatzgrundsätze und Gliederungen bringen sollen. Solche Übungen waren wie bereits erwähnt die LV 58 für eine neue Brigadegliederung und die LV 75 für das Heeresmodell 4. Diese Übungen aller Art erfordern durch die Planung sowie die personelle und materielle Vorbereitung einen hohen — auch zeitlichen — Aufwand und stellen das Bataillon oft vor schwierige Aufgaben. Allein im Jahre 1970, also noch vor Einführung des Schützenpanzers Marder, hat das Bataillon für alle durchzuführenden Übungen — auch für eigene — 2 135 256 Liter Kraftstoff verfahren.

Truppenversuche

Eine weitere wichtige Aufgabe für das Bataillon sind Truppenversuche. Sie sind Erprobungen von Fahrzeugen, Waffen und Ausrüstungsgegenständen auf Feldverwendungs- und Truppenbrauchbarkeit. Sie werden vom Heeresamt angeordnet und dem Bataillon über den ATV-Stab der Kampftruppenschule 2 befohlen. Nach ihrer Durchführung schließen sie mit einem Erfahrungsbericht ab, mit dem das Bataillon einen wichtigen Einfluß auf das Endergebnis für Verbesserungen und sogar auch auf die Einführung hat.

Aus der großen Zahl der Truppenversuche — es sind bisher über 200 — sollen stellvertretend einige Beispiele genannt werden, um die Vielfalt dieser Versuche zu verdeutlichen. Hier seien zunächst die Großversuche erwähnt mit den Schützenpanzern Marder und HS 30, mit den Bordmaschinenkanonen HS 820-1 und 202 RH einschließlich der Waffenstabilisierung sowie mit den elektronischen Ziel- und Fahrgeräten. Aber auch andere Versuche wie mit dem G 3-Gewehr, Stahlhelm, Kampfmesser, Kehlkopfmikrofon, der ABC-Schutzmaske, der Panzerweste sowie mit Karten aus Kunstseide und verschiedener Bekleidung und viele andere mehr erforderten die Bereitstellung von zahlreichem Personal, das bei anderen Ausbildungs- und Lehrvorhaben dringend gebraucht wurde.

Die Masse der Fahrzeuge, Waffen und Ausrüstungsgegenstände, die vom Bataillon im Rahmen der Truppen-

---

32 Weick, 20 Jahre Panzergrenadierlehrbataillon 92, Festschrift des Bataillons zum 14./15. 5. 1976, Seite 16

versuche erprobt wurden, gehören inzwischen zur ständigen Ausrüstung der Panzergrenadiere. Einige sind aber auch nicht eingeführt worden, nicht zuletzt deshalb, weil sie sich im Versuch nicht bewährt haben. Dies ist u.a. auch darauf zurückzuführen, daß die Industrie oft technischen Perfektionismus angeboten hat, der für die Truppe im Feldgebrauch zu kompliziert war.

Der Verfasser, der selbst jahrelang als Gruppenleiter Infanterie im Heeresamt Truppenversuche für die Panzergrenadiere angeordnet hat, entsinnt sich eines banalen Satzes, der damals im Umlauf war, aber ein Korn Wahrheit enthält: »Das Beste bekommt die Truppe nie, weil die Entwicklung zu lange dauert und zu aufwendig ist. Das Zweitbeste ist zu teuer, und die dritte Lösung ist dann endlich ein brauchbarer Kompromiß zwischen dem Entwicklungszeitraum, den Kosten und den Forderungen der Truppe«.

Zusammenfassung

Das Panzergrenadierlehrbataillon 92 hat die gleiche Gliederung,[33] Personalstärke und Ausrüstung wie jedes andere Panzergrenadierbataillon in einer Panzerbrigade, jedoch eine Panzergrenadierkompanie mehr. Für seine besondere Stellung als Lehrtruppe und für die damit verbundenen Aufgaben erhält das Bataillon keine Bevorzugung. Einige günstige Umstände erleichtern zwar seine starke Belastung, können diese aber nicht voll ausgleichen.

Die Entscheidungen für die Koordinierung der eigenen Ausbildung und der befohlenen Aufträge durch die Kampftruppenschule 2 trifft der Bataillonskommandeur. Bisher wurden beim Panzergrenadierlehrbataillon 92 nur Kommandeure eingesetzt, die entweder kriegserfahrene Panzergrenadiere waren oder in der Bundeswehr bereits vorher ein Panzergrenadierbataillon geführt hatten. Damit ist gewährleistet, daß jeder neue Kommandeur die Fachkenntnisse seiner Truppengattung besitzt und die Zeit seiner Einarbeitung auf die zusätzlichen Aufgaben konzentrieren kann.

Auch die Offizierstellenbesetzung ist von Bedeutung. Im allgemeinen erfüllen die Kompaniechefs und die Zugführer schnell die Anforderungen, welche in einer Lehrtruppe an sie gestellt werden. Sie bilden sich dann oft zu Spezialisten in bestimmten Ausbildungszweigen heraus, was allerdings manchmal die Gefahr der Einseitigkeit mit sich bringt. In den ersten Jahren nach der Aufstellung der gemeinsamen Panzertruppenschule hatte das Bataillon noch die Möglichkeit, sich seine jungen Offiziere dort nach Lehrgangsabschluß auszusuchen. Da die Kommandeure verständlicherweise nur gut beurteilte Leutnante nahmen, hatte dies den Nachteil, daß

diese jungen Offiziere später zum großen Teil in die Generalstabslaufbahn abwanderten und als Truppenoffiziere für die Panzergrenadiere verloren waren.

Eine starke Stütze für den Lehrauftrag ist ein hervorragender Stamm von Feldwebeln und Unteroffizieren, die im Bataillon groß geworden sind und deren langjährige Erfahrung in allen Ausbildungszweigen unersetzlich ist. Bei den Lehrvorführungen sind sie Meister ihres Faches, die durch ihr Wissen und Können ganz wesentlich zum Erfolg des Bataillons beitragen.

Der Auftrag als Lehrtruppe wird weiter dadurch unterstützt, daß das Bataillon stets als erstes über die neuesten Fahrzeuge, Waffen und über die modernste Ausrüstung verfügt. Mit den damit verbundenen frühzeitigen Ausbildungserfahrungen ist es jedem anderen Panzergrenadierbataillon weit voraus. Die in der Ausbildung hinzukommenden günstigen Übungsplatzmöglichkeiten wurden bereits erwähnt.

Wie jedes andere Panzergrenadierbataillon wird das Lehrbataillon auch von Zeit zu Zeit vom Inspizienten der Infanterie besucht. Auf diese Besuche können sich andere Bataillone lange und gründlich vorbereiten. Dazu hat das Lehrbataillon selten Zeit gehabt. Die Inspizierungen erfolgten meist aus dem Stand heraus und schlossen bisher stets mit einem Lob für Führung und Truppe ab. Manche Inspizienten verzichteten auch auf einen Besuch des Bataillons, weil seine guten Leistungen trotz der Belastungen als Lehrtruppe ohnehin bekannt waren.

Die Aufgaben des Panzergrenadierlehrbataillons 92 in der Zukunft zeichnen sich schon heute ab. Bei der Erarbeitung für eine zukünftige Konzeption der gepanzerten Kampftruppen wird das Bataillon an den dazu notwendigen Lehr- und Versuchsübungen als wichtiges Element beteiligt sein. Ebenso wird das Bataillon bei der Entflechtung des Waffensystems Marder und dessen Zerlegung in verschiedene Komponenten in zahlreichen Truppenversuchen mitwirken.

---

33 STAN-Nr. 321 2793 vom 12.3.85, Das Panzergrenadierbataillon B 25

Oberstleutnant Dr. Wulf
1956 bis 1957

Oberstleutnant Middeldorf
1957 bis 1958

Oberstleutnant Ritz
1958 bis 1961

Oberstleutnant Riemann
1961 bis 1963

Die Kommandeure
des
Panzergrenadierlehrbataillons 92

Oberstleutnant Fricke
1963 bis 1966

Oberstleutnant Hentschel
1966 bis 1971

Oberstleutnant Lissinna
1971 bis 1975

Oberstleutnant Weick
1975 bis 1977

Oberstleutnant Asam
1977 bis 1980

Oberstleutnant Schulz
1980 bis 1982

Oberstleutnant Meurer
1982 bis 1986

Oberstleutnant Thamm
1986 bis 1989

Oberstleutnant Schecker ab 1989

Zukunftsentwicklungen

I. Grundlagen

1. Künftige Bedrohungen und Bedingungen für das Gefecht

Die Panzergrenadiere gehören als Truppengattung zusammen mit den Panzern, den Panzerjägern und den Panzeraufklärern zu den gepanzerten Kampftruppen und bilden mit diesen den Kern des Heeres. Sie sind nicht mehr, wie es Guderian einstmals formulierte, eine Ergänzungs- oder Hilfswaffe[34], sondern deren notwendige Partner auf dem Gefechtsfeld. Die weitere Entwicklung der Panzergrenadiere, etwa ab 1990, kann daher nur im Rahmen der gepanzerten Kampftruppen gesehen werden.

Es ist eine militärische Erfahrung unseres Jahrhunderts, daß kein Krieg so endet, wie er begonnen hat, und kein neuer Krieg so beginnt, wie der letzte endete. Seit 1945 hat es eine Fülle von umwälzenden Veränderungen in der Kriegstechnik gegeben, von denen auch die Taktik und die Einsatzgrundsätze der gepanzerten Kampftruppen beeinflußt wurden.

Bestimmend für weitere Überlegungen ist die Bedrohung durch die Streitkräfte des Warschauer Paktes. Die Gliederung und Ausrüstung sowie die operativen und taktischen Grundsätze zur Führung des Gefechtes dieser Streitkräfte sind dabei von besonderer Bedeutung. Sie haben bei konventionellen Waffen auf dem Heeressektor eine hohe Überlegenheit an gepanzerten Kampffahrzeugen, Artillerie, Raketenwaffen und darüber hinaus besonders an Kampfhubschraubern. Ein großer Teil von Kampfunterstützungswaffen ist auf der Regimentsebene integriert und befähigt die Panzerregimenter und die motorisierten Schützenregimenter zum selbständigen Gefecht der verbundenen Waffen und zu einem schnellen Ablauf der Angriffsoperationen.[35]

Die operative Absicht des Feindes ist es, mit der hohen Beweglichkeit und der starken Feuerkraft seiner mechanisierten Armeen überraschend und schlagartig die vorderen Verteidigungskräfte zu überwinden und in die Tiefe vorzustoßen.

Das deutsche Heer hat daher künftig mit folgenden Hauptfaktoren einer Bedrohung zu rechnen[36]:

○ Starke Panzerkräfte, die von
○ vollmechanisierter Infanterie begleitet werden,
○ zahlenmäßig stark überlegene Artillerie,
○ umfangreiche und unmittelbare Luftunterstützung mit Kampfflugzeugen und Kampfhubschraubern,
○ eine dichte und raumdeckende Flugabwehr,
○ Luftlandungen in den rückwärtigen Gebieten,
○ intensive Anwendung elektronischer Kampfführung,
○ die ständige Gefahr des Einsatzes von A- und C-Waffen.

Diese Kriegführung bestimmt das zukünftige Bild des Gefechtsfeldes. Die gepanzerten Kampftruppen und dabei besonders die Panzer und die Panzergrenadiere werden einer noch größeren Bedrohung ausgesetzt sein als bisher. Die Ursachen dafür sind folgende:

Die Gefahr, trotz der Weiträumigkeit des Gefechtsfeldes und der gefechtsbedingten Unsichtigkeit bei Tag und Nacht frühzeitig durch **elektronische Zielaufklärung** geortet zu werden.

Die enorme **Zunahme von überaus wirksamen Panzerabwehrwaffen**, von einfachen Handwaffen über Panzerabwehrkanonen bis zu elektronisch gesteuerten Panzerabwehrlenkraketen vom Boden und aus Kampfhubschraubern, mit einer leistungsgesteigerten und endphasengelenkten Munition, die fast alle Panzerungen durchschlägt. Hinzu kommt die Möglichkeit, **Panzerabwehrwaffen durch die Luft zu transportieren** und an unerwarteter Stelle abzusetzen.

Die Möglichkeiten des Feindes, **Minensperren** mit verschiedenen Wirkungen sowohl **durch Raketenwerfer** als **auch aus der Luft** schnell im Gelände zu verlegen.

Die Steigerung der **Nachtkampffähigkeit.**

Der Einsatz von **Feuerbomben** (Napalm).

Der nicht auszuschließende Einsatz von **atomaren Gefechtsfeldwaffen.**

Das Argument und die Tatsache, daß auch das deutsche Heer und die verbündeten Armeen der NATO über diese Möglichkeiten verfügen, ändert nichts an der Bedrohung.

34 Guderian, a.a.O., Seiten 18, 25, 29, 38
35 Koch/Bauers, Gedanken über die gepanzerten Truppen der Zukunft, Truppenpraxis Heft 1983/3, Seite 177, Verlag Offene Worte, Herford
36 Koch/Bauers, a.a.O., Seite 178

2. Zunehmende Bedeutung des Gefechtes der verbundenen Waffen — Folgerungen

Um diesen Bedrohungen zu begegnen, gehen die dafür erforderlichen Überlegungen aus von

○ der Notwendigkeit nach einem engen Verbund aller Truppengattungen der gepanzerten Kampftruppen auf dem Gefechtsfeld,
○ den für sie erforderlichen Waffensystemen einschließlich deren Führung und Bedienbarkeit und
○ deren Gliederung und Gerätausstattung.

Das **Gefecht der Zukunft** wird noch mehr als bisher ein Gefecht der verbundenen Waffen oder von verbundenen Waffensystemen sein, das deren enge Mischung erfordert. Diese wird notwendig durch:

○ die schnell wechselnden Lagen angreifender mechanisierter Feindkräfte,
○ die Abwehr feindlicher Panzerabwehrwaffen in deren mobilen Stellungen auf mittleren und großen Reichweiten,
○ die Forderung zur Verbesserung der Abwehr- und Stoßkraft der eigenen Verbände,
○ die Führung des Gefechtes in unterschiedlichem Gelände, bei unsichtigem Wetter sowie bei Tag und Nacht,
○ die rationelle Ausnutzung aller Möglichkeiten einer modernen Kriegstechnik,
○ die gegenseitige Ergänzung der Waffensysteme zu einer Gesamtwirkung, die größer ist als die Summe ihrer Einzelwirkungen.

Für die Zukunft ist es notwendig, die im bisherigen Verbund vorhandenen Waffensysteme auf ihre sich gegenseitig ergänzende Wirksamkeit zu überprüfen, sie zu entflechten und zu optimieren sowie darüber hinaus neue Systeme zu konzipieren, die auf Grund der feindlichen Bedrohung notwendig sind.
Als wichtige Maßnahmen gehören dazu:

○ Die Entflechtung des Waffensystems Marder und seine Zerlegung in zweckmäßige Komponenten, die auf ihre Hauptaufgaben spezialisiert sind;
○ eine wirkungsvolle Mischung dieser Waffensysteme in der Gliederung und Ausbildung auf der Bataillonsebene bereits im Frieden[37];
○ eine übergreifende Führungsausbildung der verschiedenen Waffensysteme, Verbesserung der Einsatzgrundsätze und deren Niederlegung in den Vorschriften.

---

37 Koch/Bauers, a.a.O., Seite 179

II. Panzergrenadiere in der Zukunft

1. Aufgaben

Im Rahmen der gepanzerten Kampftruppen werden die Panzergrenadiere im Gefecht der verbundenen Waffen mitentscheidend sein. Zu ihren bisherigen Aufgaben zur Unterstützung der Panzer, zu deren Schutz und als ihr Wegbereiter treten neue und wichtige Aufgaben hinzu. Ihre Hauptaufgabe wird der Kampf gegen die auf- und abgesessene feindliche, mechanisierte Infanterie sein[38], ebenso wie der Kampf gegen überraschende feindliche Luftlandungen in der Flanke, im Rücken und in der Tiefe.

Auch gegen feindliche Panzer werden sich die Panzergrenadiere bei den schnell wechselnden Gefechtslagen mehr als bisher durchsetzen müssen.[39]

Für die Panzerabwehr wird der Feind gemischte Systeme einsetzen, die hochbeweglich sind und auch aus der Luft abgesetzt werden können. Hier erweitert sich der Kampf gegen die feindliche Panzerabwehr ganz erheblich.

Besonders in durchschnittenem Gelände und bei schwierigen Witterungsverhältnissen sowie beim Nachtkampf wird die Gefechtsaufklärung und die Sicherung für die Panzer vermehrt notwendig sein.

Zur Feststellung und Überwindung der verschiedenen Arten von Minensperren, die auch aus der Luft verlegt werden können, wird eine noch engere Zusammenarbeit mit den Panzerpionieren notwendig.

Wenn auch die Panzergrenadiere die Fliegerabwehr für andere Verbände nicht übernehmen können, so muß doch die Abwehr gegen niedrigfliegende und direkt angreifende feindliche Kampfhubschrauber und Strahlflugzeuge gewährleistet sein.[40]

Als Ergänzung zum schweren Flachfeuer der Panzer ist eine Steilfeuerkomponente erforderlich, die wirksamer als bisher und schnell verfügbar sein muß.

Bei den schnell wechselnden Gefechtslagen wird ein Absitzen der Panzergrenadiere häufiger notwendig sein, wofür eine ausreichende Absitzstärke vorhanden sein muß.

Beim Einsatz von Atomwaffen auf dem Gefechtsfeld ist die Überlebensfähigkeit und die weitere Einsatzbereitschaft der Panzergrenadiere mit ihrem Kampffahrzeug von entscheidender Bedeutung.

An den infanteristischen Aufgaben der Panzergrenadiere, wenn sie allein und ohne die Unterstützung von Panzern eingesetzt werden wie Waldkampf, Ortskampf,

Kampf um Gewässer und um Feldbefestigungen sowie gegen Stützpunkte, wird sich dagegen nichts ändern.

a) Zusammenarbeit mit Panzern und Panzerabwehr

Das Hauptwaffensystem Panzer wird auch in den 90er Jahren keine grundlegende Änderung erfahren. Deshalb behalten die Panzergrenadiere in der Zusammenarbeit mit Panzern die gleichen Aufgaben wie bisher. Sie kämpfen — auch unter atomarer Bedrohung — mit den Panzern gemeisam und wirken mit ihnen in einem noch engeren Verbund auch unterhalb der Bataillonsebene zusammen und unterstützen sich gegenseitig. In besonderen Lagen übernehmen sie den Schutz der Panzer. Während Panzergrenadiere auch allein oder ohne Kampfpanzer eingesetzt werden können, ist der Kampf von Panzern ohne die Unterstützung der Panzergrenadiere nur in Ausnahmen möglich.

Panzergrenadiere ohne die Zusammenarbeit mit Panzern und selbständig eingesetzt, müssen in der Lage sein, sich gegen auftretende Feindpanzer durchzusetzen. Dafür ist es notwendig, ein eigenes Panzerabwehrsystem in die Panzergrenadiere zu integrieren, das sowohl beweglich als auch abgesessen eingesetzt werden kann.

b) Fliegerabwehr

Die stärkste Bedrohung aus der Luft sind feindliche Kampfhubschrauber mit einer weitreichenden Waffenwirkung ihrer Raketen, die von den Bordmaschinenkanonen der Panzergrenadiere jedoch nur dann bekämpft werden können, wenn sie in ihrer Reichweite sind. Feindliche Kampfhubschrauber setzen ihre Waffen in der Regel außerhalb dieser Reichweite ein. Dabei darf nicht übersehen werden, daß in solchen Lagen die Bordmaschinenkanonen meist im Erdkampf gebunden sind.

Eine Fliegerabwehr gegen Strahlflugzeuge ist ohne eine entsprechende elektronische Ausrüstung nicht mehr möglich. Das schließt nicht aus, daß die Panzergrenadiere im Rahmen der Selbstverteidigung bei direktem Angriff durch niedrigfliegende Feindflugzeuge das Feu-

---

38 Koch, Panzergrenadiere 90, Truppenpraxis Heft 12/1983, Seite 880 und 881, Verlag Offene Worte, Herford
39 Koch, a.a.O., Seite 880
40 Koch, a.a.O., Seite 881, — keine Nebenaufgabe, nur zur Selbstverteidigung

er eröffnen, wenn auch nach neuesten Erkenntnissen die Erfolgschance unter 5% liegt.

Daraus folgt, daß in Zukunft die Fla-Truppe mit den bisherigen Systemen Gepard und Roland oder mit verbesserten neuen Systemen den Schutz der Panzergrenadiere innerhalb der gepanzerten Kampftruppen mit übernehmen muß. Die derzeitige Forderung in den Vorschriften, wonach die Panzergrenadiere in der Fliegerabwehr den Schutz anderer Truppenteile und Objekte mit zu übernehmen haben, muß entfallen.

c) Steilfeuerwaffen

Auch in Zukunft werden Steilfeuerwaffen im Panzergrenadierbataillon das wichtigste Mittel zur Bildung von Feuerschwerpunkten sein. Das Aufgabengebiet wird beibehalten zum Bekämpfen von Feind hinter Deckungen, gegen Stützpunkte und Panzerabwehrstellungen sowie gegen Flächenziele. Das System wird jedoch verbessert werden müssen beim Richt- und Schießverfahren sowie in der Reichweite.

d) Kampf bei Nacht und unsichtiger Witterung

Die hohe Nachtkampffähigkeit der feindlichen Streitkräfte erfordert für die Panzer und Panzergrenadiere in allen Gefechtsarten bei Nacht und unsichtiger Witterung einen besonders engen Verbund. Dieser wird in erster Linie gewährleistet durch eine enge Mischung der beiden Truppengattungen bis herunter zu den Teileinheiten. Darüber hinaus ist es erforderlich, daß die elektronische Ausstattung der Schützenpanzer zur Gefechtsaufklärung, Zielortung und für die Gefechtsfeldbeobachtung so ausgelegt wird, daß Ergebnisse für die Panzer nutzbar gemacht und an diese schnell übermittelt werden können. Für die abgesessene Kampfweise, wie z.B. beim Kampf aus Stellungen, wäre es ein Vorteil, wenn tragbare Beobachtungsgeräte eingesetzt werden können.

e) Überlebensfähigkeit

Gegen die zunehmende feindliche Waffenwirkung ist ein ausreichender, abgestufter ballistischer Schutz notwendig, der durch eine günstige Silhouette des Schützenpanzers, eine optimale Formgebung der Seitenflächen und durch eine hohe Beweglichkeit unterstützt wird. Daneben muß die aufgesessene Besatzung gegen A- und C-Kampfmittel geschützt werden, um bei deren Einsatz eine Überlebenschance zu haben und die Kampffähigkeit weitgehend zu erhalten. Ebenso notwendig ist der Schutz der Fernmeldeausstattung und der Elektronik gegen elektromagnetische Impulse

(EMP) sowie Schutzmaßnahmen gegen Radarpeilung. Daneben werden Überlegungen notwendig sein, wie die Wärmeabstrahlung des Schützenpanzers, die aus Infrarotstrahlen besteht, durch Kühlung der wärmeabgebenden Flächen verhindert werden kann.

2. Kampfweise

Im engen Verbund mit den Panzern wird im beweglichen Gefecht die typische Kampfweise der Panzergrenadiere, der Kampf aufgesessen vom Schützenpanzer und abgesessen zu Fuß beibehalten; allerdings wird ein Wechsel der Kampfweise öfter notwendig sein als bisher.

Die aufgesessene Kampfweise wird vor allem in einem beweglichen Gefecht angewandt. Panzergrenadiere kämpfen dann solange aufgesessen, wie es die Lage erlaubt, um sich ihre Beweglichkeit zu erhalten.

Der abgesessen geführte Kampf wird angewandt zum Brechen feindlichen Widerstandes, der aufgesessen nicht niedergekämpft werden kann, oder in der Verteidigung aus Stellungen. Abgesessen kämpfende Panzergrenadiere dürfen nie für längere Zeit ein Ziel für den Gegner sein und sollen von ihren Schützenpanzern nicht räumlich getrennt werden. Auch abgesessen müssen sie sich ihre Beweglichkeit und ihre Verfügbarkeit erhalten. Daher werden sie weniger stationär, etwa in ausgebauten Feldstellungen, eingesetzt werden, wo sie nach rascher Aufklärung durch den Feind schnell ein Opfer der feindlichen Artillerie oder atomarer Einwirkung werden.

Eine solche Verwendung für das gesamte Panzergrenadierbataillon, auch vorübergehend in der Anfangsphase einer Verteidigung, ist die Ausnahme. Dagegen kann ein zeitlich begrenzter abgesessener Einsatz für einzelne Einheiten und Teileinheiten in der Verteidigung je nach der Lage durchaus eintreten.

Eine klare Trennung und Normen, wann Panzergrenadiere aufgesessen oder abgesessen kämpfen, gibt es nicht. Die Entscheidung darüber kann von vorn herein nicht festgelegt werden. Der Wechsel für die Kampfweise wird durch die Feindlage, den Auftrag und das Gelände bestimmt. In unterschiedlichen Kampfphasen kann darüber die Entscheidung vom Bataillonskommandeur bis zu den Führern der Teileinheiten, in Einzelfällen auch von den Gruppenführern getroffen werden.

3. Panzergrenadiere im Verbund der gepanzerten Kampftruppen

Der enge Verbund der Panzergrenadiere innerhalb der gepanzerten Kampftruppen und mit den Kampfunterstützungstruppen wurde bisher mit einer engen Zusammenarbeit der Waffensysteme sowie mit besonderen Formen der Organisation und der Gliederung definiert. Für die Panzergrenadiere seien einige Beispiele genannt, wie sich ein enger Verbund auch noch auswirken kann:

○ Selbstverständliche Voraussetzung ist ein gemeinsamer Funkkreis zwischen den zusammenarbeitenden Truppengattungen vor allem für die Panzer und die Panzergrenadiere.

○ Nicht immer wird ein VB der Artillerie oder der Mörser rechtzeitig zur Verfügung stehen, daher Ausnutzung des Sehstreifenverfahrens zur Zusammenarbeit von Panzern und Panzergrenadieren mit der Artillerie und mit Mörsern.

○ Auswertung und schnelle Weitergabe von Beobachtungsergebnissen zwischen den vorgenannten Truppengattungen.

○ Enge Zusammenarbeit der Kommandeure, Kompaniechefs und Zugführer der anderen Truppengattungen der gepanzerten Kampftruppen auf ihren Ebenen mit den Panzergrenadieren zur gegenseitigen Unterstützung.

○ Der Austausch von Führern zwischen den Panzern und den Panzergrenadieren muß auf dem Gefechtsfeld in besonderen Lagen möglich sein.

○ Enge gegenseitige Hilfe auf dem Gefechtsfeld ist besonders in Krisenlagen ebenfalls wichtig in allen Arten der Versorgung und ggf. auch in der Instandsetzung.

○ Die Ausrichtung all dieser Maßnahmen muß bereits im Frieden durch gemeinsame Ausbildung und Übungen sichergestellt werden.

Abschließend noch ein Hinweis zum engen Verbund. Die gepanzerten Kampftruppen und mit ihnen die Panzergrenadiere müssen sich in Zukunft nicht nur auf dem Gefechtsfeld, sondern auch schon im Frieden als eine untrennbare Gemeinschaft betrachten, und das ist nicht nur eine Frage der Ausbildung, sondern auch der Erziehung.

4. Panzergrenadiere in den verschiedenen Gefechtsarten

a) Verteidigung

Auch in der Zukunft wird das Panzergrenadierbataillon zur Verteidigung in einem Verteidigungsraum eingesetzt, der zu halten ist und in dem das Bataillon seine Feuerkraft und seine Beweglichkeit voll ausschöpft. Es wird dabei unterstützt durch Panzer, Panzerjäger, Artillerie, Flugabwehrtruppe, Pioniere und Kampfhubschrauber. Dabei sind Panzergrenadiere auch in der Lage, abgesessen aus Stellungen zu verteidigen. Sie geben dann aber den Vorteil ihrer gepanzerten Beweglichkeit auf.

Zum Beginn der Verteidigung werden Teile des Panzergrenadierbataillons beweglich in vorgeschobenen Stellungen mit ihrer Panzerabwehr und unterstützt von Panzern eingesetzt. Sie verzögern dort die feindliche Annäherung und bilden den Schutz für Panzerjäger, Beobachter der Artillerie und der Mörser sowie für Fliegerleitoffiziere, die in der Sicherungslinie oder am vorderen Rand der Verteidigung eingesetzt sind, um mit ihren Waffensystemen das Feuer frühzeitig und auf weiten Entfernungen zu eröffnen.

Nach weiterem Feindangriff werden diese Teile in die Tiefe des Verteidigungsraumes zurückgezogen und verteidigen dort aus vorbereiteten, möglichst flankierenden Stellungen, oder sie bilden für den Bataillonskommandeur die bewegliche Reserve.

Nur in der Anfangsphase einer Verteidigung wird es möglich sein, für die Panzergrenadiere vorbereitete Stellungen mit Hilfe von Feldarbeitsgeräten zu schaffen, aus denen sie abgesessen und dabei möglichst aus Hinterhangstellungen verteidigen können. Der Verfasser glaubt vielmehr, daß bei weiterem Ablauf der Operationen und bei den schnell wechselnden Gefechtslagen für die Anlage von vorbereiteten Stellungen wenig Zeit bleiben wird. Die zur Verfügung stehenden Stellungen werden sich mehr hinter schnell verlegten Minensperren und natürlichen Geländehindernissen sowie an Ortsrändern und in Kunstbauten befinden, die sich aus der Lage heraus anbieten und die schnell bezogen werden müssen.

Dabei ist es wichtig, daß die Schützenpanzer dicht herangehalten werden, um nicht nur mit dem Feuer der Bordmaschinenkanonen den Kampf der abgesessenen Panzergrenadiere zu unterstützen, sondern auch, um für den Verwundetentransport und für die Versorgung, vor allem aber für ein schnelles Aufsitzen beim Übergang für eine bewegliche Kampfführung zur Verfügung stehen.

Beim abgesessenen Kampf aus Stellungen wird die Kampfeinheit der Panzergrenadierzug sein, der aus einem Stützpunkt alter Prägung oder als »Verteidigungskern« den Abwehrkampf führt und der zu seiner Unterstützung über die eigenen Schützenpanzer verfügt und dem vorgeschobene Beobachter der Mörser und der Artillerie beigegeben sind.

Ein Problem wird die Unterstützung durch das Panzerabwehrsystem sein, das aus günstigen Feuerstellungen wirken muß, ohne den Panzerschutz der abgesessenen Panzergrenadiere zu vernachlässigen. Hier wird die alte Streitfrage auftreten: geschlossener Einsatz, dem der Vorzug zu geben ist, oder Einzelunterstützung.[41]

Einen sehr viel größeren Nutzeffekt in der Verteidigung haben Panzergrenadiere jedoch, wenn sie beweglich eingesetzt werden. Der Einsatz in vorgeschobenen Stellungen und die spätere Verwendung als bewegliche Reserve zusammen mit Panzern für Gegenstöße und Gegenangriffe ist nur eine Möglichkeit. Panzergrenadiere sind in der Lage, aus ihren erdgebundenen Stellungen auf die dicht herangehaltenen Schützenpanzer schnell aufzusitzen, um den Kampf an anderer Stelle überraschend für den Feind fortzusetzen. Während des feindliche Angriffes sind sie schnell verfügbar und können hinter luftverlegten Minensperren oder zur Flankierung eingesetzt werden. Ebenso können sie rasch zusammengefaßt werden für örtliche Gegenstöße und um feindliche Einbrüche abzuriegeln oder aufzufangen. In diesen Bewegungsmöglichkeiten liegt die große Stärke der Panzergrenadiere, die einen schnellen Wechsel zwischen auf- und abgesessener Kampfweise nicht ausschließt, sondern ihn sogar erfordert.

b) Verzögerung

Das beherrschende Element der Verzögerung ist die Beweglichkeit. Panzergrenadiere sind für diese Gefechtsart besonders geeignet, da sich aus ihren Waffensystemen gemischte Abteilungen bilden lassen, die je nach Feind und Gelände unterschiedlich zusammengesetzt werden und die hochbeweglich und für den Feind überraschend eingesetzt werden können.

Ihr Erfolg wird noch gesteigert, wenn der Einsatz in einem Gelände erfolgt, das gute Stellungen und Deckungen für die verschiedenen Waffensysteme bietet, besonders wenn der Feind in der Flanke gefaßt werden kann. Vorbedingung dafür ist eine lückenlose Aufklärung, die mit den modernsten technischen Mitteln frühzeitig die Stärke und die Angriffsrichtung des Feindes meldet.

Als Möglichkeiten dafür bieten sich an:

○ kampfstarke Gefechtsaufklärung,
○ zeitlich begrenzte Verteidigung vornehmlich aus flankierenden Stellungen,
○ Gegenstöße zusammen mit Panzern,
○ Feuerüberfälle gegen Feind vor Sperren und in Engen,
○ gedecktes Ausweichen in erkundete Stellungen, um den Feind zu täuschen und zu überraschen.

Panzergrenadiere werden in der Verzögerung meist aufgesessen bleiben. Nicht immer wird es notwendig sein, alle Schützenpanzer mit nach vorn zu nehmen. Ein Teil und ihre Besatzungen können zur Erkundung und zur Vorbereitung rückwärtiger Stellungen und als Reserve zurückgehalten werden.[42]

Abgesessene Panzergrenadiere kämpfen aus Stellungen an Ortsrändern, in unübersichtlichem Gelände und bei Nacht. Sie haben dann die Aufgabe, feindliche Gefechtsaufklärung abzuweisen und feindliche Angriffsspitzen zu bekämpfen.

c) Angriff

Von den zahlreichen Aufgaben der Panzergrenadiere insgesamt, die bereits dargelegt wurden, wird im Angriff der Schwerpunkt liegen auf dem Kampf gegen feindliche auf- und abgesessene Mot-Schützen sowie gegen deren gepanzerte Fahrzeuge. Eine weitere wichtige Aufgabe ist die Vernichtung feindlicher Panzerabwehrraketensysteme sowie das Niederkämpfen der Besatzung in Waffenstützpunkten und Stellungen.

Der Angriff der Panzergrenadiere — entweder mit oder in besonderen Lagen auch ohne Kampfpanzer — wird in einem engen Verbund mit den anderen gepanzerten Kampftruppen und mit allen Kampfunterstützungswaffen, auch mit Kampfhubschraubern geführt.

Muß das Panzergrenadierbataillon allein ohne die Zusammenarbeit mit Kampfpanzern angreifen, so ist es in der Lage, sich mit seiner eigenen Panzerabwehr gegen feindliche Kampfpanzer durchzusetzen.

Zur Vorbereitung des Angriffes wird eine stark verbesserte Effektivität bei der Erbringung der Aufklärungsergebnisse eintreten. Nicht nur die Panzergrenadiere, sondern auch alle anderen gepanzerten Kampftruppen sowie die Kampfunterstützungstruppen verfügen über eine moderne Ausstattung mit elektronischen Ortungs- und Zielgeräten, die es im engen Verbund ermöglicht, allen am Angriff beteiligten Verbänden die Aufklärungsergebnisse und Zielmeldungen frühzeitig zu übermitteln. Das gilt besonders auch für den Angriff bei Nacht. Bei den Panzergrenadieren kann trotzdem auf die Augenaufklärung und auf Fußspähtrupps nicht verzichtet werden.

41 Koch, a.a.O., Seite 885
42 Koch, a.a.O., Seite 885

Auch das Kampfverfahren zusammen mit Panzern wird sich ändern. Das im Osten der Bundesrepublik Deutschland dicht besiedelte und bedeckte Gelände mit den anschließenden Mittelgebirgen verbietet einen Angriff mit Panzern voraus. Bei einem Angriff in stark durchschnittenem Gelände und gegen einen Feind, demgegenüber Panzer sich nicht voll auswirken können, werden Panzergrenadiere voraus eingesetzt. Die Regel wird beim Angriff der Einsatz der Panzergrenadiere im engen Verbund, also gemischt sein. Je nach der Lage wird sich aber auf Grund der Geländestruktur öfter ein Angriff aus verschiedenen Richtungen ergeben.

Die Panzergrenadiere werden in Zukunft zum Kampf häufiger absitzen müssen als bisher. Das wird besonders der Fall sein gegen feindliche abgesessene Mot-Schützen sowie beim Einbruch in feindliche Stellungen und Stützpunkte. Zum Angriff in Ortschaften, in Wäldern und beim Flußübergang wird grundsätzlich abgesessen. Beim Kampf zu Fuß gliedern sich die Panzergrenadiere in Stoßtrupps, die mit reichlichen Nahkampfmitteln und ggf. auch mit Pioniersprengmitteln ausgerüstet sind. Voraussetzung für diese Kampfweise ist eine hohe Absitzstärke. Die Schützenpanzer werden dabei dicht herangehalten, um die Stoßtrupps mit der BMK zu unterstützen und um ein schnelles Aufsitzen für das weitere Vorgehen zu ermöglichen.

Auf einem zukünftigen Gefechtsfeld sind die Panzergrenadiere beim Angriff vor allem bedroht durch weitreichende Panzerabwehrraketensysteme und durch Kampfhubschrauber. Es wird darauf ankommen, diese so früh als möglich aufzuklären. Gegen feindliche Panzerabwehr werden die geeigneten Waffensysteme der gepanzerten Kampftruppen und der Artillerie eingesetzt, während feindliche Kampfhubschrauber von den Panzergrenadieren nur dann bekämpft werden können, wenn sich diese im Wirkungsbereich ihrer BMK befinden. Für die frühzeitige Bekämpfung auf großen Entfernungen müssen dafür arteigene Abwehrsysteme mit großer Reichweite eingesetzt werden.

Als weitere Bedrohung muß mit dem Einsatz atomarer Gefechtsfeldwaffen gerechnet werden. Dafür ist es notwendig, den Schützenpanzer der Panzergrenadiere so auszustatten, daß nicht nur die Besatzung geschützt ist, sondern daß auch die Waffen der verschiedenen Systeme auf den Kampffahrzeugen unter atomarem Schutz bedient werden können und ein Durchfahren von kontaminiertem Gelände möglich ist.

5. Forderungen an die Ausrüstung der Panzergrenadiere

a) Waffensysteme

Nach den Aufgaben der Panzergrenadiere beim Zusammenwirken mit gepanzerten Kampftruppen in den verschiedenen Gefechtsarten werden in Zukunft folgende verbesserte Waffensysteme und Waffen erforderlich sein.

Auf dem Schützenpanzer Marder ist zur Zeit eine so große und vielfältige Waffenausstattung vorhanden, daß man diesen SPz mit Recht als eine fahrbare Waffenkammer bezeichnen kann.[43] Diese Konzentration von Waffen und deren Bindung an nur einen Fahrzeugtyp erschwert die Führung und den Einsatz. Ferner ist bei dieser Massierung eine sich gegenseitig ergänzende Wirkung nicht möglich. Die zahlreichen auf dem Marder vorhandenen Waffen können bei der aufgesessenen Kampfweise nur alternativ eingesetzt werden, aber nicht zusammen.

Das bisherige Waffensystem Marder muß entflochten werden, um die einzelnen Waffen mit einer größeren Wirkung im Verbund dort einzusetzen, wo sie besser und öfter ihre Ziele finden, als wenn sie gemeinsam nur auf einem Fahrzeug transportiert werden, um dann einzeln auf die Gelegenheit zum Einsatz zu warten.

Ein weiterer triftiger Grund für die Entflechtung ist die bisherige Überforderung des Gruppenführers, der als Kommandant den Schützenpanzer führen, die einzelnen Waffen mit Kampfaufträgen einsetzen, selbst den Feuerkampf leiten und noch die Verbindung zum Zugführer und zu den Nachbarn halten muß.

Die Notwendigkeit einer wirksamen Panzerabwehrwaffe für die Panzergrenadiere ist unbestritten. Sie gehört jedoch nicht auf den Schützenpanzer und muß als ein eigenes Waffensystem integriert werden, das auch außerhalb des Fahrzeuges vom Boden einsetzbar ist.

Ferner ist als besonderes Waffensystem das Steilfeuer erforderlich, mit dem der Bataillonskommandeur seinen Feuerschwerpunkt bildet. Es ist zwar jetzt bereits vorhanden, bedarf aber der Optimierung.

Danach sind für die Panzergrenadiere folgende Waffensysteme erforderlich:

---

43 Aus der Rede des Inspekteurs des Heeres, Generalleutnant Glanz am 16. 11. 1982 in Munster: Über die Zukunft der gepanzerten Kampftruppen

○ Kampffahrzeug Schützenpanzer für den Kampf der Panzergrenadiergruppe mit einer leistungsstarken Bordmaschinenkanone,[44]
○ Kampffahrzeug Panzerabwehr mit einer Panzerabwehrwaffe mit einer Reichweite bis 2 000 Meter,
○ Kampffahrzeug Mörser auf der bisherigen, aber verbesserten Basis des Mörsers 120 mm.
○ Als weiteres Waffensystem sollte eine Panzerkompanie in das Panzergrenadierbataillon eingegliedert werden.

Die Kampffahrzeuge dieser Waffensysteme müssen voll gepanzert und unter ABC-Bedingungen einzusetzen sein. Als günstigste und sparsame Lösung bietet sich eine Familie von Fahrzeugen an, deren einzelne Typen auch von anderen Truppengattungen der gepanzerten Kampftruppen mit deren Systemen genutzt werden können. Darüber hinaus werden auch Fahrzeuge für besondere Funktionen erforderlich, wie z.B. für Führung, Feuerleitung, Fernmeldeorgane, Pioniere und ähnliche.

Die Eingliederung der genannten Systeme in das Panzergrenadierbataillon ist organisatorisch noch nicht geklärt. Obwohl in der Fachpresse eine ganze Reihe von Vorschlägen vorliegen, kann eine Entscheidung erst erfolgen, wenn wichtige Fragen des Personals, der Fahrzeuge, der Logistik, der Ausbildung und der Infrastruktur sicher beantwortet werden können.

b) Hauptwaffe

Die Hauptwaffe des Schützenpanzers bleibt auch in Zukunft die Bordmaschinenkanone — BMK —. Neue Überlegungen für eine Nachfolgewaffe werden bestimmt vom Kriegsbild und der daraus resultierenden Konzeption für die gepanzerten Kampftruppen. Dabei ist weiter zu berücksichtigen, daß die Mot-Schützen der Armeen des Warschauer Paktes auf ihrem neuen Schützenpanzer BMP 2 über eine BMK mit einem Kaliber von 30 mm verfügen werden und die Panzerabwehrrakete auf diesem Kampffahrzeug eine größere Reichweite als die deutsche Milan hat.

Aus diesen Voraussetzungen folgt, daß die zukünftige BMK der Panzergrenadiere für folgende Aufgaben konzipiert sein muß. Die BMK soll:

○ feindliche auf- und abgesessene Mot-Schützen sowie deren gepanzerte Fahrzeuge vernichten,
○ Besatzungen feindlicher Stellungen und Waffenstützpunkte niederhalten und vernichten,
○ den Feuerkampf auch in der Bewegung führen können,
○ im Angriff die abgesessenen Stoßtrupps der Panzergrenadiere unterstützen,
○ in der Verteidigung den feindlichen Angriff bereits auf großen Entfernungen verzögern und den Feind bei weiterer Annäherung niederhalten und vernichten.

Ein besonderes Problem ist bei den Aufgaben der BMK die Bekämpfung feindlicher Kampfhubschrauber. Der neueste bekannte Typ des Gegners wird eine Kampfreichweite von 8 000 Meter haben und voll nachtkampffähig sein. Es ist ausgeschlossen, zu dessen Abwehr eine elektronisch gesteuerte BMK auf dem Schützenpanzer zu montieren. Für die Bekämpfung feindlicher Kampfhubschrauber muß ein besonderes Abwehrsystem eingesetzt werden, wie es zugleich für die Panzerabwehr mit einer elevierbaren Plattform auf übergeordneter Ebene vorgesehen ist. Die Panzergrenadiere können mit ihrer BMK in der Zukunft zur unmittelbaren Fliegerabwehr nur direkt angreifende Strahlflugzeuge und Kampfhubschrauber im eigenen Wirkungsbereich bekämpfen.

Nach dieser Aufgabenstellung ergeben sich für die BMK der Panzergrenadiere nachstehende Mindestforderungen.

Über das Kaliber und die Reichweite gibt es die verschiedensten Meinungen. Gegen die erwähnten Ziele wird z.Z. die Leistung des Kalibers 35 mm mit einer Reichweite von 3 000 Meter untersucht. Höhere Forderungen ziehen erhebliche Gewichts- und Raumprobleme auf dem Schützenpanzer nach sich.

Für die Munitionsausstattung ist panzerbrechende und Sprengmunition mit wahlweiser Zuführung vorzusehen. Bei der Feuergeschwindigkeit gilt, je größer das Kaliber umso langsamer wird beim Dauerfeuer die Kadenz. Deshalb wird ein schnelles Einzelfeuer wirksamer sein als Feuerstöße, die meist nur zur Fliegerabwehr erforderlich sind. Wenn aber die Fliegerabwehr nur noch im Notfall zur Selbstverteidigung notwendig wird, genügt für die BMK schnelles Einzelfeuer. Auch der Munitionsverbrauch ist mitentscheidend. Bei anders laufenden Überlegungen ist die Einbringung einer umschaltbaren Kadenz an der BMK keine besondere technische Schwierigkeit.

Für die Lafettierung der BMK ist die derzeitige Scheitellafette auf dem Schützenpanzer Marder mit dem umständlichen Munitionsaufzug und der ungünstigen Silhouette keine gute Lösung. Eine Lafettierung mit einer abgasarmen Turmlösung und einer unkomplizierten Munitionszuführung ist einfacher und besser. Zum Feu-

44 Hilmes/Lippert, Die Mechanisierung in Ost und West, Teil II: Bewertung der SPz-Entwicklung, Soldat und Technik, Heft 7/1984, Seite 354.
Der Auffassung der Verfasser, die Pz.Gren.Gruppe getrennt mit einem SPz nur als Transportfahrzeug der Panzergrenadiere und einem Maschinenkanonenpanzer zum Einsatz zu bringen, kann nicht gefolgt werden. Auf dem Gefechtsfeld müßten die nur leicht geschützten Transportfahrzeuge infolge Feindeinwirkung zunächst zurückgehalten und können erst dann herangeholt werden, wenn der infanteristische Einsatz notwendig wird. Dann aber kommen sie zu spät.
Siehe auch: Hendel, Leserbrief in Truppenpraxis Heft 2/1983, Seite 120.

ern aus der Bewegung ist für die BMK eine zweiachsstabilisierte Optik mit nachgeführter Waffe erforderlich. Die volle Nachtkampffähigkeit für die BMK ist eine selbstverständliche Voraussetzung.

c) Handwaffen

Gewehr

Die infanteristische Standardwaffe bleibt für die Panzergrenadiere zunächst das Sturmgewehr G 3. Während viele NATO-Länder auf das bei den Amerikanern mit dem Gewehr M 16 erstmals eingeführte Kaliber 5,56 × 45 umrüsten, geht die Bundeswehr andere Wege. Für eine Nachfolgewaffe des Sturmgewehrs G 3 werden schon seit einiger Zeit Überlegungen angestellt, und auch von der Industrie werden Modelle in verschiedenen Varianten angeboten.

Die Bundeswehr beabsichtigt, in den neunziger Jahren eine Waffe mit einer völlig neuartigen Konzeption einzuführen. Die Planungen für dieses neue Gewehr sehen vor, daß durch die Unterbringung des Mechanismusses in der Schulterstütze eine kurze Bauausführung und trotzdem eine relativ große Lauflänge erreicht werden soll.

Als Munition ist eine hülsenlose Patrone vom Kaliber 4,7 mm vorgesehen, wodurch ein geringes Munitionsvolumen mit einem kleinen Gewicht erreicht wird. In einem ansteckbaren Magazin werden 45 Schuß an der Waffe mitgeführt. Das neue Sturmgewehr ist für Einzel- und Dauerfeuer konzipiert und hat außerdem die Möglichkeit, begrenzte Feuerstöße von 3 Schuß mit einer hohen Kadenz abzugeben.

Eine schwimmende Lagerung der eigentlichen Waffe in einer Außenhülle schaltet praktisch die Übertragung des Rückstoßes auf den Schützen weitgehend aus und verhindert das Auswandern der Waffe bei Feuerstößen. Das Zielen wird durch eine neuartige optische Visierung stark vereinfacht.

Für die Verwirklichung eines solchen Gewehres sind noch eine ganze Reihe technischer Probleme zu lösen. Wenn es jedoch gelingt, diese in den Griff zu bekommen, dann ist für ein modernes Sturmgewehr ein Optimum erreicht. Diese Waffe könnte dann die Maschinenpistole und das bisherige Sturmgewehr ersetzen.

Maschinenpistole

Bei der abgesessenen Kampfweise der Panzergrenadiere ist die Maschinenpistole aufgrund ihrer unkomplizierten Handhabung und ihres sehr wendigen Schwenkbereiches besonders beim Nahkampf in unübersichtlichem Gelände sehr bewährt und wird dem Sturmgewehr vorgezogen. Auf Entfernungen über 100 Meter ist sie jedoch dem Sturmgewehr beim Feuerkampf unterlegen.

Da bei der neuen Modifizierung des Schützenpanzer Marder die seitlichen Kugelblenden für den Feuerkampf mit Maschinenpistolen durch die Bordwand entfallen sind, ist damit eine Hauptaufgabe für diese Waffe bei der aufgesessenen Kampfweise nicht mehr gegeben. Selbst wenn die Maschinenpistole für andere Aufgaben beibehalten wird, so sollten bei einer Nachfolgewaffe die Vorzüge eines verbesserten Sturmgewehres und der Maschinenpistole in einem Modell vereinigt werden, wie dies schon im vorhergehenden Abschnitt angedeutet wurde.

Pistole

Die Pistole mit einem Kaliber von 9 mm wird ihren Kampfwert für den Nahkampf und zur Selbstverteidigung behalten. Wie bisher sollten alle Panzergrenadiere, die nicht Gewehrträger sind, mit dieser Waffe ausgerüstet werden.

d) Leichte Flachfeuerwaffen

Maschinengewehr

Diese Waffe ist technisch ausgereift und eine Leistungssteigerung kaum noch zu erwarten. Einer Weiterentwicklung sind daher enge Grenzen gesetzt. Ein Vorteil wäre eine Begrenzung der Schußfolge mit einer umschaltbaren Kadenz und eine Vereinfachung der Munitionszuführung zur schnelleren Feuereröffnung. Das Kaliber muß wegen der Tragweite der Geschosse beibehalten werden. Eine Gewichtseinsparung durch Verwendung eines leichteren und trotzdem verschleißfesten Materials wäre zu untersuchen.

e) Steilfeuerwaffen

Mörser

In seiner einfachen technischen Funktion ist der Panzermörser in der Zukunft kaum zu verändern, wohl aber in seinen Leistungen. Seit Jahren wird eine Steigerung der Reichweite angestrebt. Sie ist wegen des höheren Bodendruckes infolge stärkerer Ladungen auf dem derzeitigen Mörserträger M 113 nicht zu verwirklichen, sondern nur mit einem anderen Fahrzeug, bei dem — als weitere Forderung — auch die Bedienung der Waffe unter vollem Panzerschutz und unter atomaren Bedingungen möglich sein muß. Daneben ist die Nachtkampffähigkeit zu fordern.

Weiterhin erscheint eine Steigerung der Munitionswirkung möglich, falls der Verwendungszweck dies erfordert. Es sollte auch untersucht werden, ob die in ihrer Funktion einfache Waffe nicht mit einem weniger großen Aufwand vorbereitender Schießgrundlagen eingesetzt werden kann.

Forderungen, die über die genannten hinausgehen, bedingen die Konzeption einer völlig neuen Waffe, die dann die einfache Konstruktion und Handhabung des Mörsers weit übersteigt und die im artilleristischen Bereich anzusiedeln wäre.

f) Panzerabwehrwaffen

Panzerabwehrsystem für die Panzergrenadiere

Die Entflechtung der Waffen auf dem Schützenpanzer Marder erfordert als Nachfolgewaffe für die Panzerabwehrlenkrakete Milan ein neues Panzerabwehrsystem auf einem besonderen Fahrzeug. Seine Aufgabe ist die wirksame Bekämpfung von Feindpanzern sowohl im Angriff als auch in der Verteidigung besonders dann, wenn die Panzergrenadiere nicht mit Kampfpanzern zusammenarbeiten.

Für dieses System wird eine treffsichere Waffe gefordert mit einer Reichweite von 2 500 bis 3 000 Metern. Mit der verwendeten Munition sollen alle bekannten Panzerungen durchschlagen werden. Auf dem Fahrzeug muß die Bedienung unter Panzerschutz und unter atomaren Bedingungen möglich sein. Ebenso ist die volle Nachtkampffähigkeit unabdingbare Voraussetzung.

Ein Problem ist die Entscheidung, ob das System auf der Basis einer Rakete oder als Kanone konzipiert werden soll, denn beide Möglichkeiten haben Vor- und Nachteile.

Die Vorteile der Kanone bestehen darin, das sie eine kurze Reaktionszeit hat, vor allem bei nur kurzen Sichtstrecken des Zieles und auch mit Wuchtmunition erfolgreich gegen eine moderne Schottpanzerung wirken kann. Weiterhin ist die Kanone in der Lage, auch schon auf kurzen Entfernungen zu wirken, und sie kann stabilisiert auch aus der Bewegung schießen.

Die Nachteile der Kanone bestehen darin, daß sie an ein Fahrzeug gebunden und ein solches System teuer in der Anschaffung ist.

Die Vorteile einer Rakete sind darin zu sehen, daß sie vom Fahrzeug abgelastet und vom Boden aus eingesetzt werden kann. Sie ist bei Entfernungen über 2 500 Meter der Kanone überlegen. Hinzu kommt, daß ein Raketensystem billiger in der Anschaffung ist.

Als Nachteil der Rakete ist zu vermerken, daß sie nicht so reaktionsschnell wie die Kanone ist. Sie kann den nahen Bereich von 75 bis 300 Meter nicht zuverlässig abdecken und kann nur Hohlladungs- und keine Wuchtmunition verschießen.

Die Entscheidung für die Eingliederung eines Panzerabwehrsystems für die Panzergrenadiere in den neunziger Jahren kann daher nur lauten: Kanone und Rakete. Folgt man der Vorstellung, daß in Zukunft im Panzergrenadierbataillon eine Panzerkompanie eingegliedert sein

wird, bei der die großkalibrige Kanone mit ihren Vorteilen ohnehin vorhanden ist, dann sollte bei dem neuen System die Rakete vorgesehen werden.

Die Eingliederung dieses Panzerabwehrsystems in das Panzergrenadierbataillon sollte als geschlossene Kompanie mit 3 Zügen zu je 4 Waffen erfolgen. Im Frieden wird dadurch die Ausbildung erleichtert, und im Kriege können die Züge wahlweise zu den Panzergrenadierkompanien abgestellt werden.

Panzerabwehrhandwaffen
Schwere und leichte Panzerfaust

Neben dem Panzerabwehrsystem ist für die Panzergrenadiere bei der abgesessenen Kampfweise eine Panzerabwehrhandwaffe notwendig. Sie wird in der verbesserten Form der bisherigen schweren Panzerfaust überall dort eingesetzt, wo abgesessene Panzergrenadiere feindliche Panzer auf kurzen Entfernungen überraschen können. Das trifft zu in unübersichtlichem und durchschnittenem Gelände sowie in Hinterhangstellungen, im Ortskampf und im Waldkampf.

Die Forderung nach einer solchen Waffe wird zwingend, wenn für das vorgenannte System statt einer Rakete eine Kanone gewählt wird, die vom Fahrzeug nicht abgelastet werden kann.

Die geforderten Leistungen für die schwere Panzerfaust sind eine Reichweite von 300 Metern gegen fahrende und von 500 Metern gegen stehende Ziele. Sie muß eine zuverlässige Visierung besitzen und voll nachtkampffähig sein. Zur Munitionsausstattung gehört Hohlladungs- und Leuchtmunition.

Eine leichte Panzerabwehrhandwaffe wird trotzdem ebenfalls notwendig sein. Für die Stabs- und Versorgungskompanie sowie für die Mörserkompanie dient sie zur Selbstverteidigung gegen einzelne durchgebrochene Feindpanzer und gegen andere gepanzerte Fahrzeuge, z.B. feindliche Gefechtsaufklärung. Sie kann auf der Basis der bisherigen leichten Panzerfaust entwickelt werden.

g) Fliegerabwehrwaffen

Bei den Überlegungen für die BMK wurde bereits dargestellt, daß die Panzergrenadiere feindliche Kampfhubschrauber und Strahlflugzeuge nur dann bekämpfen können, wenn sich diese bei einem unmittelbaren Angriff im Wirkungsbereich der BMK befinden. Gegen den Hauptfeind aus der Luft ist nicht nur für die Panzergrenadiere, sondern für alle gepanzerten Kampftruppen ein Waffensystem erforderlich, das schon frühzeitig mit Erfolg eingesetzt werden kann. An der Entwicklung eines solchen Systems wird gearbeitet. Es wird in den nächsten Jahren ausgereift vorhanden sein. Nicht geklärt ist bisher, wo dieses System eingegliedert werden soll. Hier sollte eine Lösung gefunden werden, die unterhalb der Brigadeebene liegt, und zwar bei den Panzer- und Panzergrenadierbataillonen, die Hauptträger des Kampfes sind und besonders geschützt werden müssen.

Fliegerfaust

Für die Panzerabwehr steht bei den gepanzerten Kampftruppen ein breites Spektrum von Waffen zur Verfügung, jedoch für die genau so große Bedrohung aus der Luft sind noch Lücken vorhanden. In den Erdkampf werden nicht nur feindliche Kampfhubschrauber aus großer Entfernung eingreifen, sondern vor allem auch Kampfflugzeuge, die direkt und gezielt mit Bordwaffen, Splitterbomben und zum Sprüheinsatz die Erdtruppe bekämpfen. Dagegen besitzen die Panzergrenadiere keine wirksame Waffe, da die BMK bei der Fliegerabwehr unmittelbar angreifender Feindflugzeuge mit hoher Geschwindigkeit nur eine sehr geringe Trefferquote erzielt. Hinzu kommt, daß die BMK in solchen Gefechtslagen meist auch im Erdkampf gebunden ist.

Gegen diese Bedrohung ist eine Waffe erforderlich, die diesen Gefahrenbereich abdeckt, wie etwa z.B. die amerikanische Red Eye. Dieses Waffensystem dient der Fliegerabwehr gegen tieffliegende Flugzeuge im Unterschallbereich und ähnelt äußerlich der Bazooka. Der Flugkörper mit einem Gewicht von 7 kg hat einen zielsuchenden Kopf mit einer Höhenreichweite von 2 400 Meter, wobei die Marschgeschwindigkeit 400 m/sec beträgt. Die ganze Waffe ist nur 109 cm lang.

Die zukünftigen Forderungen für eine solche Fliegerabwehrwaffe erstrecken sich auf eine Rakete mit zielsuchender Munition bis zu einer Höhenreichweite von etwa 3 000 Meter. Sie muß eine Freund-Feind-Identifizierung besitzen und voll nachtkampffähig sein. Bei einer einfachen Handhabung soll sie sowohl vom Fahrzeug als auch abgesetzt davon eingesetzt werden können.

h) Fahrzeuge

Bei der Zusammenfassung der Fahrzeuge für die verschiedenen Waffensysteme in Familien sind gegenüber von Spezialfahrzeugen entscheidend die geringeren Entwicklungskosten, die Instandsetzung mit der Austauschbarkeit von Baugruppen, die Ersatzteilbevorratung, damit der Nachschub und endlich auch die Ausbildung. Eine Unterscheidung der verschiedenen Fahrzeuge ist nach dem Verwendungszweck notwendig und auch für die einzelnen Gewichtsklassen.

Für die Panzergrenadiere werden folgende Typen erforderlich:

- ○ Schwere Fahrzeuge:
  Bergepanzer
- ○ Mittlere Fahrzeuge:
  Kampfwagen mit Bordmaschinenkanone für die Panzergrenadiergruppe
  Kampfwagen als Mörserträger
  Kampfwagen für das Panzerabwehrsystem
- ○ Leichte Fahrzeuge:
  Kampfwagen für die Führungs- und Fernmeldeorgane
  Beobachtungs- und Feuerleitkampfwagen für das System Steilfeuer
  Sanitäts-, Instandsetzungs- und Nachschubwagen für die Versorgung.

Alle diese Fahrzeuge müssen Vollkettenfahrzeuge sein. Dabei ist anzustreben, den leichten Fahrzeugen trotz eines geringeren Gewichtes etwa die gleiche oder eine ähnliche äußere Form zu geben wie den mittleren Fahrzeugen, um die Feindaufklärung zu erschweren.

Es wird immer wieder die Forderung erhoben, dort wo es möglich ist, gepanzerte Radfahrzeuge einzusetzen. Begründet wird dies mit niedrigen Kosten, geringem Gewicht, Geräuscharmut, möglicher Schwimmfähigkeit und anderen Faktoren. Bei den Kampffahrzeugen auf dem Gefechtsfeld muß jedoch den Vollkettenfahrzeugen der Vorzug gegeben werden wegen der besseren Panzerung, der geringeren Verwundbarkeit des Laufwerkes und der besseren Geländegängigkeit.

Trotzdem wird es auch in Zukunft bei den rückwärtigen Diensten des Panzergrenadierbataillons Radfahrzeuge geben. Sie sind erforderlich für den Nachschub und die Versorgung. Als straßengebundene Fahrzeuge mit nur geringer Geländegängigkeit können sie für den Einsatz auf dem Gefechtsfeld nur in Ausnahmefällen herangezogen werden.

6. Gedanken zur Entwicklung moderner Schützenpanzer

Über die Konzeption zukünftiger Schützenpanzer wird laufend von Fachleuten im In- und Ausland diskutiert. Die Auffassungen darüber gehen weit auseinander, und das Spektrum dehnt sich noch weiter aus bei der Betrachtung der vielen unterschiedlichen Typen, die inzwischen von anderen Armeen entwickelt wurden. Der Bogen reicht je nach der Aufgabenzuweisung für die Panzergrenadiere vom geschützten Transportfahrzeug bis zum Kampfschützenpanzer mit verschiedenen Waffensystemen an Bord und vom Nachfolgemodell eines vorhandenen Typs bis zur revolutionären Neuentwicklung. Der Leitgedanke für die deutschen Überlegungen ist die Entflechtung der Waffensysteme auf dem Schützenpanzer Marder in einzelne Komponenten, deren Gefechtsfahrzeuge in unterschiedlichen Typen einer Familie angehören sollen. Das wichtigste Fahrzeug aus dieser Familie ist der Schützenpanzer, dessen Entwicklungsmöglichkeiten hier näher untersucht werden sollen.

Das Kampffahrzeug der Panzergrenadiergruppe soll Träger der Bordmaschinenkanone BMK sein, es soll die Besatzung geschützt transportieren und deren Kampf für ihre Aufgaben ermöglichen und unterstützen. Die Forderungen, die an einen solchen SPz gestellt werden müssen, sind recht umfangreich:

○ Ausrüstung mit einer leistungsstarken, stabilisierten BMK mit achsparallelem MG in einer optimalen Lafettierung,
○ elektronische Ausstattung für das Fahren, zur Beobachtung und zur Zielortung,
○ Nachtkampffähigkeit,
○ Unterbringung der Besatzung zum Kampf von Bord und mit einer hohen Absitzstärke,
○ Möglichkeit zum schnellen Ab- und Aufsitzen der Besatzung,
○ optimaler A- und C-Schutz sowie ballistischer Schutz,
○ hohe Beweglichkeit, Geländegängigkeit und großer Fahrbereich,
○ schnell wirksame Nebelanlage,
○ ausreichende und sichere Führungsmittel,
○ leistungsstarkes Triebwerk,
○ einfache Wartung und Pflege, unkomplizierte Instandsetzung mit austauschbaren Baugruppen,
○ optimale Anthropotechnik für die Besatzung.

Fast alle diese Forderungen bringen für die Planung und Entwicklung Probleme, deren Kenntnis vorausgesetzt werden muß, bevor Entscheidungen über einen zukünftigen SPz getroffen werden. Diese Probleme sind:

○ Hauptwaffe,
○ Besatzungsstärke,
○ atomarer und ballistischer Schutz, Gewicht,
○ Beweglichkeit einschließlich der Wasserbeweglichkeit,
○ Triebwerk und Technik,
○ Führung,
○ Anthropotechnik,
○ Kosten.

a) Bordmaschinenkanone

Kaliber

Für die BMK eines zukünftigen Schützenpanzers wird ein Kaliber von 35 mm gefordert werden müssen, weil die Munition dieser Waffe auch eine stärkere Panzerung feindlicher Schützenpanzer durchschlagen soll. Da die Hauptaufgabe der Panzergrenadiere in Zukunft auch die Bekämpfung der motorisierten Schützen und vor allem auch deren Kampffahrzeuge sein wird, ist die vorgenannte Forderung mit dem starken Kaliber berechtigt. Jedoch sind damit auch Nachteile verbunden:

○ Verringerung der Kadenz,
○ höheres Gewicht durch stärkere Auslegung des Fahrzeuges,
○ höherer Platzbedarf für Waffe und Munition zum Nachteil des Kampfraumes,
○ geringere Munitionsmitführung.

Wenn also das starke Kaliber gewählt wird, dann erfordern die genannten Nachteile eine sorgfältige Überlegung, um eine Verringerung des Kampfwertes für einen zukünftigen Schützenpanzer zu verhindern.

Reichweite

Genau so entscheidend wie das Kaliber ist die treffsichere Reichweite der BMK. Es ist bereits mehrfach darauf hingewiesen worden, daß die BMK nur dann zur Fliegerabwehr eingesetzt werden kann, wenn dies zur Selbstverteidigung gegen direkt angreifende Feindflugzeuge notwendig wird. Die Hauptaufgabe ist die Bekämpfung feindlicher Mot-Schützen und deren gepanzerte Fahrzeuge. Dieser Kampf wird aber nicht auf weiten, übergroßen Entfernungen ausgetragen. Hinzu kommt, daß auf dem zu erwartenden Gefechtsfeld die stark wechselnde Geländestruktur und die zahlreichen Bodenbedeckungen eher mittlere Kampfentfernungen vorschreiben. Deshalb sollten für die Reichweite der BMK keine zu hohen Forderungen gestellt werden.
Aus dieser Überlegung folgt, daß die BMK eine Reichweite von 2 500 Meter haben sollte, um ihre Aufgabe zu erfüllen.

Feuergeschwindigkeit

Eine extrem hohe Kadenz beim Dauerfeuer für die Feuerstöße der BMK wird nur benötigt, um die Geschoßgarbe zusammenzuhalten gegen Flächenziele und gegen schnellfliegende Flugziele. In der Mehrzahl der Zielbekämpfung, wie sie zu erwarten ist, zeigt das schnelle Einzelfeuer — gestützt auf eine hervorragende Zieloptik — hinsichtlich der Treffsicherheit und der Munitionsersparnis einen größeren Erfolg.
Bei einem zukünftigen höheren Kaliber wird beim Dauerfeuer eine Schußfolge von 400 bis 450 Schuß/min die zu erreichende Höchstgrenze sein, die aber durchaus genügt. Die Umschaltung der Kadenz an der BMK für eine schnelle Schußfolge und für Einzelfeuer wie bisher ist selbstverständlich.

Unterbringung und Lafettierung

Die Unterbringung der BMK ist ebenfalls umstritten. Um die schädlichen CO-Gase im Turm zu vermeiden, ist beim SPz Marder die Scheitellafette gewählt worden, die jedoch nicht nur die Höhe und damit die Silhouette des Fahrzeuges nachteilig beeinflußt, sondern auch eine komplizierte Munitionszuführung erfordert. Eine abgasfreie Turmlösung mit einem Zweimannturm und einer vorgeblendeten BMK erscheint besser.

Die Vorteile dafür sind:

○ gute Sichtverhältnisse für den Kommandanten und den Richtschützen,
○ gute Zugänglichkeit zur BMK,
○ einfache Munitionszuführung,
○ kleinere Silhouette des SPz.

Eine Turmlösung bringt allerdings einen schwerwiegenden Gewichtsnachteil. Während für die Scheitellafette ein Gewicht von nur etwa 850 kg erforderlich ist, müssen für einen Zweimannturm etwa 3 500 kg aufgewendet werden. An diesem Beispiel und noch später folgenden zeigt sich, daß die Gewichtsprobleme fast mit allen neuen Forderungen zur Verbesserung verknüpft sind. Trotzdem sollte an der Turmlösung festgehalten werden.

Im Zusammenhang damit steht bei der Formgebung für den SPz auch die Forderung nach einer niedrigen Silhouette. Der SPz Marder hat eine Höhe von 2,38 Meter bis zur Oberkante der Scheitellafette. Da die Höhenstreuung einer Rohrwaffe immer größer ist als die Breitenstreuung, sollte der zukünftige SPz so niedrig wie möglich gehalten werden, um die Möglichkeit eines feindlichen Treffers auch dadurch herabzusetzen.

Für die Feuertätigkeit aus der Bewegung mit einer hohen Treffwahrscheinlichkeit ist für die BMK bei der Lafettierung eine zweiachsstabilisierte Optik mit nachgeführter Waffe zu fordern.

Munition

Für die Aufgaben der BMK ist es notwendig, zwei Munitionsarten einzusetzen, panzerbrechende und Sprengmunition, die der BMK je nach Zielart wahlweise zugeführt wird. Eine gemischte Zuführung muß wegen des unrationellen Munitionseinsatzes abgelehnt werden. Die Munitionszuführung muß unkompliziert und überschaubar sein, um Hemmungen schnell beseitigen zu können.

Die Mitführung der Munition auf dem SPz in ausreichender Menge wird wegen des größeren Kalibers räumlich schwierig, und trotzdem muß sie leicht zugänglich sein. Die Verpackung ist so praktisch und einfach wie möglich zu halten.

b) Besatzungsstärke

Aus den Aufgaben der Panzergrenadiere für die abgesessene Kampfweise geht hervor, daß die Absitzstärke nicht hoch genug sein kann, zumal die Besatzung sich in Zukunft darauf einzustellen hat, daß der Kampf zu Fuß häufiger notwendig sein wird, als das im Frieden vorhersehbar ist. Eine starke Besatzung ist auch deshalb notwendig, weil im Kriege die Kampfstärke der Panzergrenadiere — gemeint ist die Zahl an kämpfenden Soldaten — erfahrungsgemäß am schnellsten von allen Truppengattungen absinkt.

Von Fachleuten wird für die 90er Jahre eine Besatzungsstärke von 10 Soldaten gefordert, um eine genügende Absitzstärke zu erhalten. Auch der Verfasser ist dieser Auffassung.

Aus der Forderung nach einer hohen Absitzstärke entstehen jedoch technische Folgen für die Konstruktion des SPz, die sich anders als beim Kampfpanzer in den verschiedenen Bauelementen niederschlagen. Es ist bekannt, daß jeder Soldat, der auf dem SPz zusätzlich gefordert wird, folgende Elemente der Konstruktion — alle abhängig von einander — beeinflußt:

○ den Raum und Platzbedarf für Waffen, Ausrüstung und Munition,
○ den ballistischen sowie den A- und C-Schutz,
○ das Gewicht,
○ die Motorleistung und den Betriebsstoffverbrauch,
○ die Anthropotechnik.

Die vorstehenden Überlegungen zwingen zu dem Schluß, daß man bei einer starken Besatzung Einschränkungen in der Konstruktion bei den abhängigen Elementen hinnehmen muß, wenn der SPz nicht zu schwer werden soll.

c) Ballistischer, A- und C-Schutz

Gegenüber dem ballistischen Schutz bei gepanzerten Fahrzeugen hat den Wettlauf zwischen Panzerung und Munition bisher noch immer die steigende Durchschlagskraft der Munition gewonnen. In den letzten Jahren sind mit der Schottpanzerung und mit einer Aktivpanzerung gegen Hohlladungsmunition Untersuchungen und Entwicklungen im Gange, die den ballistischen Schutz für Panzerfahrzeuge entscheidend verbessern sollen. Ein Erfolg scheint sich anzubahnen, jedoch muß die technische Reife abgewartet werden und insbesondere auch die Erkenntnis, ob diese Entwicklungen auch für einen zukünftigen SPz verwendet werden können. Für den ballistischen Schutz ist besonders an den Stirnflächen und am Turm, sofern ein solcher gewählt wird, eine ausreichende Panzerung erforderlich. Für die Deckenpanzerung und die Seitenflächen ist ein ausreichender Schutz gegen Infanteriewaffen sowie gegen Splitter von Artilleriegeschossen vorzusehen. In jedem Falle ist ein zusätzlicher Ausgleich in einer guten Formgebung schußabweisender Flächen und einer hohen Beweglichkeit zu suchen.

Über die Stärken der Panzerung wird bei der Konstruktion aus Gewichtsgründen sicher hart gerungen werden, wobei die Front- und Turmpanzerung absoluten Vorrang hat.

Die Forderung nach einem atomaren Schutz ist eines der schwierigsten Probleme, da unsere Kenntnisse auf diesem Gebiet mehr theoretischer als praktischer Art sind. Entscheidend ist der Schutz gegen die Neutronenstrahlung. Dafür ist nach den heutigen technischen Erkenntnissen eine »Mehrschichthaut« erforderlich, die zu weitreichenden Forderungen bei der Konstruktion, besonders beim Gewicht, aber auch bei allen Öffnungen usw. führt. Die Konstrukteure suchen z.Z. nach Lösungen, die nicht das gesamte Fahrzeug, sondern nur die Besatzung in ihrem Kampfraum schützen.

Die Einbringung von Schutzmaßnahmen gegen die Neutronenstrahlung hat folgende Vorteile:

○ Berücksichtigung der atomaren Bedrohung,
○ Überlebenschance für die Besatzung beim Einsatz von A-Waffen,
○ Erhalten der Kampffähigkeit.

Als Nachteile müssen in Kauf genommen werden eine Erhöhung des Gewichtes und eine vergrößerte Silhouette.

Ebenso wichtig ist der Schutz gegen C-Kampfstoffe. Er ist technisch durch eine wirksame Schutzbelüftungsanlage zu erreichen. Dabei muß der Sättigungsgrad der dazugehörigen Filter deutlich erkennbar sein und die Filter müssen sich ohne Gefahr für die Besatzung auswechseln lassen. Daneben muß Vorsorge getroffen werden, daß das Vorhandensein von C-Kampfstoffen im Kampfraum sofort feststellbar ist.

Eine Entscheidung über die Notwendigkeit und den Umfang des Schutzes gegen die Bedrohung von atomaren Waffen und chemischen Kampfmitteln kann nur durch die oberste militärische Führung getroffen werden, da diese Maßnahmen von der Gesamtkonzeption der zukünftigen Kriegführung abhängen.

d) Beweglichkeit

Die Beweglichkeit im militärischen Sprachgebrauch umfaßt sowohl die gedankliche Beweglichkeit, die operative und taktische sowie die technische Beweglichkeit. Gemeint ist hier die technische Beweglichkeit, die allerdings von der taktischen Seite stark beeinflußt wird. Sie erfordert für den SPz eine hohe Geschwindigkeit und

eine Geländegängigkeit, die dem Kampfpanzer gleich sein muß, auch in der Wasserbeweglichkeit. Entscheidend ist auch ein großes Beschleunigungsvermögen, das auf dem Gefechtsfeld jederzeit unterschiedliche Geschwindigkeiten aus dem Stand und in der Bewegung ermöglicht, um die Zielauffassung durch feindliche Waffen zu erschweren.

Rad- oder Kettenantrieb

Bei der Geländegängigkeit steht im Vordergrund die Frage, ob ein zukünftiger SPz ein Ketten- oder ein Radfahrzeug sein soll. In den Armeen, wo Radfahrzeuge als SPz verwendet werden, sind die Gründe dafür im Verwendungszweck, in dem landeseigentümlichen Gelände oder in den von deutschen Auffassungen abweichenden Einsatzgrundsätzen der Panzergrenadiere zu suchen.

Es unterliegt keinem Zweifel, daß ein SPz auf Rädern eine Reihe von Vorteilen bringt, wie:

○ hohe Spitzengeschwindigkeit auf Straßen,
○ geräuscharmer Betrieb,
○ geringeres Gewicht im Vergleich zu Kettenfahrzeugen,
○ Unterstützung der Schwimmfähigkeit,
○ niedrigere Kosten.

Dagegen stehen jedoch recht entscheidende Nachteile, die den Einsatz von Radfahrzeugen als SPz für die Panzergrenadiere ausschließen. Als wichtigste Gründe dafür seien genannt:

○ eingeschränkte Geländegängigkeit, besonders in einem Trichtergelände oder in Trümmerzonen,
○ hohe Verwundbarkeit der Bereifung durch Gefechtseinwirkung,
○ ungünstige Bauhöhe infolge der Radaufhängung und langer Federwege; daher meist schlechte Silhouette.

Zugunsten des Kettenantriebes ist festzustellen, daß die gebräuchlichen Kettentypen einen hohen Reifegrad mit einer ausreichenden Standfestigkeit erreicht haben, so daß heute schon ein geräuscharmer und verschleißfester Betrieb erreicht ist. Unter Gefechtseinwirkung und in schwierigem Gelände ist aus den vorher dargelegten Gründen dem Kettenantrieb der Vorzug zu geben.

Wasserbeweglichkeit

Der Kampfpanzer Leopard 2 ist in der Lage, Gewässer durch Tauchfahrt zu überqueren. Daraus folgt, daß auch ein zukünftiger SPz eine hohe Wasserbeweglichkeit besitzen muß, um Gewässer schnell zu überwinden.

Am einfachsten ist eine gute Tiefwatfähigkeit zu verwirklichen, die nach der militärischen Forderung schon bei der Konstruktion von vorn herein gegeben ist. Die Fähigkeit zum Fahren unter Wasser erfordert dagegen nicht nur eine besondere technische Auslegung des

SPz, sondern auch aufwendige Voraussetzungen für die Ausbildung, Erkundung und Rettungsmöglichkeiten. Wird jedoch ein schwimmfähiger SPz gefordert, dann wird eine befriedigende Lösung nur dann zu erreichen sein, wenn die militärischen Forderungen dafür vernünftig begrenzt und wenn Kompromisse in der konstruktiven Auslegung zugestanden werden. Dabei steht am Anfang die Entscheidung, ob der SPz durch Zusatzgerät nur schwimmbar gemacht werden oder ob er selbst schwimmfähig sein soll.

Die Ausrüstung mit Zusatzgerät, um eine Schwimmfähigkeit herzustellen, wurde bereits beim SPz Marder erprobt. Dabei stellte sich heraus, daß der SPz zwar schwimmen konnte, aber die Beweglichkeit auf dem Wasser war doch recht eingeschränkt und kann nur auf langsam fließenden oder stehenden Gewässern genutzt werden.

Bei der Forderung nach einem voll schwimmfähigen SPz ergeben sich schwerwiegende Folgen:

○ Begrenzung des Gewichtes beim größten Teil der Bauelemente,
○ Verringerung des ballistischen und atomaren Schutzes,
○ Zugeständnisse an Form und Silhouette,
○ geringerer Kampfwert.

Eine wünschenswerte Schwimmfähigkeit sollte daher nicht mit diesen Nachteilen erkauft werden.

Bei solchen Überlegungen wird die Frage entscheidend sein, wo und zu welchem Zweck für einen zukünftigen SPz eine hochbewegliche Schwimmfähigkeit bei der Hydrographie des zu erwartenden Gefechtsfeldes notwendig wird. Beim Kampf um Gewässer kann es nur dann möglich sein, dieses schwimmend zu überqueren, wenn das jenseitige Ufer feindfrei oder nur schwach besetzt ist. Im allgemeinen werden Panzergrenadiere aber abgesessen übergehen und das jenseitige Ufer erst freikämpfen müssen. Die SPz und die KPz werden dann nachgezogen, wenn Pioniere mit hochtechnisiertem, modernem Gerät schnell einen Übergang geschaffen haben. Es erscheint übertrieben, für die SPz nur deshalb eine volle Schwimmfähigkeit zu fordern, um sie schneller nachziehen zu können.

Hierher gehört ebenfalls die Tatsache, daß wasserbewegliche Kampffahrzeuge bei der Eigenart der mitteleuropäischen Gewässer und deren Uferverhältnissen, wie befestigte und unbefestigte Steilufer, Kanäle mit steilen Böschungen, versumpfte Wiesen usw., zwar meist nach Vorbereitung in das Gewässer hineinkommen, aber dann erhebliche Schwierigkeiten haben, es auf der anderen Seite wieder zu verlassen.

Die geforderte Wasserbeweglichkeit eines zukünftigen SPz sollte daher mehr als Verbesserung und Ergänzung zur Geländegängigkeit bei flachen Flußläufen und sonstigen leichten Gewässerhindernissen gesehen werden.

Abschließend ist festzustellen, daß es nach taktischen Gesichtspunkten und nach den Einsatzgrundsätzen der Panzergrenadiere nicht darauf ankommt, jeden einzelnen SPz voll schwimmfähig zu machen, sondern daß eine gute Tiefwatfähigkeit genügt. Das schließt nicht aus, daß für besondere Gegebenheiten ein Teil der SPz — z.B. zwei Kompanien — durch eine mitgeführte Zusatzausstattung schwimmfähig gemacht werden kann.[45]

e) Triebwerk und Technik

Die hohe Beweglichkeit vor allem im Gelände erfordert für den SPz ein schnelles Startvermögen, kurzzeitige Beschleunigung, zügige Überwindung von schwerem Boden und eine kraftvolle Steigfähigkeit an Hängen. Diese Eigenschaften machen das Temperament des Fahrzeuges aus, das neben einem guten Laufwerk von der Motorleistung und vom Gewicht bestimmt wird. Es drückt sich im Leistungsgewicht aus, dem Verhältnis PS/t.

Dieses muß beim SPz demjenigen des KPz angepaßt sein, mit dem die Panzergrenadiere zusammenarbeiten. Ein Vergleich der bisherigen Paarungen zeigt folgende Werte:

HS 30/M 48 A 2   15,68/17,23 PS/t
Marder/Leopard 1   20,76/20,95 PS/t

Der KPz Leopard 2 hat ein Leistungsgewicht von 27,27 PS/t. Nimmt man nun für einen künftigen SPz ein Gefechtsgewicht von etwa 35 t an, so müßte dessen Motor eine Leistung von 950 PS erbringen, um beim Leistungsgewicht mit dem KPz Leopard 2 gleichzuziehen. Das sind 350 PS mehr als beim Marder![46]

Nur wenn es den Konstrukteuren gelingt, das Gefechtsgewicht des SPz herunterzudrücken, kann auch die Motorleistung verringert werden. Dabei darf jedoch der SPz seine Eigenschaft als Kampffahrzeug nicht verlieren, es darf also keinen Verzicht auf Kampfkraft geben.

Als Antrieb wird ein leistungsfähiger Dieselmotor vorgeschlagen. Dabei sollte auf das Vielstoffprinzip bewußt verzichtet werden, wogegen ein Mehrstoffprinzip beibehalten werden kann.

Aus praktischen Gründen soll der Motor beim Gruppen-SPz vorn im Bug untergebracht werden, um den hinteren Teil als Kampfraum für die Besatzung und für deren schnelles Absitzen freizuhalten.

Am SPz sollte sich keine überflüssige Hydraulik befinden, etwa zum Absenken des Fahrwerkes oder zur Betätigung von Öffnungen und Luken. Die hydraulisch betätigte Heckklappe zum Ausstieg kann ebenso gut durch eine senkrecht geteilte Tür, die dazu noch seitlichen Schutz bietet, ersetzt werden.

45 Ritz, Die Panzergrenadiere — Aufgaben und Kampfweise, Truppenpraxis Heft 2/1972
46 Hilmes/Lippert, a.a.O., Seite 351

Ferner muß vermieden werden, daß für das Funken aus dem Stand, für die Heizung sowie für die Schutzbelüftungsanlage besondere Aggregate oder eine Anhäufung von Batterien notwendig werden. Vielmehr muß der gesamte elektrische Energiehaushalt des SPz bei stehendem Motor durch einen Stromerzeuger abgedeckt werden, für den geringe Abmessungen, ein geräuscharmer Betrieb und eine geringe Wärmeemission zu fordern sind.

f) Führung

Der SPz Marder besitzt eine zufriedenstellende Ausrüstung für die Nachtkampffähigkeit. Sowohl die Beobachtung als auch die Zielortung sind für den Kommandanten und den Richtschützen durch eine moderne elektronische Ausrüstung sichergestellt. Daneben verfügt der Fahrer über ein ausgezeichnetes Bildverstärker-Fahrgerät. Ein modernes Wärmebildzielgerät befindet sich in einer erfolgreichen Erprobung. Eine weitere Steigerung der Leistungsfähigkeit dieser Geräte und Neuentwicklungen mit einer verbesserten Bildqualität sind für einen zukünftigen SPz zu erwarten.
Darüber hinaus werden bei den weiteren Führungsmitteln, mit denen ein moderner SPz ausgestattet werden soll, immer wieder Forderungen erhoben, die sich entweder nur schwer verwirklichen lassen oder einen hohen Aufwand erfordern.

Fernsehverbindung

So wird immer wieder vorgeschlagen, für den Bataillonskommandeur eine Fernsehverbindung zur vorgesetzten Dienststelle (Brigade) und zu den unterstellten Einheiten zu installieren. Der Vorteil einer solchen Verbindung — besonders auf einem atomaren Gefechtsfeld — für die graphische Befehlsübermittlung, zum Einschalten in die Gefechtsfeldaufklärung und zur Übertragung von Luftbildern ist unbestritten. Dafür müssen aber erhebliche Gegenleistungen erbracht werden an Raum, Installation, Energiehaushalt, Ausbildung und Instandsetzungskapazität, von den Kosten zunächst einmal abgesehen. Es sollte jedoch zumindest eine Fernsehverbindung von der Division über die Brigade bis zur Bataillonsebene geprüft werden.

Freund-Feind-Identifizierung

Gegen erdgebundene Feindfahrzeuge ist diese technische Möglichkeit wegen der unklaren Identifizierung bei unsichtigem Wetter, bei Nacht und infolge von elektronischer und natürlicher Tarnung ein Problem mit einem hohen Unsicherheitsfaktor. Deshalb ist der Einbau einer Möglichkeit zur Freund-Feind-Kennung nur schwer gerechtfertigt. Das Angebot der Technik auf diesem Gebiet ist bisher nicht überzeugend. Immerhin sollte der Einbau einer solchen Möglichkeit geprüft werden, wenn ausgereifte Entwicklungen zur Verfügung stehen.

Fahrzeug-Navigationsanlage

Im Gegensatz zu den beiden vorgenannten Problemen ist die Forderung nach einer Fahrzeug-Navigationsanlage zumindest für Führungsfahrzeuge bis zum Zug durchaus vertretbar. Die Notwendigkeit einer solchen Anlage ergibt sich bei Bewegungen der aufgesessenen Panzergrenadiere bei Nacht und unsichtigem Wetter abseits von Straßen und Wegen sowie in atomaren Trümmerzonen. Die Fahrzeug-Navigationsanlage ist unter solchen Bedingungen ein wertvolles Hilfsmittel der Führer von der Zugebene an aufwärts.

g) Anthropotechnik

Bei einem zukünftigen SPz als Kampffahrzeug muß sichergestellt werden, daß die Belastungen für die Besatzung bei einem längeren Aufenthalt an Bord auf langen Märschen, bei längerer Gefechtstätigkeit oder in verstrahltem Gelände möglichst gering gehalten werden. Dabei sind selbstverständlich übertriebende Bequemlichkeiten zu vermeiden, aber es sind schon bei der Planung Überlegungen notwendig, die einer schnellen Ermüdung und damit dem Absinken der Kampfkraft vorbeugen.
Mitentscheidend dafür sind die Abmessungen des Kampfraumes sowie die Platzierung der Besatzung und deren Bewegungsmöglichkeiten. Neben einer ausreichenden Stehhöhe — beim Marder sind es 1,36 Meter — muß es für die Besatzung möglich sein, einen Platzwechsel für besondere Aufgaben oder die Kameradenversorgung bei Verwundeten durchzuführen. Ebenso muß ein kurzfristiger Transport von Schwerverwundeten möglich sein.
Hierher gehört auch die schnelle Zugänglichkeit zu Waffen, Munition und Kampfmitteln, ohne sich gegenseitig zu behindern.
Eine frühere Forderung verlangt, daß für die Besatzung ein ununterbrochener Aufenthalt an Bord bis zu 24 Stunden, davon 8 Stunden bei geschlossenen Luken unter A- und C-Bedingungen, vorzusehen ist. Wenn daran festgehalten wird, sollte untersucht werden, ob eine aufwendige Schutzbelüftungsanlage nicht besser durch ein autarkes, von der Außenluft unabhängiges System ersetzt werden kann. (Siehe auch Seite 188)
Der Geräuschpegel im SPz bei geschlossenen Luken darf einen Höchstwert nicht übersteigen. Eine solche Begrenzung ist notwendig, um einen längeren Aufenthalt für die Besatzung im Inneren des SPz erträglicher zu machen als bisher und um die Verständigung unter-

einander bei der aufgesessenen Kampfweise zu erleichtern.

Die Einbringung einer ausreichenden Heizung gegen extreme Kältegrade wird kein aufwendiges technisches Problem sein, wenn sie an einen besonderen Stromerzeuger angeschlossen wird.

h) Kosten

Nach den heutigen Erkenntnissen betragen die Materialkosten eines Kampf-SPz etwa 55,00 DM/kg. Das ergibt bei einem Leergewicht von 30 t den Betrag von DM 1 650 000,00. Der SPz Marder kostete 1970 nur DM 800 000,00.[47] Selbst wenn man für einen zukünftigen SPz in den 90er Jahren den üblichen Halbgenerationswechsel annimmt, dann erfordert die notwendige Stückzahl bei der Beschaffung für die Serie einen erheblichen finanziellen Aufwand. Die deshalb gebotene Sparsamkeit zwingt zu Überlegungen, was bei der Planung und Entwicklung eines modernen SPz vereinfacht werden kann.

Voraussetzung für eine sparsame Entwicklung sind klare militärische Forderungen, die sich auf dem neuesten Stand befinden müssen. Die Entscheidung darüber muß eindeutig sein und darf keine Alternativen zulassen, z.B. bei der BMK, beim Turm sowie beim ballistischen und atomaren Schutz. Da jeder zusätzliche Wunsch die Entwicklung verteuert, muß ebenso entschieden sein, welche letzten technischen Erkenntnisse als Änderungen noch zugelassen werden bis zu den ersten Prototypen, bis zum Konstruktionsnullstand und bis zur Serienreife. Ausnahmen sind dabei die Erfahrungen der technischen Erprobung und der Truppenversuche. Ebenso sind spätere Nachrüstungen der Serie infolge fortschreitender Technik nicht auszuschließen.

Bei allen Forderungen nach einer perfekten Technik muß als erstes eine Gegenüberstellung von Nutzeffekt und Kosten erfolgen. Unter diesem Gesichtspunkt sollten alle überspitzten Forderungen auf ein vertretbares Maß zurückgeführt werden. Dabei sind Kompromisse nicht zu vermeiden.

Auf eine einfachere Ausführung in der Konstruktion ist bei den Hauptbauelementen in Verbindung mit einer Gewichtseinsparung bereits hingewiesen worden. Wo immer angängig sollten im SPz Leichtmetalle und Kunststoffe sowie handelsübliche oder bei anderen Modellen bewährte Einbauteile verwendet werden. Bauteile aus Leichtmetall bieten sich zur Verwendung an bei Traversen, Gestängen, Sitzen, Verkleidungen u.ä.m. Hier sollten Vorbilder aus dem Flugzeugbau als Richtschnur dienen.

Auch bei der Ausrüstung der Panzergrenadiere muß geprüft werden, wo eine Verringerung des Gewichtes und des Raumbedarfs bei Waffen, Munition und Kampfmitteln angestrebt werden kann.

Der Leitgedanke zur Kostensenkung muß zunächst ein klares Konzept sein, bei dem alle technischen Möglichkeiten ausgeschöpft werden. Die konsequente Durchführung der Entwicklung setzt eine enge Zusammenarbeit aller beteiligten Stellen voraus. Deshalb erfordert eine Vereinfachung des Entwicklungsganges die Bildung eines Managements aus dem militärischen Bereich, dem Forschungsbereich sowie aus dem Entwicklungs- und Fertigungsbereich, um eine optimale Lösung zu erbringen.

Schlußbemerkung

Nach Abschluß aller Betrachtungen über einen zukünftigen SPz muß nachdrücklich betont werden, daß trotz moderner Technik und des Bestrebens nach Vereinfachung der Kampfwert entscheidend bleibt.

Moderne Technik ist nur dann zu gebrauchen, wenn sie der Steigerung des Kampfwertes dient. Das gleiche gilt für die Vereinfachung, die ihre Grenze dort findet, wo der Kampfwert absinken würde. Daraus folgt, daß für einen modernen SPz hinsichtlich der Anforderungen und der Konstruktion Kompromisse unvermeidbar sind, denn es ist nicht möglich, alle Forderungen zu verwirklichen. Es entsteht dann die Gefahr, daß ein perfekter, aufwendiger SPz ausgerüstet wird für einen Krieg, der nicht stattfindet oder andererseits ein Fahrzeug entsteht, das den Aufgaben der Panzergrenadiere nicht entspricht.

---

47 Hilmes/Lippert, a.a.O., Seite 351

Schlußbetrachtungen

Die Notwendigkeit, bei schnell beweglichen Truppen auch ein infanteristisches Element bei der Hand zu haben, ist in den letzten drei Jahrhunderten nie bestritten, sondern im Gegenteil stets gefordert und mit vielerlei Möglichkeiten auch verwirklicht worden. Die Entstehung der Panzertruppe machte dieses infanteristische Element neben anderen Waffen als eine conditio sine qua non zu einer Forderung nach einer panzerbegleitenden Infanterie, bei der für den gedachten Zweck bestimmte Eigenschaften vorausgesetzt wurden.

Während die bestehenden Waffengattungen zum Teil eine jahrhundertalte Geschichte und Tradition haben, mußte diese neue »Begleitinfanterie für die Panzer« für den geplanten Zweck völlig neu konzipiert werden.

Die Panzergrenadiere haben sich in einer militärgeschichtlich kurzen Zeit von weniger als 50 Jahren aus einer damals noch unvollkommenen Begleitwaffe der Panzer zu einer eigenen Truppengattung innerhalb der heutigen gepanzerten Kampftruppen entwickelt.

Die einzelnen Phasen des allmählichen Entstehens sind in der Entwicklung und im Aufbau ausführlich dargestellt worden. Nach einem mühsamen Anfang vor dem Kriege folgten die ersten Kriegsjahre 1939 und 1940 mit unzureichender Ausbildung und mit unzweckmäßigem Gerät. Als diese Schwierigkeiten abgestellt wurden, trat ein spürbarer Wandel ein und nach Ausstattung mit dem SPW und mit zunehmender Erfahrung in der Zusammenarbeit mit den Panzern gelang nun als eigene Waffengattung der Durchbruch zum Erfolg.

Nach dem Kriege entwickelten sich die Panzergrenadiere zu einer in den gepanzerten Kampftruppen fest integrierten Truppengattung, und ein Ausblick in die neunziger Jahre zeigt, daß ihre Aufgaben im wesentlichen die gleichen bleiben, jedoch wird sich der Aufgabenkreis erweitern, z.B. durch den Kampf unter atomarer Bedrohung.

Die Zukunft wird für die Panzergrenadiere eine positive Entwicklung bringen. Die Entflechtung des Waffensystems Marder, die Einführung eines neuen SPz und eines Panzerabwehrraketensystems (PARS), die Eingliederung einer Panzerkompanie mit dem Kampfpanzer Leopard 2 in das Panzergrenadierbataillon sowie eine führungsleichte, handliche Gliederung werden die Panzergrenadiere noch moderner, vor allem kampfkräftiger und beweglicher machen. Alle diese Maßnahmen werden im Hinblick auf die feindliche Bedrohung sowie nach den gegebenen wirtschaftlichen und personellen Rahmenbedingungen optimal gelöst werden können.

Dagegen bleiben für die zukünftige Kampfführung und für die Ausbildung der Panzergrenadiere einige Sorgen. Bei seinen Besprechungen für das vorliegende Buch ist der Verfasser auf Auffassungen gestoßen, welche einen arteigenen und wirkungsvollen Einsatz der Panzergrenadiere beeinträchtigen, wenn nicht unmöglich machen. Deshalb folgen im Schlußkapitel noch einige Gedanken dazu.

Nach den Vorgaben der NATO für eine grenznahe Verteidigung muß der Verteidiger in der Lage sein, zwischen Verteidigung, Verzögerung und überraschenden Gegenangriffen schnell zu wechseln, massiven Feuerschlägen auszuweichen und neue Verteidigungsschwerpunkte zu bilden. Am Ende der Verteidigungsoperation muß verlorener Raum zurückgewonnen und wieder in eigener Hand sein.

Wir werden uns bei einem feindlichen Angriff einzustellen haben auf eine neue und überraschende Gefechts- und Kampfführung, auf deren zeitlich schnellen Ablauf und auf neue vernichtende Waffenwirkungen. Das Gefechtsbild wird geprägt sein von der Beweglichkeit und einer starken Feuerkraft der gepanzerten Truppen auf beiden Seiten.

Bei einer solchen Konzeption ist es richtig, daß Panzergrenadiere im Rahmen der gepanzerten Kampftruppen auch in der Lage sein müssen, vorübergehend abgesessen, aber mit Unterstützung ihrer SPz, aus Stellungen zu verteidigen.

Es ist dagegen völlig undenkbar, daß Panzergrenadiere längere Zeit aus vorbereiteten Erdstellungen verteidigen, denn dann werden sie dort nach kurzer Zeit aufgeklärt, und es bleibt dem Feind überlassen, mit welchem Waffensystem er die eingegrabenen Panzergrenadiere vernichten will.

Wenn Panzergrenadiere kurzfristig aus Stellungen verteidigen müssen, dann erfolgt dies nicht aus vorbereiteten oder schnell gegrabenen Erdlöchern, für deren Anlage kaum Zeit sein wird, sondern im Zuge der beweglichen Kampfführung in Anlehnung an natürliche Geländehindernisse, an Ortsrändern und in Trümmerzonen, d.h. aus Stellungen, die nicht erst vorbereitet werden müssen, die sich aber auf dem Gefechtsfeld anbieten.

Bei einer längeren Verteidigung aus erdgebundenen Stellungen wird eine wichtige Eigenart der Panzergrenadiere, die Beweglichkeit aufgegeben, aber gerade diese wird gebraucht für eine schnelle Verlagerung des

Verteidigungsschwerpunktes, für Gegenangriffe, für überraschende Flankierungen und um sich feindlichen Feuermassierungen zu entziehen.

Die Kernfrage für die Verwendung von Panzergrenadieren in der Verteidigung sollte daher sein: »Wie können Feuerkraft, Beweglichkeit und Panzerung der Panzergrenadiere in der Verteidigung optimal genutzt werden?«

In engem Zusammenhang damit steht als weitere Sorge das ständige Ringen um die Absitzstärke. Es muß damit gerechnet werden, und das ist sicher auch zutreffend, daß die Panzergrenadiere in Zukunft häufiger zum Kampf zu Fuß absitzen müssen als bisher. Daraus folgt, daß die Absitzstärke nicht groß genug sein kann. Nach der Heeresstruktur 4 verfügt eine Panzergrenadierkompanie über 11 SPz. Zur Begründung dieser geringen Stärke wird angeführt, daß eine solche Einheit überschaubarer und leichter zu führen ist. Jedoch mit der Zahl der Panzergrenadiere, die aus dieser kleinen Kompanie zum Absitzen zur Verfügung steht, ist nur die Bildung von zwei Stoßtrupps möglich. Was soll geschehen, wenn Verluste eintreten, mit denen schon vom ersten Kriegstage an sowohl bei den SPz als auch bei den Panzergrenadieren gerechnet werden muß?

Hier sollten Überlegungen angestellt werden, die etwa in folgende Richtung gehen könnten. Die Zahl der SPz in den Kompanien wird verstärkt, um dadurch zu einer größeren Absitzstärke zu kommen. Ist dies nicht möglich, vor allem aus Kosten- und Personalgründen, die im Frieden durchaus einsehbar sind, dann muß im Kriegsfalle für das Panzergrenadierbataillon eine ausreichende, schnell verfügbare Reserve von vorn herein eingeplant werden. Andernfalls ist ein rasches Absinken der Kampfkraft nicht zu vermeiden. Es ist bereits darauf hingewiesen worden, daß es sonst doch wieder zum Zusammenfassen der verbleibenden gepanzerten Teile zu kleinen Kampfgruppen kommt. Die Erfahrungen des Krieges sollten hier eine deutliche Warnung und Lehre sein.

Zum Schluß mögen noch einige Gedanken zur kriegsnahen Ausbildung folgen. Die Gefechtsausbildung in den gepanzerten Kampftruppen und die zugehörige Ausbildung der Führer aller Ebenen hat einen hohen Stand und ist derjenigen in anderen Armeen durch die Auftragstaktik und die besonders geschulte Entschlußkraft überlegen. Trotz dieses hohen Ausbildungsstandes werden dabei aber für die Panzergrenadiere nicht alle Ausbildungsforderungen erfaßt, die für den Krieg notwendig sind. Einige Beispiele sollen dies verdeutlichen. Der Kampf unter besonderen Verhältnissen, vornehmlich der Orts- und der Waldkampf, aber auch der Kampf im Mittelgebirge sind arteigene Aufgaben, die für die Panzergrenadiere bei einer grenznahen Vorneverteidi-

gung zu einem häufig wiederkehrendem Auftrag gehören werden. Ebenso werden bei den besonderen Gefechtslagen das Überwinden von Sperren, Minen- und Panzerhindernissen wichtige Aufgaben sein, die eine gründlichere, zweckbestimmte Ausbildung erfordern, als dies bisher in der Truppe geschieht.

Hinzu kommt der Kampf bei Nacht, gegen den die Truppe schon immer eine gewisse Abneigung hatte, der aber bei einem zukünftigen, rund um die Uhr laufenden Gefecht einen verstärkten Ausbildungsschwerpunkt in Friedenszeiten notwendig macht.

Die derzeitige Erwartung einer mehr konventionellen Kriegführung vernachlässigt leider die Ausbildung für die Kampfführung auf einem atomaren Gefechtsfeld. In den Vorschriften ist sie niedergelegt, jedoch in der praktischen Ausbildung der Panzergrenadiere wird sie nur am Rande und vereinzelt praktiziert. Das mag daran liegen, daß die Erkenntnisse für einen atomaren Kampf mehr theoretischer Natur sind und wenig greifbare Tatsachen bieten, z.B. welche Auswirkungen konventionelle Waffen mit atomaren Sprengköpfen haben werden. Auch das Verhalten aufgesessener SPz-Besatzungen bei geschlossenen Luken über einen längeren Zeitraum hinweg — gefordert sind 8 Stunden — sowie der Kampf unter diesen Bedingungen bedarf der Ausbildung und Übung.

Eine rückschauende Betrachtung der geschichtlichen Entwicklung der Panzergrenadiere zeigt, daß eine neue, arteigene Truppengattung entstanden ist, an deren Ursprung nicht nur die traditionsreiche Infanterie und Kavallerie, sondern ebenso auch die junge Panzertruppe mitgewirkt hat.

Panzergrenadiere sind keine Symbiose der alten Infanterie mit moderner Waffen- und Kraftfahrzeugtechnik, und sie sind auch keine Begleit- oder Hilfswaffe der Panzer, als die sie früher einmal angesehen wurden. Heute stehen sie als gleichberechtigte Truppengattung innerhalb der gepanzerten Kampftruppen neben den Panzern, den Panzeraufklärern und den Panzerjägern. Die zukünftige Entwicklung wird das äußere Bild der Panzergrenadiere bedingt durch die fortschreitende Technik in der Bewaffnung und in der Ausrüstung weiter verändern. Nicht aber ändern wird sich das Wesen dieser Truppengattung.

Der kämpferische Einsatz auf dem Schützenpanzer wird für die Panzergrenadiere genau so notwendig bleiben, wie der Nahkampf Mann gegen Mann.

Diese Haupteigenschaften sind das Markenzeichen der Panzergrenadiere, wodurch sie sich von anderen Truppengattungen grundsätzlich unterscheiden. Wenn daraus nun auch ein gewisser Waffenstolz erwachsen ist, dann muß man diesen der jungen Truppengattung wohl zugestehen.

Anhang

1. Abkürzungsverzeichnis

Vorbemerkung:

In der Wehrmacht wurden nach der HDv Schriftverkehr fast alle Abkürzungen mit einem Punkt begrenzt. In der Bundeswehr wurden sie noch mehr gestrafft und der Punkt entfiel:

Pz.Gren.Btl. = PzGrenBtl als Beispiel. In dem nachfolgenden Verzeichnis werden die Abkürzungen mit wenigen Ausnahmen so dargestellt, wie sie heute in der Bundeswehr vorgeschrieben sind.

A	atomar	HDv	Heeresdruckvorschrift
ABC...	atomar-biologisch-chemisch...	HS	Hispano Swiza
		HL	Hohlladung
A- und	atomare und		
C-	chemische Waffen	IFF	Identifizierung Freund-Feind
Waffen			
Abt	Abteilung	I.G.	Infanteriegeschütz
Art	Artillerie	Inf	Infanterie
Aufkl	Aufklärung	In 1	Inspektion der Infanterie im OKH
Abw	Abwehr		
		In 3	Inspektion der Kavallerie im OKH
Battr	Batterie		
Beob	Beobachtung	In 6	Inspektion der Panzertruppen im OKH
BMK	Bordmaschinenkanone		
Brig	Brigade	In	Inspektion für die
Btl	Bataillon	H Rüst	Heeresrüstung im OKH
BtlKdr	Bataillonskommandeur		
B-Stelle	Beobachtungsstelle	Inst	Instandsetzung
		IR	Infrarot
cal	Kaliber		
cm	Zentimeter	KAN	Kriegsausrüstungsnachweis
CO	Kohlenmonoxyd		
		KanJPz	Kanonenjagdpanzer
Div	Division	Kdo	Kommando
DivKdr	Divisionskommandeur	Kdr	Kommandeur
		KdrGrp	Kommandeurgruppe
		Kdt	Kommandant
Entw	Entwicklung	kg	Kilogramm
Ers	Ersatz	km	Kilometer
		km/h	Kilometer je Stunde
feindl	feindlich	Kp	Kompanie
Fhr	Führer	KpChef	Kompaniechef
Fla	Flug- oder Fliegerabwehr	KPz	Kampfpanzer
		KrKw	Krankenkraftwagen
Flabattr	Flugabwehrbatterie	KSPz	Kampfschützenpanzer
Flak	Flugabwehrkanone	KSTN	Kriegsstärkenachweis
Fm...	Fernmelde...	KTS	Kampftruppenschule
FmOffz	Fernmeldeoffizier	KwK	Kampfwagenkanone
Fu	Funk		
Fü	Führung	le	leicht
		L/...	Kaliberlänge
Gef	Gefecht	LG	Leichtgeschütz
Gefstd	Gefechtsstand	Lkw	Lastkraftwagen
gel	geländegängig	lMG	leichtes Maschinengewehr
gem	gemischt		
gep	gepanzert	Ltg	Leitung
Gren	Grenadier		
Grp	Gruppe	m	Meter
Grwf	Granatwerfer	m/min	Meter je Minute
Gesch	Geschütz	mm	Millimeter

mech	mechanisiert	SpPz	Spähpanzer
MG	Maschinengewehr	SprGr	Sprenggranate
MICV	Military Infantery Combat Vehicel — gep. Mannschaftstransportwagen	SPW	Schützenpanzerwagen
		SPz	Schützenpanzer
		STAN	Stärke- und Ausrüstungsnachweis
MK	Maschinenkanone		
mot	motorisiert	StuK	Sturmkanone
mot Z	von Zugmaschine gezogen		
		t	Tonne
MPi	Maschinenpistole	t mot	teilmotorisiert
Mrs	Mörser	Trp	Trupp
MTW	Mannschaftstransportwagen	Trspt	Transport
Mun	Munition	VB	Vorgeschobener Beobachter
NATO	North Atlantic Treaty Organisation Nordatlantikpakt	verst	verstärkt
		V_0	Anfangsgeschwindigkeit
Nachr	Nachrichten		
nuc	nuklear	Wrf	Werfer
Offz	Offizier	Z	Zugmaschine
OKH	Oberkommando des Heeres	z.b.V.	zur besonderen Verwendung
OrdOffz	Ordonnanzoffizier	Zg	Zug
		ZgFhr	Zugführer
Pak	Panzerabwehrkanone		
Pi	Pionier		
Pkw	Personenkraftwagen		
PS	Pferdestärke		
PS/t	Pferdestärke je Tonne		
Pz	Panzer		
PzGren	Panzergrenadier		
PzJg	Panzerjäger		
PzKpfw	Panzerkampfwagen		
PzSpw	Panzerspähwagen		
Rak	Rakete		
RakJpz	Raketenjagdpanzer		
Res	Reserve		
Rgt	Regiment		
s	schwer		
Schtz	Schützen		
SdrKfz	Sonderkraftfahrzeug		
sek	Sekunde		
Sf	Selbstfahrlafette		
sMG	schweres Maschinengewehr		

2. Literaturverzeichnis

Borries, von
— Heereskavallerie im Bewegungskriege,
   1928, E.S. Mittler und Sohn, Berlin

Duffy, Christopher,
— The Army of Frederick the Great,
   1974, David and Charles, London/Vancouver

Fuller, J.F.C.
— Tanks in the Great War,
   1920, Dutton, New York

Guderian, Heinz
— Erinnerungen eines Soldaten,
   1951, Kurt Vowinckel, Heidelberg
— Panzer – Marsch!
   1955, Schild-Verlag G.m.b.H., München

Hilmes/Lippert
— Die Mechanisierung in Ost und West
   Teil II: Bewertung der SPz-Entwicklung,
   Soldat und Technik, Heft 12/83

Koch/Bauers
— Gedanken über die Gepanzerten Kampftruppen der Zukunft,
   Truppenpraxis, Heft 3/1982, Verlag Offene Worte, Herford und Bonn

Koch, Gero
— Panzergrenadiere 90
   Truppenpraxis Heft 12/1983

Schrader, Kampftruppenschule 2
— 25 Jahre Schule der gepanzerten Kampftruppen,
   Munster, 1981

Hake, Friedrich von
— Der Schicksalsweg der 13. Panzerdivision,
   1971

Liddel Hard, B.H.
— Strategy,
   ohne Jahresangabe, Faber and Faber, London

Luser, Rudolf
— Die deutschen Waffen und Geheimwaffen des Zweiten Weltkrieges und ihre Weiterentwicklung,
   ohne Jahresangabe, J.F. Lehmanns Verlag, München

Mackensen, von
— Vom Bug zum Don — Das III. Armeekorps (Panzerkorps) im Feldzug 1941 gegen Sowjet-Rußland,
   Anfang 1942, Gefechtsbericht des III. Panzerkorps
— Auszüge aus dem Kriegstagebuch des III. Panzerkorps 1942

Manstein, Erich von
— Verlorene Siege,
   1955, Athenäum-Verlag, Bonn
— Aus einem Soldatenleben 1887 – 1939,
   1958, Athenäum-Verlag, Bonn

Middeldorf, Eicke
— Taktik im Rußlandfeldzug — Erinnerungen und Folgerungen,
   1956, E.S. Mittler und Sohn G.m.b.H., Darmstadt (heute: Herford)

Mueller-Hildebrand, Burkhart
— Das Heer 1933 – 1945, Band I, Das Heer bis zum Kriegsbeginn,
   1954, E.S. Mittler und Sohn G.m.b.H., Darmstadt (heute: Herford)

Munzel, Oskar
— Panzertaktik, Raids gepanzerter Verbände im Ostfeldzug 1941/42,
   1959, Kurt Vowinckel Verlag, Neckargmünd
— Die deutschen gepanzerten Truppen bis 1945,
   1965, Maximilian-Verlag, Herford

Riemann, Horst
— Zur Geschichte der deutschen Panzergrenadiere,
   Wehrkunde, Heft 12/1959
— Panzergrenadiere und Panzer — Angriff durch die Kubansteppe, Truppenpraxis, Heft 1/1963
— Gedanken zur Entwicklung moderner Schützenpanzer,
   Truppenpraxis, Heft 3/1972

Ritz, Alfred
— Die Panzergrenadiere — Aufgaben und Kampfweise,
   Truppenpraxis, Heft 2/1972

Schneider, Erich
— Technik und Waffenentwicklung im Kriege
   in: Bilanz des Zweiten Weltkrieges,
   1953, Gerhard Stalling Verlag, Oldenburg

Senger und Etterlin, Dr. F.M. von
— Die Panzergrenadiere,
   1961, J.F. Lehmanns Verlag, München

Schütze/Remmel
— Gedanken über den Einsatz der Panzergrenadiere der Zukunft,
   Truppenpraxis, Heft 7/1983

Schulz/Jeschke
— 25 Jahre Panzergrenadierlehrbataillon 92,
   1981, Munster

Stoves, Rolf O.G.
1. Panzerdivision 1935 – 1945,
   1961, Podzun-Verlag, Bad Nauheim

Krause, Karl
— Die Sturmflutkatastrophe im Februar 1962,
   2. Neuauflage 1963, Verlag A. Rockwitz Nachf. Karl Krause

Teike, Wilhelm
— Der Kaukasus und das Öl,
   1970, Munin-Verlag, Osnabrück

Weick
— 20 Jahre Panzergrenadierlehrbataillon 92,
   1976, Munster

Anlagen

Anlage 1
Schützenpanzerwagen der Panzergrenadiere
im Kriege

Der leichte und der mittlere Schützenpanzerwagen waren Halbkettenfahrzeuge, die aus den Fahrgestellen einer 1-t-und einer 3-t-Zugmaschine entwickelt wurden. Aus dem leichten Schützenpanzerwagen — Sdr.Kfz. 250 — entstanden im Laufe des Krieges 12 Abarten und aus dem mittleren Schützenpanzerwagen — Sdr.Kfz. 251 — 22 Abarten, von denen einige Typen nicht bei den Panzergrenadieren, sondern auch bei anderen Waffengattungen eingesetzt wurden.
Bei den gepanzerten Panzergrenadierbataillonen waren im Laufe des Krieges folgende Typen vorhanden:

Sdr.Kfz. 250/3 Leichter Funkpanzerwagen, ursprünglich als Befehls- und Funkwagen für Stäbe und Kompanietrupps

Sdr.Kfz. 251/1 Gruppenpanzerwagen, später auch mit 6 Wurfgestellen für 28/32 cm Wurfgranaten

Sdr.Kfz. 251/2 8 cm Granatwerferpanzerwagen

Sdr.Kfz. 251/4 Panzerwagen als Zugmittel für leichtes Infanteriegeschütz 7,5 cm

Sdr.Kfz. 251/5 Pionierpanzerwagen

Sdr.Kfz. 251/6 Befehlspanzerwagen für Stäbe und Kompanietrupps

Sdr.Kfz. 251/7 Pioniergerätepanzerwagen

Sdr.Kfz. 251/8 Sanitätswagen

Sdr.Kfz. 251/9 Kanonenpanzerwagen mit Sturmkanone 7,5 cm L/24

Sdr.Kfz. 251/10 Kanonenpanzerwagen für 3,7-cm-Pak (Zugführerwagen)

Sdr.Kfz. 251/16 Flammpanzerwagen

Sdr.Kfz. 251/17 Fla-Panzerwagen für 2-cm-Flak

Sdr.Kfz. 251/21 Fla-Panzerwagen für 1,5-cm- und 2-cm-Drilling

Sdr.Kfz. 251/22 Panzerabwehrwagen mit 7,5-cm-Pak

Abbildungen einiger Typen:

Sdr.Kfz. 250/3 — Leichter Funkpanzerwagen

Sdr.Kfz. 251/1 — Gruppenpanzerwagen

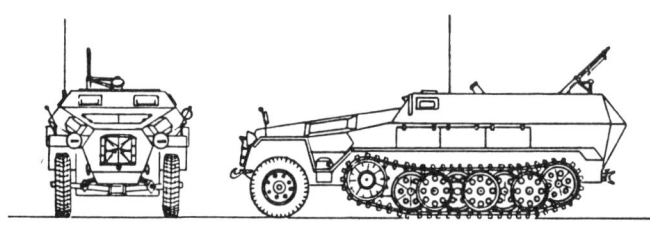

Sdr.Kfz. 251/2 — 8-cm-Granatwerferpanzerwagen

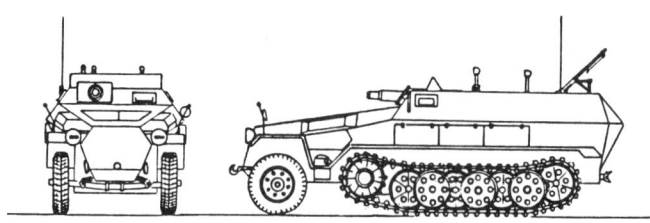

Sdr.Kfz. 251/9 — Kanonenpanzerwagen mit Sturmkanone 7,5 cm

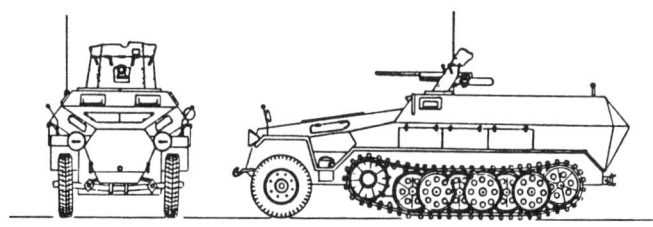

Sdr.Kfz. 251/10 — Kanonenpanzerwagen mit 3,7-cm-Pak

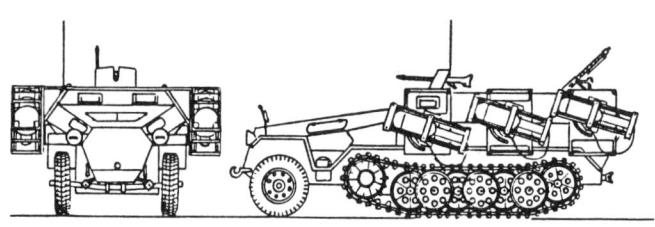

Sdr.Kfz. 251/1 — Panzerwagen mit Wurfgestellen für Wurfgranaten

Anlage 2
Panzergrenadierregiment (gp.) 1944

Gen.Insp.d.Pz.Tr./Abt.Org./Kartei Nr. 2500/44 g.K. v. 15.8.1944 nach v. Senger u. Etterlin, Die Panzergrenadiere, Anl. 13, Ste 221

Truppe	Personal	Waffen	Kfz
Stab u. St.Kp. Pz.Gren.Rgt.(gp.)	8:29:106	30 Pist. 104 Gew. 15 MP 14 le.MG	9 SPW 20 Kett.Kr. 7 Pkw 10 Lkw 1 Zg.Kw. 8 t
Pz.Gren.Pi.Kp.	4:41:199	44 Pist. 177 Gew. 37 MP 28 le.MG 2 s.MG 2 m.Gr.W. 1 2-cm-Flak	14 SPW 7 Kett.Kr. 6 Pkw 28 Lkw
s.Gesch.Kp.	3:31:108	28 Pist. 92 Gew. 22 MP 8 le.MG 6 s.I.G.Sf.	5 SPW 6 Laf.f.s.I.G. 5 Kett.Kr. 5 Pkw 8 Lkw 9 Maultiere 1 Zg.Kw. 12 t
Stab Pz.Gren.Btl.(gp.)	5:11:27	9 Pist. 24 Gew. 10 MP 6 le.MG	6 SPW 4 Kett.Kr. 2 Pkw
Pz.Gren.Kp.(gp.)	3:36:151	52 Pist. 94 Gew. 54 MP 30 le.MG 3 s.MG 2 m.Gr.W. 7 2-cm-Flak 2 7,5 cm K-37	23 SPW 4 Kett.Kr. 2 Pkw
s.Kp.(gp.) Kp.Fü.Gr.	1:8:10 12 Gew.	3 Pist. 3 Kett.Kr. 4 MP 2 le.MG	2 SPW 2 Pkw
12-cm-Gr.W.Zug(gp.)	1:8:38	16 Pist. 18 Gew. 13 MP 7 le.MG 4 Gr.W. 12 cm	7 SPW 2 Kett.Kr. 1 Lkw
s.Kan.Zug 7,5 cm (gp.)	1:7:24	17 Pist. 4 Gew. 11 MP 2 le.MG 6 7,5 cm K-37	8 SPW
Vers.Kp. Pz.Gren.Btl.(gp.)	4:37:90	22 Pist. 139 Gew. 5 Pkw 2 MP 4 le.MG	4 Kett.Kr. 35 Lkw 5 Maultiere 1 Kr.Kw. 6 Zg.Kw. 8 t

Bemerkungen zu Anlage 2:
Panzergrenadierregiment (gp.) 1944

1. Das Pz.Gren.Btl.(mot) ist hier weggelassen, da es nur darauf ankam, die gepanzerten Teile des Pz.Gren.Rgt. (gp.) darzustellen.
2. Weggelassen wurde ebenfalls die Zahl der Beamten und der Hilfswilligen.
3. Bei den MP und den le.MG ist die Gesamtzahl genannt, in der die Bordwaffen enthalten sind.
4. Bei den SPW handelt es sich um den m.SPW Sdr.Kfz. 251 mit seinen verschiedenen Ausführungen.
5. »Maultiere« waren auf Gleisketten laufende Lkw.

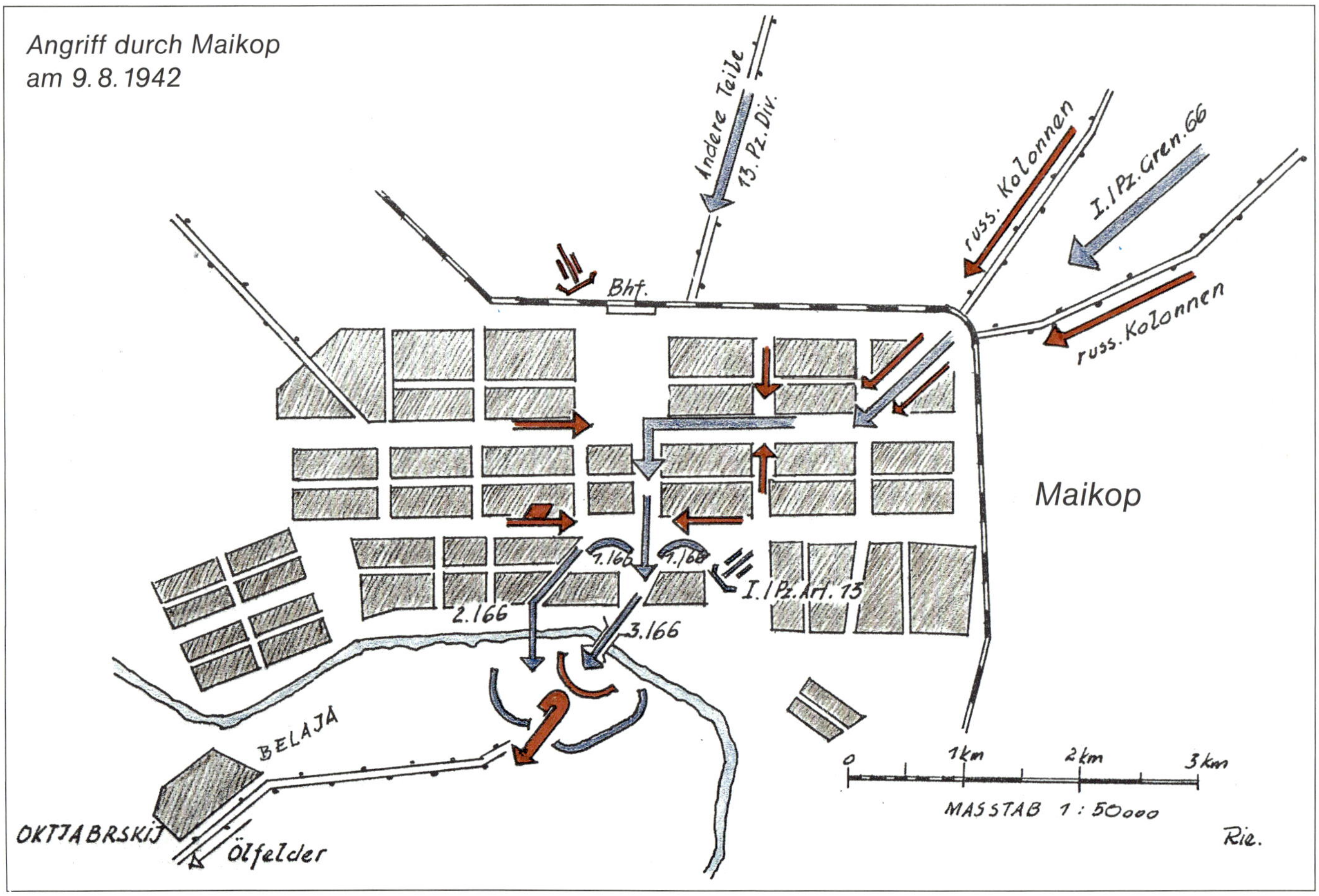

Angriff durch Maikop
am 9.8.1942

Andere Teile 13. Pz.Div.

russ. Kolonnen

I./Pz.Gren. 66

russ. Kolonnen

Bhf.

Maikop

7.166

1.166

I./Pz.Art. 73

2.166

3.166

BELAJA

OKTJABRSKIJ

Ölfelder

0   1 km   2 km   3 km

MASSTAB 1:50000

Rie.

**In aufgesessener Kampfweise durchstoßen die Panzergrenadiere
aus allen Waffen feuernd die Straßen von Maikop.**

(Seite 59)

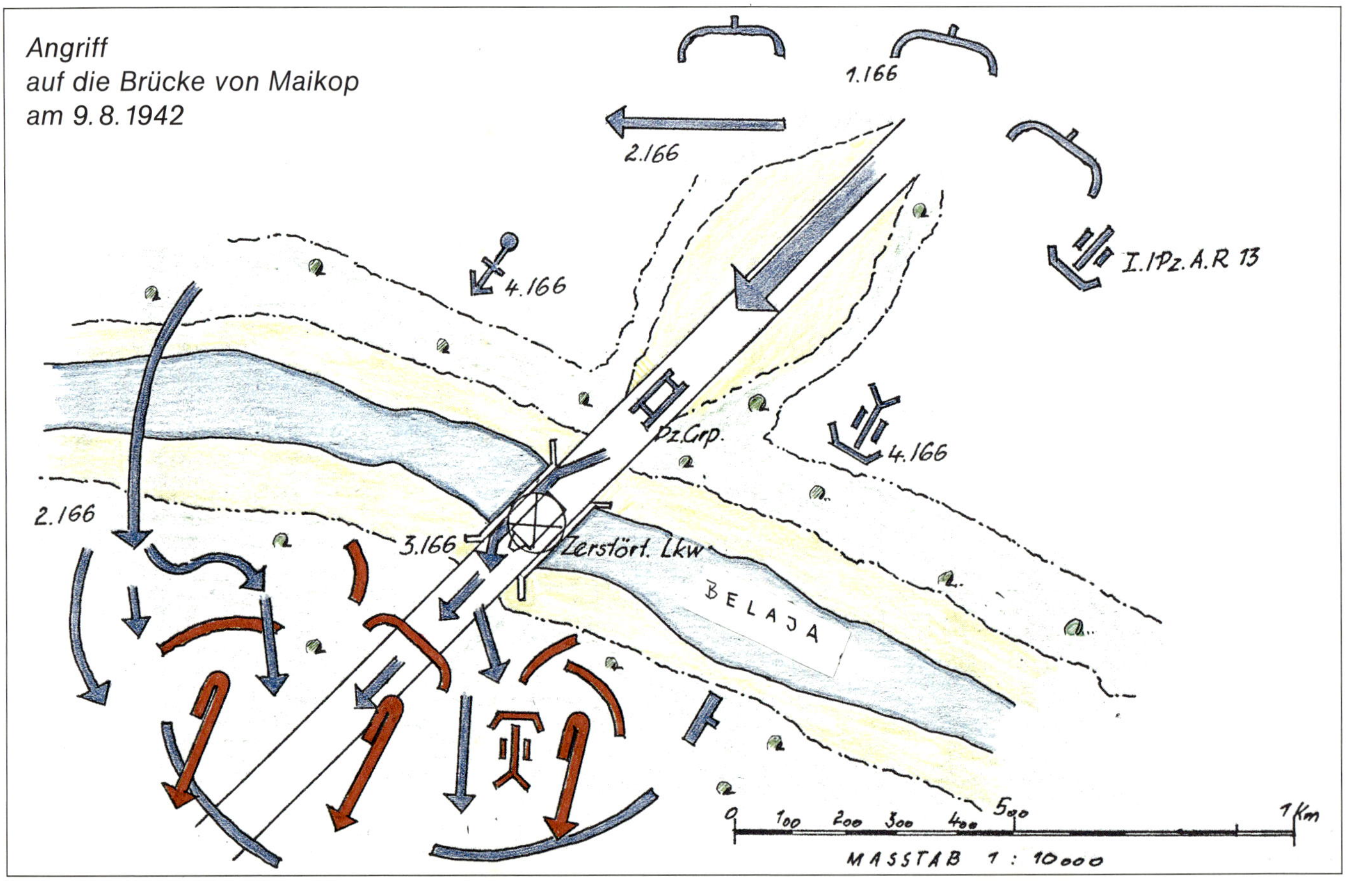

Angriff
auf die Brücke von Maikop
am 9.8.1942

1.166

2.166

4.166

I./Pz.A.R 13

Pz.Grp.

4.166

2.166

3.166

Zerstörf. Lkw

BELAJA

0   100   200   300   400   500   1 Km

MASSTAB 1:10000